해방전후사의 인식
6

해방전후사의 인식 6

박명림 이완범 김명섭 백일 신형기

한길사

관점과 사실, 추상과 구체, 이론과 실제
어느 한쪽에 치우치지 않고 양자의 긴장된 균형
속에서 정확한 관점과 풍부한 사실을 토대로
연구되었을 때 비로소 역사는 올바로 복원될 것이다.
● 박명림

『해방전후사의 인식 6』을 펴내며

1979년 10월 우리는 『해방전후사의 인식』의 출간이라는 사회과학 출판계의 역사적 사건을 경험했다. 그로부터 꼭 10년이 지난 오늘 우리는 이 기획을 전 6권으로 완간하게 되었다.

그간 10년의 역사는 전환기의 역사였으며 변혁의 역사였다. 민족민주운동의 활성화와 함께 한국현대사를 보는 시각과 그 구체적 연구에서도 혁명적 변화를 경험했다. 이 과정에서 『해방전후사의 인식』이 시각전환에서 큰 공헌을 했다는 것은 의심할 수 없는 사실이다. 왜곡과 은폐의 '분단지향적 현대사'에서 벗어나 분단과 통일에 대한 올바른 관점과 내용성을 채워주었다고 감히 자부해본다. 그러나 한편으로는 『해방』 시리즈가 민중에게 널리 읽히는 역사책으로서 소임을 다했는지 반성해보면서, 우리는 『해방전후사의 인식』을 읽어준 수많은 독자대중에게 무언가 되돌려주어야 할 필요성을 느낀다.

1권의 출간 이후 새로운 연구경향을 대변하는 기획으로서 2권(1985), 3권(1987)이 속간되었으며, 이번 1989년에 4, 5, 6권이 집중적으로 출간되었다. 1권에 의하여 조성된 폭발적 연구붐이 이제 전 6권의 출간과 더불어 어느 정도 결실을 맺게 되었다고 느낀다.

이제 심화된 연구의 깊이를 재점검해보고 이를 한 단계 더 나아가게 하기 위해서 새로운 형태의 연구입문서로 『해방전후사의 인식』 6을 내놓게 되었다. 여기에는 그간 우리 학계에서 진행된 수많은 논쟁과 그간의 연구성과를 정리한다는 의미뿐만 아니라 10년 전의 체제를 비약적으로 발전시키는 '새로운 시작'을 예고한다는 의미도 함께 담겨 있다.

『해방』 4, 5권의 기획에서 제기되었던 바와 같이, 이 기획에서는 '남한의 해방 3년사'라는 연구의 시공간적 한계에서 '해방'되어 '남북한의 해방 8년(1945~53)사'로 그 범위를 확대했다. 또한 정치분야에 편중된 연구경향을 극복하기 위하여 경제·문학 쪽의 논쟁도 살펴보았다.

이제 우리는 『해방전후사의 인식』 시리즈의 기획을 마감한다. 우리의 끝맺음은 『해방전후사의 인식』을 가능케 한 출판운동의 종결이 아니라 오히려 새로운 출발일 뿐이다. 아무쪼록 참다운 민족해방과 민중해방의 이념으로 무장된 새로운 세대의 연구자들이 등장하여 『해방』의 기획을 무색하게 만들 새롭고 충격적인 다음 기획이 나오게 될 것을 기대해본다.

1989년 9월 26일
편집부

해방전후사의 인식 6

『해방전후사의 인식 6』을 펴내며 | 편집부 ·· 6

박명림　**서론: 해방, 분단, 한국전쟁의 총체적 인식**

　1. 머리말 ·· 13
　2. 현 단계 한국현대사 연구의 몇 가지 문제점 ······················· 15
　3. '정치사' '정치사 연구'의 내포와 외연 ································ 18
　4. 역사적 조건: 일제식민지배와 그 유산 ······························ 20
　5. 구조적 요인: 국제정세 ·· 23
　6. 혁명과 반혁명 ·· 28
　7. 해방과 분단: 해방3년사 정치갈등의 전개 ························ 33
　8. 분단과 조국통일운동: 1948~50년 남북한 정치사 ············ 49
　9. 전쟁과 분단: 한국전쟁의 총체적 인식 ······························ 59
　10. 맺음말 ··· 86

이완범　**해방3년사의 쟁점**

　1. 해방의 의미: 자력인가 타력인가 ······································· 87
　2. 38선 획정: 임시적 조치인가 정치적 음모인가 ·················· 92
　3. 분단원인: 외인인가 내인인가 ·· 96
　4. 혁명논쟁: 단계규정과 주체의 문제 ································· 102
　5. 반탁이냐 모스크바 결정 지지냐 ······································ 110
　6. 통일운동과 통일전선 ·· 119

7. 남로당의 운동노선 ··· 128
8. 미군정을 어떻게 볼 것인가 ···································· 132

김명섭 **해방 전후 북한현대사의 쟁점**

1. 김일성, 진짜인가 가짜인가 ···································· 139
2. 주체사상의 시원: 1930년대인가 1950년대인가 ········ 146
3. 소군정의 성격: 점령군인가 해방군인가 ··················· 153
4. 통일전선에 대한 평가 ·· 160
5. 민주기지노선: 통일노선인가 분단노선인가 ············· 165
6. 대미인식: 남로당계열과 차별성 여부 ······················ 170
7. 혁명의 성격과 시기구분론 ······································ 174

박명림 **한국전쟁사의 쟁점**

1. 한국전쟁의 기원과 원인 ··· 184
2. 전쟁 전 남북한 통일정책 ·· 191
3. 전쟁 전 미국의 대한정책을 둘러싼 논쟁 ················· 197
4. 미국의 즉각 개입과 그 논리 ··································· 201
5. 38선 북진 논쟁 ·· 207
6. 중국군 참전의 배경과 원인 ····································· 211
7. 휴전협상의 쟁점과 지연요인 ·································· 217
8. 한국전쟁이 미친 국내외적 영향 ······························ 225

백일	**해방 전후 사회경제사의 쟁점**
	1. 일제하 사회성격에 대한 쟁점 ········· 236
	2. 해방 이후 사회경제사의 쟁점 ········· 244
	3. 8·15 이후 사회경제사 쟁점의 현대적 의미 ········· 256

신형기	**해방 직후 문학 논의의 쟁점**
	1. 문인들의 자기비판 ········· 289
	2. 해방 이후 문학의 과제는 무엇이었던가 ········· 292
	3. 해방 이후 문학운동의 올바른 조직 노선 ········· 298
	4. 창작적 실천과 대중화 문제 ········· 303
	5. '정치' 대 '순수' 논쟁 ········· 307
	6. 문인들의 월북과 문단의 분할 ········· 312
	7. 분단 이후의 북한문학 ········· 315

서론: 해방, 분단, 한국전쟁의 총체적 인식

박명림

1. 머리말

한국현대사에 대한 관심과 연구와 폭이 폭발적으로 확산·축적돼온 1980년대를 마감하는 이 시점에서 우리는 '해방8년사를 어떻게 볼 것인가'라는 질문의 학문적·실천적 의미를 다시 추적하지 않을 수 없다. 이미 우리는 한국 인문사회과학의 흐름에서 80년대가 '코페르니쿠스적 전환기'였음을 너무도 잘 알고 있다. 정치경제학적 방법론의 전면적 수용과 우리 역사와 사회에 대한 놀라운 지적 열정으로, 즉 연구방법론과 연구대상의 극적 전환으로 우리는 1980년대가 한국 인문사회과학의 한 뚜렷한 전환점이었음을 인정하는 데 주저하지 않는다. 특히 미군 점령기 남한 현대사, 이른바 해방3년사에 대한 이론적·실천적 천착은 가히 '한국현대사 연구 증후군'이라 부를 수 있을 만큼 뜨겁고도 깊어 사회구성체논쟁과 함께 80년대 우리 역사학계와 사회과학계를 온통 터질 듯한 지적 활화산의 도가니로 만들어버렸다.

1980년대를 마감하는 오늘의 시점에서 바라볼 때, 한국현대사에 대한 지난 몇 해 동안의 연구성과는 실로 놀랄 만하다. 권력에 의해 은폐되었거나 왜곡되었던 역사적 진실의 상당 부분이 역사의 전면에 그 모습을 드러내었고, 그것들은 새로운 시각과 관점에 의해 재조명되었다. 전자가 양적인 성과라면 후자는 질적인 성과라 할 수 있다. 그러나 양보다는 질, 즉 관점과 시각의 전환이라는 측면에서 한국현대사 연구는 사실상 80년대 들어서야 비로소 진정한 의미의 '연구' 단계에 들어섰다고 해도 지나친 말이 아니다. 왜냐하면 한 사회의 역사적 진행이 그 사회를 근거짓고 있는 내적·외적 모순의 발현 정도에 따라 이루어진다고 할 때 최종적으로 그것은 대립하는 제 세력 간의 갈등으로 표출되며, 그에 대한 과학적 연구는 철저한 당파성을 견지할 때만 가능하기 때문이다. 아마도 우리가 80년대를 과학적 변혁운동의 복원기라고 한다면, 과학적 역사 연구에서도 80년대는 동일한 역사적 위치, 즉 복원기로서 위치지을 수 있을 것이다. 광주에서 반미로, 민주에서 자주·통일로 전체 민족민주운동과 대중적 인식에서 풍부한 양질적 발전을 이룩한 80년대는 그것에 조응하며 발전한 역사학과 사회과학에서도 동일한 의미의 역사성을 부여받는 것이다.

이러한 역사성과 의미를 부여받는 80년대 한국현대사 연구는 다양한 관점과 이론적 편차, 연구결과의 상이성에도 불구하고 하나의 사실만은 합의하고 있음을 볼 수 있다. 그것은 무릇 연속성을 그 기본 속성으로 하는 역사는 단순히 지나간 과거로서가 아니라 오늘 우리의 구체적인 삶을 틀지우고 있는 것이라는 점에 대한 합의다.

해방에서 한국전쟁 종결에 이르는 8년이야말로 현재 우리 사회가 안고 있는 제반 모순을 배태시킨, 그럼으로써 오늘 우리의 삶을 조건짓고 현 단계 변혁운동의 기본과제를 부여한 역사적 계기였다. 따라서 우리가 해방8년사를 '연구'하는 이유는 너무도 자명하다. 그것은 단순한 회고나 반추, 자료 수집이나 평면적 서술일 수 없다. 역사 연구가 궁극적으로 인간해방을 향한 역사의 진보에 복무해야 한다는 기본전제에 비추어볼 때 그것은 현재의 한국사회를 어떻게 규명하고, 그로부터 도출되는 현 단계 민족민주운동의 당면한 이론적·실천적 문제들을 어떻게 풀어갈 것인가 하는 데 대한 역사적·경험적 자원을 제공받기 위한 작업이다. 따라서 해방8년사 연구는 그 자체로 이론적 실천일 수밖에 없다. 그러나 이것이 역사에 대한 결정론적 해석을 의미하는 것은 아니다. 새삼 강조할 필요도 없이 인간의 자유와 해방을 향한 진보로서 역사에 대한 해석이야말로 자유로워야 한다. 역사에 대한 도식적이고 교조적·공식적이며 주관적·결정론적 해석은 이제 80년대의 마감과 동시에 함께 마감되거나 아니면 적어도 이론'사'나 학술'사'의 창고 속 깊은 곳으로 보내져야 한다.

이 글은 이러한 문제의식에서 80년대 한국현대사 연구의 성과와 한계를 간략히 검토해보고, 정치사적 관점에서 해방8년사를 총체적으로 인식하기 위한 문제 제기의 성격을 지닌다. 따라서 이 글은 해방8년 한국 현대사—남·북 모두—에 대한 그간의 연구 성과와 그럼에도 불구하고 여전히 많은 한계를 내포하고 있는 현 단계 연구수준을 동시에 고려하면서 '정치사' '정치사 연구'의 관점에서 해방8년사에 대한 총체적 인식—이때의 총체적 '인식'은 연구 대상의 총체성과 연구 주체의 총체성의 동시적 확보를 의미한다—을 시도하고자 한다.

2. 현 단계 한국현대사 연구의 몇 가지 문제점

80년대 진행된 한국현대사 연구는 몇 가지 주요한 연구사적 업적을 남겼다. 지배이데올로기에 은폐되고 왜곡돼온 역사적 진실들을 상당 부분 현재적 관점에서 복원해주었으며 그것을 해석하는 새로운 인식의 지평을 열어주었다. 즉 '사실 확인=역사적 진실의 복원'과 '시각의 진전=민중·민족적 관점의 확립'이 80년대 한국현대사 연구의 가장 특징적인 두 성과물로 요약된다. 첫 번째의 경우 '해방3년사 남한'에 집중된 한계를 안고 있는 것은 사실이지만 변혁운동사·사회경제사에 한정해서 볼 경우 80년대 한국현대사 연구가 보여준 괄목할 만한 성과로 여겨진다. 두 번째 문제는 해방 이후 오로지 하나의 시각, 하나의 관점만이 통용되던 지적·이념적 반신불수상태에서 벗어나 가히 시각과 관점의 백가쟁명시대라 부를 수 있을 만큼 혁명적 전환을 보여주었다.

이러한 두 수준에서 연구의 진전은 앞에서 말했던 한국 인문사회과학의 역사에서 80년대가 뚜렷한 '코페르니쿠스적 전환기'였다는 규정에 충분히 값하고도 남음이 있다. 그러나 이러한 연구사적 업적에도 불구하고 80년대 한국현대사 연구는 간과할 수 없는 몇 가지 중대한 한계를 보여온 것도 부인할 수 없는 사실이다. 이러한 문제점에 대한 정확한 연구사적 검토야말로 80년대 한국현대사 연구의 내용과 위상을 과학적 근거 위에 올바로 평가할 수 있는 토대가 될뿐더러 90년대에 전개될 한국현대사 연구에도 유용한 지침을 제공해줄 것이다. 비록 거친 수준에서나마 그 문제점들은 크게 다음과 같이 정리할 수 있다. 첫째, 연구시각·관점의 문제로서 ① 여전히 남아 있는 부르주아 분류사관의 편향: 이데올로기적·냉전적 사고에 기반을 둔 민족·계급문제에 대한 과학적 인식의 결여, ② 그 극단적 안티테제로서 주관주의적 편향성과 현재의 정치적 상황에 따른 결과론적 재단. 둘째, 연구방법론의 문제로서 ① 과도한 연역적·관점주의적 접근과 이와 반대되는 ② 실증주의적·행태주의적 방법론의 잔존. 셋째, 연구시기 및 범위의 분절 및 불균형. ① 시기: 해방3년사, 1948~50년사, 한국전쟁의 분절적 인식 및 해방3년사에 집중, ② 범위: 남한·북한의 분리 및 전자에 집중.

이러한 구분은 약간은 자의적이지만 이들은 일단 현 단계 한국현대사 연구에서 경향적으로 나타나는 문제점들이라고 볼 수 있다. 그렇다면 이러한 한계와 편향을 극복하고 해방8년사를 총체적으로 해명하기 위해서는 어떠한 관점과 방법론이 요구되는가.

첫째, 민중적·민족적 관점의 확보다. 이때 민중적은 지배계급에 대한 개념으로, 민족적은 외세에 대한 개념으로 정리된다. 따라서 '민중적·민족적 관점'이 담고 있는 함축은 부르주아사관의 극복과 당파성·변혁지향성의 견지, 즉 인식 주체의 총체성을 말한다. 그러나 이때의 당파성·변혁지향성은 정치적 관점의 과도한 편향에 따른 주관주의·관점주의를 의미하는 것은 아니다. 왜냐하면 우리는 부르주아사관의 허구성의 한 대척점에는 또 다른 편향된 주관주의가 존재하여 역사에 대한 총체적 접근을 막아온 사실을 너무도 많이 보아왔기 때문이다.

둘째, 일국적·통일적·전체적 관점의 확보가 요구된다. 허다한 연구성과에도 불구하고 우리는 여전히 민족사 전체의 발전이라는 민족 전체적 관점에서 해방8년을 통일적으로 보지 못하고 있다. 해방8년 남북한 역사는 마치 두 개인 양 분절적으로 파악되며 하나의 문제틀에 용해되지 못하고 있다. 일국적 관점, 민족 전체적 관점, 즉 남북한 역사에 대한 통일적 고찰이야말로 부지불식간에 우리에게 내면화된 사고·접근법·방법론의 분단구조부터 허물 것을 요구하고 있다. 또한 해방8년사를 분리하지 말고 연속적 역사맥락에서 파악할 것을 요구하고 있다.

셋째, 주체적 조건과 객관적 조건에 대한 균형적인 접근이 필요하다. 즉 인식 대상의 총체성을 말한다. 이것은 어느 한쪽에 치우쳤을 경우 나타나는 주체환원론과 구조환원론을 변증법적으로 극복하자는 이야기다. 역사를 발전시키는 것은 궁극적으로는 역사의 주체인 사람이지만 그 사람은 또한 객관적 조건의 영향을 받는 사회적 존재라는 오랜 보편성을 다시 상기하자. 객관적 조건을 고찰할 때는 국내외 정세를 함께 고찰해야 한다는 점을 매우 강조해야 한다. 왜냐하면 해방8년사 한국 현대사야말로 세계질서 재편기 국제적 수준의 갈등과 혁명과 반혁명의 국내적 갈등이 총체적으로 맞물려 돌아간 시기이기 때문이다.

넷째, 실증적 접근법, 실증적 방법론이 요구된다. 실증적 접근법이란 역사를 해석하는 사관·시각·관점과 객관적으로 존재했던 사실·구체 사이의 긴장된 접근을 말한다. 사관과 사실, 이론과 실제, 추상과 구체의 관계는 원론적 이야기이지만 전자를 후자로 '검증'하고 후자는 전자로 '해석'한다는 상호관계에 놓여 있다. 그러므로 사관과 현재적 관점만을 강조할 경우 존재했던 객관적 사실은 자의적으로 재단되거나 연역적으로 새롭게 만들어질 수밖에 없으며, 사실만을 추수할 경우 그것은 경험주의나 실증주의로 전락할 수밖에 없다. 따라서 현재적 관점과 역사적 사실 사이의 팽팽한 긴장관계 속에서 과학적 세계관과 사관에 입각하되 역사적 경험과 사실로 검증되어야 한다는 것이다. 왜냐하면 추상의 구체화(검증·실천)와 구체의 추상화(이론화)는 분리된 것이라기보다는 역사를 총체적으로 이해하기 위한 두 수준의 한 과정이기 때문이다.

3. '정치사' '정치사 연구'의 내포와 외연

정치사는 단순화해서 말하자면 계급 간의 갈등이 최종적으로 반영·응축된 장으로서 정치 영역(=상부구조)의 변동을 자기 내용으로 한다. 따라서 정치사의 내포는 사회변혁사이면서 그 외연은 의식사(=사상사)를 매개로 사회경제사와 문화사에 맞닿아 있다. 토대와 상부구조에 대한 모든 도식적 분리 기도는 여기에서 멎는다. 역사에서 그것은 본래부터 하나였다. 상부구조야말로 토대에 근거한 모순이 계급갈등으로 발현되는 현실적 실현의 장이다. 정치사의 내포와 외연을 이렇게 규정할 때 정치사 연구는 상부구조를 둘러싼 계급역관계의 동태성에 대한 법칙적 해명을 의미하며 이행의 관점에서 그것은 계급운동사로 된다. 그러므로 정치사에 대한 과학적 연구는 대립하는 힘관계에 대한 '객관적' 분석을 근거로 역사발전의 합법칙성을 해명해내는 것을 자기 임무로 한다. 따라서 정치사 연구의 영역은 상부구조의 변동과 그것을 추동하는 힘, 제 세력의 움직임으로 규정된다. 이로부터 우리는 정치사 연구의 구체적인 범주를 설정할 수 있다. 객관적 조건이 그 하나이고 그것을 극복하기 위한 사람들의 주체적 운동이 다른 하나다. 좁은 의미에서 전자를 상부구조사의 영역으로, 후자를 사회운동사의 영역으로 구분할 수도 있다.

1945년에서 1953년에 이르는 해방8년사에서 이것은 기본적으로 제국주의 시대라는 '단계' 규정 속에서 계급역관계에 기초한 최고수준의 투쟁역량이 제국주의의 지배논리에 따라 폭력적으로 억압·고사된 역사적 계기라는 규정에서 파악된다. 즉 해방8년사는 한편으로는 제국주의 지배사이면서 다른 한편으로는 민족해방투쟁사인 한국근현대사의 일부이면서도 가장 거대한 변혁역량을 보여준 역사적 계기였다. 여기서 '역사적 계기'라는 말은 그것의 귀결에 따라 향후 역사발전의 길이 결정되는 특수한 시간과 공간을 말한다. 따라서 해방8년사에서 논의의 초점은 8·15 직후 폭발적으로 고양되었던 광범한 변혁역량이 왜, 어떤 요인에 의해 어떤 과정을 거쳐 패배, 해방에서 제기됐던 민족적·민중적 과제를 달성하지 못하고 예속과 분단을 결과했는가, 그 '주·객관적' 요인을 해명하는 데 놓여야 한다. 그것은 8·15해방에서 제기된 민족적·민중적 과제를 실현하기 위한 조선민중과 변혁지도세력의 투쟁에 대한 해석을 하나로, 그것을 억압하려는 힘·요인들, 즉 제국주의와 그 수혜계급(친일파·민족반역자, 분단세력)과 그들의 이해를 관철시키는 구체적 메커니즘에 대한 해명을 다른 하나로 한다.

구체적으로 전자, 즉 주체적 요인과 변혁운동에 대한 고찰은 전체 운동의 수준에서 민중의 변혁열기와 역량, 그리고 그것을 지도한 변혁지도세력의 범주·위상과 그들의 정세인식·변혁론·전략전술 및 그것의 구체적 외화인 자주적 인민정권 수립투쟁, 통일전선전술, 임시정부 수립투쟁, 통일정부 수립투쟁 등이 주요하게 해명돼야 할 과제로 설정된다. 후자 즉 객관적 요인에 대한 고찰은 전후 세계질서의 본질적 모순구조에 대한 해명과 국가권력의 형성과 정책 및 성격에 대한 해명으로 나눠볼 수 있는바, 전자는 다시 ① 제2차 세계대전 후 조성된 국제정세와 ② 미국의 세계전략과 대한정책, ③ 소련의 국제혁명노선과 대한정책으로 나뉘며, 후자는 ① 미군정의 국가기구 형성과정·구조·정책·성격, ② 이승만정권의 구조 및 정책·성격으로 나뉜다.

이와 같은 정치사적 관점에서 해방8년사를 바라볼 때 그것은 제국주의 지배구조가 이식·각인되는 계기임과 동시에 민족운동이 최고수준까지 발현된 전략적 대치(=역량재편) 시기였다. 따라서 우리가 전략수준의 분석과 전술수준의 분석을 포괄하는 '방법론적'인 차원에서 정치사·정치사적 접근의 중요성을 강조하는 이유는 사회경제사가 전략수준에, 계급운동사가 전술수준에 치우침에 비추어볼 때 너무도 당연하다. 이러한 관점에 설 때만 주·객관적 조건에 대한 총체적 해명이 가능하기 때문이다.

4. 역사적 조건: 일제식민지배와 그 유산

1945년 8월 15일 제2차 세계대전의 종결과 함께 전 한반도 수준에서 야기된 격렬한 혁명적 상황은 그 직접적인 역사적 연원을 일제 식민지시대에 두고 있다. 따라서 우리는 일제식민지배가 남겨놓은 제반 영향에 주목하지 않을 수 없다. 그것은 대략 다섯 가지로 정리할 수 있는데, 사회경제적 변화, 계급구조의 변동, 인구이동, 강력한 상부구조의 유산, 그리고 변혁운동에 미친 영향이 그것이다.

먼저, 일제하 한국사회는 제국주의 중심부 일제의 제반 경제적 요구를 위한 주변으로서 후발자본주의 국가인 일본 자본주의 발달과정의 폭력적 착취구조에 종속된 자본주의 사회구성체의 특수한 발전단계로서 재편되었다. 그러나 이와 같은 한국사회의 급속한 자본주의화과정이 사회 내의 봉건적 관계를 전면적으로 해소한 것은 아니었다. 이것은 좀더 많은 잉여의 창출과 착취를 위해 일본 독점자본이 기존의 봉건적 착취구조를 이용했기 때문이다. 따라서 고전적 자본주의화의 역사적 경로를 밟았다면 자본주의적 발달과 그에 따른 계급투쟁으로 해소되었을 이러한 (반)봉건적 요소들은 해방 직전까지도 한국사회에 강하게 남아 있었다. 그러나 우리는 일제사회가 특수성의 존재에도 불구하고 여전히 자본주의의 보편적 발전법칙이 관철되는 자본주의사회임을 부인할 수는 없다. 식민지조선의 자본주의적 재편을 다른 식민지국가들의 경험과 비교해볼 때, 그것은 그 시기의 짧음과 착취메커니즘의 저차적 폭력성에 따라 훨씬 더 극심한 착취와 급속한 사회·계급구조의 재편을 결과했다는 점에서 더욱 특징적이다.

둘째, 계급구조의 변동은 사회경제적 재편의 직접적 반영으로서 식민지조선의 민족해방운동을 추동하는 조건이면서 동시에 그것을 억압·저지하는 이중적 의미를 지닌다. 즉 식민지조선의 급격한 사회경제적 변화는 광범한 노동자·농민(주로 빈농)을 배출, 이들 기본계급에 근거한 식민지시대 민족해방운동과 해방 후 변혁운동을 활성화한 요인이었지만 다른 한편 그것은 조선인 지배계급, 지주, 자본가를 일제의 조선지배 도구로 포섭, 한국사회 내의 계급적·민족적 분열을 가져와 식민지 민중을 이중적 억압의 사슬에 놓이게 했을 뿐만 아니라 그들이 해방 후 반동적 지배계급으로 기능할 수 있는 잠재적 토대를 마련해주었던 것이다. 물론 조선인 자본가계급과 지배계급의 독자적 계급역량은 대단히 허약하여 해방 후 이들은 독자적으로 지배계급이 될 계급기반과 역량을 갖추지 못했다. 반면에 제국주의 독점자본과 식민지 국가기구의 폭력적 착취와 지배 아래서 간단없는 투쟁을 전개해온 노동자·농민의 계급역량은 크게 성장하여 해방 후 노동자·농민 계급에 기반한 인민정권의 수립을 가능케 할 정도였다.

일제가 남긴 세 번째 영향은 우리가 한국판 '민족의 대이동' 또는 한국판 '엑소더스'라 부를 수도 있을 놀랄 만한 인구이동 부분이다. 때로는 징병과 징용 때문에, 때로는 가난과 억압을 피해, 때로는 민족해방투쟁을 위해 만주·사할린·일본·중국·동남아 …… 등지로 조국을 등지고 떠난 사람들의 비율은 종전 무렵 무려 총인구의 12퍼센트에 달할 정도였다. 세계 식민지배사상 이러한 놀랄 만한 인구이동 사례를 우리는 알지 못한다. 이들이 해외 거주기간에 일정하게 민족의식과 계급의식을 소유했다는 점, 그리고 해방과 함께 이들이 귀환했을 때 중앙과 지방의 각 지역에서 이들의 귀환이 미쳤을 사회경제적·정치적·이념적 영향과 파급효과가 매우 컸으리라는 점을 예견키란 어렵지 않다.

일제가 남긴 네 번째 영향은 아마도 세계식민지배사상 그 유례를 찾아볼 수 없을 정도로 강력했던 국가기구·상부구조 부분이다. 다른 제국주의 국가들의 지배 사례(영국의 인도 지배나 프랑스의 베트남 지배, 미국의 필리핀 지배 등)와 비교해볼 때 일제의 조선지배는 국가기구의 광범위성·기동성과 억압성·폭력성에서 세계식민지배사상 가장 강도가 높았다. 고도로 중앙집권적이고 강력한 식민지 관료기구와 경찰·군대는 일제하 조선민중·민족해방투쟁세력에 대한 가장 효율적인 억압수단이었을 뿐만 아니라 해방 후 미국에 의해 재생되어 미국의 제국주의적 지배논리를 관철하는 유일한 현지 반혁명수단으로 사용되었다. 이것은 식민지 조선민중의 강력한 계급투쟁·민족해방투쟁에 대한 대응일뿐더러, 경제적 착취에 필요한 상부구조적 재편으로 나타난 현상이었다. 이들은 그 운용논리·방식·구성인자에서 미군점령기 초기뿐만 아니라 해방8년사 전 기간에 걸쳐 일제 식민지시대의 완벽한 '연속'과 다름없었다.

일제 식민지시대가 남긴 다섯 번째 유산은 민족해방투쟁에 미친 영향이다. 일제강점기 조선민족의 민족해방투쟁은 시간의 경과에 따라 풍부한 양질적 발전을 보여주었다. 일제의 탄압이 강화되면서 부르주아 민족주의자들은 대부분 운동의 주류에서 탈락하거나 친일파·민족반역자로 전향했고(이것은 일부 사회주의 민족해방운동가들도 마찬가지였다) 사회주의 민족해방운동가들만이 주요한 민족해방운동세력으로 남았다. 초기의 좌우연합적 민족해방운동에서 사회주의계열과 부르주아계열의 분화를 거쳐 조선공산당에 의한 당 중심 민족해방운동, 기층 수준에서 적색농·노조운동, 만주를 중심으로 한 무장투쟁에 이르기까지 식민지시대 사회주의 민족해방운동이 보여준 놀라운 투쟁역량은 해방 후 중앙과 지방을 망라한 전국적 수준에서 민중과 사회주의 민족해방운동가들이 광범하게 연대하여 보여준 놀라울 정도의 변혁열기와 자주적 인민정권 수립 노력으로 복원되었다. 그러나 이들도 식민지시대 민족해방운동의 전국적·통일적 지도 중심을 건설하지 못했던 점과, 부르주아민족운동계열의 탈락 및 식민지시대 후반 운동 중심의 해외 존재라는 이념적·조직적 제반 한계로 해방 후 변혁 지도부의 전국적·통일적 지도중심 건설에 적지 않은 어려움을 안고 있었다. 그 결과 미국이라는 새로운 제국주의에 대적할 만한 역량의 수준에는 다다르지 못했던 것으로 보인다.

일제하에서 심화된 이러한 계급적·민족적 모순, 그리고 식민지시대 민족해방운동의 경험을 고려하지 않는다면 해방 후 보인 민중들의 혁명적 진출과 사회주의 민족해방운동세력의 헤게모니 장악 및 그들과 민중의 견결한 연대를 올바로 설명하기란 불가능하다. 동시에 일제지배가 남겨놓은 강력한 국가기구, 친일파·민족반역자 등의 반혁명·반민족세력 그리고 부르주아민족운동진영의 운동전선 탈락을 고려하지 않는다면 해방 후 반동적 반혁명세력의 부활 및 그들이 왜 '반혁명=친미=단정노선' 추구에 '사활적'이었던가를 이해할 수 없다. 따라서 일제가 남겨놓은 역사적 조건을 고려하지 않는다면 해방 후 저 격렬했던 혁명과 반혁명의 파고는 이해되지 않는다. 다만 해방 후 변혁세력의 주체적 제반 문제를 그것들이 비록 식민지시대 민족해방투쟁의 '역사적 경험'으로부터 일정하게 파생된 것이기는 하지만 그러한 문제를 식민지시대의 운동경험에만 일방적으로 귀착시키려는 논의는 문제의 본질을 놓친 것이다. 문제의 초점은 오히려 일제강점기 민족적·계급적 분열과 이념적 대립, 그리고 민족해방세력의 분파성을 자신들의 제국주의적 지배논리를 관철하기 위해 확대재생산, 교묘히 분할통치한 미국의 제국주의적 지배전략과 그 현지 동맹세력의 반동성, 그리고 이에 효과적으로 대응하지 못한 사회주의 민족운동세력의 전략·전술의 규명에 놓여야지 모든 것을 그들의 식민지시대 민족해방운동의 주체적 문제점으로 환원해서는 안 될 것이다.

5. 구조적 요인: 국제정세

앞에서 우리는 해방8년사를 총체적으로 보기 위한 역사적 전제로서 일제식민지시대가 미친 제반 영향을 간단히 살펴보았다. 이러한 논의가 해방8년사를 총체적으로 보기 위한 '시간 수준'의 '역사적 요인'이라면 지금부터 우리가 논의하려는 국제정세는 '공간 수준'의 '구조적 요인'이다. 두 말할 필요도 없이 해방8년사 역사진행은 역사적 요인보다 구조적 요인에 따라 결정되었다.

익히 아는 바와 같이 1945년에서 1953년에 이르는 8년간의 세계사는 다양한 성격(① 식민지 재분할을 위한 제국주의 간 전쟁, ② 자본주의 대 사회주의의 체제 간 전쟁, ③ 제국주의 대 식민지 민중 간의 민족해방전쟁, ④ 파시즘 대 반파시즘 진영 간의 반파시즘 전쟁, ⑤ 제국주의 내부 계급투쟁)을 갖는 제2차 세계대전이 종결된 결과 초래된 세계질서의 재편기였다. 기본적으로 제2차 세계대전의 성격에서 유래하는 이 시기 국제정세의 '일반적' 특성은 ① 구파시즘세력의 몰락과 미국의 정치·경제적 부상으로 드러나는 제국주의 지배질서의 재편, ② 식민지·종속국 민중의 반제반봉건민족운동의 전 세계적 확산, 그리고 ③ 사회주의 진영의 확산과 정치·경제적 발전으로 정리된다. 단순하게 말하면 이 시기 세계질서 재편과정은 사회주의 진영과 자본주의 진영으로 양분되면서 그 사이의 광범한 식민지·반식민지의 존재로 나타난다. 따라서 이 시기에는 자본주의 진영과 사회주의 진영 간의 체제모순이 주요 모순으로 등장했다. 이 시기 한국현대사에 대한 고찰은 이러한 세계사적 보편성 속에서 그것이 어떻게 한국의 역사전개에 특수하게 굴절되어 관철되었는지를 규명해야 한다. 한반도의 경우 이와 같은 세계질서 재편과정에서 나타나는 제반 모순이 가장 극명하게 작용된 곳이기 때문이다. 따라서 이 세계질서 재편기의 국제정세에 대한 고찰이 해방8년사를 총체적으로 이해하는 데 결정적이다.

1) 미국의 세계전략

먼저 미국의 세계전략과 그것이 극동→한반도 수준에서 관철되는 계기를 규명해야 한다. 미국이야말로 해방8년사 역사전개에서 가장 결정적인 외인이었음을 아무도 부인하지 못한다. 우리는 이에 대해서 그동안 숱한 연구와 견해와 논쟁을 보아왔다. 세계적 수준에서는 전통주의와 수정주의라는 두 시각을, 국내적으로는 수십년간의 냉전·친미적 시각에서부터 최근의 민족적·민중적 관점과 그것의 다양한 분화에 이르기까지 미국에 대한 이해의 편차는 매우 다양하다.

우리가 80년대에 보여온 인식의 발전을 수용하여 민족적·민중적 관점에 설 때 미국의 대한정책을 올바로 이해한다는 것은 과연 무엇일까. '제국주의' '제국주의적'이라는 의인화된 선언적 규정에서 끝나는 것일까. 그러나 이것은 선언적 규정이지 과학적 분석은 아니다. 이럴 경우 미국의 구체적 제국주의 지배논리와 지배방식을 거의 설명하지 못하는 한계가 있을 수밖에 없다. 제국주의는 추상화된 개념이 아니며 정치·경제·군사적 물리력으로 담보되는 구체적 폭력이기 때문이다. 그러므로 미국 대한정책의 '제국주의성'에 대한 고찰은 두 수준에서 해야 한다. 하나는 미국 국내 정세에 대한 고찰이고 다른 하나는 그것의 외화인 세계전략에 대한 고찰이다.

미국은 제2차 세계대전 주요 참전국 가운데 자신의 국토를 전장으로 제공하지 않은 유일한 국가로서 '세계의 공장'으로 부상하여 유례없는 경제적 발전을 향유했고, 이에 기반하여 종전 직후에는 비교적 유화적인 국제주의적 대외정책을 구사했다. 그러나 국제주의가 소련에 비해 압도적으로 우월한 경제 및 군사력을 기반으로 소련을 협상테이블로 끌어내어 제압하려 한 정책과 논리였다는 점에서 제국주의적 정책이기는 마찬가지였다. 그러나 국제주의 시기를 경과하면서 미국은 종전 후 급속한 동원 해제와 전쟁경제 해체과정에서 ① 국내 독점자본의 생산기반이 위기에 봉착하고, ② 국내 노동계급 등 계급운동의 광범한 확산으로 점차 심각한 정치·경제적 위기에 직면했다. 특히 항상적 대결구도를 그 전제조건으로 하는 미국의 전쟁경제구조가 전후 점차 불황국면에 진입하면서 미국경제를 구출하기 위해서는 새로운 대립이 요구되었다.

대외적으로는 구식민지체제의 붕괴와 전 세계적 수준의 민족해방운동 고양, 그리고 동구를 중심으로 한 13개국의 자본주의 진영 이탈과 사회주의권 편입으로 미국 독점자본은 상품시장을 상실한 위기에 직면했다. 이러한 대내외적 조건에 대응하여 미국의 세계전략은 1945, 46년 사회주의 진영과 식민지·반식민지 민족해방투쟁에 대한 국제주의적 지배전략을 거쳐 1947년 트루먼독트린을 선포함으로써 사회주의 진영과 식민지·반식민지 민중과는 더 이상 타협이 있을 수 없다는, 오직 공세만이 남아 있다는 반혁명총노선으로 변전되었다. 이것은 사실상 공격선언이었다. 이 시기 미국의 외교정책은 봉쇄정책으로 알려졌으나 내용상 이미 식민지 민족해방운동과 사회주의권에 대한 직접적 침략을 포함하는 공격정책이었다.

대내적으로는 노동운동을 극도로 탄압하기 위한 노사관계법(Labor-Management Relations Act, 일명 Taft-Hartley Labor Act)의 입법, 국가

보안법에 의한 제도적 정비, 국내보안법(Internal Security Act)과 로젠버그사건 조작을 통한 매카시즘의 반동공세를 강화하고, 노동운동을 탄압하기 위해 군대를 직접 투입하는 등 파시스트적 폭압정책을 펴나갔다. 대외적으로는 중국혁명의 성공과 뒤이은 중국의 유고화 공작 및 마오쩌둥의 티토화 공작의 실패, 즉 중국-소련의 분리와 스탈린-마오쩌둥 분리 공작 실패 그리고 소련의 핵개발에 의한 핵독점 붕괴로 더욱 공세적인 사회주의권 고립정책과 식민지·반식민지 민족해방운동 억압(그리스·필리핀 민족해방운동의 폭력적 제압), 독일·일본의 역전정책(Reverse Course) 및 이의 미국 헤게모니체제 편입 등을 추구했다. 또한 영국 파운드블록을 해체하여 미국의 달러블록으로 세계경제를 재편했으며 국제통화기금(IMF)과 관세 및 무역에 관한 일반협정(GATT)체제, 즉 'IMF-GATT체제'를 구축하여 세계 자본주의 진영에 대한 경제적 지배의 공고화를 추구했다. 유럽부흥계획(European Recovery Program-Marshall Plan), 포인트 포 프로그램(Point Four Program)과 북대서양조약기구(NATO)·미주기구(OAS) 결성 등 경제와 군사의 긴밀한 연계에 의한 세계지배가 추구되었고 이러한 논리는 상호방위지원법(Mutual Security Assistance Act)과 일련의 국가안보회의 문서들(NSC8·NSC8/2, NSC48/1·NSC48/2, NSC68·NSC68/2)로 구체화되었다. 그리고 소련보다 압도적으로 우월한 군사력과 경제력에 기반한 냉전의 조장이 이를 보장해주는 외피였다.

  이 시기 미국 세계전략의 안팎은 이와 같이 대내적으로는 파시스트적 억압으로, 대외적으로는 제국주의적 지배전략으로 나타난다. 이러한 보편성에 비춰볼 때 우리는 현상적으로 다양하게 표출되는 미국의 대한정책, 즉 신탁통치→38선 분할 결정→'직접' 점령→모스크바3상회의와 미소공위→조선문제 유엔 이관→분단국가 수립→미군 철수→'재' 점령→38선 돌파와 국제전화→제한전쟁정책으로 변경→휴전과 분단고착화과정에서 수미일관하게 관철되고 있는 정치·경제·군사적 제국주의의 본질을 확인할 수 있다.

2) 소련의 세계전략

당시 세계정세를 균형 있게 이해하기 위해서는 미국뿐만 아니라 소련에 대한 고찰이 반드시 필요하다. 우리가 그동안 미국에 대한 연구에 쏟아부은 노력에 비할 때 소련에 대해서는 너무도 놀라울(?) 정도로 연구가 없었다. 그러나 소련은 이 시기 세계질서재편에서 미국과 함께 가장 중요한 두 주체였다. 1945년 세계대전 종전 시점에서 볼 때 소련은 경제력과 군사력에서 미국과는 비교도 되지 않을 만큼 열세에 있었다. 제2차 세계대전 시 유럽에서 주대립전선은 독일과 소련 간의 독소전선이었으며, 이 힘거운 전쟁에서 미국이 전쟁기간 중 세계의 공장으로 등장하는 동안 비교도 안 될 만큼 많은 인적·물적 대가를 치르지 않으면 안 되었다. 그 결과 종전 시 소련은 일국수준에서 최소한의 사회주의체제의 유지조차도 용이하지 않은 것처럼 보였다. 따라서 종전 후 소련에는 국내경제의 복구와 체제유지가 가장 긴급한 과제가 아닐 수 없었다. 스탈린의 일국사회주의론과 진영테제에 기반한 전후 소련의 외교정책=국제혁명노선은 이러한 국내적 조건을 고려할 때 정확히 이해될 수 있다. 2차대전 후 한국전쟁 종결 시까지 소련이 과도할 정도로 일관되게 견지한 수세적·대미유화적 국제협조 노선과 국내적 억압통치는 경제와 정치·군사의 두 수준 모두에서 미국에 비해 엄청나게 열세에 놓여 있다는 객관적 조건 아래 강화되는 제국주의 독점자본의 공세에 대응하여 일국수준에서 사회주의체제라도 보지하려는 고육지책의 결과로 이해된다.

그러나 이것은 국제혁명노선의 '일반원칙'과 식민지·반식민지적 민족해방투쟁의 관점, 그리고 자유와 진보라는 역사발전의 합법칙성 관점에서는 철저하게 비판받아야 한다. 이 점과 관련하여 스탈린·스탈린주의가 용서받을 여지는 당시에나 지금에나 추호도 없다. 스탈린주의의 대내외적 편향성이 초래한 결과는 식민지·반식민지 민족해방투쟁에 대한 무지원과 제국주의와 편향된 타협노선 그리고 대내적인 엄청난 강권통치노선으로 일관했던 것이다. 스탈린은 당시 전 세계 각국 공산주의운동에 결정적인 영향력을 행사했기 때문에 이와 같은 스탈린주의의 편향성은 그의 지도성이 관철되는 국가에서는 그 국가의 운동을 유화적·타협주의적 노선으로—특히 대미인식에서—이끌었으며(이는 종전 후 대부분 연합국 점령지역 공산주의운동에서 보이는 경향이다) 그의 지도성이 관철되지 않은 곳에서는 철저한 무지원과 외면으로 일관, 제국주의를 상대로 고립적인 투쟁을 전개하도록 방치했다. 그것은 지역적으로 심한 차별성을 띠며 관철되었는데 유럽의 동구지역에 대한 상대적 중시에 비하여 유럽의 동구 이외 지역의 공산주의운동, 예컨대 한국 등의 공산주의운동은 대미타협과 무지원으로 일관했는데, 이러한 소련의 유화적 노선이 관철된 가장 대표적 사례였다. 따라서 소련이 미국의 분할점령안에 수동적으로 동의한 것은 한반도에서 미국과 마찰을 최소화하는 대신 일본 점령에 개입할 기회를 추구하고 만주에서 이권을 확보하며 동유럽지역의 소련군 진주를 공고화하려는 의도에 따른 것이었다. 이것은 제국주의 점령정책에 편승한 소련의 오류였으며 스탈린의 일국사회주의론·소비에트기지론의 왜곡된 표현이었다.

따라서 해방전후사에서 가장 중요한 문제이자 쟁점인 왜 분단되었는가, 이 시대 변혁운동은 왜 실패했는가 하는 문제를 해석할 때도 무매개적인 내·외인론적 편향을 벗어나 미국의 제국주의적 이해의 관철이라는 기본적인 규정성을 인정하면서도(민족모순이 주요 모순), 체제모순과 스탈린 노선의 편향에 따른 소련의 수동적 동의, 그리고 민족모순이 관철되는 국내적 계기 및 남북관계, 남한 내 계급갈등 등 중첩적 착종 메커니즘을 총체적으로 고려할 때 좀더 자기완결적인 설명틀을 확보할 수 있을 것이다.

6. 혁명과 반혁명

1) 해방8년사 모순구조

앞에서 우리는 해방8년사를 총체적으로 이해하기 위한 전제로서 일제 식민지배가 남긴 유산과 2차대전 후 국제정세를 간략히 살펴보았다.

8·15해방의 결과 일제 식민지 국가권력이 붕괴되었을 때 그 해방의 내용(식민지시대 구조화된 계급모순과 민족모순의 지양, 즉 반제반봉건인민민주주의혁명의 완수)은 민중에 기반한 자주적 인민정권의 수립으로 달성될 수 있었다. 즉 당시 정세에서 가장 긴급한 일은 민중과 민족해방투쟁세력이 연대하여 자주적 인민정권을 수립하고 이에 기반하여 반제반봉건인민민주주의혁명을 추진하는 것이었다. 그러나 미국의 일방적 38선 획정에 따른 미·소 양국의 분할점령이라는 새로운 정세는 전 한반도 수준에서 이러한 혁명의 성공을 저지시켰다. 즉 소련군이 진주한 38선 이북에서는 한국민중과 민족해방투쟁세력이 소련군의 지원과 협조하에 반제반봉건인민민주주의혁명을 수행해나간 반면 미군이 점령한 남한에서는 한국민중과 민족해방투쟁세력의 반제반봉건혁명 요구는 미점령군의 거부로 좌절되고 말았다. 물론 이러한 미국의 반혁명전략은 한국에만 특수하게 적용된 것은 결코 아니었다. 미국은 전 세계 모든 식민지·반식민지 국가들에서, 제2차 세계대전 중에는 자신들의 적이었던 반동세력과 동맹, 현지 민중의 자주적 독립국가 수립 노력을 분쇄했다. 따라서 당시 한반도의 경우도 가장 주요한 대립 축은 미국과 한국민중으로 설정되며 해방8년사 동안 한반도를 둘러쌌던 총체적 모순구조는 다음과 같이 정리할 수 있다.

표 1에서 보는 바와 같이 당시 한반도를 둘러싼 모순과 대립구조의 주요 전선은 ②와 ③으로 나타난다. ①은 ②에 의해 현재화된 것으로서 또 ⑤는 ①, ②, ③에 의해 현재화된 것으로서 해방8년사의 주요 대립전선으로 볼 수 없다. 특히 ⑤는 한국전쟁 종결 이전까지는 유동적·잠정적 분단 수준을 벗어나지 않았으며 한국전쟁 종결 후에야 결정적으로 고착된다. 이렇게 볼 때 한반도 수준에서 두 주요 대립축은 미국 대 소련 및 미국 대 한국민중으로 드러나며 후자는 미국의 현지지배기구인 미군정 대 한국민중의 전위인 사회주의 민족해방투쟁 세력의 대립으로 현재화되었다. 이때 한국민중과 혁명세력에게 좀더 중요한 대립축은 후자다. 즉 반제반봉건민주주의혁명을 완수하려는 한국민중 및 혁명세력은 자주적 인민정권의 수립을 시도했고 자신의 제국주의적 이해를 관철하려는 미국은 이를 저지하

표 1　　　　　　　　해방8년사 총체적 모순구조

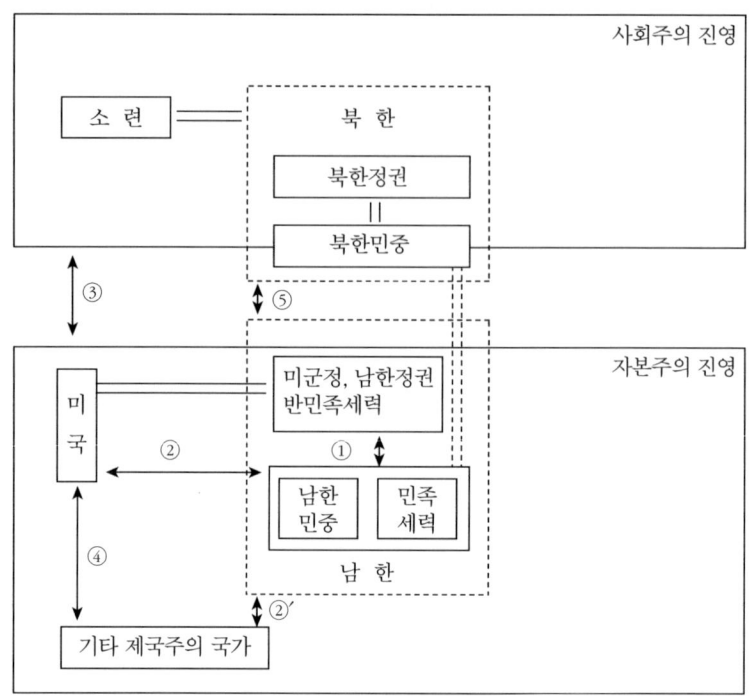

고 반동적 친미정권을 수립하고자 했다. 이것은 전 한반도에 적용되는 논리다. 그러나 국제냉전의 격화와 38이북에서의 반제반봉건민주주의혁명의 성공으로 국제주의적 제국주의 논리를 통한 전 한반도의 지배가 불가능함을 알았을 때 미국은 지배전략을 단정 수립을 통한 남한만의 확보로 전환했고 이러한 변화에 대응하여 한국민중과 혁명세력은 이를 분쇄하고 통일정부를 수립하기 위한 투쟁으로 전술적 전환을 하지 않을 수 없었다.

이와 같은 해방정국의 전체적 구도 속에서 당시 한반도 정치세력은 어떻게 범주화할 수 있는가.

2) 정치세력의 범주설정 문제

지금까지 우리는 해방8년사 정치세력을 범주화하는 데 냉전적 유산인 기존의 좌·우익 개념, 좌우대립 등식을 거의 무비판적으로 사용해왔다. 그러나 이러한 범주화는 당시 정치세력의 성격·위상과 역관계를 정확하게 판별해주지도 못할 뿐만 아니라 암암리에 냉전적 보수·반공이데올로기에 기여하는 우를 범하기까지 할 위험성이 있다.

당시 정치세력의 범주화는 민족적·민중적 과제에 대한 대응(내용과 형식)에 따라 재분류되어야 한다. 이것은 크게는 계급적 측면에서 반봉건민주변혁을 지지하느냐 반대하느냐와 민족적 측면에서 반제민족해방과 통일을 지지하느냐 반대하느냐에 따른 범주화를 의미하며 작게는 다음과 같은 쟁점들에 대한 정치적 견지에 따라서 분류가 가능하다.

첫째, 식민지시대 경력에 따라 친일파·민족반역자세력과 민족해방투쟁세력으로 구분할 수 있다. 둘째, 식민지시대 사회경제구조의 변혁 곧 토지개혁을 지지하느냐 반대하느냐에 따라 찬성세력과 반대세력으로 나눌 수 있다. 셋째, 수립될 정권의 성격에 따라 자주적 인민정권을 지향하는 세력과 그렇지 않은 세력으로 나눌 수 있다. 넷째, 모스크바3상회의에 대한 입장을 놓고 반탁세력과 조선민주주의임시정부 수립 지지세력으로 나눌 수 있다. 다섯째, 일제잔재 청산, 친일파 처단 문제를 놓고 찬성세력과 반대세력으로 나눌 수 있다. 여섯째, 통일문제를 놓고 통일운동세력과 분단국가 형성세력(=단정세력)으로 나눌 수 있다. 일곱째, 이념적 지향을 놓고 좌익세력과 우익세력으로 나눌 수 있다. 이를 간단히 정리하면 표 2와 같다.

이렇게 보았을 때 해방8년사 정치세력의 전 한반도적 수준의 대립구조는 단순한 좌·우이념대립이 아님을 알 수 있다. 냉전적 이데올로기의 산물인 좌·우 개념을 계속 사용하기보다는 새로운 개념화를 통한 정치세력의 범주화를 추구해야 할 것이다. 예컨대 분단국가 형성세력 대 통일운동

표 2　　　　　　　　　　　　해방 후 정치세력의 쟁점별 지향

정치세력 쟁점	이승만· 한민당계열	김구·한독당· 임정계열	건준·여운형· 인민당계열	박헌영·조선 공산당·남로 당계열	김일성·북로당 계열(김두봉·신 민당계열 포함)
일제강점기 경력	친일파·민족 반역자, 일제 수혜계급 또는 소극적 민족해 방운동세력	민족해방 운동세력	민족해방 운동세력	민족해방 운동세력	민족해방 운동세력
식민지 경제구조의 변혁 (토지개혁)	소극적 변혁 (사실상 반대 또는 다수가 그 대상)	소극적 변혁 유상매상, 유상분배	적극적 변혁 무상몰수, 무상분배	적극적 변혁 무상몰수, 무상분배	적극적 변혁 무상몰수, 무상분배
수립될 정권의 성격	부르주아 정권	부르주아정권 인민정권의 혼합적 성격	인민정권	인민정권	인민정권
모스크바 3상회의	정치적 반공 반탁운동	정의적 반공 반탁운동	조선민주주의 임시정부 수립 지지	조선민주주의 임시정부 수립 지지	조선민주주의 임시정부 수립 지지
일제잔재 청산과 친일자 처단	소극적 찬성, 사실상 반대 또는 대다수가 친일파 자체	전면 청산	전면 청산	전면 청산	전면 청산
통일문제	단정세력	통일운동 세력	통일운동 세력	통일운동 세력	통일운동 세력 (민주기지론[1])
이념적 지향	우	우	좌	좌	좌

주: 1) 민주기지론에 대해서는 '분단'과 '통일' 자체만을 놓고 볼 때는 좀더 따져보아야 한다.

세력 또는 혁명세력 대 반혁명세력, 애국세력 대 매국세력 등의 잠정적 범주화가 있을 수 있다.

7. 해방과 분단: 해방3년사 정치갈등의 전개

일제 식민지국가권력이 붕괴된 1945년 8월 15일부터 분단정권이 수립되는 1948년 8월까지 전 한반도 수준에서 혁명세력과 반혁명세력의 정치 갈등의 핵심적 문제는 누가 새로이 수립될 국가의 권력을 장악하느냐는 문제(국가권력의 담당주체)와 어떤 성격의 국가권력을 수립할 것이냐의 문제(국가권력의 성격) 및 어떻게 통일정부를 수립할 수 있느냐의 문제(통일문제) 세 가지였다.

여기에서는 이 문제에 초점을 맞춰 해방3년사 남북한 정치갈등의 전개과정을 살펴보려 한다. 남한의 경우 미국(미군정·반혁명세력·분단세력)과 남한민중(혁명세력·통일세력) 사이의 갈등을 중심으로 살펴보고 북한의 경우 반제반봉건인민민주주의혁명과 인민정권 수립 과정과 성격에 초점이 놓일 것이다. 그런데 국가권력 수립, 통일정부 수립문제와 관련하여 이 시기 정치적 갈등의 전개는 다음과 같은 세 개의 소시기로 나눠볼 수 있다.

제1국면(1945년 8월 해방~1945년 말 모스크바3상회의): 민족통일전선 결성을 통한 자주적 인민정권 수립 투쟁기

제2국면(1946년 초~1947년 9월 조선문제 유엔이관): 미소공동위원회를 통한 조선민주주의임시정부 수립 투쟁기

제3국면(1947년 9월~1948년 8월 분단국가 수립): 분단국가형성세력의 소멸을 통한 통일정부 수립 투쟁기

이렇게 세 시기로 나눌 때 해방3년사에서 정치갈등의 객관적 정치지형의 변화, 정치세력의 재편 및 그 역관계의 변화, 그리고 변혁운동세력의 노선전환을 가장 균형있게 설명할 수 있다.

1) 제1국면: 자주적 인민정권 수립 투쟁기

(1) 남한정세의 전개

　1945년 8월 15일 해방부터 1945년 말 모스크바3상회의까지가 이 시기에 해당한다. 이 국면은 미국과 한국민중이 가장 근접한 힘의 균형을 이루었던 기간이면서 동시에 향후 해방8년사의 전개를 틀지운 가장 결정적인 국면이었다. 또한 이 시기는 미·소 양국이 한반도문제에 관해서 어떤 구체적 합의도 하지 못했던 일종의 유동국면이었다.

　1945년 8월 15일 해방과 함께 한국민중은 전 한반도 수준에서 광범한 참여로 자주적 인민정권 수립을 시도했다. 식민지시대 사회주의 민족해방운동가들은 즉각 조선공산당을 재건하여 역량의 결집과 운동지도중심 건설에 착수했고 좌우연합적인 조선건국준비위원회와 조선인민공화국을 수립, 장차 수립될 국가권력을 담당할 민족통일전선의 결성에 박차를 가했다. 또한 이를 중심으로 노동자·농민 등이 광범한 외곽단체를 결성하여 인민정권 수립과 반제반봉건민주주의혁명투쟁에 참여했고 지방에서는 건준 지부와 지방인민위원회를 통하여 민중을 조직화해나갔다. 이들의 요구는 친일파 처단, 토지개혁, 인민정권 수립이라는 반제반봉건민주주의혁명으로 수렴되었다. 아마도 우리가 남한지역에서 순수 해방공간을 설정할 수 있다면 그것은 일제가 구축되고 미군이 진주하기 전까지의 기간, 즉 8월 15일부터 9월 8일까지가 이에 해당될 수 있을 것이다.

　자주적 독립과 인민정권 수립을 위한 이러한 노력은 소수의 친일파·민족반역자들을 제외하고는 모든 정치세력과 민중으로부터 열렬한 참여와 지지를 받았다. 일제 식민지 국가권력이 붕괴한 상태에서 식민지시대 지배계급들은 자신들의 계급적 이익을 강제할 아무런 자체 역량없이 급속히 몰락해갔다. 그것은 해방이었다. 혁명이었다.

　물론 건준·인공의 경우 여러 가지 조직적·이념적 한계와 문제점을 안고 있는 것은 부인할 수 없는 사실이었으나 우리는 그것을 사실상의 준국가라 볼 수 있다. 그러나 미국은 점령과 함께 남한민중의 이와 같은 자주적 인민정권 수립 노력을 정면으로 거부하고 직접 국가권력을 장악하여 군정을 실시했다. 이런 점에서 미군정의 수립은 새로운 국가권력의 수립이었고 폭력적으로 정권기관을 분쇄한 반혁명이었다. 미군정은 두 가지 점, 즉 점령군 미군이 직접 입법·사법·행정을 장악했다는 점과 그것이 민정이 아니라 '군정'이었다는 점에서 특징적이다. 따라서 상부구조적 측면에서 미군정은 식민지 국가권력임이 분명하며 미군정시대의 성격은 식민지시대로 드러난다. 역사적으로 '군정'이라는 이름으로 전개되었던 제국주의 국가의 제3세계 직접통치방식이 식민지가 아니었던 사례를 우리는 아직 알지 못한다. 그것은 부인할 수 없는 명백한 식민지배였다.

국가권력을 장악한 미군은 남한민중의 '모든' 자주적 독립국가 수립 노력을 억압하는 가운데 ('이념' 때문에 인공을 부인했다는 해석은 오류다. 김구·임정세력의 경우를 보라. 미국의 논리를 충실히 대변하지 않는다면 미국은 이 시기에 어느 국가에서건 그것이 비록 우익정권일지라도 일절 용인하지 않았다) 세 수준, 즉 ① 경제적 수준에서 미국경제에 종속된 자본주의적 경제관계의 확립과 미군정의 물적 토대 구축, ② 남한민중과 혁명세력을 탄압하기 위한 폭압적 국가기구의 창설과 유지, ③ 이러한 정책을 집행할 하위동맹자로서 현지지배계급의 부활과 육성 정책을 중점적으로 펴나갔다. 그들은 특히 식민지시대 관료·경찰을 현지동맹세력으로 끌어들였다. 식민지시대 일제를 위해 조선민중과 민족해방투쟁세력을 탄압했기 때문에 해방과 동시에 처단 위기에 직면했던 이들에게 미군은 일제보다 더 고마운 해방자였다. 이들에게 8·15는 암흑이었고 미군 진주는 해방이자 구원의 빛이었다. 이승만, 한민당, 친일파·민족반역자계열이 새로운 해방자를 만나 새로운 국가기구(미군정)에 융합되었고, 민중들의 지지에 근거하여 건준과 인공이라는 준국가기구를 형성했던 민족운동세력들은 배제되었다. 해방의 의미가 역전되는 순간이었다.

그러나 미군의 이러한 반혁명전략에 직면한 남한민중과 민족해방투쟁세력은 전면적인 저항을 시도하지는 않았다. 그것은 미·소의 협조 없이는 자주적 인민정권의 수립과 반제반봉건민주주의혁명의 달성이 불가능하다는 객관적 현실인식으로부터 나온 전술적 대응으로 이해된다. 아마도 이것은 제2차 세계대전 이후의 일반적 국제정세에 대한 나름대로의 판단에 더해 당시 스탈린의 국제협조노선으로부터 일정 정도 영향을 받았을 것으로 보인다.

그러나 당시 변혁세력은 이 시기 민중이 보여준 거대한 혁명열기와 역량을 올바로 지도하지 못했을뿐더러 정확하게 조직화해내는 데도 실패함으로써 향후 전개될 미군과의 정치권력 투쟁에 동원할 역량 결집에 실패하는 오류를 드러냈다.

(2) 북한의 정세

한편 이 시기 북한에서는 남한과 달리 북한민중과 사회주의 민족해방투쟁세력의 반제반봉건민주주의혁명 요구를 소련군의 협조하에 순조롭게 진행해가고 있었다. 즉 해방 이후 민중들의 밑으로부터의 변혁 요구를 철저히 억압했던 미군과 달리 북한에서는 소련군이 민중들의 자발적 권력기구인 인민위원회를 적극 지지하고 제반 민주개혁을 후원했다. 북한민중과 혁명세력은 소련군의 지원으로 식민 잔재와 반봉건적 경제관계를 청산하고 민주개혁을 실시, 반제반봉건민주주의혁명을 수행해나갔다.

그러나 소련군의 역할은 단지 지원 이상은 아니었다. 소련군 진주 이전에 이미 북한지역에서는 사회주의 민족해방운동가들을 중심으로 건국준비위원회를 비롯한 자치위원회, 보안위원회 인민위원회 결성준비위원회 등 다양한 단체가 족출하여 민중들의 자발적인 요구를 수렴해가고 있었다. 이들 초기 건준은 대체로 외부의 힘이 가해지지 않은 상태에서 친일파·민족반역자를 제외한 좌우연합적 민족통일전선의 성격을 띠고 있었으며 해방 직후 힘의 진공상태에서 행정권을 접수하고 치안을 유지하는 등의 역할을 했다.

이러한 점은 그 기능과 성격에서 남한지역의 건준-인민위원회와 기본적으로 일치하는 것이었다. 소련군은 진주 후 일본인과 친일파·민족반역자를 처단한 다음 이들 건준을 비롯한 여러 단체를 인민(정치)위원회 형식으로 개편하면서 이들에게 행정적 자율성을 부여, 자신들은 제2선으로 물러나 간접적인 통치방식을 취했다(군정이 아닌 민정).

북한에서 인민위원회 건설과정은 1945년 8월 평안남도 인민정치위원회를 시발로 1945년 10월 말까지는 북한지역의 6개 도에서 도인민위원회 조직들이 완료되고, 11월 말까지는 모든 시·군·면·리까지 조직이 완료된다. 남한지역의 미군정이라는 새로운 외세 지배기구의 형성에 대응하여 1945년 11월 19일에는 산하에 행정10국을 둔 민족해방투쟁세력 중심의 5도행정국이 완성되어 북조선임시인민위원회 수립 시까지 과도행정을 담당해나갔다. 요컨대 이 시기에 북한지역에서는 자주적 인민정권을 수립할 기본토대가 이루어졌다고 볼 수 있다.

한편 운동의 지도 중심, 당중앙의 문제와 관련해볼 때 이 시기는 중대한 변화를 초래한 국면이었다. 해방과 동시에 등장한 다양한 사회주의 민족해방운동가들 가운데 최초에는 그 중심이 서울의 조선공산당, 그중에서도 특히 박헌영계열(재건파)에게 있었던 것으로 보인다. 이것은 최초에는 북한지역에 진주한 소련군에게도 대체적으로 인정받은 듯하다.

그러나 38선 이남지역에 대한 미군의 점령과 직접 통치라는 객관적 조건 및 국내 공산주의자들에 대한 소련의 오랜 불신은 박헌영계열의 당중앙으로서 역할과 지위를 결정적으로 어렵게 하는 요인이 되었다. 따라서 1945년 10월 10일부터 13일 사이에 평양에서 개최된 '조선공산당 서북 5도 당 책임자 및 열성자대회'에서 '조선공산당 북조선분국'을 창설한 일은 형식적으로는 서울에서 조직된 조선공산당의 분국 형태를 띠었지만 내용적으로는 '새로운 당중앙'의 건설이거나 아니면 최소한 독자적 조직의 건설이라고 볼 수 있다.

그러나 더 실질적인 변화의 계기는 12월 17일, 18일 양일간 있었던 조선공산당 북조선분국 제3차 확대 집행위원회였다. 이 회의에서 김일성은 책임비서로 선출되어 공식적으로 북한 혁명지도부의 전면에 나서게 되었다. 김일성의 부상은 그의 식민지시대 항일투쟁 경력과 명망성, 정치적 능력, 그리고 소련군의 지원에 따른 것으로 보인다. 이와 같은 김일성계열의 부상은 김일성계열(갑산파)이 북한의 다른 혁명세력에 대해서 우위에 섰음을 의미할뿐더러 전 한반도 수준에서도 역시 가장 강력한 혁명세력으로 부상했음을 의미한다고 볼 수 있다.

이러한 일련의 과정은 비록 명시적으로 표명되지는 않았지만 남북한이 처한 객관적 정세의 차이에 따라 새로운 당중앙을 건설함으로써 북한지역에 한반도 혁명의 근거지, 즉 민주기지를 건설하려는 기지론적 전략의 관철과정이 아니었나 한다.

2) 제2국면: 조선민주주의임시정부 수립 투쟁기

(1) 남한의 정세변화

1945년 말 모스크바3상회의부터 제2차 미소공위가 결렬되고 조선문제가 유엔으로 이관된 1947년 8월까지가 이 시기에 해당한다. 모스크바3상회의와 그를 둘러싼 격렬한 제반 움직임—이른바 '찬·반탁운동'으로 완전히 왜곡되어 알려져 있는—은 미·소의 기본적 구도와 각 정치세력의 재편 및 존재논리의 자기 재생산 기반을 확연히 드러내주었다는 점에서 해방3년사에서 아마도 결정적인 모멘트 중 하나로 설정될 수 있을지도 모른다. 미국과 소련 사이에 조선민주주의임시정부 수립에 관한 합의가 이루어짐으로써 일단 현상적으로는 한반도에서 새로운 통일정부를 수립한다는 기본적 틀이 형성된 것이었다. 따라서 남북한 정치세력 모두에게 조선민주주의임시정부 수립 문제가 가장 긴급한 당면과제로 제기되었으며 남북한 혁명세력은 이 과제를 미소공위를 통해 달성하려 노력했다.

그러나 더 중요한 것은 양자의 합의 자체가 아니라, 이러한 외교적 합의를 실질적으로 실현해갈 미·소의 현실정치에서 논리와 정책이 과연 무엇이었느냐는 점과 이에 대한 국내 각 정치세력의 대응이 어떠했느냐는 점이었다.

미국은 모스크바3상회의의 핵심적 합의를 '조선민주주의임시정부 수립'이 아닌 '소련의 제의에 의한 신탁통치 결정'이라고 왜곡해서 인식시킴으로써 즉각적 독립을 요구하는 조선민중의 즉자적·심정적·정의적 민족주의 감정의 격렬한 폭발을 유도, 반탁=독립=반소=반공(반좌익)=애국, 모스크바3상회의 결정 지지=찬탁=식민지 연속=친소=공산주의=매국이라는 가증스러운 파시스트적 이데올로기를 창출해내었다. 그뿐만 아니라 명분과 논리의 자기 모순에도 불구하고 공식적으로는 미·소 간의 모스크바3상회의 결정에 기초하여 미소공위에 참여, 통일정부 수립을 추구한다는 외교적 제스처―사실상의 위장전술―를 취하는 한편 실질적으로는 친미·분단정권을 수립하기 위한 법적·제도적 제반 조치를 강화하고 직접적 탄압과 좌우합작 공작 등 끊임없는 분열공작으로 남한민중과 혁명세력을 파괴·분쇄해나갔다. 즉 미국은 미소공위, 통일정부 수립문제와 남한 내 각 정치세력에 대한 대응에서 이율배반적이었다. 자신들의 공식적 외교정책인 모스크바3상회의 결정사항을 지지하는 정치세력은 탄압·분쇄·분열 공작을 벌여 지속적으로 억압해갔으며 그것을 반대하는 세력은 오히려 각종 지원으로 후원·강화해나갔다.

한편 모스크바3상회의를 계기로 국내 정치세력은 적대적인 두 진영으로 뚜렷이 재편되었다. 모스크바3상회의의 결정을 반대하는 정치세력과 지지하는 세력이 그것이었다. 전자는 이승만, 김구, 임정, 한민당, 친일파·민족반역자들로서 미군정의 협조 아래 비상국민회의를 거쳐 단정으로 가는 제1단계로 미군정 최고자문기관인 남조선 대한국민대표민주의원(이하 민주의원)으로 결집해나갔다.

모스크바3상회의 반대세력의 반탁운동과 민주의원 결성으로 조선민주주의임시정부 수립을 준비하기 위한 전체 민족통일전선의 결성이 불가능해지자, 반대세력의 민주의원 설립에 대응하고 미소공위에 대비하기 위해 모스크바3상회의 찬성세력들은 조선공산당, 인민당, 독립동맹세력을 중심으로 식민지시대 민족해방운동세력만의 통일전선체인 민주주의민족전선을 결성했다.

모스크바3상회의 결정에 기초하여 조선민주주의임시정부를 수립하기 위한 제1차 미소공동위원회가 열렸으나 모스크바3상회의 결정사항 자체를 반대하는 세력들도 협의대상에 포함시켜야 한다는 미국의 주장으로 회의는 결렬되었다. 1946년 초 "소련과 협력은 더 이상 유지될 수 없으며 미국은 이제 소련과 상호 적대적이고 상호 불신하는 관계를 받아들일 준비를 해야 한다"는 케난의 '긴 전보'(long telegram)에서 이미 표명되었듯이 제1차 미소공위의 결렬은 미국의 반소반혁명전략의 연장과 다름없었다. 제1차 미소공위의 결렬과 동시에 미국은 남한만의 분단정권 수립과 남한혁명세력에 대한 전면적이고도 노골적인 탄압 의도를 감추려 하지 않았다. 이러한 미국의 정책은 ① 강경 혁명세력과 온건 혁명세력의 분할통치 및 이를 위한 좌우합작 공작, ② 분단국가 수립의 예비적 조치인 남조선과도입법의원 설치 및 군정행정의 한국인 이양과 남조선과도정부 수립, ③ 정판사위조지폐사건을 시발로 한 조공·전평·전농에 대한 탄압 및 진보적 신문들에 대한 정간 처분과 박헌영, 이강국(그는 좌우합작위원이었다. 미국은 자신들이 추진한 좌우합작의 위원에게조차 체포령을 내렸다. 이는 좌우합작의 본질을 말해주는 가장 좋은 사례가 아닐 수 없다), 이주하에 대한 체포령 등으로 이어지는 일련의 직접적 탄압정책으로 구체화되었다. 이러한 미국의 지배논리는 미소공위 휴회와 함께 나온 이승만, 한민당, 친일파·민족반역자들의 단정론으로 즉각 효력을 나타내었다.

한편 모스크바3상회의 결정을 이행해 조선민주주의임시정부 수립을 추구한 혁명세력은 이를 가능케 할 미소공위의 성공에 모든 역량을 집중했다. 앞에서 언급한 대로 이들은 김구·임정계열 등이 친일파·민족반역자들과 함께 반탁운동으로 나서자 모스크바3상회의 결정을 지지하는 세력만으로 조선민주주의임시정부 수립에 대비하기 위해 민주주의민족전선을 결성했다. 이로써 민족통일전선의 결성은 사실상 불가능해졌다.

제1차 미소공위 기간에 이들은 미군정에 대한 어떠한 직접적 적대행위도 자제했다. 그러나 미국의 기만적 술책으로 미소공위를 통한 평화적 임시정부수립운동이 좌절되고 곧 이어 미국의 삼면공세(좌우합작 공작을 통한 분열정책, 직접적 탄압 및 분단정권 수립 기도)에 직면하자 남한의 강경 혁명세력은 새로운 전술적 전환요구에 직면했다. 이러한 요구에 따라 채택된 것이 신전술로서, 이것은 미군정 탄압에 대응하는 정당방위의 역공세 성격과 함께 미소공위를 속개하기 위한 압력수단이라는 이중적 의미를 지닌다. 이러한 전술적 노선전환을 상하조직수준에서 담보해주기 위한 것이 당의 형태전환, 즉 전위당으로서 조선공산당에서 3당합당을 통한 대중정당으로서 남조선노동당의 결성이었다. 이러한 조직적 요구와 함께 미군정의 좌우합작 공작에 대한 대응과 북한에서의 북조선로동당 결성이 또한 남로당 결성의 주요 배경이었다.

그러나 이 3당합당 과정에서 남한혁명세력은 온건진영과 강경진영으로 분열되는 갈등양상을 노정함으로써 남로당은 사실상 대중정당으로서 조직과 역량을 갖추지 못했다. 이것은 강경 혁명세력과 온건 혁명세력을 분리해내려는 미국의 계속된 공작이 일정하게 성공했음을 의미했다.

이러한 분파적 갈등으로 남한 혁명세력은 9월총파업과 10월인민항쟁을 통해 해방 후 세 번째로 밀려왔던 민중의 거대한 혁명의 파도를 조직적으로 지도하지도 못했고, 그 투쟁역량을 결집하여 지도부 수준에서 미군정과 직접적인 정치투쟁을 전개하지도 못했으며, 국면을 전환하지도 못했다. 남한민중들은 미국의 정치적 억압과 경제적 착취라는 식민지화 점령정책 1년에 대응하여 전국적 봉기로써 결사적으로 저항했으나 남한혁명세력들은 이들의 투쟁역량을 결집하고 미국에 대항할 아무런 역할도 해내지 못했다. 그 결과 혁명의 물결이 휩쓸고 간 지방에서 남은 것은 수없이 쌓인 민중의 시체와 혁명세력의 파괴뿐이었다. 그리하여 항쟁에 참여하지 않은 극소수 몇몇 지역을 제외하고는 이후 항쟁 전 수준으로 조직적 운동역량이 복원된 곳은 거의 없었다.

한편 남한민중의 전면적 항쟁의 물결이 휩쓸고 지나간 후인 1947년, 미국의 대한정책은 더욱 확실한 반혁명·분단정책으로 나아갔다. 이것은 트루먼독트린으로 대표되는 미국의 세계전략·반혁명총노선의 한반도 수준의 관철이었다. 사실상의 분단정권 수립 준비단계였던 남조선과도입법의원을 거쳐 미군정은 민정장관 임명, 남조선과도정부 구성으로 남한만의 분단정권 수립정책을 노골화했다. 이 시점에서 미국에 미소공위의 성공을 통한 한반도 통일정부 수립을 위해 어떤 적극적 노력을 기대한다는 것은 전혀 가능성이 없었다. 예상대로 제2차 미소공위는 결렬되었고, 분단정권 수립노선을 확정한 미국은 남한 혁명세력과 민중에게 거의 무제한적인 폭력을 사용했다. 미소공위의 완전한 결렬이야말로 남한민중과 혁명세력에 대한 미군정 총공격의 마지막 장애물이 제거되었음을 의미했다. 미국의 분단정책과 탄압에 맞서 남한 혁명세력은 3·22총파업, 7·27미소공위 경축 임시정부 수립 촉진 인민대회, 8·15해방 2주년기념 시민대회 등으로 맞섰으나, 미군정은 해고, 예방구금, 체포, 구속, 테러, 사전봉쇄 등 일제강점기 유습의 완벽한 재동원으로 이를 분쇄해나갔다. 해방3년사 제2기인 이 시기 말기에 와서는 미군정의 지속적인 탄압과 지도부의 전술적 오류로 남한 혁명세력의 조직과 역량은 현저히 약해져 있었다. 이 시기는 그 중간을 기준으로 해서 보았을 때 미군정 및 그 포섭세력과 남한 혁명세력 간의 힘 관계가 마치 대각선이 교차하듯이 역전되어간 때였다. 이 시기를 통하여 남한 혁명세력은 미소공위 성공에 대한 과도한 기대와 분파성, 대중추수적 운동 전개로 민중들의 혁명역량을 대부분 상실하는 오류를 노정했다. 그들은 대중을 제국주의의 폭압에 외로이 맞서도록 해놓고는 아무런 효율적 지도도 하지 못한 채 단지 항쟁이 패배한 뒤 수많은 민중의 주검 위에 놓인 산산이 형해화된 혁명의 파편을 추스렸을 뿐이다.

(2) 북한에서 혁명 전개

조선민주주의임시정부 수립을 결정한 모스크바3상회의는 북한지역의 정세에도 커다란 영향을 미쳤다. 이를 계기로 북한지역의 모든 정치세력은 모스크바3상회의 결정을 지지했다. 그러나 조만식계열만은 이에 반대하며 반탁운동을 전개했다. 그 결과 조만식계열은 미국과의 모스크바3상회의 결정에 충실함으로써 조선민주주의 임시정부 수립을 후원하려는 소련에 의해 북한의 주요 정치세력에서 탈락하게 되었다.

모스크바3상회의에 대한 북한지역 각 정치세력들의 대응은 1946년 2월 북조선임시인민위원회의 수립으로 나타났다. 이것은 ① 모스크바3상회의 결정에 따라 수립될 임시정부에 대비하고, ② 남한지역의 반탁운동과 미군정의 반탁운동 지원, 반탁세력 결집, 특히 독립적인 행정기구(남조선 대한국민대표민주의원) 설치에 따른 대응이었다. 이러한 전체 한반도 정세 변화와 함께 북한지역의 반제반봉건인민민주주의혁명을 통일적으로 지도할 행정조직 건설의 필요성이 또 하나의 중요한 요인이었다. 북한혁명세력들은 임시인위를 건설하여 북한지역이 한반도혁명의 근거지가 될 수 있도록 하기 위한 반제반봉건민주개혁을 실시했다. 말을 바꾸면 임시인위의 수립은 이러한 사회경제적 개혁을 수행하기 위한 상부구조 수준의 대응이었다. 토지개혁, 친일파 처단, 중요 산업 국유화, 8시간노동제와 최저임금제 실시, 남녀평등 보장 등이 주요 개혁내용으로서 이것들은 당시 한국민중의 요구를 거의 완전하게 반영하고 있었다. 이 중에서도 가장 핵심적인 개혁은 토지개혁으로서 북한에서는 인민정권(임시인민위원회) 수립 후 첫 사업으로 토지개혁을 실시했다. 이것은 그 시점과 관련해볼 때 미소공위의 개막을 앞두고 남북한 민중의 광범한 지지를 확보해냄으로써 장차 수립될 임시정부에서 주도권을 장악하려는 전략으로 이해된다. 북한의 토지개혁은 다른 국가들의 경우와 비교해볼 때 큰 저항 없이 평화적으로, 단기간(20일)에, 그리고 매우 철저하게 수행되었다는 점에서 특징적이다.

토지개혁을 비롯한 북한지역의 반제반봉건인민민주주의혁명은 민주기지를 강화하는 데 결정적으로 기여했다. 북한지역에서 반제반봉건인민민주주의혁명 기간은 임시인위가 존속했던 1946년 2월에서 1947년 초까지다.

친일파 처단과 토지개혁을 핵심으로 하는 반제반봉건개혁으로 반동계급의 계급기반과 물적 토대가 급속히 붕괴되고 혁명역량이 일정하게 축적되자 북한지역 혁명세력들은 좀더 통일적이고 조직적으로 혁명과업을 완수하고 새로운 단계로 평화적 이행을 준비하기 위해 지도 중심의 변화, 즉 전위정당에서 대중정당으로 발전을 모색했다. 북조선로동당 창립이 그것이었다. 이러한 정치노선이 통일전선 수준에서 관철된 것이 비슷한 시기에 만들어진 북조선민주주의민족통일전선의 결성이었다. 이로써 반제반봉건민주주의혁명 단계에서 사회주의혁명 단계로 발전하고 민주기지를 강화하기 위한 제반 정치적 작업들이 완료된 것이다. 북로당 건설은 또한 김일성계열이 남북한 혁명세력의 실질적인 지도 중심으로서 위치를 확실히 굳힌 것을 의미한다고 볼 수 있다.

한편 제1차 미소공위의 휴회와 뒤이은 남한의 정세변화(좌우합작공작, 남조선과도입법의원 설치, 강경 혁명세력 탄압 등)는 북한지역에도 커다란 영향을 미쳤다. 특히 사실상 분단정권 수립 예비단계인 미군정의 남조선과도입법의원선거는 통일정부 수립 가능성에 대한 심각한 회의를 불러일으키기에 충분했다. 이에 대응하여 북한지역의 각 정치세력은 각급 인민위원회선거를 실시해 북조선인민위원회를 수립했다. 북조선인민위원회의 수립은 북조선임시인위에서 추진한 반제과업, 토지개혁 등 반봉건 경제관계의 개혁 및 정권기관의 중앙집권화가 일정하게 완수되었음을 의미했다. 북조선임시인위가 반제반봉건인민민주주의혁명 단계에 조응하는 인민민주주의독재정권이었다면 북조선인위는 사회주의혁명 단계에 조응하는 프롤레타리아 헤게모니가 관철되는 프롤레타리아 독재정권이었다. 이 시점에서 북한지역의 정치세력들은 당·통일전선·정권의 각 수준에서 북한지역을 혁명적 민주기지로 강화하기 위한 준비작업들을 사실상 완료했다. 이 시기 북한의 민주기지론은 북한지역에서 혁명역량 강화라는 측면과 남북한통일 추구라는 측면 두 수준에서 이해해야 한다. 이 시기에 한정해서 볼 경우 그것은 자체 혁명역량 강화에 더 큰 힘을 쏟았지만 통일정부를 수립하기 위해서는 상대적으로 적극적 노력을 하지 않은 것으로 보인다. 민주기지론에 대한 올바른 이해는 이 두 수준의 정확한 판별과 제반 정세의 변화에 따라 그것이 상호 변화·발전해가는 모습을 포착해낼 때 가능할 것으로 보인다.

이 시기를 지나면서 남북한은 이미 서로 다른 두 사회로 발전, 사실상 분단으로 치달았다. 이러한 전개는 주로 미국이 주도한 것으로 보인다. 이 시기 북한 정치세력의 정치적 움직임(북조선 임시인위 및 북조선인위 창설 등)은 그들 자신이 선도적으로 이끌어간 측면보다는 대부분 한반도 전체 정세의 변화(모스크바3상회의, 미소공위 결렬 등), 미국의 정책(반탁세력 지원, 모스크바3상회의 결정 지지세력 탄압 등) 및 남한지역의 정치적 움직임(남조선국민대표민주의원 창설 및 남조선 과도입법의원 창설 등)에 대한 사후적 대응측면이 훨씬 강하게 보인다.

3) 제3국면: 통일정부 수립 투쟁기

제2차 미소공위의 결렬로 한국문제가 유엔으로 이관된 1947년 9월부터 1948년 8월 분단정권 수립 때까지가 이 시기에 해당한다. 이 시기에는 제2기를 통하여 지속적으로 강화돼오던 미국의 대소공세·반혁명 총노선이 최소한의 유화제스처조차 전면적으로 폐기할 정도로 강화됨으로써 미·소 협조에 의한 한반도문제 해결, 즉 통일정부 수립 가능성은 완전히 봉쇄되었다. 따라서 이 시기에는 미국의 제국주의적 의도가 전면적으로 노골화되었다. 그 결과 한국민중과 남북한 혁명세력으로서는 미국과 직접 대결해 통일정부를 수립하든지 아니면 그들이 강요하는 지배질서(분단고착화)를 수용하든지 선택을 강요받게 되었다. 통일과 분단, 통일운동세력과 분단국가 형성세력, 이제까지 혼재돼오던 전선은 명확해졌다. 따라서 이 시기 통일운동세력에게 통일투쟁은 또 다른 제국주의 국가를 대상으로 하는 민족해방투쟁의 연속을 의미했으며 국내 수준에서 그것은 분단국가를 형성하여 미국의 계속된 지원하에 정치적으로 생존하려는 세력과의 계급투쟁·내전을 의미했다. 정치적 대립축과 통일운동 측면에서 이 시기는 한국전쟁 시까지로 연장될 수 있을 것이다. 이 시기 정치적 갈등의 전개과정을 좀더 자세히 살펴보자.

미국은 제2차 미소공위가 결렬되자 한국문제를 유엔으로 이관할 것을 제안했다. 그러나 소련은 이것이 전후처리문제를 다룰 수 없도록 규정한 유엔헌장(주로 제107조)의 명백한 위반이라며 반대했다. 비록 미국에 의한 한국문제의 일방적 유엔 이관이 유엔헌장 자체의 명백한 위반은 아니었으나(헌장 제10조, 제11조, 제14조), 그렇다고 이러한 전후처리문제를 유엔에서 다루도록 규정한 근거는 어디에도 없었다. 이러한 미국의 행위는 오히려 미국 자신이 합의한 모스크바3상회의 결정에 대한 명백한 위반이라는 데 더 큰 문제가 있었다. 소련은 미국의 한국문제 유엔 이관에 대응해 미·소 양군 철퇴와 한국인에 의한 자주적 통일정부 수립방안을 제시했다. 그러나 이것은 미국과 유엔에 의해 거부되었다. 소련은 또한 유엔에서 한국문제를 다루더라도 한국문제 토의에 한국인들을 참여시켜야 한다고 제안했으나 유엔에서는 유엔 한국임시위원단의 설치를 주장하는 미국의 제안이 관철되었다. 이 시점에서 유엔은 단순히 미국의 기계적 다수가 확보되어 있는 수준을 훨씬 넘어 미국의 외교정책을 추인·집행해주는 제2의 국무성 역할을 했다.

　유엔의 결정에 따라 전 한반도에서 선거를 실시·감독하기 위해 유엔 임시한국위원단이 1948년 입국했으나 이 선거에 참여하기로 한 세력은 이승만·한민당 그리고 친일파·민족반역자들뿐이었다. 김구·임정·한독당 계열 및 김규식·민족자주연맹계열조차 단선 참여를 거부했다. 이러한 사실, 즉 남북한의 많은 정치세력 가운데 극히 일부만이 참여하여 단독선거를 강행했다는 사실은 그 선거를 통하여 구축될 지배질서가 결코 정상적일 수 없을 것이라는 것, 따라서 그것은 반드시 어떤 역사적 대가를 치를 것이라는 점을 예견케 했다. 단독선거는 유엔 임시한국위원단의 보고서에서조차도 인정할 정도로 반공개·비민주·폭력적 상황 속에서 진행되었다. 그것은 유혈이 난무하는 준내전적 상황에서 강행되었으며(4월 중에만도 단선저지사건 176건, 사망 154명) 선거등록 또한 매우 강제성을 띠고 있었다. 당시 한 여론조사에 따르면 등록자의 91퍼센트가 등록을 강요받았고 9퍼센트만이 자발적으로 등록했다고 응답했다(한국여론협회조사, 『동아일보』, 1948년 4월 16일).

　한편 북한의 모든 정치세력과 남한의 통일운동세력은 미·소 양군 철퇴후 한국인들끼리 한국문제를 자주적으로 해결할 것을 주장하며 단독선거 참여를 전면 거부했다. 통일국가를 수립하기 위한 이들의 단선거부·조국통일투쟁은 두 수준에서 전개되었다. 합법적 정치투쟁으로서 남북협상과 비합법투쟁으로서 무장투쟁이 그것이었다. 전자는 남한민중과 통일운동세력의 평화적 통일운동이라는 성격과 함께 남북한 정치세력을 규합해 평화적으로 통일정부를 수립하려는 북한지도부의 민주기지론=통일전선전술의 관철이라는 성격을 담고 있다. 남북협상(이것은 정확하게는 전조선정당사회단체대표자연석회의와 남북정당사회단체지도자협의회를 지칭한다)에서 남한의 단정세력(이승만, 한민당, 친일파, 민족반역자)을 제외한 남북한의 모든 정치세력은 단선 반대, 단선을 통해 수립된 단독정부 불인정, 외국군 동시철수, 외세의 간섭 없는 통일적 민주주의 자주독립국가의 수립 등을 결의, 자주적인 통일정부 수립을 추구했다. 그러나 통전을 결성해 단선을 저지하고 평화적으로 통일정부를 수립하려는 이와 같은 노력이 성공하기란 제반 정세에 비춰볼 때 시기상 너무 늦었으며, 그동안 강력한 반탁운동을 전개해오며 모스크바3상회의 결정에 따른 조선민주주의임시정부 수립을 반대해왔던 김구·김규식계열 통일운동으로의 노선전환은 논리적으로나 현실적으로나 너무나 많은 한계를 안을 수밖에 없었다.

한편 비합법 수준에서의 단선저지·통일운동은 무장투쟁과 북한지지라는 두 방향으로 나타났다. 이것은 혁명세력으로서는 어쩔 수 없는 최후의 선택으로 보인다. 그러나 남로당과 민전이 한국문제가 유엔으로 이관되자마자 무장투쟁으로 전환한 것은 아니었다. 유엔 소총회에서 남한만의 단독선거가 공식 결정되고 유엔 임시한국위원단이 입국하기 전까지만 해도 이들은 단선 반대, 외국군 동시철수, 남북회담을 통한 통일정부 수립을 주장하는 수준을 결코 넘지 않았다. 그러나 유엔 소총회의 결의와 유엔 임시한위의 입국으로 단선과 그를 통한 분단정권 수립이 명백해지자 이들은 실력으로 이를 저지하기로 결정하고 무장투쟁으로 전환했다. 2·7구국투쟁, 제주4·3무장봉기, 5·8총파업, 5·10단선반대투쟁 등이 그것이었다.

2·7구국투쟁은 투쟁 형태의 차원뿐 아니라 처음부터 대상과 목표를 정확히 설정한 조직적·목적의식적 투쟁이었다는 점에서 앞 시기에 있었던 다른 변혁운동과는 그 성격을 달리했다. 제주4·3무장봉기는 중앙 변혁지도부와는 일정하게 독립된 채 비교적 다양한 대립축과 요인(제주도 민중과 육지 출신 서북청년단·경찰 간의 대립, 좌익세력과 우익세력 간의 대

립, 공산주의식 혁명세력과 미국식 자유민주주의세력 간의 대립, 통일운동 세력과 분단국가 형성세력 간의 대립, 남한민중과 미국·미군정 간의 대립 등)에 의해 폭발한 것이었으나 그 본질적 대립축이 분단과 통일, 제국주의 와 한국민중이었다는 점에서는 차이가 없었다. 그것은 남한 전체 정세의 한 집중적 폭발이었다. 미군 점령기간 미국과 분단국가 형성세력의 제국주의 정책 및 잔혹성·폭력성을 이처럼 극명하게 보여준 사례는 없었다. 약 1년간 계속된 항쟁에서 이들은 제주도민의 약 10퍼센트에 달하는 3만~4만을 무자비하게 학살하는 대학살극을 자행했다.

분단으로의 줄달음과 혁명세력의 노선전환으로 초래된 이러한 남한 내 갈등은 사실상 내전의 시작을 의미했으며, 식민지시대부터 민족의 독립과 해방을 위해 장구하게 투쟁했던 혁명세력으로서는 분단과 통일의 갈림길에 직면하여 선택할 수밖에 없었던 하나의 필연이었다.

한편 북한이 이러한 남한 내 무장투쟁을 지원한 흔적은 거의 없었던 것으로 보인다. 이것은 북한지도부의 민주기지론이 무장투쟁에 대한 지원을 통한 단선단정 저지보다는 통일전선 결성을 통한 평화적인 통일정부 수립의 추구와 북한지역의 혁명적 민주기지 건설에 더 치중했기 때문으로 보인다.

남북협상과 단선저지라는 통일정부 수립을 위한 두 길이 실패하자 남한의 혁명세력은 단선단정 무효화투쟁과 북한정군 수립 참여로 전환했다. 남북분단이 현실화되고 있는 시점에서 이들이 취할 수 있는 다른 선택 가능성은 완전히 봉쇄돼 있었다. 결국 남한에는 이승만과 한민당세력만이 참여한 가운데 단독정권이 수립되었고 남북의 혁명세력들은 1948년 6월 제2차 남북조선정당사회단체지도자협의회를 개최한 데 이어 남북한총선거(남한지역은 지하선거)를 통하여 북한정권을 수립함으로써 남북한에는 상호적대적인 두 정권이 들어서게 되었다. 분단이었다. 그러나 이 분단은 해방3년사 모든 정치투쟁의 귀결점이면서 동시에 통일을 위한 새로운 출발점이기도 했다. 남북한정권은 유엔의 승인과 전국적인 총선거를 들어 각기 자신들의 정통성을 주장했지만 양자 모두가 한국민중 전체에게 명실상부한 통일정부로서 받아들여지기에는 양자의 상대적 차별성에도 불구하고 여전히 한계가 있었다. 이제 통일정부 수립의 길은 논리적으로는 두 정권 간의 합의라는 평화적 방법과 어느 한 정권의 붕괴라는 혁명적 방법 두 길이 있을 수 있었으나 분단에 이르기까지 과정에 비추어볼 때 전자는 현실적으로 그 실현 가능성이 너무도 희박했다. 따라서 우리는 한국전쟁 발발의 객관적 필연성을 해방3년사의 제반 모순과 갈등으로부터 찾으려는 시도의 타당성을 인정하지 않을 수 없는 논리적 귀결에 도달하게 된다.

8. 분단과 조국통일운동: 1948~50년 남북한 정치사

1948년 분단정권 수립으로부터 1950년 한국전쟁 발발 전까지 한국 현대사는 분단 후사와 한국전쟁의 전사로서 매우 중요한 의미를 지닌다. 그러나 이 시기에 대한 연구는 그 중요성에 비해 상대적으로 덜 진행돼온 것이 지금까지 실정이었다. 그것은 남북한지역 모두에 해당되는 사항이다. 이 시기 정치사에 대한 총체적 고찰은 미국의 대한반도정책과 한반도 내의 제 갈등(남북한 정권 간의 갈등, 남한정권 내 지배블록 간의 갈등, 남한정권과 민중·혁명세력의 갈등 등)의 제 수준을 총체적으로 고려할 때만이 가능하다.

1) 미국의 대한정책 변화의 추이

1948년 남한에 단독정권을 수립함으로써 자신들의 점령목표를 성공적으로 관철한 이후에도 미국의 대한정책은 남한정권에 대한 지원 강도에서 직접 점령 시에 비해 전혀 약화되지 않았다. 시간이 지남에 따라 그것은 오히려 지속적으로 강화되었다. 미국의 대한정책은 미국 내의 정치경제적 제반 상황과 함께 세계적 수준의 정세변화, 동북아지역의 정세변화, 그리고 한반도 내의 정세변화라는 중첩적 요인에 따라 결정되었다. 이 시기 미국의 대한정책은 철수와 봉쇄의 교묘한 절충으로 요약될 수 있다. 전자가 현상이라면 후자는 그 본질에 해당한다.

1947년 한국문제를 유엔에 이관하면서 미국은 외국군 철수를 요구하는 한국민중과 국제여론, 그리고 소련의 철수 주장에 직면하여 미군 철수 후 대한정책 재조정에 착수했다. 그 최초 표현이 NSC8이었다. 그러나 이 문서 어디에도 미군 철수 후 대한공약이 약화될 것이라는 내용은 없었다. 오히려 이 문서는 NSC8/2로 발전하여 철수에 상응한 한반도에서 미국의 정치·경제·군사적 지원이 훨씬 더 강화될 것임을 보여주고 있다. 국제정세의 변화(체코의 사회주의권 편입, 베를린위기, 소련의 핵개발)와 동북아지역의 정세변동(중국 국부군의 패퇴 그리고 미국의 중·소 분리와 마오쩌둥의 티토화공작 실패), 그리고 한반도에서의 상황전개(이승만정권의 계속되는 정치경제적 위기와 여순민군봉기)는 미국의 세계전략과 대한정책을 훨씬 더 공세적으로 나아가게 했다. 그것은 미국의 대아시아정책을 나타내는 NSC48/1과 NSC48/2, 대세계전략을 나타내는 NSC68과 NSC68/2에서 지속적으로 관철되고 있다. 특히 NSC48/1은 한반도에서 미국의 정책이 소극적 봉쇄를 넘어 북한의 남한 편입이라는 공격내용까지 담고 있어 상당히 강화됨을 보여주고 있다.

1949년 말 시점에 이르러 미국의 대한반도정책은 북한지도부에게 위협적으로 받아들여지기에 충분했다. 특히 미국이 사회주의권의 발전에 대응하기 위해 일본에서 취했던 역전정책은 북한을 포함한 동아시아 사회주의 국가들에게 미국이 구파시즘세력과 손잡고 동북아 사회주의권을 공격하려 한다는 의심을 받게 하기에 충분했다. 1950년 들어 미국의 대한정책은 해석 여지에 따라서는 일견 혼란스러울 수도 있는 것처럼 보였으나 본질적으로는 가일층 강화되고 있었다. NSC48/1·2조를 현실화하면서 미국의 군사적 안전보장을 유럽으로부터 아시아까지 확대하는 가운데 나온 애치슨 국무장관의 "한국에서 미국의 책임은 직접적이고도 명백하다"는 내셔널 프레스 클럽에서 한 언명을 비롯해 미국의 대한군사공약을 제도적 수준에서 보장해준 주한미군사고문단설치협정, 한미상호방위원조협정의 체결, 그리고 한국에 대한 군사지원과 북한의 탈소·남한편입 의지를 강력히 피력한 국무성 고문 덜레스와 국무성 동북아시아 과장 앨리슨의 방한 등이 그것이었다. 요컨대 분단 이후 한국전쟁 발발 시까지 미국의 대한정책은 지속적으로 강화돼왔으며 이것이 북한지도부로 하여금 일종의 위협의식을 느끼게 했던 것으로 보인다.

2) 한반도에서 정치갈등의 전개

1948년 분단에서 1950년 한국전쟁에 이르기까지 한반도는 끊임없는 갈등과 위기의 연속이었다. 이러한 위기의 연원은 기본적으로 남한정권의 정통성 부재에서 기인했다. 북한정권이 상대적으로 안정된 국내적 기반을 확보하고 있었음에 비해 남한정권은 남한민중·통일운동세력과의 대립 속에 미국의 일방적 지원으로 수립됨으로써 출발부터 구조적 위기에 직면하지 않을 수 없었다. 더 직접적으로 말해 미국의 지원감소 내지 철회 시 남한정권의 붕괴는 예견하기 어렵지 않았다. 여순민군 봉기와 한국전쟁 시 미군의 지원으로 남한정권이 구출된 사례는 이러한 추론의 극적인 반증과 다름없다. 그러나 미국의 일방적 지원으로 성립되고 유지되었다는 이 점이 남한정권과 미국이 이해가 항상 일치했다는 것을 의미하는 것은 아니다. 양자 간에는 갈등도 적지 않았다. 미국은 정통성 부재라는 남한정권의 구조적 취약성을 이용하여 이를 마음대로 통제하려 시도했고 이승만정권 또한 이를 역이용하여 남북관계를 긴장시킴으로써 정권의 대내외적 기반을 확보하려는 시도를 끊임없이 추구했기 때문이다.

이렇게 1948년에서 1950년까지 미국과 이승만정권의 이해는 일치 속의 갈등이라는 이중적 구조를 이루고 있었다. 이것은 아마도 북진통일논리와 분단고착화논리―열전으로 가면 열전대로 이익을 취하지만, 피할 수 있는 한 냉전의 격화로 정치·경제·군사적 이익을 확보하겠다는 논리― 간의 현상적 갈등으로 이해될 수 있을 것이다. 그러나 좀더 본질적인 갈등과 위기는 미국과 이승만정권의 이와 같은 현상적 갈등이라기보다는 남과 북, 이승만정권과 남한민중·통일운동세력 사이의 갈등에서 초래된 것이 대부분이었다. 분단정권 수립에서 한국전쟁에 이르기까지 한반도 수준에서 정세의 변화, 정치갈등의 전개는 다음과 같은 세 개의 소시기로 나눠볼 수 있다.

(1) 제1국면

첫 번째 시기는 1948년 분단정권 수립 때부터 1949년 5월까지가 이에 해당한다. 이 기간의 갈등은 남북 간의 갈등보다는 주로 남한 내의 갈등으로서 이승만정권 지배블록 내의 분파 갈등 및 이승만정권과 남한민중 간의 갈등이 주요 축이었다. 이승만정권은 정권 수립 직후부터 이미 지배블록 내의 분파적 갈등현상을 노정하고 있었다. 그것은 각료 선임문제를 놓고 빚어진 이승만과 한민당 간의 갈등, 반민족행위자처벌법(반민법) 통과를 놓고 빚어진 친일파·민족반역자와 기타 세력 간의 갈등, 그리고 미군철수를 요구하는 국회의 결의문 채택으로 빚어진 찬성세력과 반대세력 간의 갈등, 토지개혁문제를 놓고 빚어진 좀더 본질적인 갈등 등 다양한 양상으로 표출되었다. 남한정권 담당세력의 단선단정 참여가 아무런 민족적 대의명분도 없는 단순히 정치적 생존이라는 공통의 이해관계에 기초한 것임을 감안한다면 이러한 분파적 갈등은 예견된 것이나 다름없었다.

그러나 이승만정권에 대한 좀더 중요한 도전세력은 남한민중들과 여전히 소멸되지 않고 있던 통일운동세력·혁명세력이었다. 1948년 10월 여수·순천을 중심으로 한 전남 동부지방에서 발발한 여순민군봉기는 그 대표적인 사례였다. 동족을 학살할 수 없다는 대의명분과 38선을 철폐하고 조국통일을 이루자는 열정과 명분으로 제주도 출동명령을 거부한 정규군에 의해 촉발된 군인봉기가 민중들의 광범한 가세로 거대한 민중봉기로 발전한 이 사건은 안 그래도 취약한 신생 이승만정권의 기반을 그 근저부터 흔들기에 충분했다. 이 봉기는 이 시대 남한 전체에 구조화된 보편적 모순구조의 한 지역적 관철이라는 점에서 남한사회의 보편성과 전남 동부지방의 특수성이 중첩되어 폭발한 것이었다. 이것은 당시 중앙의 변혁 지도부로부터는 일정하게 독립된 돌출사건이었다. 이 봉기의 실패를 계기로 남한민중과 혁명세력의 투쟁노선은 대중투쟁으로부터 전면적 무장투쟁으로 넘어갔다. 그러나 여순민군봉기는 남한 내 혁명세력의 노선전환 이상으로 미국과 이승만정권에게 커다란 영향을 미쳤다.

우선 미국은 NSC8을 재검토하여 NSC8/2의 형태로 대한지원을 훨씬 강화했고 주한미군 철수를 연기했다. 이승만정권은 이를 계기로 악명 높은 일제강점기 치안유지법의 재판이라 비판받던 국가보안법 통과를 강행, 정치적 반대세력에 대한 무제한적 탄압을 제도화했다. 이러한 제도화는 1949년 5월 국회프락치사건 조작을 통한 진보적 국회의원 검거를 비롯하여 1949년에만도 10만 명이 훨씬 넘는 국민을 국가보안법 위반혐의로 체포·투옥함으로써 이승만정권 유지에 크게 기여했다. 또한 이승만정권은 전군의 5퍼센트에 달하는 4,749명을 숙군하여 혁명세력과 광복군계를 포함한 모든 반이승만 성향의 군을 완전히 제거했을뿐더러 수많은 청년단을 통폐합해 200만에 달하는 대한청년단을 창설하고 또 50만에 달하는 학도호국단을 창설하여 군·청년·학생들을 이승만정권의 사적 지배하에 놓이게 했다.(경찰은 이미 정권 수립 시 완성되어 있었다.)

여순민군봉기는 이렇게 이승만정권을 강력한 반공국가로 구축해준 계기가 되었지만 그것은 또한 앞에서 언급한 대로 혁명세력에게도 커다란 전환점을 가져왔다. 대중에 기반한 대중투쟁이 종식되고 산악근거지를 중심으로 한 유격투쟁으로 이행한 것이 그것이었다. 이 시기 유격투쟁의 핵심은 유격근거지를 확보하기 위한 유격전구 형성에 놓였다. 전국적으로 지리산유격전구, 호남유격전구, 태백산유격전구, 영남유격전구, 제주도유격전구의 5개 유격근거지가 형성되었다. 이들은 전체적으로 약 5천 명 내외의 유격대 병력을 확보하고 있었다. 이 중 여순민군봉기세력이 입산하여 형성한 지리산유격전구(사령관 이현상)가 남한유격대의 총본산으로서 가장 넓은 지역에까지 영향력을 행사하고 있었다. 그러나 이러한 유격전구의 형성은 중앙 변혁지도부의 통일적 지도에 따른 것이라기보다는 각 지역 혁명세력들의 조건과 필요에 따라 자연스럽게 형성된 측면이 더 강했다.

한편 이 시기 북한은 인민경제계획을 통한 사회주의 경제건설과 자체

혁명역량 강화에 더욱 치중한 것으로 보이며 남한의 혁명세력에 대한 지원은 거의 하지 않은 것으로 보인다. 유엔의 남한정부 승인과 소련군의 완전 철수는 북한의 이러한 대내지향적 정책을 더욱 촉진한 요인이었다. 소련군 철수에 따른 보상 획득과 제도적 지원장치를 마련하기 위한 김일성과 박헌영의 방소(1949. 3)에서도 북한은 철군에 상응하는 어떠한 보상도 받아내지 못했을뿐더러 상호방위조약과 같은 군사적 보장도 없이 단지 경제·문화협정의 체결에 만족해야 했다. 이 점은 남한정권과 미국이 각종 조약과 협정으로 긴밀한 연대를 형성하고 있던 점과 비교되는 것이 아닐 수 없다. 아마도 이것은 미국과 소련의 대남한·대북한정책의 차별성과 남북한정권 각각의 대내적 정통성 확보와 관련이 있는 것으로 보인다.

한편 이 시기에는 변혁지도세력의 위상과 힘관계에서도 중대한 변화가 있었다. 남·북노동당중앙위원회의 통합이 그것이었다. 이미 미군점령기에 박헌영을 비롯한 주요 지도부가 월북해버린 남로당은 그 후 서울 지도부를 통하여 남한지역 투쟁을 계속 지도해왔지만 1948년 8월 남·북노동당 중앙위원회가 통합하여 남북노동당연합중앙위원회를 설치함으로써 남로당·박헌영계열은 이후 남한지역 지도에 대한 자율성마저도 상실한 것으로 보인다. 이후 남한지역의 투쟁 지도는 남로당·박헌영계열이 독자적으로 행사했다기보다는 북한의 전체적인 민주기지론·통일전략이 더 강력히 관철돼간 과정으로 보아야 할 것이다. 이러한 지적은 그 앞시기를 포함하여 특히 1948~50년 기간 중 남한 변혁운동의 실패에 대한 책임으로부터 북한지도부는 과연 자유로울 수 있는가의 문제, 즉 남로당·박헌영계열에게 실패의 모든 책임이 귀착되어야 하는가 하는 문제에 대한 중요한 시사가 아닐 수 없다.

(2) 제2국면

1948~50년사의 두 번째 시기는 1949년 6월에서 1949년 10월까지다. 이 시기에는 첫 번째 시기의 주요 갈등축이었던 이승만정권과 남한민중 간의 대립에 더하여 남북한 정권 수준의 갈등이 가장 중요한 대립전선으

로 등장했다.

1949년 6월 들어 한반도 정세는 몇 가지 주요한 변화의 계기를 맞이했다. 주한미군 철수, 남·북노동당의 통합을 통한 조선로동당 결성, 남한의 민주주의민족전선과 북한의 민주주의민족통일전선의 통합을 통한 조국통일민주주의전선(이하 조국전선) 결성 등이 그것이었다. 이러한 제반 정세 변화는 남북한의 대내정책과 통일전략을 새로운 단계로 변화시켰다.

먼저 이승만정권은 미군 철수 시점을 전후하여 국민보도연맹을 조직해 대내 통제메커니즘을 한층 강화하는 한편 빈번한 선제공격으로 38선에서 남북 간 충돌을 격화함으로써 미국으로부터 미군 철수에 상응하는 제도적·물리적 보상을 받으려 시도했다. 이승만정권은 또한 끈질긴 대미외교로 북진통일을 위한 제반 지원을 받으려 노력하는 한편 대미·대북·대내적 효과를 겨냥해 북진통일 의사를 수시로 천명하곤 했다. 물론 이러한 이승만의 북진통일 주장은 단순한 정치적 제스처만은 아니었다. 그것은 실제 통일전략이기도 했다.

38선 충돌의 경우 대부분은 남한 측의 선제공격으로 촉발되었다. 그것은 때때로 대대급까지 전투가 확대되기도 했으며 38선을 기준으로 쌍방 간에 각기 4킬로미터에서 10킬로미터까지 진격해 들어가기도 했다. 그것은 이미 전쟁이었다. 그리고 38선 충돌은 남한 내부에서 38선 부근으로 전장 확대라는 의미와 함께 앞시기 유격투쟁이 남한 내 전투였음과 달리 이미 남·북정권 간의 전투로서 그 성격을 달리하고 있었음을 의미했다. 물론 북한은 대부분의 경우 정규군을 투입하지 않았다. 충돌은 주로 옹진반도, 개성, 백천, 춘천 부근에서 빈발했다. 8월에는 남한 정규군이 원산과 대동강 하구를 공격하여 북한을 극도로 자극했다. 38선 충돌의 와중에 발생한 남한 국방군 2개 대대의 집단월북사건은 남북한 모두에게 중대한 시사를 던져주었다.

주한미군의 철수와 이승만정권의 계속적인 위협(38선에서 선제공격과 북진통일 주장)은 북한의 통일전략에도 결정적인 영향을 미쳤다. 특히 주한미군 철수는 북한지도부로 하여금 남한에서 투쟁조건이 호전되었다고 인식하게 하는 계기가 되었다. 앞시기까지는 북한의 민주기지론이 북한지역의 혁명적 민주기지 건설에 초점이 놓여 있었던 데 반해 이 시기부터는 조국통일로 그 초점이 옮겨진 듯했다. 조선로동당과 조국전선의 결성은 통일과업을 더 통일적이고 조직적으로 수행하기 위한 준비조치였던 것이다. 남북 동시선거 실시를 주장하는 조국전선의 평화통일선언 발표와 함께 지금까지 거의 전적으로 무지원으로 일관했던 남한지역 투쟁에 대한 지원강화가 그것이었다. 북한은 이미 1949년 3월 김일성·박헌영의 소련 방문 시 소련으로부터 지원 획득에 실패한 뒤 신병모집(4만), 중국인민해방군 소속 한인 병사 입국(2만), 장비 확충을 통해 자체 혁명역량을 강화해오고 있었다. (그러나 1949년 말까지도 남북 간의 총병력수는 15만 7,897명 대 15만 명으로 북한이 열세에 놓여 있었다.)

남한에서의 투쟁에 대한 북한의 지원강화가 위와 같은 제반 정세의 변화와 밀접히 관련돼 있다는 사실은 1948년 11월에 여순봉기 지원을 목적으로 단 한 번 남파한 것을 제외하고는 유격대 남파가 모두 1949년 6월 이후에 집중되었다는 점에서도 확인된다. 이 시기 공세는 북한의 지원과 함께 각지에 산발적으로 존재했던 유격대들을 통합하여 이른바 '인민유격대'를 조직, 3개 병단으로 편성하면서부터 강화되었다.(제2병단-지리산지구, 사령관 이현상. 제3병단-태백산지구, 사령관 김달삼. 제1병단-오대산지구, 사령관 이호제). 그런데 이 시기 남한유격투쟁에 대한 지도는 조선로동당과 조국전선 결성 결과 남로당·박헌영계열의 독자성은 상실되고 북한지도부의 전체적인 민주기지론·통일전략에 따라 직접 이루어졌다. 즉 이 시기 투쟁은 ① 조선로동당(주로 북로계열) 주도하에, ② 통일전략의 일환으로서, ③ (남한 내부가 아닌) 남북 간의 대결로 전개된 것이었다.

편제를 재편한 인민유격대는 지방당 조직까지 군사동원체제로 개편한 뒤 인민군 남하에 따라 불원간 도래할 결정적 시기에 대비하여 9월공세·아성공격 등 총공세를 감행했다. 이 총력투쟁은 특히 북한정권 수립 1주년을 계기로 집중적으로 전개되었다(유격대의 교전 횟수와 연인원, 1949년 5월-502회, 1만 7,730명. 6월-594회, 2만 3,037명. 7월-657회, 3만 23

명. 8월-759회, 4만 4,256명. 9월-1,776회, 7만 7,256명. 10월-1,330회, 8만 9,924명. 11월-1,260회, 7만 7,900명). 그러나 이러한 총력투쟁의 배경이 무엇인지, 또 그것이 과연 어떠한 지도중심(조선로동당의 총노선인가, 아니면 구남로당 지도부의 독자적 지시인가, 또는 노동당 서울지부의 자체 판단인가)으로부터 어떠한 체계로 전달된 것인지 여전히 분명치 않다. 왜냐하면 결정적 시기가 도래할 것이라 믿고 남한 내 유격대가 총력투쟁을 전개했음에도 북한정규군은 남하하지 않았으며 그 결과 남한 내 모든 유격대가 궤멸적 타격을 입은 것과의 사이에는 일정한 논리적 모순이 존재하기 때문이다. 당의 총노선 관철이라는 운동의 일반원칙에 근거한다면 이것은 미군철수만 믿고 총력투쟁을 전개하고 아무런 지원도 하지 않음으로써 남한 내 혁명역량만 붕괴시킨 북한지도부 전체의 모험주의·맹동주의로 평가될 수 있을 것이다. 미군 점령기 남로당과 마찬가지로 우리가 앞에서 살펴본 바에 따르면 이 시기 남로당·박헌영계열의 독자성은 사실상 거의 소멸되었기 때문에 이러한 추론의 타당성을 유추할 수 있는 것이다.

어쨌든 이 두 번째 시기에서 북한지도부는 이승만정권의 38선 공격과 북진통일론으로부터 심각한 위협을 느낌과 함께 남한 내 무장투쟁으로는 이승만정권의 붕괴와 통일정부 수립이 불가능하다는 것을 동시에 인식해야만 했다. 이러한 인식은 제3시기에 들어가서 북한이 한편으로는 평화통일 노력을, 다른 한편으로는 자체혁명역량 강화 노력을 하게 하는 근거가 되었다.

(3) 제3국면

1948~50년사의 세 번째 국면은 1949년 11월부터 1950년 6월 한국전쟁 발발 때까지가 해당된다. 이 시기에 이승만정권이 38선공격으로부터 내부토벌로 공격의 초점을 전환하고 북한이 무장투쟁에 대한 지원을 중단하고 자체혁명역량 강화와 평화통일노력에 치중함으로써 주요 갈등의 장은 다시 남한 내부로 옮겨왔다. 이 시기는 이승만정권의 강력한 동계토벌로 남한 내 무장투쟁세력이 전면적으로 붕괴된 때였고 북한의 평화적 통일노력

이 봉쇄되면서 한국전쟁으로 치달은 시기였다.

1949년 가을 이승만정권은 38선에서 선제공격을 줄이고 군과 경찰을 집중투입하여 남한 내 무장세력 분쇄에 총력을 경주했다. 소개, 방화, 초토화전술 등을 포함하는 가공할 토벌작전으로 남한 내 무장투쟁역량은 전면적으로 붕괴되었고 그 결과 남한 내부의 봉기를 통한 이승만정권 붕괴와 통일정부 수립은 불가능해졌다. 특히 1950년 3월 조선로동당 서울지도부 총책 김삼룡·이주하(박헌영계)의 체포와 5월의 동남반부 정치위원회 총책 성시백(김일성계)의 체포는 남한지역에 대한 북한지도부의 통일적 지도를 완전히 불가능한 것으로 만들어버렸다. 이승만정권의 강력한 토벌작전에 맞서 유격대는 병단해체, 지역별 소규모 조직으로 조직재편, 평야지역 진출, 지하투쟁 등으로 버티었으나 그것은 생존싸움 이상을 의미하지 않았다.

요컨대 1948년 여순민군봉기 이래 국지적으로 발생하기 시작하여 1949년 6월 이후 한층 가열되었던 무장투쟁은 한국전쟁 발발 훨씬 이전에 이미 그 역량이 전면적으로 붕괴되었을뿐더러 북한에서도 더 이상 조직적 지원은 중단했다. 이 시기에도 유격대 남파가 두 번 있기는 했으나 남한 무장투쟁역량에 대한 지원이 아니라 남한지역에서 활동하는 유격대의 월북을 돕기 위한 것으로서 그 성격이 완전히 전도되어 있었다. 이 시기에 주목되는 정세 변화는 1950년 5월 30일 남한에서 있었던 제2대 국회의원 총선거였다. 이승만·단선단정세력의 급격한 몰락과 반이승만, 단선단정 참여 거부, 통일지향세력의 대거 진출이라는 이 선거 결과는 남한민중들이 이승만정권에 대한 최소한의 지지조차 거의 완전하게 철회했음을 의미할뿐더러 통일을 열망하는 남한민중들의 의사를 확인시켜준 계기였다. 그러나 2대 국회의원선거는 북한의 총선거부투쟁 지령에도 불구하고 표면상 지극히 평온 속에 치러짐으로써 북한에 남한 내 무장역량이 거의 붕괴되었음을 인식시켜준 계기이기도 했다.

이 시기 북한의 민주기지론은 자체혁명역량 강화와 평화통일 노력으로 표출되었다. 북한은 특히 적극적인 평화통일 공세를 전개했는데 이것은 남북협상 이래 시도해온 통일전선전술을 연장한 것이었다. 이러한 북한의 평화통일 노력은 이승만정권의 지속적인 북진통일주장과 비교된다. 북한의 평화통일 노력은 5·30총선 이후 더욱 본격화되었다. 6월 7일 조국전선중앙위원회는 평화통일을 원하는 남북제정당사회단체대표자협의회 소집을 제안했다. 이 제안에서 조국전선은 통일정부를 수립하기 위한 구체적 대상과 선거 일정까지 제시했다. 이것은 선거반대투쟁을 지령했던 선거전과는 크게 변화된 태도였다. 6월 19일 북한은 최고인민회의 상임위원회 명의로 남한의 2대 국회와 북한의 최고인민회의의 연합을 통한 통일정부 수립방안을 제시했다. 이것은 선거로 구성된 남한국회를 '인정한다'는 것으로서 북한이 단선거부·통일지향세력들이 대거 국회에 진출한 상황에 크게 고무되었던 것으로 보인다.

통일전략과 관련지어 단선 이래 북한의 민주기지론은 남북협상→북한 혁명역량 강화→남한 무장투쟁 지원→평화통일공세로 변화돼왔다. 이 모든 단계에 기본적으로 관철된 것은 통일전선전술이었다. 그러나 이 모든 노력이 실패로 돌아갔을 때 북한지도부는 정규군 남하를 통해 이승만정권을 붕괴시키고 그 위에 통일세력끼리 통일전선 결성을 통한 통일정부 수립을 시도했다.

9. 전쟁과 분단: 한국전쟁의 총체적 인식

한국전쟁은 한국현대사 최대 결절점이자 오늘의 우리 사회가 안고 있는 고통과 모순을 배태시킨 가장 결정적인 역사적 계기다. 민족사 측면에서 그것은 8·15해방으로 제기된 반제반봉건민주변혁의 과제가 제국주의의 점령으로 저지되면서 구조화된 계급모순과 민족모순, 그리고 체제모순을 둘러싼 갈등이 민중의 치열한 투쟁에도 불구하고 분단으로 이어진 결과 필연적으로 폭발할 수밖에 없었던 해방5년사의 귀결로 시작되어 상상을 초월하는 인적·물적 손실을 거치면서 전개되고, 그것의 종결은 또한 정치·경제·이데올로기·문화·국토 등 민족의 모든 것을 갈라놓은 채 분단의 고착화를 통한 자본주의사회와 사회주의사회라는, 한 민족이 두 사회체제로 이질적인 역사를 전개하는 출발점을 의미한다. 세계사적 수준에서도 그것은 제2차 세계대전 후 심화된 체제 간 대립과 갈등이 한반도라는 국지적 수준에서 폭발하고 그것의 종결은 곧 미국을 중심으로 하는 자본주의 진영과 소련을 중심으로 하는 사회주의 진영 간의 대립구조를 뚜렷이 한 세계사적 획기로서 의미를 지닌다. 이러한 점에 비추어볼 때 한국전쟁에 대한 과학적 이해야말로 한국현대사를 총체적으로 이해하기 위한 기본적 전제라고 할 수 있다. 그러나 지금까지 한국전쟁에 대한 연구는 그 시각과 관점은 차치하고라도 연구의 절대량에서 너무나 부족한 실정이다. 대부분 연구가 '전쟁의 기원'을 규명하는 데 초점이 맞춰져 있었던 데 반하여 최근 연구들은 전개과정, 점령정책, 전쟁과 한미관계, 휴전협상, 귀결 및 영향 등으로 일단 그 주제에서 진전을 보여주고 있다. 그럼에도 한국전쟁에 대한 현 단계 연구의 일차적 임무는 사실확인, 즉 진실 복원작업이다. 이 점에 유념하면서 한국전쟁을 간략히 고찰해보자.

1) 한국전쟁의 기원과 원인

해방과 함께 제기된 민족적·민중적 과제가 제국주의의 점령으로 저지되면서 혁명과 반혁명의 대립구조는 분단과 통일 문제로 전환되지 않을 수 없었다. 따라서 혁명과 반혁명, 통일과 분단 문제는 민족적·민중적 과제를 달성하기 위한 당대 민중의식·변혁운동의 표리구조를 이루고 있었다. 그러나 해방3년간 전개된 치열한 항쟁에도 불구하고 결국 조국의 남과 북에 한쪽에는 혁명이 성공한 정권이 들어서고 다른 한쪽에는 반혁명이 성공한 정권이 들어서는 분단을 결과함으로써 해방3년의 역사전개와 분단정권의 수립은 이미 그 자체 내에 조국통일(운동)의 역사적 당위성과 구조적 필연성을 내재했다. 이러한 당위성과 필연성은 제반 상황적 조건과 주체가 누구냐에 따라 다양한 형태의 통일운동으로 나타날 개연성을 얼마든지 안고 있었다. 우리는 그것을 북진통일론, 38선 선제공격, 무장투쟁, 평화통일 노력, 통일전선전술 등 1948~50년 동안 남북이 동원했던 여러 통일의 움직임에서 확인할 수 있었다. 다시 말하여 통일의 당위성, 통일운동의 필연성이 어떠한 형태의 통일운동으로 현재화되느냐는 것은 전적으로 그것으로 주도하는 주체의 정세인식과 제반 상황적 요인에 달려 있었다. 따라서 우리는 이러한 당위성·필연성이 전쟁이라는 최고형태의 정치투쟁으로 귀결되는 몇몇 주요 요인과 계기에 주목하지 않을 수 없다. 우리는 이미 그것을 1947년 한국문제의 유엔 이관부터 1950년 전쟁 발발 직전까지 정치사를 다루면서 논의한 바 있다. 여기에서는 이를 미국·이승만정권·북한정권 세 주체를 중심으로 살펴보자.

첫째는, 동북아지역에서 강화되고 있던 미국의 반혁명노선(=공세적 전략)이었다. 소련의 핵개발과 중국혁명의 성공은 미국의 세계전략을 가일층 공세적 전략으로 나아가게 만들었으며 동북아 수준에서 그것은 일본·장제스·이승만을 하위체계로 포섭한 거대한 반혁명 동맹구조로 나타났고 한반도 수준에서는 이승만정권에 대한 지원으로 북한을 위협하고 있었다. 물론 이러한 미국의 반혁명 총노선·냉전격화전략은 국제정세뿐만 아니라 전쟁경제 해체 과정에서 불황 조짐을 보이던 미국 자본주의의 위기에 그 직접적 연원을 두고 있었다. 냉전의 격화—전쟁은 말할 것도 없고—야말로 이러한 대내외적 문제를 극복할 수 있는 가장 유용한 수단이자 탈출구였다. 미국의 공세적 전략이 북한지도부를 심각하게 자극했으리라는 점을 예견하기는 어렵지 않다. 왜냐하면 북한지도부에게 이러한 미국의 공세는 이미 남한을 점령하여 혁명을 저지하고 분단을 초래한 미국이 북한까지 점령하려 위협하고 있다고 인식하게 하는 데 부족함이 없었기 때문이다. 그러한 미국·이승만의 위협은 38선에서의 선제공격과 북진통일론으로 이미 현재화되고 있었다. 따라서 북한지도부는 미국-일본-이승만의 반혁명 동맹이 북한지역에 대한 총공격을 개시하기 이전에 어떤 제한적 조치로써 이를 차단할 필요성을 느끼고 있었는지도 모른다.

둘째는, 이승만정권의 정치·경제적 위기였다. 단독정권 수립 이래 이승만정권은 끊임없는 정치·경제적 위기에 직면했다. 반봉건개혁 없이 미국

자본주의의 한 하위체계로 종속되면서 파행적으로 재편된 남한경제는 거의 전면적인 파탄상을 노정하면서 남한민중들을 심각한 경제적 위기로 몰아넣고 있었다. 경제적 수준에서 이승만정권은 국가가 국민에게 제공해야 하는 '최소한의 경제적 생존'마저 제공할 능력을 상실하고 있었다. 토지개혁 지연, 천문학적 물가상승, 실업의 만연, 계속되는 국가재정 위기 …… 민중들은 이미 이승만정권에 대한 지지를 완전히 철회하고 있었다. 이와 같은 민중의 지지 철회는 이승만정권을 내부로부터 침몰시키는 요인이었으며, 외부로부터 어떤 힘이 가해지기만 한다면 급속히 가속화될 것처럼 보였다.

정치적 위기는 정통성이 없는 이승만정권이 안을 수밖에 없는 구조적 요인이었다. 내적 지지기반이 허약한 이승만정권이 미국의 정치·경제·군사적 지원이 없다면 붕괴돼갈 것이라는 것은 단순한 사회과학적 상상에 근거한 것이 아니다. 예컨대 여순민군봉기가 미 군사고문단의 '고문'으로 진압된 것이라든가 한국전쟁에서 미국의 개입에 의한 구원은 그 대표적 사례다. 이승만정권은 민중과 갈등, 지배블록 내 갈등으로 끊임없이 직면했던 정치적 위기를 일면 억압과 일면 북한과 긴장격화로써 탈출코자 시도하여 대내적 위기극복과 대북견제·대미견인을 동시에 추구했다. 실제 통일전략으로서 38선 선제공격, 북진통일론은 이와 같은 위기에서 탈출할 수 있게 해주는 유용한 수단이었지만 또한 북한을 극도로 자극하고 있었다. 이승만정권의 정치·경제적 위기와 북한자극은 한국전쟁을 초래한 동전의 양면을 이루고 있다.

세 번째는, 북한의 통일전략·정세인식의 문제다. 1947년 조선문제의 유엔 이관으로 분단이 노골화된 이래 북한은 지속적인 통일전략을 전개해왔다. 우리는 앞에서 그것이 소시기별로 약간씩 상이한 모습으로 드러남을 살펴보았다. 전쟁 발발에 이르기까지 북한의 정세인식과 통일전략은 철저히 민주기지론에 입각해 있었다. 북한은 미국의 반혁명총노선, 이승만정권의 위기와 공세에 대응하여 한편으로는 자체 혁명역량을 강화하면서 다른 한편으로는 통일전선전술과 남한무장투쟁 지원이라는 이중적 통일전략을 구사했으나 모두 실패하고 말았다. 전자의 실패는 이승만정권의 존재 자체가 통일의 장애물이라는 인식을, 후자의 실패는 남한무장투쟁의 지원을 통한 이승만정권의 붕괴는 더 이상 가능하지 않다는 인식을 하게 만들었다. 민주기지론적 전략의 관철과정에서 남한의 5·30총선은 중요한 전기였다. 이것은 남한민중의 이승만정권에 대한 지지 철회와 함께 통일에 대한 식지 않는 뜨거운 열망을 동시에 보여주었기 때문이다. 북한은 이에 고무되어 즉시 평화통일방안을 제시했고 이것이 거부될 것에 대비하여 지속적으로 추구해오던 통일전선전술에 입각해 이승만세력만을 제거하고 남북한통일세력끼리 연합하여 통일정부를 수립하기 위한 작업을 구체화했다. 정규군 남하가 그것이었다.

이상의 논의를 요약해보면 한국전쟁의 원인은 다음과 같이 정리할 수 있다. 첫째 미국의 반혁명 총노선, 둘째 이승만정권의 정치·경제적 위기, 셋째 이승만정권의 공세(38선공격과 북진통일론), 넷째 남한 내 무장투쟁을 통한 이승만정권의 붕괴 실패, 다섯째 5·30총선, 여섯째 평화통일 노력의 실패.

한편 전쟁의 기원 문제는 그 원인과는 약간 다른 수준의 논의다. 이에 대해서는 매우 다양한 논의가 있을 수 있으나 여기서는 다만 그 시점의 문제만 간단히 언급하려 한다. 한국전쟁이 무매개적으로 1950년 6월 25일 갑자기 돌출된 우연이 아니라면 그것은 다음과 같은 몇몇 주요 계기에 기원이 있다고 할 수 있다. ① 1945년 8월 10일, 11일 사이 미국의 38선 결정, ② 미·소의 분할점령, ③ 모스크바3상회의와 정치세력의 양극화, ④ 미소공위 결렬과 1947년 미국에 의한 한국문제의 일방적 유엔 이관, ⑤ 남로당의 무장투쟁 전환, ⑥ 분단국가 수립, ⑦ 미·소 양군 철퇴, ⑧ 남한에 의한 북한평화통일 제의 거부 …… 등 정치지형과 갈등양상의 변화를 결과한 계기들 중 그 기원이 설정될 수 있다. 그것은 '구조적으로는' 정치적 대립구조를 통일운동세력과 분단국가 형성세력으로 뚜렷이 재편했을뿐더러 통일민족국가 수립의 평화적 길을 완전히 봉쇄한 한국문제의 일방적 유엔 이관으로, 그리고 '현상적으로는' 이미 지방수준에서는 남로당과 민중들이 실질적인 전투(내전)로 돌입한 1948년 봄(2·7구국투쟁과 제주4·3민중항쟁)으로 설정될 수 있을 것이다.

2) 한국전쟁의 발발: 6월 25일의 의미

1950년 6월 25일은 한국전쟁 전사(全史)에서, 그리고 한국현대사에서 어떤 의미를 지니는가. 이에 대해 지금까지 우리는 남침이냐 북침이냐 하는, 이론적으로나 역사적으로 별로 중요하지도 않은 문제에 대한 논란을 수십년간 거듭했다. 우리가 앞의 논의에서 확인한 바와 같이 1950년 6월 25일 한국전쟁 발발은 전쟁의 출발점임과 동시에 해방5년사 구조적 갈등의 한 종착점으로 폭발한 것임에 비추어볼 때 이러한 논쟁은 전혀 중요하지 않다. 사실상 1950년 6월 25일의 사건에서 최초 총성이 어느 쪽에서 울렸느냐는 것은 중요하지도 않지만 알 수도 없다. 그 최초 충돌은 38선 충돌 시의 수준을 넘지 않았을 가능성도 얼마든지 있다. 그러나 최초 총성이 어느 쪽에서 나왔든지간에, 또 공격과 반공격의 주체가 누구였든간에 어쨌든 '전쟁'이라는 형태를 띠게 된 것은 북한정규군 남하 결정이 북한지도부의 주도적 결정에 따른 것임도 역시 분명한 것으로 보인다.

그러나 문제는 북한정규군 남하라는 이 사실 자체가 아니라 남하의 내용과 의미가 무엇이었느냐는 점이다. 즉 그것이 과연 지금까지 일반적 논의에서 말하듯 국가총동원하에 남조선 전 지역 해방을 위한 전면적 남했는지가 검토되어야 한다는 것이다. 우리는 이와 관련하여 앞에서 북한지도부의 정세인식을 간단히 고찰한 바 있다. 아마도 이 남하는 이러한 공통의 정세인식의 토대 위에서 북로당·김일성계열의 통일전선전술과 남로당·박헌영계열의 남한지역 혁명전술이 결합된 당의 총노선으로 결정된 듯하다. 전자와 후자의 결합은 이승만정권을 붕괴시키고 이승만·한민당 세력의 주요 인물과 친일파·민족반역자만을 제외한 가운데 남북한 제 정치세력의 통일전선을 결성해 통일정부를 수립한다는 전략으로 구체화되었다. 당시 상황적 요인—① 6월 25일 북한 인민군의 병력 동원현상(병력의 2분의 1만 동원), ② 북한군 주공과 조공의 공격방향(공격방향의 서울 집중), ③ 북한군의 일시적 서울 체류의 내용과 의미(국회소집을 통한 통일정부 수립 시도), ④ 보급 및 철수계획(동계작전 및 철수작전 전무), ⑤ 점령정책의 사전준비 여부(해방 후 북한사회개혁의 준용)—과 문건 및 자료(『한국전쟁사』『정일권회고록』『릿지웨이회고록』『흐루시초프회고록』 '김일성 초기 연설'『김일성선집』『조선중앙년감』) 등을 면밀히 분석해보면 6월 25일 정규군 남하가 제한적 무력 동원을 통한 통일정부 수립 전술이라는 이와 같은 추론의 타당성을 검증할 수 있다. 이러한 우리의 추론은 전 인민군 부참모장, 군사정 전위 북한 측 수석대표, 주소대사였던 이상조(『한국일보』, 1989년 6월 18일), 전 남로당 경북도당 간부 박진목(『민초』, 원음출판사, 1983, 67, 68쪽), 전 인민군 제6사단 정치보위부 책임장교 최태환(「6·25전쟁 발발의 실상을 밝힌다」, 『역사비평』, 1988년 가을, 383~88쪽), 전 인민군 공병부 부부장 주영복(「이렇게 남침했다」, 김순현 편, 『배신과 음모』, 을지서적, 1988, 242~84쪽) 등 당시 인민군 주요 참전자의 증언에서도 확인된다.

이상의 논의를 종합해볼 때 우리는 6월 25일 북한정규군 남하가 전면적 남침이 아닌 제한적 무력동원을 통한 통일정부 수립의 몸부림임을 알 수 있다. 즉 6월 25일 북한정규군 남하는 제한된 무력을 동원해 서울을 점령, 이승만정권을 붕괴시킨 후 통일지향 세력이 다수를 차지하고 있던 남한국회를 소집하여 통일정부를 수립·선포하기 위한 제한적 무력 사용을 통한 통일전선전술이었던 것이다.

3) 한국전쟁의 전개 과정

한국전쟁의 전개과정은 국면의 양상에 따라 '잠정적으로' 다음과 같은 네 시기로 구분해볼 수 있다.

제1국면(1950년 6월 25일~9월 중순): 북한 인민군 공세기

제2국면(1950년 9월 중순~11월 말): 유엔군 공세기

제3국면(1950년 11월 말~51년 5월): 북한 인민군과 중국 인민지원군의 공세기

제4국면(1951년 6월~53년 7월): 전선의 교착과 휴전협상기

(1) 제1국면: 북한 인민군 공세기

제1국면은 한국전쟁 발발에서 9월 15일 미군의 인천상륙작전으로 전세가 역전될 때까지 북한 인민군의 공세기가 이에 해당한다. 6월 25일 새벽 옹진반도에서 전쟁이 시작되자 북한 인민군은 개전과 동시에 파죽지세로 남한군을 격파, 신속하게 전세를 장악했다. 개전 초 북한군은 병력의 2분의 1만 투입했음에도 남한군에게 궤멸적 타격을 입히며 개전 3일 만에 서울을 점령했고, 국회소집과 통일정부 수립을 위해 서울에서 며칠간 머문 뒤 이에 실패하자 후퇴하는 이승만정부를 쫓아 대추격전을 전개했다.

이승만정부의 신속한 남하와 그에 따른 통일정부 수립 실패, 그리고 미국의 즉각적 개입은 한국전쟁을 전면전으로 만들어버렸다. 이승만정부의 신속한 남하와 남한군의 예상외 패주가 무엇을 의미하는지는 여전히 의문에 가려 있지만 어쨌든 북한 인민군은 8월에 이르기까지 경남북을 제외한 남한 전 지역을 장악했다.

남한군은 후퇴하면서 국민보도연맹 가입자, 좌익 체포자, 정치범 등을 거의 무제한적으로 학살함으로써 내부의 혁명세력을 근절하려고 노력했다.

8월에 이르러 전선은 낙동강 부근에서 교착, 양자는 낙동강을 사이에 두고 치열한 공방전을 전개했다. 병력은 이미 유엔군이 북한군을 상회하고 있었다. 지상 전투를 제외한다면 전황 또한 이미 미군이 장악하고 있었다. 미공군과 해군은 전 한반도를 상대로 막강한 화력을 퍼부으며 전국을 초토화, 전쟁의 주도권을 잡았다. 북한군은 미군의 개입으로 전 한반도로 확대된 전쟁에서 세계 최고의 전쟁경험과 장비·물자·기술을 보유한 미군을 상대로 전쟁을 수행하기에는 이미 힘에 부쳐 보였으며 확대된 병참선과 작전지역은 그들에게 병력·보급·작전에서 숱한 어려움을 안겨주고 있었다.

북한군은 총력을 기울여 낙동강 방어선을 돌파하고자 했으나 미군의 무

차별 폭격과 38선에서 패주할 때와는 완전히 다른 모습으로 완강하게 버티는 남한군의 저항으로 실패를 반복하고 있었다.

이러한 제1국면 전개과정에서 주목할 만한 몇몇 사항은 다음과 같다. ① 6월 25일 북한 인민군의 남하, ② 남한군·이승만정부의 예상외 패배와 신속한 남하, ③ 미군의 즉각 개입과 지휘권 장악, ④ 북한의 점령지역 점령정책 등이다. 이 중 ①은 앞에서 간략하게나마 살펴보았고 ②는 아직 좀 더 면밀하게 검토를 요하는 내용이다. 여기서 우리가 살펴보려고 하는 점은 ③과 ④다.

한국에서 전쟁이 발발하자 미군은 '즉각적'으로 개입했다. 점령군으로서 왔던 주한미군이 철수한 지 꼭 1년 만의 재점령이었다. 미국에 한국전 발발은 국내의 정치·경제적 제반 위기를 일소하고, 사회주의권에 대한 반격정책을 구체화할 수 있는 절호의 기회였다. 미국은 한국전쟁에 전면개입을 결정함과 동시에 대만해협에 함대를 파견하고 인도차이나와 필리핀에 대한 군사원조의 강화를 고려하는 등 전체 극동지역수준에서 반격정책의 실현을 추구했다. 미국의 즉각적 개입 결정은 아마도 한국전쟁 전 과정에서 1950년 6월 25일의 전쟁 발발만큼이나 중요한 계기일는지도 모른다.

우선 이것은 최초에 제한전·국지전으로 시작된 전쟁을 전면전화했다. 미군의 개입으로 전쟁이 전면전으로 확대되자 북한은 이에 대응하여 신병을 모집해 병력을 확충했고 전 병력을 전선에 투입하기 시작했다. 또한 전 국가체제를 전시동원체제로 바꾸고 7월 1일에는 국가총동원령을 내렸다. 신문과 방송의 논조도 이승만에 대한 공격에서 미국에 대한 공격으로 초점이 바뀌어 있었다. 미군의 개입으로 '그것은 이미 다른 전쟁'이 된 것이다. 즉 미군 개입은 한국전쟁의 성격을 계급투쟁·내전에서 해방전쟁으로 바꿔놓은 계기였다. 미군 개입은 예의 유엔의 동원으로 이루어졌다. 이것은 국제기구인 유엔 자체가 이미 전쟁의 한 당사자가 되었음을 의미했다. 그러나 그것은 언제나처럼 이미 병력을 파견해놓고 추인·승인을 받는 식이었다. 공군·해군에 이어 지상군이 파견되었고 동북아 전 지역에 대한 봉쇄가 시작되었다. 그리고 공군과 해군의 38선 이북에 대한 작전권을 허용함으로써 개입과 동시에 이미 미국의 목표가 평화 유지, 전전원상회복이 아님을 분명히 했다. 다른 몇몇 국가도 유엔군의 이름으로 참전했지만 공군의 98퍼센트 이상, 해군의 83.8퍼센트, 지상군의 88퍼센트가 미군으로서 유엔군은 사실상 미군이었다. 유엔군의 지휘권을 장악한 미군은 이승만의 양도로 남한군의 작전지휘권까지 장악하게 되어(7월 14일 양도, 7월 16일 수락) 전쟁은 북한군 대 미군의 싸움이라는 모습으로 전화되었다. 이로써 남한군은 전쟁의 한 당사자이면서도 오로지 미군의 명령체계에 따라 움직여야 하는 위치로 전락해버리고 마는 세계전사상 유례를 찾아볼 수 없는 기현상을 노정했다.

다음으로 북한군의 남한 점령정책을 살펴보자. 이것은 한국전쟁의 성격을 말해주는 중요한 점이 아닐 수 없다. 북한군이 장악했던 지역에서 행한 정책은 대체로 해방 후 북한에서 실시된 반제반봉건민주주의개혁과 유사한 것이었다. 그것은 당·인민위원회·대중단체 등 와해된 정치조직의 부활, 토지개혁·노동법령 실시 등의 민주개혁, 친일파·민족반역자 숙청 등을 주요 내용으로 했다. 북한은 남한 점령지역 108개 군, 1,186개 면, 1만 3,654개 리에서 선거를 실시해 인민위원회를 부활시켰고 1개 시, 9개 도에서 토지개혁을 실시하여 남한 전체 1,526개 면 가운데 1,198개 면, 전 경지면적의 78퍼센트를 개혁했다(서울시, 황해, 경기, 강원, 충남, 충북, 전북에서는 완전 실시). 이와 같은 토지개혁은 어쨌든 식민지시대 이래의 반봉건적 토지소유관계의 청산을 의미하는 것이었다. 그러나 전쟁 중이라는 극한상황 속에서 이와 같은 제반 민주개혁이 얼마나 실효를 거두었는지는 의문이다. 민중들은 전쟁에 필요한 인적·물적 요구로부터 벗어날 수 없었기 때문이다. 한편, 40만에 달하는 남한 청년이 자발적이었든 강제적이었든 북한군의 의용군으로 가담하기도 했다(당시 CIA자료에 따르면 이들은 대부분 자발적 지원이었다). 이러한 현상은 전쟁의 성격을 시사해주는 중요한 점이다.

요컨대 제1국면의 특징은 북한군이 통일정부 수립을 목표로 제한적으로 남하했으나 이승만정권의 신속한 남하로 성공하지 못했다는 점, 이를 추격하면서 북한군이 남한의 광범한 지역에서 토지개혁·노동법령 실시 등 민주개혁을 실시했다는 점, 미국의 개입과 지휘권 장악으로 전쟁이 전면전으로 확대되고 그 주체와 성격도 바뀌었다는 점이다.

(2) 제2국면: 유엔군 공세기

제2국면은 인천상륙 이후 중국군 참전으로 유엔군이 후퇴할 때까지 기간으로서 미군과 남한군의 공세기에 해당한다. 미군에 의한 인천상륙작전(크로마이트작전)의 성공은 전세를 인민군 공세에서 미군과 남한군의 공세로 역전시켰다. 이미 한반도 허리 어딘가를 절단하는 작전(블루하츠작전 등)을 전쟁 초기부터 구상해온 미군은 이 작전의 성공으로 전세를 일거에 역전한 후 남한지역의 북한 인민군을 고립시켰다. 이로써 전선은 기본전선과 제2전선으로 나뉘었다. 기본전선에서 북한군 주력은 패주를 거듭했고 후퇴 대열에서 탈락한 인민군과 이에 가세한 남한민중들은 제2전선을 형성하여 유격전을 전개함으로써 전쟁은 이중적 양상으로 전개되었다. 후퇴하는 인민군을 추격하여 급기야 미군이 38선을 넘음으로써 미국의 정책이 단순한 전전상태 회복이나 침략 저지·평화유지가 아님이 명백해졌다.

맥아더는 중국의 참전으로 한국전쟁이 '완전히 새로운 전쟁'(an entirely new war)으로 바뀌었다고 말했으나 사실상 미군의 38선 진격이야말로 한국전쟁을 완전히 새로운 전쟁으로 만든 가장 결정적 계기가 아닐 수 없다. 맥아더는 자신의 임무를 "북한 전역을 깨끗이 청소하고, 북한을 자유롭게 하고, 또 한국을 통일시키는 것"이라고 규정했다. 이것은 북한의 침략을 저지한다는 최초의 개입 명분을 스스로 부정한 것이었다. 좁게는 북한 붕괴, 넓게는 중국에 대한 공격과 소련에 대한 위협을 포함함으로써 한국전쟁을 계기로 반격정책을 실질적으로 실현하겠다는 침략의사의 표시였다.

한국전 개입 때와 마찬가지로 이번에도 미국은 유엔을 동원하여 자신들의 38선 북진을 결정한 훨씬 뒤, 그리고 현지 미군이 38선을 넘어간 훨씬 뒤에야 유엔 이름으로 사후 승인을 받았고, 그것을 외교적 승리로 간주했다. 다만 이때 유엔은 안전보장이사회가 아니라 총회에서 승인했다. 소련이 8월부터 안전보장사회에 참여하여 거부권을 행사했기 때문이다.

중국은 수차에 걸쳐 미군이 38선을 넘어 북진할 경우 참전하겠다고 경고해왔고 미군이 38선을 넘는 시점에서는 이러한 의사를 더욱 확실하게 표명했다. 미군이 38선을 넘어 북진을 계속하자 10월 3일 중국은 유엔군의 북진은 명백한 개전 원인(casus belli)이 될 것이라는 최후통첩을 보냈다. 이러한 경고에도 미군은 진격을 계속했다. 10월 15일 맥아더는 트루먼과 웨이크섬 회담에서 "중·소의 참전은 없을 것이며 만약 있더라도 대살륙전이 기다리고 있을 뿐"이라고 말했다. 세계 최강 미군의 국경 진격은 신생 중국공산정권에게 사활적 위기의식을 느끼게 했으며 실제로 미국은 만주폭격과 함께 장제스 국부군을 동원한 중국 공격구상을 하기도 했다.

중국의 계속되는 경고에도 불구하고 진격을 멈추지 않은 미군은 선만국경까지 진출함으로써 급기야 중국군을 참전하게 만들었다. 중국군 참전은 미군의 공격에 대한 방어적 성격을 띠었다. 중국참전군의 정식 명칭은 중국인민지원군이었고 참여 명분은 "조선을 돕고 미국과 싸운다"(抗美援朝保家衛國)는 것이었다. 10월 말경 선만국경 전투현장에 중국군이 등장했다. 이제 전쟁의 양상은 국제전으로 변전되었다. 그러나 맥아더는 이에 아랑곳하지 않고 대규모 폭격으로 응사했다. 이것은 제3차 세계대전으로 확전을 우려하여 중·소와 직접 전투만은 피해보려는 워싱턴의 의사를 무시한 것이었다. 11월 24일 맥아더는 전쟁을 종결짓기 위해 총공격명령을 내렸으나 11월 26일 중국군과 북한군의 대대적인 총반격에 직면하여 이튿날부터 전면적인 후퇴를 하지 않을 수 없었다. 총퇴각이었다.

북한정규군의 남하에 대응하여 북한군의 38선 이북 원대복귀를 위해 38선 이남에 한해 해·공군을 투입한다는 명분으로 개입한 미군은, 38선 이북까지 미 해·공군의 작전지역 확대→미지상군 투입→38선돌파 결정→선만국경지대에 완충지대를 상정한 북진→완충지대 제거 및 국경선까지의 진격→만주폭격이라는 확전 일변도의 전쟁정책을 밀고나감으로써 중국까지 참전시켜 전쟁을 국제전화했다. 중국의 참전은 정권 수립 직후 어려움 속에서도 조국을 방위한다는 측면과 함께 사회주의권을 지키고 대소·대북관계를 고려한 복합적인 요인에 따른 것이었다.

한편 인천상륙작전으로 북한군이 퇴각하자 북한군이 점령했던 지역에서는 미군과 남한군이 부역자들을 중심으로 대규모 처단을 감행했고, 북한군 또한 후퇴하면서 살상행위를 자행했다. 38선 이남의 수많은 민중이 역전과 보복의 악순환을 피해 산악지대로 이동했고 자연스럽게 유격대로 합류, 종전 시까지 빨치산투쟁을 전개했다. 38이남에서 북한점령 시 복원되었던 당과 인민위원회가 남은 곳은 없었으며 민주개혁 또한 대부분 원상복귀되었다. 전세 역전 후 자행된 경찰·반공청년단의 사형(私刑)은 민중들에게 감당키 어려운 더 많은 아픔을 감내할 것을 요구하고 있었다.

38이북에서도 상황은 마찬가지였다. 미군과 남한군은 북진하면서 '공산주의자' 소탕작전을 전개, 북한 민중을 대량학살했다. 마을단위의 집단학살이 속출했다. 북한 측 자료에 따르면 미군이 점령하고 있던 45일 동안 군민 14만 2,788명 중 3만 5,383명이 참살된 곳도 있었다. 북한주민들은 이를 피해 산악지대로 피신함으로써 유엔군 퇴각 시 인민군·중국군과 함께 유격전을 전개하여 미군과 남한군에 커다란 피해를 입혔다. 한국전쟁 전 시기를 통하여 비전투원에 대한 학살이 그 어느 전쟁보다도 많았다는 점, 그리고 그것이 전세가 역전에 역전을 거듭한 2, 3국면에 집중되었다는 점은 전쟁 주체들의 전쟁정책, 그중에서도 특히 압도적으로 우월한 노하우와 테크놀로지, 장비를 갖고 있던 미국의 전쟁정책을 극명하게 증명해주는 사례가 아닐 수 없다. 이러한 점은 필리핀과 그리스, 그리고 베트남과 라틴아메리카 등 전 세계의 광범한 지역에서 미국이 행했던 대량살륙작전, 몰살작전, 초토화작전을 유추해볼 때 예외적인 현상은 아니었다.

38선 진격 후 38 이북지역에서 유엔군의 점령정책은 북한군의 남한 점령정책과는 여러 가지로 달랐다. 우선 점령정책의 주도권을 놓고 미군 측과 작전지휘권을 이양한 이승만 간의 갈등이 적지 않았으며 점령 형태도 민정이 아니라 미군이 지휘하는 군정이었다. 이것은 독립국 대한민국에서 미군의 직접통치에 의한 군정이 실시되었음을 의미했다. 법적으로는 유엔 한국통일부흥위원단(UNCURK)의 관할하에 있으면서 실제적으로는 미군의 책임하에 점령정책이 수행된 것이었다. 이와 같은 상황에서 이승만정부는 행정권을 장악하기 위해 서북청년단 등 반공청년단을 동원했으나 이들이 전문적 행정능력이 결여되었을 뿐만 아니라 공권력의 이름으로 잔인한 사적 테러와 보복을 자행함으로써 북한민중들의 반감만 초래했고 효율적인 점령정책을 전혀 시행하지 못했다.

제2국면을 지나면서 전 국토는 이미 미군의 계속되는 폭격으로 황폐화되어 있었다. 대부분 산업시설은 파괴되었고 남아 있는 것이라곤 아무것도 없었다. 그러나 더욱 극심하게 파괴된 것은 인민군과 미군 및 남한군에 각기 한 번씩 점령되면서 무제한의 폭력과 물리력에 전라로 맞서야 했던 민중들의 삶과 가슴이었다. 1950년 말까지만도 미공군은 무려 9만 7천 톤의 폭탄과 780만 갤론의 네이팜탄을 투하했다. 그러나 더욱 많은 폭탄이 이 이후에도 계속 쏟아부어졌다. 미군 극동폭격사령부 사령관 오도넬(Emmet O'Donnell)은 이에 대해 이렇게 말하고 있다. "한반도 전역, 거의 전 지역이 공포의 지옥 그 자체였다고 말하고 싶다. 모든 것이 파괴되었다. 이름 있는 것으로서 서 있는 물체란 아무것도 없었다. …… 중국군이 진주하기 직전에야 우리는 지상에 내려앉았다. 한국에는 더 이상 폭격목표물이 없었기 때문이다."

(3) 제3국면: 북한 인민군과 중국 인민지원군의 공세기

제3국면은 중국군의 참전으로 미군과 남한군이 전면적으로 퇴각하게 되는 11월 말부터 휴전협상이 개시되기 전인 이듬해 6월 말까지다. 중국군의 참전에 뒤이은 북한군과 유격대의 총반격은 미군과 남한군으로 하여금 후퇴하지 않을 수 없게 만들었다.

끝없는 폭격에도 계속 밀려오는 중국군의 공격을 미군과 남한군은 엄청나게 많은 병력을 동원한 인해전술로 인식했다. 그러나 이 시점에서 유엔군 병력은 오히려 공산군 병력보다 훨씬 더 많았다. 병력뿐만 아니라 장비와 탄약, 모든 면에서 미군과 남한군이 압도적으로 우월했다. 중요한 점은 중국군이 반일민족해방전쟁과 국부군과 벌인 내전 경험으로 유격전술이 뛰어났다는 점과 그들과 북한군·북한주민 간의 협조가 매우 긴밀했다는 점이었다. 북한군은 선만국경 부근으로 패주하면서 산악지대에 유격대를 심으며 후퇴했고 북한주민들은 미군과 남한군의 폭격을 피해 대거 이들을 따라 입산했다. 이들이 바로 유엔군의 전략에 막대한 차질을 주고 중국군이 승리하는 데 결정적인 역할을 했던 것이다. 무기·탄약·물자 등 운반, 미군과 남한군의 주둔·이동 등 정보 제공, 그리고 식량 공급, 생필품 공급에 이르기까지 이들의 역할은 중국군과 인민군의 손이고 발이었다. 중국군과 북한군의 총반격에 직면하여 총퇴각이 불가피해지자 맥아더는 장제스군대의 사용을 건의했다. 그러나 맥아더의 이러한 건의는 새로운 세계대전을 우려한 합참본부에 의해 거부되었다. 11월 29일이었다.

이에 맥아더는 곧바로 11월 30일 원자탄 사용을 주장했고 트루먼은 기자회견에서 한국에서의 패배를 시인하면서 이를 역전시키기 위해 '원자폭탄 사용을 고려 중'이라고 발표했다. 그는 또한 국가비상사태를 선언하기까지 했다. 이것은 중국과 전면전을 각오하고 있다는 의사표시였다. 트루먼의 원폭 사용 고려 기자회견은 전 세계를 경악시키기에 충분했다. 이승만정부를 제외하고는 전 세계가 이를 반대했다. 특히 중국과 전면전으로 미국이 극동에 발목이 잡혀 있는 동안 소련의 침략을 두려워한 서유럽 제국들의 반대가 거셌다. 영국의 애틀리 수상이 즉각 트루먼에게로 날아갔고 양자 회담에서 애틀리는 원폭사용 고려에 대한 세계와 서유럽의 여론을 압력수단 삼아 트루먼의 원폭사용 철회의사를 받아내고 "우리는 교섭에 의해서 전쟁행위를 종식할 용의가 있다"는 합의를 끌어냈다. 맥아더는 계속 대만군 사용, 만주 공격, 중국 남부에 본토 수복을 위한 제2전선 구축, 일본 방위사단 4개 증파 등을 요구했으나 모두 거절되었다. 세계전쟁으로 확전은 현실적으로 불가능했고, 전면철수는 위신과 명분상 도저히 참을 수 없는 굴욕이었다. 12월과 1월에 걸쳐 워싱턴과 유엔에서는 휴전안과 전선의 안정을 논의하고 있었다. 세계전쟁으로 '확전'과 전면 '철수'

양극에서 미국은 '후퇴'를 통한 전쟁의 국지전화와 협상을 통한 해결이라는 절충적 선택을 했던 것이다.

1950년 12월과 이듬해 1월에 걸쳐 미군과 남한군은 38선을 다시 넘어 평택-안성-삼척선까지 후퇴를 계속했다. 중국군과 인민군의 공세에 대한 반격작전이었던 울프하운드(Wolfhound)작전, 선더볼트(Thunderbolt)작전, 라운드업(Round up)작전 등도 거의 효력을 발휘하지 못했다. 그러나 미군은 적의 진지를 탈환하거나 화력을 제압하는 것이 아니라 인명 살상으로 적의 전투능력을 고갈시키는 작전인 '몰살'작전(Killer)과 리퍼(Ripper)작전으로 전세를 만회했다. 3월 22일 38선 이남을 모두 다시 탈환하고 4월 초 38선 이북의 캔사스-와이오밍선(Kansas-Wyoming Line)까지 진출한 뒤 전선은 교착상태에 빠졌다. 이후에도 쌍방은 두세 차례 대규모 공방전을 벌였으나 전선에는 큰 변동이 없었다. 이 와중에 3월 24일 맥아더는 38선 전면재돌파와 대만군 사용, 중국본토 공격을 주요 내용으로 하는 확전성명을 발표하여 4월 11일 트루먼에 의해 전격 해임된다. 이때는 미국이 전선의 안정을 통한 38선 재설정정책(재분단정책)을 추구했기 때문에 맥아더 성명은 수용될 수 없었다. 전선은 38선 부근에서 교착상태에 빠졌으나 미국의 공군기술은 가공할 폭탄세례를 북한 내륙과 해안·도시와 농촌에 수없이 퍼부었다. 38선 부근으로 오는 모든 보급을 차단하기 위해서였다.

미군과 남한군이 철수하는 동안 많은 북한 민간인이 그들을 따라 월남했다. 이들 중 상당수는 물론 반공산주의자들이었다. 그들은 기독교도, 지주 출신 등 다양한 성분을 갖고 있었으며 일제강점기 이래의 기득권 향유계급들은 전부 월남했다. 그러나 공산주의에 대한 반대가 월남의 모든 이유는 아니었다. 많은 사람이 미군의 무차별폭격을 피해 월남했고 더 많은 사람이 원자폭탄 투하를 피해 월남했다. 38선 이남의 미군 작전지역으로 내려가거나 아니면 최소한 미군을 따라가면 폭탄세례와 원자탄은 맞지 않는다는 생각에서였다. 일부는 미군과 남한군에 의해 강제 이주되기도 했다. 월남은 미군과 남한군의 철수로를 따라 이루어졌다. 왜냐하면 미군의 폭격으로부터 안전한 곳은 그곳밖에 없었기 때문이다.

한편 전세의 재역전과 전선교착은 남북한에 커다란 영향을 미쳤다. 먼저 북한은 중국군 참전으로 위기에서 탈출한 직후인 1950년 12월 21일 국경 부근 자강도 강계에서 로동당중앙위원회 제3차 전원회의를 소집하여 전쟁기간 중 발생한 제반 문제들을 토의했다. 이 회의에서는 전쟁으로 해이해진 당조직과 기강을 바로잡아 전선과 후방을 공고히 하는 문제가 집중적으로 토의되었다. 그 결과 이 회의에서는 많은 군간부와 당간부가 무능력, 과오, 범죄행위, 비겁행위 등을 이유로 비판받거나 제거되었다. 김일성계의 김일·최광·임춘추, 연안파의 무정·김한중, 국내파의 허성택·박광희 등이 이에 포함되었다. 그러나 38선 부근까지 다시 탈환한 후 이들은 무정을 제외하고는 대부분 복권되었다. 무정의 미복권은 연안파의 가장 중심인물이 북한의 핵심정치권력에서 제거되었음을 의미했다.

남한의 경우 전시라는 위기상황에도 불구하고 부정과 파쟁, 민중에 대한 탄압은 그칠 날이 없었다. 100여 만이 넘는 청년을 강제징집한 뒤 정부의 부정과 착복, 예산의 정치자금화로 수많은 청년을 기아와 질병, 추위로 내몰아 동사(凍死)·아사시킨 국민방위군사건(1951. 1~3)은 이승만정권의 부패상을 보여주는 대표적 사례였다. 또한 이승만정권은 남한 내 공산주의자들을 소탕한다는 명분으로 독립부대를 창설하여 대대적인 공비토벌작전을 전개했으나 그 과정에서 무고한 양민들을 빨갱이·통비분자·좌익으로 몰아 무수히 학살했다. 1951년 2월 11일 한 마을 주민 600여 명을 집단학살한 뒤 '공비토벌전과'로 보고한 거창양민학살사건을 비롯해 산청, 함양, 합천, 남원, 순창 등 여러 곳에서 정도 차이는 있지만 비슷한 학살사건이 속출했다. 4·19 후 국회조사단의 보고에 따르면 이승만정권이 빨갱이로 내몰아 이렇게 학살한 숫자가 경남 2,892명, 경북 2,220명, 전남 524명, 전북 1,028명, 제주 1,878명에 달했다.

이승만정권의 이러한 무차별 학살에 맞서 부통령 이시영이 사임했고 야당은 정부가 정치적 책임을 질 것을 요구했다. 이승만정권은 이에 맞서 오히려 야당 출신 장관들을 각료직에서 축출하고 야당계 경찰·공무원을 대량 해임하는 등 폭압적 탄압으로 일관했다.

(4) 제4국면: 전선의 교착과 휴전협상기
① 휴전회담과 전쟁의 종결

　한국전쟁의 제4국면은 휴전협상이 개시된 1951년 6월부터 1953년 7월 휴전 시까지가 해당된다. 전선이 교착상태에 빠진 이래 공산 측과 유엔군 측은 모두 휴전의 필요성을 인식하고 있었다. 미국은 이미 중국군 참전에 따른 후퇴 시부터 세계전화와 철수의 절충으로서 전선안정=휴전=38선 재설정 전략을 추구하고 있었고 공산진영도 휴전이 가장 효과적인 선택임을 인식하고 있었다. 이것은 전쟁당사국들의 국내외적인 제반 요인과 함께 상호 간에 공세와 방어, 공격과 반공격의 역전·재역전을 경험한 이후 상대방 소멸을 통한 군사적 승리가 불가능하다는 점을 깨달은 데서 직접적으로 연유한다.

　이러한 인식으로부터 한국전쟁의 휴전문제를 논의하기 위해 1951년 초이래 미·중 간에 비밀접촉이 시도되었고 5, 6월에는 미·소 간의 비밀접촉이 실현되었다. 이러한 비밀접촉을 거쳐 6월 23일 주유엔 소련대사 말리크(Y. Malik)가 휴전협상을 제의하고 6월 25일 트루먼이 이를 수락함으로써 협상이 시작되었다. 양측 간의 첫 대좌는 7월 10일 개성에서 있었다. 협상은 처음부터 난항에 부딪혔다. 의제 선정과 회담장소 문제 때문이었다. 이 중 주로 대립된 것은 의제 선정 문제였는데 공산 측이 정치적 내용을 의제로 포함시키려 한 데 반해서 유엔군 측은 군사문제만을 의제로 삼으려 했기 때문이다. 유엔군 측이 정치회담을 하지 않으려 한 이유는 중국과 북한당국은 미국이 인정하는 공식적 존재가 아니라는 이유 때문이었다. 협상을 통하여 양측은 7월 26일 ① 의사일정, ② 군사분계선 문제, ③ 휴전감시기구 문제, ④ 포로교환에 관한 문제, ⑤ 관련 각국에 대한 건의 사항 문제 등 5개 의제를 확정했다. 그러나 이것은 시작에 불과했다. 이후 1953년 7월 27일까지 회담은 158회나 계속되며 만 2년을 끌었다. 휴전회담이 이렇게까지 길어진 이유는 회담에 임하는 양측의 기본 자세가 달랐기 때문이기도 했고 의제별 이해가 충돌했기 때문이기도 했다. 특히 미국은 군사적·도덕적 승리를 모두 추구하여 폭격과 협상을 병행해나가는 자세를 취했고 남한정부는 북진통일을 주장하며 휴전회담 자체를 적극적으로 방해하여 휴전회담을 매우 어렵게 했다.

제1의제인 군사분계선 문제에서 공산 측은 38선, 즉 전전 원상회복을 주장한 데 반해 유엔군 측은 미공군과 해군의 전선이 국경 부근까지 걸쳐 있으므로 현 전선 훨씬 북쪽에 군사분계선이 설정돼야 한다고 주장했다. 이와 같은 미국의 무리한 요구로 교섭은 지연을 거듭한 끝에 중단되었다. 협상의 중단과 동시에 미국은 북한의 보급선과 통신망을 파괴하기 위해 대규모 폭격작전(교살작전)을 전개했다. 10월 들어 협상이 재개될 때까지 미군은 군사분계선 설정에서 유리한 위치를 차지하기 위해 군사적 공세를 계속했다. 결국 군사분계선 문제는 공산 측의 양보로 협상 4개월 만인 11월 말 현 전선을 기준으로 타결되었다.

두 번째 의제인 휴전감시 문제에서 양측은 휴전감시단 출입지역 문제, 휴전감시단 구성 문제를 둘러싸고 상호 의견을 달리했으나 1952년 3월과 5월에 휴전감시지역의 제한(5개소), 중립국감독위원회 구성(스웨덴·스위스·폴란드·체코슬로바키아의 4개국)에 각각 합의했다.

한편 제4의제는 휴전과 관련된 당면 현안이 아니었으므로 양측은 휴전 후 회담(제네바정치회담)으로 이월하는 데 쉽게 합의했다. 문제는 제3의제, 즉 포로문제였다. 이 문제는 1951년 12월 협상이 시작되었으나 1953년 6월에 가서야 타결되었다. 이 문제만으로 전쟁이 1년 반 이상 더 계속된 것이다. 그러나 사실 이 문제는 양측이 국제협정을 지키기만 한다면 가장 쉬운 문제일 수도 있었다. 즉 포로교환문제는 원래 1949년 조인된 제네바협정의 전쟁포로조항(제118조)에 강제송환을 규정하고 있었다. 공산 측은 이 협정을 준수하여 강제송환을 주장했다. 그러나 미국은 이 협정을 무시하고 자유송환을 주장했다. 서방 측의 대부분 국가들은 공산 측 해석이 정당하다고 보고 그를 지지했으나 미국만은 예외였다. 미국도 역시 이 협정에 서명했으나 미국은 자신들 스스로 서명한 국제협정을 위반하고 있었다. 미국은 군사적 승리가 불가능한 상황에서 도덕적·심리적 승리만이라도 거둬보려는 억지논리 때문에 스스로 국제협정을 위반한 것이다. 포로문제는 끝내 공산 측의 양보로 미국의 자유송환원칙으로 합의를 보았다. 도덕적·심리적 승리만이라도 거둬 체면을 살려보겠다는 미국의 억지가 전쟁을 2년 가까이나 더 끌어온 것이었다. 전체적으로 보아 휴전협정과정은 공산 측이 양보하고 미국 측 주장이 관철되는 과정이었다. 이러한 과정에서 미군의 공군력은 유용한 압력수단이었다. '소수' 포로의 인도주의적 자유송환을 주장한 미국이, 바로 그 이유 때문에 전쟁을 2년 가까이나 더 끌어왔으면서도, 가장 '비인도적'인 방법으로 '다수' 군인과 민중을 죽음으로 내몰았던 것이다.

  한편 이렇게 휴전회담이 진행되는 가운데서도 양측의 군사적 충돌은 계속되었다. 이것은 주로 ① 미국의 공중폭격과 ② 전선에서의 충돌, 그리고 ③ 남한 내 빨치산투쟁을 그 내용으로 한다. 휴전협상에서 유리한 고지를 선점하려는 미국은 그 압력수단으로서 북한지역을 무차별로 폭격했다. 미국은 때로는 핵무기 사용을 들먹거리고 때로는 전면전 확전을 들먹거리며 공산 측을 압박했다. 미국의 공중폭격은 휴전협상이 재개·중단을 반복해가며 북한지역을 초토화했다. 또한 미군은 교착된 전선의 후방에 제2전선을 구축코자 한국인 유격대(민간인) 2만여 명을 훈련시켜 북한지역에 침투시켰다. 휴전협상이 재개·중단을 반복할수록 북한지상에서 생물체를 찾는다는 것은 점차 어려워졌다. 이런 와중에 1952년 2월 22일과 3월 8일 북한 외상 박헌영과 중국 외상 저우언라이는 미공군이 세균전을 감행하고 있다고 유엔에 항의하는 성명서를 발표했다. 미국은 이를 강력히 부인했으나 북한과 중국은 미국이 군사적 승리는 불가능하다는 것을 깨닫고 세균전을 강행하여 휴전협상을 유리하게 이끌려 한다고 비난했다. 결국 북한과 중국의 요구로 미국의 세균전 감행 여부를 조사하기 위한 국제과학조사단과 국제민주법률가협회가 구성되었는바, 조사를 마친 이들은 북한과 만주의 오염지대에 인간과 동물에게 각종 전염병을 감염시킨 여러 가지 물고기, 풍뎅이, 거미, 벼룩, 모기, 쥐 등이 흩어져 있는 것을 발견했는데 이러한 곤충들은 대부분 이 지역 토산이 아니거나 아직 발생시기가 안 되었다는 점에서 미공군이 제2차 세계대전 중 일본군이 사용한 것과 유사한 방법으로 세균을 퍼뜨렸다는 결론을 내렸다. 이러한 조사보고의 신빙성은 차치하더라도 미공군이 이때 네이팜탄 등 각종 화학전 무기를 사용한 것으로 미루어볼 때 세균무기 사용 개연성은 얼마든지 높은 것이었다.

다음으로 전선에서 충돌은 밀고 밀리는 공방전의 연속이었다. 비록 교착된 전선에서 벌이는 전투였으나 그것이 휴전을 앞둔 시점에서 진지전·고지쟁탈전이었으므로 쌍방 간의 전투도 그만큼 치열했고 피해 또한 극심했다. 미국이 '자유'송환원칙을 주장하는 동안 이곳에서 전투로 '자유'가 아니라 '생명' 자체를 잃은 숫자는 쌍방에 걸쳐 '자유'송환을 원하던 사람들의 수십 배에 달하고 있었다.

한편 남한 내 빨치산투쟁은 1950년 말에서 1951년 봄에 걸친 강력한 토벌로 그 세력이 현저히 약화돼 있었다. 1951년 8월 31일 로동당중앙위원회는 이른바 「결정서 94호」를 통해 금강정치학원을 설치, 1952년부터 남한의 각 지구당 사업을 지원하기 위해 금강정치학원 출신 수백 명을 남파했다. 그러나 이것 또한 대부분 실패로 끝났다. 이들의 존재는 1952년경 시작된 남로당계열의 몰락으로 잊히기 시작했고 휴전협상에서는 거론조차 되지 않았다.

결국 1953년 7월 27일 이 모든 투쟁을 종결짓는 휴전협정이 체결됨으로써 전투는 끝났다. 1953년 들어 발생한 스탈린 사망과 아이젠하워 등장은 전쟁을 종결한 주요한 계기였다. 이러한 외적 요인과 함께 한국전쟁의 휴전은 한반도 내부적으로도 이미 그 분위기가 성숙되어 있었다. 그러나 휴전은 전투의 종식을 의미했지 전쟁의 종식을 의미하는 것은 아니었다. 그것은 전쟁이 끝나고 평화체제가 구축된 종전(the end of the war)이라기보다는 항상적 전쟁 위협 속에 놓여 있는 정전(armistice), 휴전(cease-fire)이거나 아니면 단순한 교전 중지(truce)일 뿐이었다. 따라서 한국전쟁의 진정한 종식은 짧게는 남북 간 평화구조 정착으로, 길게는 조국통일로만 달성될 수 있는 것이다.

② 남북한 정치과정의 전개

전쟁의 제4국면에서 남북한은 각각 주요한 정치적 변화를 맞았다. 이것은 전선의 교착에 따른 상대적 안정감과 전쟁기간 중 발생한 제반 문제점에 대한 해결요구에 비춰볼 때 자연스러운 현상이었다.

먼저 북한에서는 1951년 11월 2일 로동당중앙위원회 제4차 전원회의가 소집되었다. 이 회의에서 김일성은 당 문호를 기본성분과 철저히 이념무장을 갖춘 자들에게만 국한하는 관문주의를 강력하게 비판했다. 이것은 명백하게 남로당계열과 소련파 허가이를 겨냥한 것으로 보인다. 특히 3차 전원회의 이후 김일성과 대립을 보여온 소련파 핵심 허가이는 관문정책의 오류로 철직처분을 받아 실각했다. 제3차 전원회의에서 연안파 핵심인 무정의 탈락에 이은 북한 권력구조 내의 중대한 변화였다. 이로써 북한 권력구조 내에서 김일성에 대한 잠재적 경쟁 세력은 구남로당계열이 유일했다. 이들은 김일성보다는 박헌영을 더 추종했으며 이승엽을 중심으로 독자적인 무력을 보유하고 있는 형편이었다. 이 독자적인 무력 보유가 정확하게 무엇을 목표로 한 것인지는 알려지지 않았으나 그것이 김일성의 지시에 따라 움직이는, 김일성을 위한 무력이 아니라 오히려 그것에 반대하고 도전하기 위한 독자적 물리력인 것만은 분명했다. 1952년 12월 로동당 제5차 전원회의가 열렸고 이 회의에서 김일성은 '당성이 결여'된 일부 종파주의자들에 대해 엄중 경고했다. 국내파에 대한 공격이었다. 이미 5차 회의 이전에 박헌영 추종자들은 대거 체포되었고 5차 회의 직후인 1953년 2월 들어 박헌영은 공식석상에서 모습을 감추었다. 실각이었다. 박헌영을 비롯한 구남로당계 12명은 미제간첩, 남조선 혁명역량 파괴, 조선민주주의인민공화국 붕괴 음모 등을 이유로 재판에 회부되었고, 1953년 중엽에는 당과 정부에 남아 있는 구남로당계열들이 제거되었다. 요컨대 한국전쟁을 거치면서 김일성에 대한 잠재적 도전자들은 모두 제거된 것이다. 이것은 김일성 일인체제의 확립을 좀더 용이하게 해준 한 요인이었다.

한편 남한의 정치과정은 제2대 대통령 선출문제를 중심으로 전개되고 있었다. 전쟁 와중에 터져나온 정부의 무능력과 부패, 국민방위군사건, 숱한 양민학살사건 등으로 1952년 제2대 대통령선거(국회간선)에서 이승만의 연임은 원천적으로 불가능해보였다. 이승만은 이 같은 사태에 직면하여 대통령직선제 개헌안을 국회에 제출하는 한편 반공단체들을 규합하여 신당(원외자유당)을 창당했다. 그러나 이승만의 개헌안은 국회에서 압도적 표차로 부결되었다(재석 163명 중 가 18표, 부 143표, 기권 1표). 이에 이승만은 원외자유당, 각종 테러단체·반공단체 들을 동원하여 직선제 지지, 국회의원 소환을 요구하는 관제데모를 조작하며 맞섰다. 1952년 4월 국회의원 123명이 내각제개헌안을 제출하고 여론이 이의 통과로 기울자 비상계엄을 선포하여 정치군인과 경찰을 동원해 내각제개정 주동 국회의원 체포에 나섰다. 국회의원에 대한 무차별체포가 자행되었고 다수의 국회의원이 도피했다. 부통령 김성수는 이승만을 비난하며 사표를 제출했다. 체포, 구속, 도피로 의결정족수에 미달하자 이승만정권은 구속 중이던 국회의원까지 석방·출석시켜 경찰과 군이 국회를 포위한 가운데 직선제 개헌안(발췌개헌안)을 기립표결로 통과시켰다. 이 헌법에 따라 1952년 8월 5일 실시된 첫 직선제 대통령선거에서 이승만은 압도적 표차로 대통령에 당선되었다. 그러나 이 선거는 형식적인 요식절차에 지나지 않았다.

4) 한국전쟁의 결과와 영향

3년간의 한국전쟁이 미친 결과와 영향은 실로 엄청났다. 인명피해와 산업시설 파괴라는 결과적 측면에서 한국전쟁은 아마도 역사상 어느 전쟁보다도 파괴지향적·살상지향적 전쟁이었을 것이다. 약 400만~500만에 달하는 인적 피해와 전 산업과 전 국토의 대부분이 파괴된 물적 피해는 우리로 하여금 전쟁주체들의 전쟁수행방식을 알게 해준다. 물적 피해의 경우 생산력 발전의 내부 조건은 거의 완전하게 소멸되었다. 인적 피해는 전투원보다는 비전투 민간인의 피해가 훨씬 더 많았다는 점에서 이 전쟁의 참혹상을 알게 해준다. 인적·물적 피해에서 남한 대 북한, 유엔군 측 대 공산 측의 비율은 대략 1 대 2~3의 비율이었다. 그만큼 북한 측의 피해가 컸다. 예컨대 북한의 주요 산업지대였던 원산은 종전 후 완전히 폐허가 되었으며 말짱한 건물은 한 채도 없었고 공장들도 땅에 파묻혀버렸다. 이러한 상황은 북한의 거의 전 도시에서 마찬가지였다.

한국전쟁은 이러한 직접적인 결과 외에도 훨씬 더 엄청난 영향을 미쳤다. 가장 중요한 것은 분단의 고착화였다. 1948년의 분단이 잠정적·유동적 분단이었던 데 반해 전쟁이 끝난 뒤의 분단은 고정적·항상적 분단 구조로 정착되게 되었다. 그것은 정치·경제·사회·이데올로기의 모든 수준에서 확대재생산되었고 전전보다 엄청나게 증가된 쌍방의 물리력으로 담보되고 있었다. 더욱이 전후 남북 간의 군사적·이데올로기적 대립의 격화는 세계적 수준의 체제모순·냉전구조와 맞물리면서 분단·분단구조의 자기재생산을 강제해왔으며, 또 역으로 남북 간의 대립을 증폭시켜왔다. 한국전쟁으로 인한 분단은 남북한 두 사회가 사회체제, 정치, 경제, 이데올로기의 각 수준에서 완전히 다른 두 이질적인 사회로 나아가는 출발점이었고 한국전쟁은 그 계기였다.

분단을 구조화함과 동시에 한국전쟁은 남북한 각각에 공히 엄청난 영향을 미쳤다. 먼저 북한의 경우를 보자. 우선 한국전쟁을 계기로 북한은 북한식의 독자적 사회주의 체제로 발전해갔다. 경제적으로는 전쟁 기간 중의 완전 파괴상태에서 출발하여 전후 복구·건설과정에서 생산관계의 사회주의적 개조와 사회주의 공업화에 성공함으로써 자립적 경제구조의 기반을 마련했고, 정치적으로는 전쟁과정과 이후 복구과정에서 프롤레타리아독재체제가 새롭게 강화되었다. 전쟁과 전후 복구과정에서 주요 정치세력이 대부분 제거됨으로써 김일성의 정치적 지도력이 더욱 강화되었으며, 사상적으로는 '무(無)로부터의 창조'과정에서 사람 중심, 자주·혁명적 열기와 대중성을 핵심으로 하는 주체사상과 전쟁과정에서 미군의 학살·폭격·세균전 등으로 인한 철저한 반미사상이 깊이 뿌리박혔다. 대외적으로는 중·소의 영향력에서 일정하게 벗어나 자주적인 노선을 걷게 하는 계기였다. 또한 한국전쟁은 전쟁과정에서 대부분의 체제 적대적 계층이 월남해버림으로써 북한사회의 내부통합을 가속화한 계기였다. 그러나 북한정권은 전쟁 전에 누렸던 남북한 민중 모두로부터의 형식적·심정적 정통성 부여를 전쟁으로 그 절반을 완전히 상실하는 부담도 감수하지 않으면 안 되었다.

한국전쟁은 남한사회에도 결정적인 영향을 미쳤다. 경제적으로는 세계자본주의 질서의 한 하위체계로 편입되면서 그 중심부 미국경제에 종속되는 계기가 되었고, 정치적으로는 반공·반북·분단논리에 기반한 독재체제를 구조화했다. 이데올로기적으로는 반공·반북·친미 이데올로기가 지배 이데올로기로 내재화되었으며, 대외적으로는 정치·경제·군사적으로 미국에 거의 완전한 예속상태를 결과했다. 전쟁은 또한 남한 내 진보세력을 절멸시켰다. 전쟁을 거치면서 엄청나게 확대된 군사력은 세계자본주의 체제, 미국의 대소 전진기지를 지켜주는 자본주의 질서유지군으로 성격이 변전되었고, 동시에 독재정권의 기반이자 그 자체가 정치권력을 장악할 계기를 갖게 해주었다.

남북한에 미친 이와 같은 영향 외에도 한국전쟁은 세계사적으로 엄청난 영향을 미쳤다. 우선 한국전쟁은 사회주의 체제와 자본주의 체제의 대립을 격화하고 군비경쟁을 촉진함으로써 2차대전 후 세계적 재편기를 종식한 세계사적 획기였다. 한국전쟁을 계기로 비로소 냉전이 고착화된 것이다. 한국전쟁은 양진영 각각에도 커다란 영향을 미쳤다. 우선 사회주의권에서 한국전쟁은 중·소 갈등의 한 원인이 되었고 중국의 분단을 고착화했다. 그것은 또한 중국에 엄청난 정치·경제·군사적 피해를 입힘으로써 중국의 향후 발전에 커다란 영향을 주었다. 그러나 한국전쟁이 미친 영향은 사회주의권에 대해서보다는 자본주의권에 준 것이 훨씬 컸다. 먼저 미국은 한국전쟁을 계기로 세계적인 반소·반공 방벽을 구축하고자 원조, 지역통합전략, 상호방위체계를 통해 비사회주의 국가들에 대한 정치·군사적 지배체제 구축을 가속화했다. 수많은 지역별 국제기구가 만들어졌으며 개별 국가와 동맹체제 구축이 강화되었다. 반공정권들에 대한 지원이 급격히 증가했으며, 미국이 외국에 제공하는 원조의 내용도 한국전쟁 전 군사원조 대 경제원조의 비율 약 1 대 3에서 전후에는 약 3 대 1로 역전돼 있었다. 일본과 서독의 재무장이 강력히 추구되었고, 일본의 재등장으로 극동에서는 한·미·일 삼각안보체제가 형성되었다. 이러한 제반 조치로 미국은 한국전쟁을 계기로 자본주의 진영의 맹주로 부상했다.

이러한 대외정책뿐만 아니라 한국전쟁은 미국의 국내상황에도 커다란 영향을 미쳤다. 우선 경제적으로 한국전쟁은 미국을 위기에서 구출해주었다. 미국은 1950년에서 1953년 사이에 연평균 9퍼센트씩 높은 경제성장률을 기록, 1946년에서 1950년까지 연평균 경제성장률 2.91퍼센트를 훨씬 앞질렀다(같은 기간 실업률은 5퍼센트에서 3퍼센트로 감소). 특히 전쟁이 격화되었던 1950년과 1951년의 성장률은 무려 10.3퍼센트와 15.6퍼센트로 기록적인 성장을 이룩했다. 이것은 명백하게 군사비 지출로 인한 결과다. 이것은 또한 미국경제가 항상적 대결구조를 요하는 전쟁경제(military economy)임을 말해준다. 수치로 확인해보자. 1950년에서 1953년까지 미국 군사비 지출은 각각 185억, 372억, 488억, 514억 달러로 급증했으며 정부 세출에서 군사비가 차지하는 비중은 1950년 30.6퍼센트에서 무려 45.8퍼센트, 60.1퍼센트, 59.6퍼센트로 상승했다. 이러한 지표는 미국 경제발전의 정치적 함의를 말해준다. 또한 미국사회는 전반적으로 군사화·보수화되었고 이것이 미 독점자본에 의해 가속화되었다. 전쟁 종결 시점에서 등장한 아이젠하워정부는 무려 20년 만에 등장한 공화당정부였다.

다음으로 한국전쟁은 일본에도 지대한 영향을 미쳤다. 우선 한국전쟁은 일본과 미국이 단독강화를 맺게 하는 촉진제 역할을 함으로써 이를 계기로 미·일안보체제가 성립되었다. 일본의 비무장화·중립화정책은 전면적으로 폐기되었고 일본은 이제 아시아 반공진영의 핵이 되었다. 그 결과 자연스레 일본의 재무장이 촉진되었다. 한편 한국전쟁은 일본 경제부흥의 결정적 계기였다. 미군의 장비 및 보급품 대량 발주는 일본 경제의 회생약으로서 그 발주 총액은 1950년에서 1953년까지 23억~24억 달러에 달했다. 이 액수는 이 기간의 일본 무역적자 20억 달러를 상회하는 것으로서 패전 후 좀처럼 전전 수준을 회복하지 못하던 일본의 광공업 생산지수는 1950년 10월 전전 수준에 도달했고 1951년엔 그것을 46퍼센트나 상회했다. 요컨대 한국전쟁은 일본 경제발달의 결정적 계기가 되었다.

5) 한국전쟁의 주체와 성격

한국전쟁의 기원, 원인, 전개과정, 영향 그리고 그 전쟁 주체의 전쟁 수행 정책 등에 대한 지금까지의 고찰로 우리는 그 주체와 성격을 암시받을 수 있을 것이다. 해방5년사 갈등구조에 비추어볼 때 한국전쟁 전의 주요 대립축은 한국민중과 미국, 통일세력과 분단세력으로 설정할 수 있다. 그렇다면 그 연장에서 폭발한 한국전쟁의 주체는 그것의 어떤 진화된 형태이거나 전위일 것이다. 즉 한국민중과 미국, 통일세력과 분단세력, 또는 그 외화인 북한군과 미군, 공산군과 유엔군 등일 수 있을 것이다.

이로부터 우리는 한국전쟁의 성격도 추론할 수 있다. 전쟁의 성격에 대해서는 지금까지 대리전, 국제전, 내전, 민족해방전쟁, 계급전쟁, 혁명전쟁 등의 논의가 있어왔다. 그러나 더 중요한 것은 전쟁의 이러한 성격들이 동일한 수준의 논의도 또 상호배타적인 성격도 아니라는 점이다. 오히려 전쟁의 전 시기를 통하여 관철되는 기본성격(예컨대 민족해방전쟁, 조국통일운동)과 그것이 국면 변화에 따라 시기별로 약간 다르게 표출되는 주요한 측면(예컨대 계급전쟁→민족해방전쟁→체제 간 전쟁, 내전→국제전)을 판별해내는 일과 그것들이 어떻게 상호중첩적으로 계기지어지는지를 규명하는 일이다. 전쟁을 수행한 한 주체 입장에서 그것은 계급모순과 민족모순, 그리고 그것이 총체적으로 응축된 분단모순을 동시적으로 해결하기 위한 몸부림이었기 때문이다.

한국전쟁에 대한 이 모든 논의에도 불구하고 몇 가지 의문은 여전히 남는다. 이 중 가장 중요한 것은 아마도 전쟁개시 결정을 내린 북한지도부의 정세인식과 전쟁 책임문제일 것이다. 실패의 가장 커다란 요인이 미국, 미국의 개입, 미국의 제국주의적 정책에 귀착된다고 해서 지도세력의 최종적인 본질적 책임은 면제되기 어렵다. 왜냐하면 역사에서 최종적인 책임은 주체적 요인, 즉 주체 자신에게 있기 때문이다. 당시의 그리고 오늘의 북한지도부가 이 점에 대해 완전한 면죄부를 받을 수는 없는 것 같다.

10. 맺음말

1945년 8월 15일 해방은 역사발전의 새로운 계기였다. 그것은 한국민중들에게 새로운 민족적·민중적 과제를 제시해주었고 한국민중들은 이것을 혁명으로 달성하고자 노력했다. 그러나 제국주의의 직접지배는 이를 고사시켰고 나아가 조국을 둘로 갈라놓았다. 한국민중들은 다시 통일을 위해 투쟁했고 이것은 끝내 한국전쟁으로 폭발하고 말았다. 한국전쟁은 해방5년사의 종결점이었고 그것의 종식은 새로운 분단시대의 시발점이었다.

우리는 이러한 해방8년사를 지금까지 혁명과 반혁명, 분단과 통일, 제국주의와 한국민중을 중심축으로 살펴보았다. 일제 식민지시대의 제반 영향, 국제정세와 미·소의 대한정책, 해방3년사 혁명과 반혁명 및 분단과 통일 운동, 1948~50년사 제 갈등의 전개, 한국전쟁의 발발·전개과정·귀결 및 영향 등을 가능하면 전체 역사 맥락 속에서 살펴보려 했다. 그러나 각각의 요인과 사건들, 주제들을 총체적 설명틀 속에서 정확하게 규명하고 그것들의 상호 관련성을 수미일관하게 밝혀내는 것은 여전히 좀더 많은 고민을 요구한다. 관점과 사실, 추상과 구체, 이론과 실제 어느 한쪽에 치우치지 않고 양자의 긴장된 균형 속에서 정확한 관점과 풍부한 사실을 토대로 연구되었을 때 비로소 역사는 올바로 복원될 것이다.

이러한 과제들은 분단의 시대에서 통일의 시대로 역사의 물줄기를 바꾸려는 우리의 지난한 몸부림 속에서 하나둘 해결될 수 있을 것이다. 왜냐하면 오늘 우리 사회의 일차적 과제인 분단극복(=통일) 과제는 해방8년사에 그 역사적 연원을 두고 있고 해방8년사에 대한 연구야말로 이론적으로나 실천적으로나 그 과제 달성에 복무하는 것을 자기 임무로 하기 때문이다. 그것의 달성이 오늘 우리의 임무요 과제이며 우리는 그 임무에서 벗어날 수 없다.

해방3년사의 쟁점

이완범

1. 해방의 의미: 자력인가 타력인가

연구

- 「8·15의 성격」, 한국역사연구회 편, 『한국사강의』(한울, 1989), 325~26쪽.
- 이재화, 『한국근현대민족해방운동사』(백산, 1988), 463쪽.
- 최춘옥, 「해방의 재인식」, 정철수 외, 『현대민족사의 재인식』(東京: 扶邦出版社, 1984), 125~28쪽; 『현대 민족사의 재인식』(그날, 1989), 127~30쪽.
- 과학원 력사연구소, 『조선통사』 하, 번인판(東京: 學友書房, [1958]).
- 사회과학원 력사연구소, 『조선통사』 하([평양]: 과학백과사전출판사, 1977).

자료

- 이강국, 『민주주의 조선의 건설』(조선인민보사, 1946).
- 온낙종, 『조선해방의 국제적 경위와 미소공위사업』(현우사, 1947).
- 조두원·권오직, 『조선혁명의 국제적 관련성』(해방출판사, 1946).
- 함상훈, 『조선독립과 국제관계』(생활사, 1948).
- 이만규, 『여운형투쟁사』(총문각, 1946).
- 「쏘베트군대는 해방의 군대다」, 『조선해방과 북조선의 민주발전』([평양]:

[출판사불명], [1947]), 1~9쪽.

한국현대사의 시점(始點)을 1945년 8월 15일 해방의 그날로 잡아야 하느냐 아니면 1919년 3·1운동 직후 사회주의의 유입 혹은 1930년대 식민지공업화의 달성에서부터 잡아야 하느냐에는 논란의 여지가 있다. 지금 학계에서 논쟁이 진행 중이지만, 대체로 해방 이후 시기를 현대사로 보는 시각이 정설로 정착되어 있는 상황이다.

그런데 과연 해방 이전의 시대와 해방 이후의 현대사가 시대적(사회구성체적) 성격면에서 현격한 차이를 보이느냐 아니냐에 대해서도 역시 논란의 여지가 있다. 이 차이점을 부각하는 견해를 비판하는 논자들은 일제 식민통치로부터의 '해방'이 진정한 해방이 아니라 단지 새로운 지배자로 교체된 식민상황의 시작이었다고 주장한다.

해방이 이렇게 진정한 해방이 되지 못한 원인은 민족 내부의 문제와 외세의 문제로 나누어 살펴볼 수 있는데, 외세가 영향력을 행사하기 위하여 진군한 데에 일차적 원인이 있겠지만 민족 내부 구성원들이 전면적으로 싸워서 해방을 쟁취해내지 못한 데에도 부차적 책임이 있을 것이다.

그런데 최근에는 해방이라는 것이 '연합국에 의하여 주어진 것'이라는 정설에 대하여 '우리가 전취(戰取)한 것'이라는 새로운 시각이 대두하고 있다. 이러한 '해방의 주체논쟁'은 외세와 민족 내부 세력의 힘관계에 의하여 규정된 것이다. 즉 해방이 독립운동세력의 힘에 의하여 전취된 것이냐 아니면 외세의 힘 때문에 주어진 것이냐 하는 대립된 시각이다. 전자를 해방의 내인론이라고 명명한다면 후자는 외인론이라고 할 수 있다.

논쟁을 구체적으로 살펴보면, '주어진 해방론'(타율적 해방론)은 해방의 직접적 원인이 미소연합군의 일제 타도와 그에 따른 조선 독립부여 정책에 있다고 주장한다. 해방은 곧 연합국이 조선에 준 '선물'이라고 파악하는 이 견해는 우리 민족이 해방에 기여한 자주적 힘을 과소평가한다. 미·소 강대국의 승리에 힘입어서 해방이 주어졌기에 해방은 미소연합국의 힘에 의하여 국제적으로 제약·규정·좌우될 수밖에 없었던 것이라는 설명이다. 조선 해방이 연합국에 의하여 결정되었다(해방의 규정성)는 결정론적 견해는 해방 직후 거의 모든 정치세력에게 어쩔 수 없이 받아들여졌던 '정설'(定說)이었다. 독립운동과정에서 마지막까지 치열하게 싸웠던 세력들일지라도 자신들이 해방과정에서 결정적 기여를 하지 못했던 점을 인정했으며 따라서 미·소의 분할점령 상태를 별다른 저항 없이 받아들일 수밖에 없었던 것이다.(또한 좌익세력들은 조선 해방의 국제적 제약이 3상회의 결정으로 구체화되었기에 이에 반대할 수 없다고 주장한다. 반면 우익은 해방이 주어진 것이라 해도 조선 독립은 조선민족의 힘으로 해야 하기에 탁치를 받을 수 없다고 주장한다.)

그렇지만 이러한 정설이 해방 직후에 아무런 반성과 도전에 직면하지 않았던 것은 아니다. '해방에의 자주적 기여론'으로 명명될 수 있는 내인과 외인의 절충론적 견해가 일찍부터 등장했던 것이다. 이들은 1940년대 독립운동세력이 아무런 기여를 하지 못했던 것이 아니라고 주장한다. 해방 직후 여운형은 다음과 같이 언급했다.

> 대체 조선 독립이 단순한 연합국의 선물이 아니다. 우리 동포는 과거 36년간 유혈의 투쟁을 계속하여온 혁명으로 오늘날 자주독립을 획득한 것이다.(여운형, 「신문기자와 문답」, 1945년 10월 1일, 이만규, 『여운형 투쟁사』, 총문각, 1946, 265~66쪽)

만약 국내와 해외의 독립운동세력이 그들의 운동을 지속적으로 전개하지 않아서 국제적으로 조선민족의 독립 열망이 알려지지 않았다든가, 일제가 선전하는 것처럼 식민지하 조선민족이 그 파행적 '발전' 상황에 만족하는 것처럼 연합국에 인식되었다면, 연합국이 조선에 독립을 '부여'하려고 하지 않았을 것이다. 따라서 해방에 기여한 조선민족의 자주적 힘이 전혀 무시될 수는 없다. 실제로 산발적·비조직적이고 비합법적인 형태이나마 해방 직전 국내 독립운동은 지속적으로 존재했고 따라서 조선민중은 주체적으로 해방을 '준비'했다고 할 수 있다.

그런데 이러한 견해를 주장하는 사람들도 해방의 주인(主因)은 역시 '연합국의 승리'였다는 사실 자체는 인정하지만, 독립운동세력의 싸움을 없어서는 안 될 부차적 요인으로 간주하여 해방에 기여한 운동인자들의 활동을 무시하지 말 것을 제안한다(따라서 '복합적 외인론'으로 명명할 수도 있겠다).

이러한 '해방에의 자주적 기여론'이나 '해방준비론'에서 한 걸음 더 나아간 '전취한 해방론'(자율적 해방론)이 1950년대 중반 이후 북한에서 대두되기 시작했고 최근 남한학계에서도 검토되기 시작했다. 이재화는 『한국근현대민족해방운동사』 463쪽에서 '해방=선물'로 보는 정설을 반동적 견해라고 비판하면서 해방은 "하루도 쉬지 않고 투쟁해왔던 조선민중의 투쟁 역량에 기초한 주체적 성과"라고 주장한다. '싸워서 따낸 해방'을 지지하는 논자들은 싸움의 주체를 항일무장투쟁세력에서 구한다. 일본의 북한계 학자 최춘옥은 "망국(병탄)·분단은 타율적인 것이지만 해방은 주어진 것이 아니라 김일성 부대가 싸워서 쟁취한 것"이라고 썼다.

김일성세력들도 해방 직후에는 소련을 중심으로 한 연합국세력이 해방에 결정적인 힘으로 작용했다는 사실을 인정하여 조선 해방의 국제적 경위를 선전하지만 1950년대 이후에는 '조선인민혁명군'의 해방에 대한 기여를 점차 확대 해석한다.

남한학계에서는 김일성이 1940년대에 소련으로 '도피'했으며 조선 해방이 달성된 후 소련군의 일원으로 귀국했다고 주장하여, 김일성이 해방에 기여할 측면을 사상시킨다. 그런데 북한학계에서는 초기에는 소련군 일원으로 해방작전에 참전했다고 주장하다가 1960년대에는 '조선인민혁명군'이 별도의 자주적인 부대를 편성한 채 소련군과 긴밀히 '제휴'하여 해방작전에 참여했다는 '동반해방설'을 내기에 이르렀다. 그러다가 1975년에는 "조선인민혁명군의 총공격 개시 후 1주일 만에 일본 제국주의는 무조건 항복했다"는 '조국자주해방론'(=전취한 해방론)을 주장한다. 그런데 1980년 조소관계가 원만했을 시점에 소련 측에 보낸 8·15 35주년 기념축전에서는 소련의 해방에 대한 '기여'를 언급하고 있다.

그런데 아직까지 남한학계에서는 '주어진 해방론'이 정설로 인정되고 있어 '해방의 주체논쟁'이 본격적으로 전개되어 있지는 않으며, 단지 '주어진 해방론' 내부에서 해방의 의미를 분단과 연결해 평가하는 '해방의 의미논쟁'이 진행되어왔다. 즉 '해방'을 문자 그대로 일제의 억압과 착취로부터의 해방으로 인정하는 입장과 그 의미를 비판적으로 인식하는 시각의 논쟁이다. '해방=광복론'은 "흙 다시 만져보자 바닷물도 춤을 춘다"로 시작하는 광복절 노래가 시사해주는 바와 같이 해방으로 말미암아 잃었던 빛을 다시 찾은(光復) 그러한 분위기를 연상시킨다. 해방은 비록 외세에 의하여 주어졌지만, 이후 대한민국이라는 독립국가가 수립되어 외세에 빛마저 빼앗겼던 상황은 사라졌다는 것이다. 한국정부의 공식 입장으로서 오랫동안 학계를 지배한 전통주의(traditionalism)의 시각이다.

이러한 기존의 시각에 비판적이면서 이를 수정하려고 하는 수정주의(revisionism)적 시각이 우리 학계 내부에서도 1970년대 중반 후 발생하기 시작했다. 진정한 해방이라고 하는 것이 달성되었다면 그 이후 시대가 '통일된 자주독립국가'의 시대가 되었어야 한다고 문제를 제기하는 새로운 시각은 통일과 자주화라는 과제가 달성되지 못했기에 해방의 의미는 퇴색할 수밖에 없다고 주장한다. 새로운 시각은 해방의 과제를 바라보는 시각에 따라 크게 두 가지로 나눌 수 있다.

첫째 시각은 통일되지 못한 현 상황을 부각하면서 지금 한국이 어느 정도 정치적 독립을 가지고 있음을 인정하는 입장으로서 '분단시대의 기점으로서 불완전한 해방론'으로 명명될 수 있다. 이 시각은 현재를 '분단시대'로 바라보면서 진정한 해방의 의미는 통일조국의 건설로 구현될 수 있다고 주장한다. 그렇지만 이들은 해방으로 식민지시대가 분단시대로 연결성을 가진 채 '전환'되었으므로 해방의 전체적 의미(=새 시대의 개막, 전환성) 자체를 부정하지는 않는다. 단지 해방이 불완전하며 파행적인 형태로 달성되었다고 주장한다.

이에 비하여 두 번째 시각은 해방 자체를 부정하는 '부정된 해방(Liberation denied: 커밍스의 용어인데 그가 이 입장으로 분류되지는 않는다)

론'이다. 해방의 의미는 식민지성을 타파하고 자주적인 국가를 수립함으로써만 구현될 수 있으며, 현재 남한사회는 자주성이 구현되지 못했으므로 해방은 부정될 수밖에 없다는 것이다. 즉 일본이 지배하던 식민지시대가 해방으로 단지 지배자만 교체된 상황이므로 해방 후 시대도 식민지성은 일관되게 관철되는 상황이라는 주장이다. 해방은 일본의 퇴각만을 가져온 '사건'에 불과했으며 그 획기적 의미를 되새길 필요도 없는 것인바, 이렇게 된 데에는 전적으로 미국에 책임이 있다고 평가한다. 우리 민족이 아니라 미국이 해방의 주체로서 한반도에 들어섬으로써 완전한 자주독립과 식민지 질서의 철저한 청산이 불가능했다는 것이다. 오히려 식민지지배에 동조한 반민족세력이 미군정하에서 다시 등용되었으며, 친일세력은 친미파로 옷을 바꿔 입고 그 세력을 온존했고 민족경제는 대미의존적 경제체제로 재편되기에 이르렀다고 바라본다.

2. 38선 획정: 임시적 조치인가 정치적 음모인가

연구

- 김학준, 「38선 획정에 관한 논쟁의 분석」, 『한국정치학회보』 제10집 (1976), 323~33쪽.
- 이용희, 「38선획정신고」, 『아세아학보』 제1집(1965년 12월), 409~64쪽; 『분단전후의 현대사』(일월서각, 1983), 187~233쪽.
- 정용석, 「38선 획정과 미국의 책임」, 『신동아』(1971년 8월), 124~37쪽; 양호민·이상우·김학준 공편, 『민족통일론의 전개』(형성사, 1982), 224~50쪽.
- 조순승, 「한국분단의 기원」, 양호민·이상우·김학준 공편, 앞의 책, 177~233쪽; 최장집 편, 『한국현대사』(열음사, 1985), 64~110쪽.
- 신복룡, 「한반도분획의 내막」, 『현대이념연구』 제5집(1987), 49~65쪽.
- 진석용, 「38선은 누가 그었는가」, 『한국사회연구』 제4집(한길사, 1986), 441~76쪽.

- 신용하,「한국 남북분단의 원인과 포츠담 밀약설」,『한국사회사연구회논문집 제13집: 해방 직후의 민족문제와 사회운동』(문학과지성사, 1988), 11~61쪽.
- 최인범,「분단으로 이어진 분할점령」,『민족통일과 민중권력』(신평론, 1989), 24~32쪽.

자료

- 「러스크 메모」, U. S. Department of State, *Foreign Relations of the United States*, 1945(Washington D. C.: USGPO, 1969), 1039쪽; 김국태 옮김,『해방3년과 미국』I(돌베개, 1984), 43~44쪽.
- 송남헌,『해방3년사』1(까치, 1985, 81~88쪽;「38선 획정의 경위」, 신동아 편집실 편,『한미수교100년사』(동아일보사, 1982), 112~13쪽.

38선 획정, 즉 분할점령의 결정이 곧 한반도의 분단 자체는 아니었지만 분단의 가장 결정적 계기였다는 사실은 누구도 부인할 수 없다. 지금까지 미국 측이 공개한 자료에 따라 드러난 바로는 일제의 항복이 임박한 1945년 8월 10일부터 11일 사이의 급박한 정세 아래서 한반도에서 일본군의 항복을 받는 임시적 군사분계선을 획정한 것이 바로 38선이었다는 것이다. 러스크(Oena Rusk, 후일 국무장관이 됨)와 본스틸(Charles H. Bonsteel III)이라는 미군 대령 그리고 링컨(George A. Lincoln) 준장이 삼성조정위원회(State-War-Navy Coordinating Committee)의 위임을 받아 결정한 장본인인바, 러스크의 메모에 그 결정과정이 기술되어 있다. 트루먼의 회고에 의할 것 같으면 38선은 "일본의 항복을 받는 책임의 편리한 할당"에 불과했으며, 이러한 임시적 분계선이 영구분단선이 될 줄은 전혀 예상치 못했다는 것이다.

미국 정부 측 주장은 위에서 본 바와 같이 '군사적 편의설'이다. 이에 대하여 국내 학계에서는 군사적 편의설을 믿기보다 38선을 그은 미국의 숨은 의도를 캐내려는 움직임이 분출되었다. 일찍이 이승만은 1945년 얄타에서 미·소 간의 정치적 흥정에 의하여 밀약되었다는 '얄타 밀약설'을 주장했으며, 예전부터 제기되던 '포츠담 밀약설'을 최근에는 신용하가 다시 제기하기에 이르렀다. 미·소 간의 음모설격인 두 가지 밀약설을 입증해줄 수 있는 객관적 자료는 아직 발견되지 않고 있다. 오히려 음모 내지는 밀약이 없었다는 미국 정부 측의 '변명'만이 양산되어 있는 상황이다.

공개된 얄타비밀문서에 38선에 관한 언급이 전혀 없어서 얄타 밀약설 주장은 시들해졌으며 포츠담 밀약설이 제기되기 시작했다. 포츠담에서는 미국의 헐(John E. Hull) 중장이 38선 근처의 군사작전 분할선을 일방적으로 획정했지만, 미·소 간의 고위군사회담에서는 일본 동북으로부터 한반도 북단을 연결하는 공·해군(空海軍)작전 분할선만이 획정되었지 육군의 지상 분할선은 그어지지 않았다.(그렇지만 신복룡 교수의 자료발굴에 따르면 군사정책 연구 차원에서 4분할선을 비롯한 여러 분할선이 연구되었다는 것이다. 따라서 한국의 분할이 전혀 예견치 못했던 것은 아니었을 것이다.)

정치적 의도가 전혀 없는 '군사적 편의에 의한 임시적 조치'였다는 주장이 필요 이상 강조되는 것을 보면 '도둑이 제 발 저린다'는 속담을 구태여 상기하지 않더라도 결정에 함축된 정치적 의도를 역설적으로 입증할 수 있을 것이다. 또한 공간자료에서 '음모'에 관련된 부분이 의도적으로 감추어질지도 모른다는 추측을 할 수 있다. 즉 강대국의 책임을 극소화하려는 의도가 숨어 있을지도 모르는 것이다. 따라서 '군사적 편의'는 '정치적 의도'를 위장시키기 위한 외피인 것 같다. 그러나 군사적 편의설에 대한 반증만 가지고 군사적 편의설의 반론인인 '정치적 의도설'의 개연성을 추론할 수만은 없을 것이다. 군사적 편의설을 입증하려는 자료에서 오히려 음모설의 단초를 추출하여 이를 토대로 사실을 재구성해야 할 것이다.(그런데 김학준 교수는 군사적 편의설과 정치적 의도설을 상호배타적으로 보지 않고 보완적으로 본다.)

현재까지 드러난 바로는 '한반도를 나눠 가지자'는 미·소 간의 음모는 없었던 것처럼 보인다. 단지 전시회담에서 한반도는 연합국의 공동세력권이 되어야 한다는 막연한 이해가 공유되어 있었다. 이러한 상태에서 미국이 당시 한국에 진주한 소련을 견제하기도 하면서 '한반도의 반이라도 건지자'는 막연한 정치적 의도(정략적 속셈)를 가지고 38선을 일방적으로 획정했으며 38선을 거부하고 한반도 전체를 점령할 수 있었던 소련이 일본 점령과 북중국 이권 확보에 참여하려는 의도하에 한반도의 반을 미국에 양보한 것이라고 할 수 있다.(소련이 이렇게 조선민중의 이익과는 전혀 배치된 무원칙이고 파행적인 분할선을 수락한 것을 비판하는 최인범의 논리가 있다. 즉 식민지 민족해방을 지원해야 하는 프롤레타리아국제주의의 원칙을 버리고 자국의 이권 확보를 위주로 생각하면서 철저히 일국적 관점을 택했다는 것이다. 이를 '일단 객관적으로 유리한 지역(38 이북)에 기지를 세운 후 혁명을 전파시킨다'는 '소비에트기지론'으로 합리화하지만 이는 일국적·자국중심적 관점을 감추기 위한 외피에 불과하다는 것이다.) 독일의 분할선과 같이 지리적·문화적 경계선(주정부 간 경계선)을 찾지 않고 단지 반분한다는 의미에서 38선을 획정했다는 데서 임시적·편의적 조치임을 강조하고 있으나, 이는 반을 확보하려는 확고한 정치적 의도를 가지고 시간에 쫓겨 범한 전술적 '실수'에 불과한 것이다. 이러한 준비의 미비가 단지 전술적 차원의 문제일 뿐이며 전략적으로는 친미정부를 수립한다는 정치적 목표가 확실했다고 볼 수 있다.

따라서 한반도의 분단에 가장 중요한 단초를 결정한 미국에 그 일차적 책임을 지울 수 있다. 소련이 38선을 반대하지 않고 동의한 데서 그 책임을 나눌 수 있으나, 소련은 결정 당사자가 아니었고 결정 자체에 수동적이었으므로 부차적인 책임을 질 뿐이다. 그럼에도 미국은 자신들의 조치를 정치적 의도가 전혀 없는 군사적 조치라고 강조하여 책임을 회피했으며, 1948년 유엔 주도하의 총선거안을 거부한 소련에 분단 책임을 전가하고 있다. 단순히 일본군의 무장해제만을 목적으로 한다면 이미 진주한 소련군에게 맡길 것이지, 고생스럽게도 1천 킬로 가까이 떨어져 있는 자국 군대를 진주시킬 필요가 없었을 것이다. 또한 러스크의 메모에도 나와 있듯이, 번스(James Byrnes) 국무장관이 "미군이 되도록 북상하여 항복을 받는 것이 좋겠다"는 정치적 욕구를 표명한 사실이나 리스크가 수도 서울을 포함시키려고 시도했다는 것에서 정치적 의도를 간파할 수 있다. 즉 종전 후 점령지역을 늘려 자신들의 세력권을 확장하려는 정치적 의도인 것이다. 커밍스가 지적한 바와 같이 "군사적 승리가 그 지역의 정치를 결정지은" 것이다.(박준규 교수는 「누가 38선을 그었는가」, 『신동아』, 1965년 8월, 280쪽에서 분단을 가져온 미국의 책임을 다른 각도에서 조망하고 있다. 즉 미국이 전쟁 종결을 위하여 소련의 대일전 참전을 종용하면서 [그러나 포츠담에서는 원폭을 이용해 소련 참전 전에 대일전을 종결시켜 소련의 이권을 배제하려는 의도하에 소련 참전에 대한 적극적 태도 표명을 보류한다] 묵시적으로 소련의 북한 침입을 허용한 데 대해 책임을 묻고 있다. 박 교수는 "미국이 한반도 전체를 점령했었으면" 하고 바라는 듯하다.)

3. 분단원인: 외인인가 내인인가

연구

- 강만길, 「민족분단의 역사적 원인」, 『한국민족운동사론』(한길사, 1985), 87~108쪽.—내인론
- 동아일보사 편, 『현대사를 어떻게 볼 것인가』(동아일보사, 1987).—외인론 I 과 내인론의 논쟁
- 박승구, 「해방과 분단의 과정과 의미」, 윤한택·조형제 외, 『사회과학개론』 (백산서당, 1987), 283~301쪽.—복합론 II
- 김우정, 「분단모순의 재인식」, 함운경 외, 『현단계통일운동론』 I(친구, 1988), 211~47쪽.—복합론 II
- 한홍구, 「반외세 자주화와 민족통일」, 『대학신문』, 1987년 11월 16일.—외인론 II
- 김명섭, 「분단의 구조화 과정과 한국전쟁」, 최장집·정해구 외, 『해방전후사의 인식』 4(한길사, 1989).—제반 논쟁

분단, 그것은 1945년의 분할점령과 1948년의 단정 수립 그리고 1950년의 한국전쟁을 거치면서 점점 구조화·고정화되어 현재까지 우리 민족을 남북으로 갈라놓은 사회현상이다. 1945년 국토가 갈라지고 1948년 남북한 간 상이한 체제가 수립되었으며, 곧이어 1950년부터 3년간의 전쟁으로 민족이 갈라져 지금에 이른 것이다. 40여 년의 세월이 흐른 현재 시점에서 분단체제의 극복을 위하여 "우리는 왜 분단되었으며 분단의 책임은 누구에게 있는가"라는 질문을 제기하는 것은 의미있는 일일 것이다. 그렇지만 이렇게 분단의 원인 내지는 책임에 대한 과도한 강조는 이른바 '분단원인환원론'에 빠질 우려가 있는 것이 사실이다. 또한 분단 책임이 누구에게 있을지라도 분단 극복 책임은 민족 내부에 있는 것이다. 현 분단체제의 성격이 40년 전의 그것과 본질상 차이가 있는지 없는지는 논란의 여지가 있지만 두 체제가 반드시 같지는 않을 것이므로 이를 환원시켜 바라보는 태도는 지양되어야 한다.

그렇지만 분단의 시원적 원인에 대한 올바른 해명 없이 그때부터 지금까지 이어진 분단구조의 현재적 성격을 총체적으로 파악한다는 것도 불가능한 것이다. '분단의 원인'은 이미 주어진(고정된) 객관적 사실이자 분단 성격 규정에서 가장 중요한 핵심적 요소인 것은 누구도 부정할 수 없을 것이다. 물론 40여 년 동안 국제질서나 남북관계가 많은 변화를 겪은 것도 사실이다. 따라서 이 글에서는 분단의 성격을 고정화해 바라보지 말자는 건전한 비판을 수용하면서, 분단의 객관적 원인을 보는 시각을 분석해봄으로써 분단체제 극복의 한 교훈으로서 삼고자 한다.

분단의 원인에 대한 논쟁은 그것이 민족 내부에 있느냐 아니면 외세에 있느냐로 집약된다. 또한 외세 가운데 미·소 어느 쪽에 원인을 두느냐도 중요한 쟁점 중 하나다.

해방 직후부터 지금까지 한국과 미국 정부의 공식적 입장은 소련(과 그 대리세력인 김일성)이 유엔이 주도한 통일안을 거부했기에 분단이 이루어졌다고 주장한다. 친미·반소·반공적 입장을 바탕에 깔고 있는 '초기 외인론'은 미국은 해방군으로서 한반도에 진주했으며 한국을 통일하기 위하여 소련과 협상을 시도했지만 소련의 '팽창주의적 야욕' 때문에 통일이 불가능하여 어쩔 수 없이 한반도의 반만이라도 공산주의의 침략으로부터 구할 수밖에 없었다는 것이다. 미국 자신은 한반도에 영토적 야심이 전혀 없는 선의의 피해자이며 한국전쟁 당시 한국을 지켜준 은인이자 일본으로부터 조선인을 해방시켜준 해방자라는 것이다.

그렇지만 어떻게 미국은 언제나 은인이요 소련은 원수일 수만 있을까? 미국 또한 소련과 마찬가지로 자신들의 국가에 이로운 것을 실천하려는 (국가이익을 가지고 있는) 국가이기에 이러한 일방적인 양분법에 대한 회의가 외인론자 내부에서 일기 시작했다. 미국에 대한 무조건적 변호론에서 탈피하여 미국 또한 한반도 분단에 책임이 있는 외세로 바라보는 '전통주의적 외인론'(외인론 I)은 기본적으로 민족주의 입장에 서 있다. 냉전시대에 한국사회에서 관철되던 극단적 논리―미국은 우방이고 소련은 적성국가다―가 다극화시대에 들어오면서 무너지기 시작하여 미국·소련·중국·일본이라는 강대국은 한민족에게 적도 친구도 아닌 외세일 뿐이며 우리는 이를 이용해서 이익을 증진해야 한다는 용외세론(用外勢論)적 논리는 바로 북방정책의 이론적 근거가 되기도 한다.

지금까지 전통주의적 한계를 지배해온 외인론 I은 한반도 분단을 강대국 패권정치의 산물로 파악하면서 한국은 미·소에 희생당한 것이라고 주장한다. 따라서 분단의 책임은 소련과 미국이라는 외세에 있을 뿐이며 민족 내부의 좌우대립은 모든 국가에 있을 수 있는 보편적 현상이라는 것이다. 만약 외인이 없었다면 내인은 중국·대만처럼 발현되어 분단을 자초하기보다는 최악의 경우 내전을 거친 상태에서 통일되었을 가능성이 많다는 것이다.

한반도에 진주한 두 외세인 미국과 소련에 분단의 책임을 지우는 외인론 I론자들 중에서도 어느 쪽에 분단의 일차적 책임을 두느냐에는 다소 이견의 여지가 있다. 민족주의 입장에 좀더 충실한 외인론자는 미국과 소련을 똑같은 외세로 바라보며 동등한 책임을 부과한다. 즉 한국의 분단은 38선을 사이에 두고 진주한 미·소 양국이 각각 통일된 친미·친소정권을 수립하지 못할 바에는 한반도의 반쪽만에라도 친미·친소정권을 수립하여 이를 그들의 직접적 영향력하에 두려고 했기 때문이라고 주장한다. 미·소 세력이 한반도에서 충돌하면서 균형을 이룬 것이 바로 분단이라는 것이다.

그렇지만 외인론자들 중에서 민족주의 입장을 견지하는 논자를 제외하면 대체로 미국보다 소련에 일차적 책임을 두는 경향이 지배적이다. 미국의 책임은 소련의 패권주의적 경향에 적절히 대처하지 못한 정책적 실수일 뿐이며, 만약 실수 없이 적절히 대처했다면 한반도의 분단을 면할 수도 있었다고 가정한다.

외인론 I이 가지고 있는 이러한 친미적 성향과 외세결정론적 성격에 대한 비판이 1980년대 이래로 제기되어왔다. 친미적 성향 자체나 아니면 소련의 상대적 진보성을 무시하고 미·소 양국을 동등하게 비판하는 '소부르주아내셔널리즘'적 경향에 대한 비판은 곧 미국을 비판적으로 바라보는 '새로운 외인론'의 출현을 가져왔으며, 외세결정론에 대한 비판은 내인론의 출현을 가져왔다.

먼저 내인론부터 살펴보자. 38선 획정을 분단의 시초로 파악하는 외인론은 한반도 분단을 전적으로 '국제적 성질의 문제'로 파악하면서 이미 미·소가 진주한 상황이었으므로 '한민족이 설령 단합했더라도 분단될 수밖에 없었다'는 숙명론적 견해를 제시하고 있다. 내인론은 외인론의 이러한 견해를 '비주체적 역사인식'으로 비판하면서 한반도 분단의 원인을 외적인 데에서만 찾지 않고 식민지시대 이래로 있어온 민족 내부의 좌우분열에서 찾는다. 즉 한반도가 있는 지정학적 요인과 항일민족해방운동의 과정 및 8·15 이후 통일민족국가를 실현하기 위한 운동과정에서 협동전선을 결성하지 못하고 좌우대립으로 일관했던 사실 등 민족사 내적인 요인이 결국 남과 북의 두 정권을 생성시키기에 이르렀다는 주장을 개진하고 있다. 따라서 만약 외인이 있는 상태에서 좌우가 단합했다면, 외인 때문에 분단된 독일의 경우보다 외인을 극복한 오스트리아의 경우를 좇아 통일되었을 가능성이 많다고 주장하면서 외인이 우세한 경우라도 내인을 무시하지 말 것을 주장한다.

이렇게 내인론자들이 외인을 배제하는 것은 결코 아니다. 외인론이 가지고 있는 결정론적이며 외세의존론(통일방법에서 두드러짐)적인 성격을 비판하면서 외인이 중요한 요인임은 인정하지만 내인 또한 무시하지 말 것을 제의한 것에 불과하다. 실제로 내인론자는 일제하부터 좌우분열을 조장한 일본 제국주의라는 외세에 분단 책임을 지우며, 외인론자가 내인을 무시하는 것처럼 외인의 중요성을 무시하지는 않는다. 또한 한반도에 외인은 없고 내인만 있는 상황이었다면 분단되지 않았을 것이라고 가정하여 '내인결정론'을 피력하지는 않는다.

내인론이라고 불리는 이 결론은 실질적으로 '복합론'이다. 따라서 이제 '내인을 강조하는 복합론'(복합론 I)이라고 부를 것을 제안한다. 그럼에도 내인에 대한 최초의 강조였기에 '내인론'이라고 불리며 외인론자들은 이를 '외세의 책임을 면제해주는 새로운 식민사관'이니 '민족에게 분단 책임을 전가하는 것에 동조하는 타율적 역사인식' '숙명론적 패배주의'라고 비판하고 있다. '주체적 역사인식'을 표방한 내인론이 오히려 식민사관이라고 비판받는 것은 아이러니가 아닐 수 없다.

그런데 '내인을 강조하는 복합론'은 철저히 민족주의 견지에 서서 민족 내부의 좌우분열을 초월적인 입장에서 부각하면서 좌우통합 내지는 좌우합작운동을 이상화한다. 최근에는 좌우대립을 강조하는 이러한 주장을 '본질을 은폐한 현상적인 분석'이라고 비판하면서 그들의 민족주의를 자유주의적이며 소부르주아적인 것으로 규정하는 새로운 비판이 제기되었다. 좌·우 실세가 참여하지 않았으며 무원칙이었던 좌우합작에 대한 기존 복합론의 과대평가를 비판하는 이들 비판자들은 '새로운 복합론'이라고 할 수 있다.

새로운 복합론자들은 기존의 복합론(내인론)이 외인론 I에 비하여 상대적으로 진보적이라는 사실은 인정하지만, 프롤레타리아 당파성의 시각에서 계급적 관점이 철저하게 관철되지 못했으므로 한계가 노정되었다고 주장한다. 분단에 책임이 있는 내적 요인은 자유주의자가 주장하는 것처럼 좌우 모두에게 있는 것이 아니라 민족 내부 분열주의자인 우익에게 있다는 설명이다. 새로운 복합론은 미국과 이에 결탁한 우익의 책동 때문에 분단이 생성되었다고 주장하면서 내인보다는 외인에 그 강조점을 두기에 '외인을 강조하는 복합론'(복합론 II)이라고 명명할 수 있다. 그렇지만 내인을 무시하지는 않는다. '외인은 내인 없이는 발현될 수 없다'는 명제 아래서 만약 민족 내부의 분단지향적 세력이 없었다면 미국 혼자서 우리나라를 분단시킬 수는 없었을 것이라고 주장한다.

이러한 복합론 I과 복합론 II는 '새로운 외인론'(외인론 II)에 의하여 모두 '외세의 책임을 희석하는 과오'(외세면책논리: 복합론 I에만 해당)라고 비판된다. 미군이 진주하기 전에 자주적인 좌우통합조직으로서 건국준비위원회가 남북을 통괄하는 실질적 정부로서 기능한 사실에 비추어볼 때 민족 내부에 존재한다는 내인은 무시될 수 있으며 분단 책임은 이러한 통합을 분열한 미국에 있다는 것이다. 즉 외인론 II는 2차대전 후 미국의 세계체제 재편전략에서 분단이 기인했다고 보는데, 전후 미국이 한국을 점령하여 자신의 세력권으로 만드는 과정에서 분단되었다고 주장한다. 한반도 분단의 책임이 미·소 모두에게 있다는 외인론 I에 대하여 외인론 II는 분단 책임이 오로지 미국에 있다고 주장하면서 소련의 상대적 진보성을 인정하고 한국을 분단시킨 미국을 극복대상으로서 단순화한다. 따라서 극복대상을 민족 내부와 미국으로 나누어서 보는 복합론 II는 그 전열을 흐트러뜨리는 잘못된 이론이라고 주장한다.

민족문제를 강조하는 외인론 II는 분단이라는 모순이 비록 사회주의와 자본주의 사이의 체제 간 모순에 가려 있기는 하지만 그 본질은 민족모순이라고 주장하며, 복합론 II가 체제모순을 주요 모순으로 설정하는 것을 비판한다. 또한 복합론 II가 분단 자체의 책임문제 차원에서 민족 내부의 계급모순을 무시하지 않는 데 비하여, 외인론 II는 무시하는 입장을 취한다. 즉 분단 극복의 책임(현재 상황)면에서는 계급모순이 무시될 수 없지만 분단 자체의 책임(처음 만들어진 객관적 상황)면에서는 국내의 계급적 갈등구조가 애초부터 각인되어 있지는 않았다고 주장한다.

4. 혁명논쟁: 단계규정과 주체의 문제

연구

- 심지연, 『조선혁명론연구』(실천문학사, 1987).
- 김광식, 「8·15 직후의 사회성격연구: 변혁단계론을 중심으로」, 『산업사회연구』 제2집(1987), 48~74쪽.
- 여현덕, 「8·15 직후 민주주의 논쟁」, 박현채 외, 『해방전후사의 인식』 3(한길사, 1987), 23~75쪽.
- 해방3년사연구회 편, 『해방정국과 조선혁명론』(대야출판사, 1988).
- 김남식, 「박헌영과 8월테제」, 강만길 외, 『해방전후사의 인식』 3(한길사, 1985), 104~42쪽.

자료

- 심지연, 『조선혁명론연구』(실천문학사, 1987), 제2부 99~261쪽.

해방 직후 한국사회에서 전개된 혁명론논쟁은 한마디로 민주주의변혁을 어떤 방식으로 진전시켜갈 것인가에 관한 논쟁이다. 이를 구체적으로 살펴보기 전에 혁명의 일반이론을 개괄하는 것이 필요할 것이다.

민주주의변혁이란 자본주의가 충분히 달성되지 못한 나라에서 필연적으로 거쳐야 할 단계로서 혁명의 좀더 높은 단계인 근본적 변혁(사회주의혁명)의 전 단계다. 그런데 민주주의변혁과 사회주의변혁의 시간적 간격이나 민주주의변혁의 주체에 관해서는 각국이 처한 사정이나 이를 해석하는 시각에 따라 여러 이론이 제시되어 있는 실정이다. 구체적으로 이론을 열거해보면 부르주아혁명(마르크스), 부르주아민주주의혁명(레닌), 반제반봉건적인 신(부르주아)민주주의혁명(마오쩌둥), 반제반봉건(반파쇼)적인 인민민주주의혁명(동구), 반제반봉건민주주의혁명(북한) 등이 있다.

먼저 시간적 간격 문제부터 살펴보면 두 혁명을 자동전화할 것을 주장하여 2단계 혁명의 간격을 무시해버리는 동시(영구)혁명론적 견해(트로츠키가 대표적인데 그를 무단계론자로 보기도 한다)와 두 혁명 사이에 '만리장성'을 쌓아 기다리자는 대기론적 견해(영국과 프랑스를 보는 마르크스의 견해와 러시아의 멘셰비키를 들 수 있음)로 나눌 수 있다. 이에 비하여 1840년대 후발 자본주의 산업화를 경험하고 있는 독일을 관찰한 마르크스는 아직 부르주아혁명이 달성되지 않은 독일에서는 "부르주아혁명이 곧 뒤따를 프롤레타리아혁명의 서곡"이 되어야 한다는 '즉시연결론'을 주장하여 대기론과 동시혁명론의 중간적 견해를 제시했다. 1905년의 러시아혁명을 경험한 레닌 또한 2단계 혁명이 연속되어야 한다고 주장했다. 시간적 간격 문제에 관한 논쟁은 변혁주체논쟁과 직결되는데, 대기론적 견해가 부르주아 주체론을 주장하는 데 비하여, 민주주의혁명을 그 자체로 한정하기보다는 프롤레타리아혁명을 달성하기 위한 준비로 간주하는 즉시연결론이나 동시혁명론에서는 (부르주아)민주주의혁명 과정에서 프롤레타리아가 차지하는 역할을 부각하는바, 이는 더 구체적으로 살펴볼 것이다.

민주주의혁명의 주체가 부르주아가 되어야 하느냐 아니면 프롤레타리아를 중심으로 한 계급이어야 하느냐 하는 대립된 논쟁이 일찍부터 있어왔다. 민주주의혁명에서 부르주아의 역할을 부각하는 견해로는 18세기 영국과 프랑스의 혁명을 보는 마르크스의 시각과 20세기 러시아혁명을 보는 멘셰비키의 시각 등이 있는바, 고전적 '부르주아혁명론'이라고 규정할 수 있다. (마르크스는 [부르주아]민주주의혁명, 사회주의혁명이란 용어보다 부르주아혁명, 프롤레타리아혁명이라는 주도 계급을 부각하는 용어를 사용한다.)

이에 비하여 (부르주아)민주주의혁명이 미처 달성되지 못한 후발성 국가에 살았던 혁명가들은 그들이 목표로 하는 사회주의혁명을 시급히 달성하기 위해서는 그 전제라고 할 수 있는 민주주의혁명을 '부르주아만의, 부르주아를 위한' 혁명으로 내버려둘 수는 없었다. 부르주아적 질서의 수립을 과제로 하는 부르주아민주주의혁명일지라도 이 혁명을 더 높은 혁명으로 전환하기 위해서는 프롤레타리아의 능동적 참여가 요구되었던 것이다. 19세기 독일 부르주아혁명의 주체가 프롤레타리아, 소농, 프티 부르주아가 주요 구성원인 광범위한 '민주주의 블록'이 되어야 한다고 주장한 마르크스나 부르주아를 중립화해 노농동맹으로 부르주아민주주의혁명을 완수해야 한다는 레닌의 '통제된 부르주아민주주의혁명론'이 고전적 예와 대비되는 새로운 해석이다. (한편 트로츠키는 동시혁명의 주체 속에 '군복 입은' 보수적 농민을 포괄시킬 것이 아니라 오로지 프롤레타리아만으로 혁명을 수행할 것을 주장한다.)

또한 민주주의 변혁이 달성되지 못한 2차대전 전후(1935년 이래) 식민지·종속국에서 수행된 반제반봉건(반파쇼)적 성격의 혁명에서는 두 단계 혁명 사이의 시간 간격이 더욱더 좁혀지며 그 주체면에서도 밀접한 연관이 존재하여 그야말로 '부르주아를 위한 부르주아혁명' 본래의 성격은 멀어지게 된다. 그렇지만 이러한 '주체' 문제에 대한 '발전'적 심화보다도 더욱 부각될 수 있는 차이점은 식민지혁명이 가지고 있는 '반제'적 성격이다.

반제의 문제를 강조한 마오쩌둥은 제국주의에 반대한 민족부르주아를 혁명의 동맹군에 포괄시켜 반제반봉건적 신(부르주아)민주주의혁명의 주체를 노동계급·농민·소부르주아·민족부르주아로 포괄했다. 그러나 이들을 지도하는 것은 노동계급이며 민족부르주아와 동맹은 영구적인 것이 아니라 일정 시기, 일정 정도 한에서만 가능한 것이라고 주장한다.

동구의 반제반봉건(반파쇼) 인민민주주의혁명은 각 국가가 처한 상황에 따라 다르게 나타났으며 그 혁명이 사회주의혁명 단계를 포괄하느냐(인민민주주의혁명 2단계=사회주의혁명 단계) 아니면 사회주의혁명의 전 단계로서 민주주의혁명에 불과한 것('인민민주주의혁명→사회주의혁명'의 2단계론, 북한의 공식 입장과 일치)이냐는 논란이 있어왔다. (문영호는 인민민주주의혁명을 부르주아민주주의혁명의 변형태로 볼 것이 아니라 사회주의혁명의 새로운 형태로 보아야 한다고 주장한다.) 그렇지만 어떤 입장에 서든지 그 혁명의 주체는 노동계급을 중심으로 하는 인민이며 인민민주주의혁명이 사회주의혁명과 밀접한 연관을 가져야 한다는 데에는 합의하고 있다. 사회주의하의 주체가 소련식 소비에트가 아니라 반제 혹은 반파쇼반독점적 통일전선체의 성격을 가지는 인민위원회라고 주장한 동구의 이론가들은 인민민주주의혁명의 주체를 반제적인 양심적 자본가까지 포괄하는 통일전선으로 본다. 그렇지만 역시 노동계급이 민주주의혁명의 가장 중심적 주체라는 사실은 인정하고 있다.

위에서 살펴본 혁명의 주체론에서 드러난 주요한 특징은 레닌 이후 민주주의혁명론에서는 고전적 민주주의혁명론과 달리 노동계급이 그 혁명의 주체가 되어야 한다고 합의한 점이다. 이러한 특징이 우리 사회에서 8·15 직후 진행되었던 좌익세력의 혁명논쟁에서도 거의 일관되게 관철되어 있다. 혁명논쟁은 두 가지 차원으로 나누어 살펴볼 수 있는데, '단계규정논쟁'과 동력과 대상문제를 둘러싼 '주체논쟁'이 그것이다.

먼저 현 단계 규정부터 살펴보면, 조선산업노동조사소(이하 산로)의 이론가 임해(본명 임길봉)는 "부르주아민주주의혁명으로부터 프롤레타리아민주주의('민주주의'는 빠져야 할 것으로 추정됨—필자)혁명으로 단계적·서열적으로 나아가는 것이 아니라, 두 혁명이 동시에 수행되"어야 한다는 트로츠키적 동시혁명론을 주장했다. 그는 두 혁명이 계속적으로 진행되는 것이 아니라 프롤레타리아의 헤게모니 아래 동시에 대항적으로 전개되어야 한다고 설명한다.(임해,「조선의 독립과 공산주의자의 긴급임무」, 박헌영, 『현정세와 우리의 임무』에 일부 수록. 산로 소속이었던 고준석은 이와 같은 '동시진행혁명론'이 북한의 '인민민주주의혁명' 규정과 비슷하다고 주장한다. 북한은 인민민주의혁명 내부에 사회주의혁명까지 포괄하는 2단계혁명론을 주장했던 적이 있다[『력사과학』 1958년 5호에 실린 김시중의「우리나라에서 인민민주주의의 발생과 발전」참조]. 즉 인민민주주의혁명 1단계를 [부르주아]민주주의혁명에 대응하는 것으로 파악했으며, 2단계를 사회주의혁명에 대응하는 것으로 파악했기에 고준석의 주장에 약간 설득력이 있는 것이 사실이다. 그러나 이도 고전적 2단계론을 뛰어넘은 것이 아니라 인민민주주의혁명 내부에 별도로 2단계를 설정한 것이다. 또한 후기 규정에서는 반제반봉건민주주의혁명[1946년 2월 북조선임시인민위원회 수립에서부터 1947년 2월 북조선인민위원회 수립까지]을 인민민주주의혁명과 동일시하면서 앞의 용어를 민주주의혁명에 대응하는 것으로 보고 이것이 1947년 2월부터 1958년까지 사회주의혁명단계로 직접 단계적·계속적으로 나아간다는 엄밀한 단계론적 규정을 채택했다.)

한편 조선공산당 내에서 소수파인 장안파는 현 단계가 프롤레타리아혁명 단계라고 규정했다. 일제에 의하여 이미 자본주의화가 달성되었으며 독립적인 행동계급으로서 프롤레타리아가 존재한다고 주장한다. 따라서 해방 후 한국사회에서는 자본주의화를 달성하는 부르주아민주주의혁명을 할 것이 아니라 좀더 비약적 단계인 프롤레타리아혁명을 수행할 것을 제안한다. 그러나 장안파의 주장은 '극좌모험주의'로 규정되어버리고, 한국사회의 현 단계는 '민주주의혁명단계'라는 남한의 재건파 및 북한 공산주의자들의 다음과 같이 주장들이 정설로 채택되게 된다.

장안파와 재건파의 논쟁은 일제강점기의 '사회구성체성격논쟁'과 연결해 파악할 수 있다. 중국에서의 봉건파·자본파 논쟁과 일본의 강좌파·노농파 논쟁을 연상시키는 이 논쟁은 일제강점기를 (半)봉건사회로 보는 봉건파(박문규·이청원·인정식)와 자본제적 사회로 보는 자본파(박문병) 간에 행해졌다. 봉건파의 규정을 수용한 재건파는 자본파류의 견해에 충실한 장안파식 규정과 달리 식민지시대를 '반봉건적 사회'라고 규정한다.(봉건파→재건파 계보와 자본파→장안파 계보가 꼭 일치하는 것은 아니다. 예를 들면 봉건파였던 이청원은 장안파 이론가 최익한의 인척이었다는 이유 때문인지 장안파 입장에 서게 된다.)

재건파의 이론적 기초를 권태섭의 주장을 중심으로 살펴보면, 일제강점기의 근본적이며 기초적인 토대는 반봉건적 토지소유제라는 것이다. 만주사변 이후 한국에 진출한 일본 자본주의가 이 토대 위에서 자본주의적 관계를 발전시켰으나, 이는 식민지공업의 독자적 발전으로서 민족자본이 아니라는 점에서 국민경제 분석의 기본적 범주가 될 수 없다는 주장을 편다. 인구의 75퍼센트가 반봉건적 토지소유에 예속되어 있는 '반예농적(半隷農的) 농민'이며 일본 독점자본의 기형적 발전으로 형성된 근대적 프롤레타리아는 독립적 운동세력이 없는 '반예노적(半隷奴的) 위치를 점할 뿐이라는 것이다. 따라서 식민지시대의 생산관계로서 기본 적대관계인 반봉건적 토지소유제가 해소되어야만 근대적 자본주의가 뿌리내릴 수 있으며 이 토대 위에서 더 높은 사회로 비약할 수 있는 것이라고 주장한다. 즉 재건파는 현시점에서 사회주의혁명(프롤레타리아혁명)을 부르짖는 것은 객관적 상황을 정확하게 인식하지 못한 데서 발생한 오류이며, 현 단계는 자본제라는 물적 토대를 달성하기 위한 부르주아민주주의혁명을 수행해야 할 단계라고 규정한다.(이들은 토지문제의 혁명적 해결과 자주독립을 2대 과제로 제시한다.)

해방 직후 남한사회에서 진행된 민주주의혁명 단계규정과 사회주의혁명 단계규정 간의 논쟁은 일단 재건파의 승리로 끝난다. 이 과정에서 북한 공산주의자들은 대체로 민주주의혁명 단계규정에 동조하게 된다. 초기에는 남쪽 조공의 권위를 무시할 수 없었기에 부르주아민주주의 단계 규정을 답습하기도 했으나, 남과 북의 힘관계가 역전된 1946년 이후부터 동구의 인민민주주의제도에 대한 소개가 시도되는 등 북의 인민민주주의혁명 단계규정을 남이 추수하는 경향을 보인다.(그런데 실제로는 1946년 4월 20일에 박헌영이 "조선은 인민민주주의 방향으로 나아가야 한다"고 주장했으므로 남에서 먼저 인민민주주의적 경향성을 보인 것으로 주장되기도 한다. 또한 북한에서는 1950년대에 들어서 인민민주주의혁명 단계규정이 공식으로 명백화된다.)

인민민주주의혁명이나 부르주아민주주의혁명은 모두 자본주의가 충분히 발전되지 못한 나라에서 거쳐야 할 '민주주의 변혁'이라는 면에서 공통점이 있다. 그러나 여러 가지 면에서 상이한 점이 보인다. 인민민주주의혁명은 전술한 바와 같이 2차대전 이후 식민지에서 수행되는 새롭고 특수한 '반제적' 민주주의혁명 양식이며, 부르주아민주주의혁명은 (비록 레닌식 노농동맹이 주도하는 '통제된' 형태일지라도) 부르주아 주동의 경향성을 전혀 배제할 수 없고 독립국가에서 행해졌던 고전적 규정이다. 또한 혁명주체와 계급동맹의 범위면에서 상이한 점이 보이는바, 이제 혁명논쟁의 두 번째 쟁점인 '주체논쟁'에서 본격적으로 설명할 것이다.

식민지시대부터 코민테른의 단계규정에 영향을 받았던 재건파의 부르주아민주주의혁명 단계규정은 레닌주의의 즉시연결론과 거의 일치하는 원칙적인 규정이며, 후일 인민민주주의혁명으로 규정하는 북한 측의 해석은 동구의 혁명론을 원용하여 나름대로 주체적 해석과정을 거쳐 만들어진 것이다. 그런데 동력과 대상면에서 볼 때 박헌영의 「8월테제」에 나타난 규정은 레닌의 규정과 유사하나 꼭 같은 것은 아니며, 북한의 규정은 동구에서 광범위하게 존재했던 '인민전선전술'과 상당 부분 일치하는 편이다.

동력과 대상문제에 관한 주요 논쟁점은 민족부르주아를 그 동력에 포함시키느냐 아니냐로 집약된다. 구체적으로 살펴보면, 먼저 장안파는 레닌의 2단계 원칙(1단계: 부르주아를 중립화해 노농동맹으로 차르 전제를 타도함, 2단계: 다시 중농을 고립화해 프롤레타리아와 빈농의 동맹으로 부르주아를 타도함) 중 2단계에 해당하는 계급배치를 주장한다. 즉 프롤레타리아와 빈농이 동맹하여 "민족부르주아지의 반동적 저항을 진압하고" 중농·중소상공층을 견인·중립화해야 한다는 것이다.

이에 비하여 재건파는 흔히 민족부르주아를 배척하려고만 했으므로 레닌의 '중립화 전략'과 배치된다고 평가된다. 그러나 이것이 정확한 평가는 아니다. 「8월테제」는 노동자·농민·도시소시민과 인텔리겐차를 혁명의 동력으로 규정했으며 대지주와 고리대금업자, 반동적 민족부르주아는 투쟁의 대상으로 설정했다. 그런데 이후(1945년 11월)에 나온 문건을 보면 민족부르주아를 반동적 부분과 진보적 부분으로 나누어 진보적 민족부르주아를 민족통일전선 내로 끌어들이려 했다. 그렇지만 민족부르주아에 대해서는 다음에 언급할 여운형·백남운·김일성의 이론들보다 배려 정도가 약했다. 민족부르주아의 대표를 한민당으로 규정하면서 이들을 반동적 부분으로 간단하게 치부해버린 느낌이다. 따라서 이 부분에 관한 한 부르주아를 중립화하고 노농동맹을 중심으로 혁명을 수행하는 레닌식 동력배치를 충실하게 전수했다고 할 수 있다.

이에 비하여 다음 이론들은 식민지에서 나타나는 민족부르주아의 진보성에 좀더 적극적이고 긍정적인 평가를 내리고 있다.

여운형은 박헌영 중심의 재건파와 같이 부르주아민주주의혁명 단계규정을 표방했지만, 그 동력의 배치면에서 훨씬 포괄적이었으며 계급융합적이었다. 자신이 당수로 있는 인민당의 조직대상을 노동자·농민·근로 인텔리에서부터 소시민, 양심적 자본가와 지주까지 포함시킨 것을 보면, 그는 양심적인(일반적인) 세력이라면 민족부르주아나 지주까지도 포괄하고자 했음이 명백하다. 이러한 민족반역자를 제외한 민족연합전선의 범위는 '근로인민'이라는 포괄적 계급으로 범주화되는데, 후일 북한에서 제기되는 인민민주주의혁명의 동력규정을 연상케 한다. 따라서 여운형의 단계규정과 동력규정 사이에는 어울리지 않는 점이 있다. 즉 부르주아민주주의혁명 단계에서 전혀 융합할 수 없는 지주를 융합할 것을 주장한 것만 보더라도 여운형은 레닌식 부르주아민주주의혁명단계의 동력규정과는 상이한 규정을 하고 있다.

또한 백남운의 경우에는 부르주아민주주의혁명 단계규정을 명백하게 반대하면서 '연합성 신민주주의 단계'라는 좌우통합적인 좀더 온건한 규정을 하고 있다. 그는 부르주아민주주의혁명과 같은 계급혁명이 아닌 계급포괄적인 인민혁명을 달성해야 한다고 주장했다. 여기서 북한식 인민민주주의혁명 단계규정의 단초를 느낄 수 있는데, 백남운 자신은 동구의 인민민주주의나 중국의 신민주주의와 조선사회의 특수성이 반영된 연합성 신민주주의와는 다르다고 주장하지만, 두 이론의 영향을 배제할 수는 없다. 동력규정면에서 백남운의 이론은 재건파에 의하여 이승만식의 "덮어놓고 뭉치자"와 같은 것이라고 비판될 정도로 약간은 무원칙한 '계급융합'으로 일관되어 있다. 즉 혁명성을 지닌 자본가와 지주로 구성되는 일부 자산가와 무산계급이 연합하여 계급동맹을 형성할 것을 주장한다. 이와 같은 1 대 1 연합론은 '무원칙한 통합'으로서 좌우합작운동의 이론적 근거가 되기도 하지만, '반일적인 계급의 광범위한 통전 형성'이라는 측면에서 볼 때 여운형식 계급포괄론과 함께 의미가 있는 것이라고 할 수 있다.

상당한 시간이 지난 후 북한사회에서 좀더 체계적으로 정리한 인민민주주의혁명 단계규정과 위의 이론은 최소한 동력면에서 공통점이 느껴질 수 있다. 북에서는 당시 혁명의 동력을 '로동계급과 로동계급의 동맹자인 근로농민·소자산계급·민족자본가'로 규정하고 있다. 계급의 포괄범위면에서만 볼 때, 여운형·백남운식 계급포괄론과 비슷한 범위를 보이지만 중대한 차이점이 있는 것도 사실이다. 여운형·백남운의 규정에서는 노동계급의 주동성은 실제야 어떻든 적어도 표면상으로는 찾아볼 수 없으며 단순히 평등적인 1 대 1의 계급적 융합이었던 것이다. 반면 북한의 규정은 노동계습의 주도하에 민족자본가는 어디까지나 불평등한 동맹자에 불과한 것이다. 부르주아혁명 규정이 가지고 있는 부르주아 주동성을 극복하려고 시도하면서 프롤레타리아의 참여를 강조한 레닌식 계급주체론을 식민지 현실에 맞게 민족부르주아까지 융합하여 수정한 것이 바로 북한식 반제반봉건인민민주주의혁명인 것이다. 실제로 민족부르주아가 어느 정도나 융합되었는지는 의문의 여지가 있다. 그렇지만 부르주아를 중립화해 좌우대립을 조장하기보다는 반일적 민족부르주아를 통일전선 내로 끌어들여 동맹함으로써 '민족 대 반민족'의 반제적 대립구조를 구축하는 것이 바람직했을 것이라는 시각에서 볼 때 비록 당시에 표방되지는 못하고 후일에 표장된 점에서 치명적 한계는 있지만 어느 주장보다 통전의 원칙에 충실한 해석이라고 평가할 수 있다.(그렇지만 북한에서도 제국주의에 대한 인식이 해방 초기부터 일관되어 있었던 것은 아니다.)

5. 반탁이냐 모스크바 결정 지지냐

연구

- 최상룡, 『미군정과 한국민족주의』(나남, 1988), 167~281쪽.
- 김학준, 「한국신탁통치안과 그것을 둘러싼 초기의 논쟁」, 『한국문제와 국제정치』, 전정판(박영사, 1987), 369~85쪽.
- 송건호, 「탁치안의 제의와 찬반탁 논쟁」, 변형윤 외, 『분단시대와 한국사회』(까치, 1986), 39~69쪽.

- 심지연, 「신탁통치문제와 해방정국: 반탁과 찬탁의 논리를 중심으로」, 『한국정치학회보』 제19집(1985), 47~61쪽.
- 심지연, 「반탁에서 찬탁으로」, 『한국정치학회보』 제22집 2호(1988), 225~42쪽.
- 이완범, 「한반도 신탁통치문제, 1943~46」, 박현채 외, 『해방전후사의 인식』 3(한길사, 1987), 213~305쪽.
- 이호재, 『한국외교정책의 이상과 현실』 제5판(법문사, 1986).
- ———, 「모스크바3상회의와 신탁통치안」, 신동아 편집실 편, 『현대한국을 뒤흔든 60대 사건』(동아일보사, 1988), 20~25쪽.
- 오연호, 「미군정의 분열조작 '신탁통치파동'」, 『말』, 1989년 3월, 58~75쪽.
- 「신탁통치문제」, 한국역사연구회 편, 『한국사강의』(한울, 1989), 244~49쪽.
- 이수인, 「모스크바3상협정 찬반운동의 역사적 성격」, 이수인 편, 『한국현대정치사』 1(실천문학사, 1989), 93~142쪽.

자료
- 이강국, 「파씨슴과 탁치문제」, 『인민과학』 1권 1호, 1946년 3월.
- 정태식, 「민주주의 발전에 있어서의 막사과 3상회의의 의의」, 『개벽』 8권 2호, 1946년 3월.
- 배성룡, 「3상결정과 신탁문제논구」, 『자주조선의 지향』(광문사, 1949).
- 김준연, 「반탁투쟁총람」, 『재건』, 1947년 2월; 『독립노선』(흥안재단, 1948), 61~90쪽.

1945년 12월 말(28, 29일) 모스크바3상회의 결정의 일부가 보도됨으로써 야기된 '반탁정국'에 1946년 1월 2일 조선공산당이 모스크바 결정을 지지한다고 나섬으로써 좌·우익 간의 첨예한 노선대립이 노정된다. 이전부터 좌·우익 간 대립의 쟁점이 없었던 것은 아니지만 탁치문제로 좌·우가 비로소 본격적으로 대립하기 시작했으므로 이 문제가 외세에 의하여 강요된 민족분단의 국내적 계기를 마련한 중요한 쟁점이다.

흔히 '신탁통치'라고 일컬어지는 이 용어는 정확히 말하면 '모스크바3상회의 결정서 중 신탁통치 실시조항'이다. 신탁통치안은 제2차 세계대전 중 미국의 루스벨트 대통령이 '미개한 나라의 정치적 훈련'이라는 미명 아래 자국 세력을 확보하기 위하여 구성되었다. 1943년 11월 카이로회담에서 한국의 독립이 '멀지 않아'(in due course) 달성될 것이라고 선언되어 루스벨트의 구상이 구체화되는데, 이 구절은 즉각적 독립을 보류하고 그 이전에 신탁통치가 실시되어야 함을 함축하고 있다. 카이로회담 직후의 테헤란회담에서 루스벨트 대통령은 스탈린에게 한반도에 40년간의 훈련기간(apprenticeship)이 필요하다고 제안하여 수동적인 찬동을 얻어냈고, 1945년 2월 얄타에서는 미·소·영·중이 탁치안에 참여한다는 원칙이 논의되었다. 탁치의 실시 기한에 대해 루스벨트는 20~30년간이 필요하다고 말했음에 비해 스탈린은 그 기간이 "짧으면 짧을수록 좋다"고 언급했다.

전시회담기간에는 미국이 탁치안의 입안을 주도했음에 비하여 소련은 오히려 자국의 이익이 보장될 수 있는 즉시독립을 선호했던 것 같다. 그러나 탁치안의 일방적 주도자 루스벨트가 사망하고 전쟁이 종결된 후 미·소 양군이 점령하여 미·소 양측이 한반도문제 해결의 직접당사자로 부각되는 상태에서 1945년 12월 열린 모스크바3상회담에서는 소련 측이 탁치안 결정에 주도적으로 나서기 시작한다. 결정된 모스크바 문서의 골자는 '한국 임시정부의 참여하에 미·소·영·중 4개국이 주도하는 신탁통치협정을 미·소가 체결한다는 것이다. 여기에는 독립을 유보하여 이권을 확보한다는 미국 측 원칙과 한국인의 참여가 보장된 임시정부를 수립한다는 소련 측 원칙이 교묘하게 중첩되어 있었다. 따라서 1946년 1월 좌·우익이 각각 상반되게 평가했던 것과 같이 식민지화(우익)나 단순한 원조를 의미하는 후견제(좌익) 양자로 해석될 여지가 있는 양가적이며 모호한 타협이었다.

미국 측 탁치안은 전후 세계재편의 한 방법으로서 식민지의 혁명적 민주주의에 정면으로 반대하는 것이 아니라, 개량적으로 발산함으로써 미국의 영향력을 확대하려는 정책이었다. 따라서 미국은 모스크바 결정에서 자본주의 국가의 수적 우위를 보장받았기에 자신들의 우세를 점쳤으며,

이에 비하여 소련은 변혁기 민중의 참여가 보장되었기에 자신들의 우세를 꿈꾸었던 것이다. 결정 하나를 놓고 서로 다른 방향을 꿈꾸던 동상이몽(同床異夢)의 상태에서 한반도문제 해결에 임하던 미·소 양국은 이후 국내 정치세력의 반응 때문에 합의된 결정 자체를 집착하든가(소련) 폐기하려고(미국) 하는 상반된 태도를 취하게 된다.

탁치문제가 국내에 제기되어 전개된 국내 정치세력의 이른바 반탁·찬탁의 좌우대립은 이후 한국 민주주의 발전에 악영향을 미친 '치욕스러운 논쟁'이라고 할 수 있다. 외세에 강요된 분단구조에 국내 정치세력이 단결된 모습으로 싸우기는커녕 오히려 영합하여 분열을 자초했다. 이렇게 이른바 '내쟁적 측면'을 표출하여 외세의 분단 책임을 면탈시켜줬으며 미소대립이 명확하게 드러나지 않을 시점인 1946년 초에 그 대립의 쟁점을 제공해 대립을 부추기게 되어 분단고정화에 지대한 영향을 미쳤다. 거기에다가 '싸우지 말았어야 할' 비본질적 문제(본질적 문제란 토지문제, 민족반역자 처리문제와 같이 좌우의 계급적 대립이 명백히 개재될 수밖에 없는 중요한 문제를 지칭한다)를 가지고 첨예한 대립을 보여 조선민족의 '파쟁성'을 여지 없이 과시했다.

반탁이나 모스크바 결정 지지(찬탁이라고 불리나 좌익은 '지지'라고 내걸었음) 노선(이하 지지노선)이나 모두 부분적인 타당성을 지닌 논리일 뿐이며, 민족해방과 통일이라는 과제의 실현면에서 볼 때 "어느 쪽 길이 옳은 길이었다"고 선뜻 판단하기가 어려운, 양쪽 노선 모두 문제가 있는 논리였다. 당시 이론가가 모스크바 결정에 숨겨진 미국과 소련의 서로 다른 의도를 분리해서 인식하지 못하고 단지 총체적으로 인식하여 '지지' 아니면 반탁으로 대립한 것이 실수라면 실수였다.

현재의 진보적인 이론가들 사이에서 모스크바 결정이 유일한 통일방법이요 후견제를 실시하여 자본주의 세계체제로부터 독립할 수 있었을 것이라고 가정해 지지노선의 타당성을 부각하는 견해가 지배적이긴 하지만, 대중의 반탁 열기를 무시한 박헌영식 지지노선 전환의 '오류'를 지적하는 '대중노선적 비판'도 설득력 있게 제기되고 있다.

'지지노선 변호론'은 이미 학계에 많이 소개된 편이므로, 이 글에서는 이에 대한 비판을 중심으로 엮어나갈 것이다. 우선 첫째로 지지논리가 일시적인 미소합의를 영구적인 것으로 오인하면서 모스크바 결정안에 포함된 소련의 입장(예를 들면 후견제)만 부각하고 미국의 영향력이 침투하고 있음을 분간하지 못했던 점을 들 수 있다. 미국의 영향력이 부분적으로 관철된 모스크바 결정 실시가 곧 자주독립국가의 수립을 가져왔을지 이에 대한 의문을 전혀 제기하지 않았던 것 같다. 아무리 조선민족의 참여가 보장되는 '후견제' 방식을 택했다고 하더라도 결정서에 나와 있는 바와 같이 최종 결정은 미·소 양국이 하므로 모스크바 결정을 실시한 후에 또 다른 문제가 야기될 가능성이 다분히 있었던 것이다. 따라서 '해방의 규정성' 운운하면서 모스크바 결정을 기꺼이 받아들여야 한다고 주장하기보다는 그 규정성을 벗어나기 위한 방도를 자주적으로 제시했어야 했을 것이다. 즉 '미국이 반 이상의 영향력을 행사할지도 모르는' 모스크바 결정에 대하여 지지투쟁을 벌이기보다는 반외세자주화투쟁을 벌였어야 했다.

물론 '지지'론자들이 제시한 '통일조국건설'을 위한 유일한 방도라는 논리라든가 "미국의 영향력은 모스크바 결정 실현과정에서 점차로 배제할 수 있다"는 가정도 전혀 타당성이 없는 것은 아니다. 그런데 현실적으로 대중들은 반탁감정에 물들어 즉시독립을 요구하는 판에 "일단 임시정부를 세우고 보자"는 논리는 설득력이 없었으며, '반탁-즉시독립'이라는 통일의 다른 길은 왜 전혀 고려해보지 않았는지를 반문할 수 있다. 모스크바 결정에 따라 통일임시정부가 수립되어 그 정부가 설령 사회주의적 성격을 띤다면 (미소공위에서의 논란과 같이 미국이 이렇게 만들기보다 좌우균형을 꾀했겠지만) 과연 미국은 냉전이 현재화된 상태에서 뒷짐지고 물러났을까? 물론 임시정부를 중심으로 뭉쳐 싸웠더라면 베트남과 같이 피비린내 나는 대미전쟁을 거쳐 통일이 달성될 수 있었을 것이라고 주장할 수도 있다.

하지만 왜 그때까지 대중들이 독립을 유보해야 하며 거기에다가 정면충돌을 자초해야만 하는가? 그 이전에 즉시독립을 기치로 남·북이 뭉쳐 미·소의 철군을 유도했더라면 좀더 빠른 시간 안에 결판이 났을 가능성도 전혀 없지는 않다. 그렇다고 필자가 '무조건 뭉치자'는 주장을 하는 것은 아니다. 반민족적·외세의존적 세력은 배제하고 '자주독립'의 기치로 뭉치지는 논리다.

이와 관련하여 제기할 수 있는 두 번째 비판점은 좌익이 이 문제에 대해 대결 관점에서만 바라보았지 통일 관점에 서 있지 못했던 사실이다. 당시 우리 민족은 대외적으로 하나의 원칙 아래서 통일된 모습을 보였어야 했다. 그럼에도 우리 민족은 반탁·지지로 첨예한 대립을 경과하여 반민족세력을 배제한 상태에서 민족·반민족의 대립구도가 형성되어야 할 해방정국이 좌우대립으로 왜곡된 것이다. 따라서 결과적으로는 친일세력이 오히려 '민족세력으로 복권되어 도덕적 명분을 획득했고 당시만 해도 배제되기보다는 융합되어야 할 세력인 임정세력과 대립하여 이들을 통일전선으로부터 배제했다.

그렇다면 이렇게 대결하여 일을 그르친 책임은 누구에게 있는지 책임문제를 거론해야 할 필요가 있다. 우선 당시 좌우대립을 자초한 좌익세력에 주체적 책임이 있으며, 이를 이용한 우익세력은 수혜자인 동시에 책임 있는 당국자다. 그런데 잠시 북한으로 그 관심을 넘겨 북한에도 남한과 같이 좌우대립이 극심했는지를 살펴보고 그렇지 않았다면 그 이유가 무엇인지를 살펴볼 것이다.

먼저 북한에서는 좌우대립이 극심하지 않았다. 이렇게 반탁·지지노선의 대립구도가 형성되지 않은 요인으로는 우선 조만식 중심의 반탁세력이 탄압을 못 이겨 좌절(월남)하든가 세력 확장을 꾀하지 못하게 한 외압(外壓)을 들 수 있지만, 그것보다 대중들에게 반탁감정이 형성되지 않았던 것이 더 주요한 요인인 것 같다. 당시 남쪽에서와 같이 요란했던 반탁집회가 북쪽에서 열렸다는 보도는 없다. 역시 외적인 압력 때문에 그랬던 측면도 무시할 수 없지만 대중들에게 반탁감정이 침투하지 못했던 데에 그 일차적 원인이 있다. 탁치로 즉시독립을 유보한다는 떠들썩한 미국 통신사의 보도가 통제되었건 그렇지 않건간에 북한 신문에 실리지 않았을 것이며,

오히려 "모스크바 결정은 독립을 보장하는 것"이라는 소련 측 입장이 전면을 장식했을 것이다.

탁치문제를 둘러싼 북한의 비교적 통일적인 상황에 비추어볼 때, 남한의 대결적 상황에 대한 책임이 좌·우익 자체보다 이를 조성한 언론에 돌아갈 수도 있다는 판단을 하게 된다. "당시 남한 신문의 보도가 대중들의 반탁감정을 자극하여 이를 기초로 좌우대립을 만든 것은 아닌가" 하는 의문을 제기할 수 있다. 만약 "북에서와 같이 보도를 신중하게 자제했더라면 이런 결과가 나오지 않았을 것이 아닌가" 하는 문제 또한 제기할 수 있다. 당시 남한에서 신문은 미국 통신사를 통하여 보도된 오보·왜곡보도를 확인하지도 않고 마구 전재하여 대중들의 반탁감정을 형성했는데, 이러한 오보만 없었더라도 그렇게 격렬했던 감정은 형성되지 않았을 개연성이 있다. 과연 오보가 단순한 실수였으며, 당시 언론사를 통제한 미군정은 이를 그냥 내버려뒀던 것인가? 오히려 미국(국무성)의 고위당국자가 미국 통신사를 이용·사주하여 대중의 반소·반탁감정 형성을 조장한 '음모'가 개재되어 있는 것은 아닌가? 만약 오보가 없었다면 우익세력이 정국의 주도권을 획득하든가 민족세력으로 복권되는 것은 거의 불가능했을지도 모른다. 또한 미국은 이를 이용하여 소기의 목적을 훌륭히 달성했을지도 모른다는 판단을 하게 된다면 미국의 음모가 있을지도 모른다는 추측을 할 수 있다. 이런 시각에서 본다면 좌우대립은 미국의 '민족분열책동'에 놀아난 것이라는 설명이 가능하며, 이의 책임은 순진한 좌·우의 지도자보다는 미국에 있는 것이다.

논점을 명확히 하기 위하여 언론의 보도와 대립과정을 구체적으로 살펴보면, 1945년 10월 23일 미국무성 극동국장 빈센트(J. C. Vincent)의 의도적(?) '발설'로 알려진 '신탁관리제'란 통치양식은 제국주의적 '위임통치'와 동일시되어 대중들의 일치된 반대를 불러일으킨다. 이에 미군정 당국은 일찍부터 탁치안의 폐기를 건의하지만, 국무성은 "대소협상을 위하여"라는 명목 아래 묵살한다.

2달여가 지난 12월 28일 모스크바3상회의에서 "미국은 즉시독립을 주장하나 소련은 남북을 일관한 일국신탁통치를 주장한다"는 정반대 오보가 미 합동통신사에 의하여 지급(至急)으로 전송된다. 탁치가 독립과 배치되는 것이라는 인식을 더욱 심화한 이 보도는 소련 입장을 무시할 수 없는 조선공산당을 반탁에서 후퇴시켜 태도 표명을 보류하게 만들었으며 우익진영을 결속했다. 이 보도의 더 중요한 의도적 효과는 광범위하게 퍼져 있는 대중의 반탁감정을 반소감정과 성공적으로 연결했다는 데 있다. 이 보도 직후 12월 28일 모스크바 결정 중 5년간의 탁치만을 부각한 왜곡 보도가 국내에 전해졌다. 이 보도에 나타난 탁치는 모스크바 결정에 나타난 바 대로인 '독립을 위한 방책'으로서가 아니라 독립을 유보하는 조치로 해석됐으므로 대중들의 거센 반발을 불러일으킨다. 이후 반탁정국은 1941년 이래 반탁 입장을 일관되게 견지해온 김구의 임정세력이 우익세력의 선두에 서서 일방적으로 주도하게 된다. 이들은 '제2의 독립운동'이라고 명명하면서 미군정과 정면대결하여 즉시독립을 요구하기까지 한다. 반면 1946년 1월 2일 조선공산당은 반탁에서 '모스크바 결정 지지' 노선으로 전환한다.

흔히 조선공산당은 "소련의 지령을 받아 하루아침 사이에 반탁에서 찬탁으로 표변했다"고 기술되지만, 이를 다음과 같이 수정할 것을 제안한다. 조선공산당은 모스크바 결정이 전해지자 여러 날(1945. 12. 27~1946. 1. 2) 복잡한 검토를 거쳤는바, 이 과정에서 임정·인공 간의 합작노력이 실패하고 마지막으로 급박한 소련의 종용이 이루어지자 방향 전환을 하면 권력투쟁 과정에서 승리할 수도 있고 통일정부 수립도 가능할 것처럼 보여 반탁에서 '모스크바 결정 지지' 노선으로 전환했다는 것이다. 그런데 결과적으로 조선공산당의 노선 전환은 대중의 반탁감정과 융합하지 못하여 그 지지를 얼마간 상실했으며, 반면 왜곡된 좌우대립 과정에서 우익세력의 지지기반이 상승하기 시작한 것이다. 따라서 만약 미국의 공작이 여론 조성과정에 개재되어 있었다면 그 의도를 매우 효과적으로 달성시킨 것이 바로 탁치문제라는 설명이 가능하다. 이렇게 본다면 좌익은 미국의 공작에 철저히 이용당하여 노선을 전환했으며 미·소 합의사항인 모스크바 결정을 지나치게 총체적으로 집착하여 이후 냉전이 현재화되어 이 합의가 휴지조각이 되어버렸을 때 미군정과 전면전을 벌일 수밖에 없는 어려운 입지로 몰리게 되었다.

따라서 '지지'노선으로 전환하는 과정에서 좌익이 숙고를 거쳤던 사실 자체는 인정하지만, 이 전환이 과연 바람직했으며 이 노선이 옳은 길이냐에는 더 신중한 검토가 있어야 한다. 앞서 지지노선에 대한 비판적 검토에서 제기한 바와 같이 비본질적 문제에 공연히 극한적 좌우대립을 결과하기보다는 통일전선의 관점에서 좀더 융통성 있게 대처했어야 했다.(그렇다고 좌익이 우익과 통전을 형성하려는 노력이 전혀 없었던 것은 아니다. 노선 전환이 이루어지기 전에 결행한 인공·임정 간 합작노력이 있었으며, 이것이 실패하자 노선을 전환한 것이다.

필자가 아쉽게 생각하는 것은 통전 모색이 실패했다고 하더라도 탁치문제가 대결을 조장할 쟁점이 아니라면 노선 전환을 하지 않은 상태에서 인내심을 가지고 재차 시도하여 대결감을 조장하지 말았어야 한다는 것이다.) 한편 '민족'세력으로 복권된 우익의 경우 과연 친일파를 배제하고 민족세력을 포괄하여 민족통일을 기하려고 했는지에도 의문의 여지가 있다. 좌익의 '찬탁' 논리를 전혀 검토하지도 않고 '매국노'라고 질타했으며 1946년 1월 9일에 좌·우익 4당간에 합의한 4당코뮤니케에 나타난 "삼상회담의 정신과 의도는 지지하나 신탁은 자주독립정신에 의하여 해결"하자는 타협적 조항을 하루아침에 폐기하는 비원칙적이고 반통일적인 우를 범했다.

따라서 탁치 문제에 관한 좌·우 모두는 민족문제 해결의 관점(민족해방의 관점, 민족통일의 관점)에서 조망하기보다는 자신들의 선입견과 한정된 정보에 입각해서 단기적·자의적으로 조망했고 그것을 통해 자신의 영향력만 확대하려 했다고 비판받을 수 있을 것이다.

6. 통일운동과 통일전선

연구

- 서울대학교 인문대학 한국현대사회연구회, 『해방정국과 민족통일전선』(세계, 1987).
- 정해구, 「8·15 직후 변혁세력의 통일전선운동 연구」, 박현채·김홍명 편, 『통일전선과 민주혁명』 2(사계절, 1988), 463~518쪽.
- 김남식, 「박헌영·남로당의 통일전선론」, 『역사비평』, 1988년 봄, 86~110쪽.
- 심지연, 「신민당 백남운의 통일전선론」, 『역사비평』, 1988년 봄, 111~30쪽.
- 홍인숙, 「건국준비위원회의 조직과 활동」, 강남길 외, 『해방전후사의 인식』 2(한길사, 1985), 57~103쪽.
- 강만길, 「좌우합작운동의 경위와 그 성격」, 『한국민족운동사론』 1(한길사, 1985), 29~72쪽.
- 안정애, 「좌우합작의 재평가」, 이수인 편, 『한국현대정치사』 1(실천문학사, 1989), 143~66쪽.
- 안철현, 「남북협상운동의 민족사적 의미」, 최장집 편, 『한국현대사』 1(열음사, 1985), 311~41쪽.

해방 후 역사를 외세에 의하여 주어진 분단이 내적으로 고정화되는 과정으로 볼 때, 이 시기를 '분단사'라고 규정하는 것이 큰 무리는 없는 듯하다. 특히 해방 후 3년사는 남북한에 이질적인 정부가 수립되어 분단의 대내외적 기본구조가 형성되었으므로 분단사의 중요한 대목으로 인식할 수 있다. 그렇지만 분단사의 핵심적 시기에도 외세에 의하여 강요된 분단에 대항한 자주적 통일운동이 없었던 것은 아니다. 오히려 외압이 극심한 시대일수록 그에 대한 대중적 반작용은 커질 소지가 농후한 것이다. 따라서 '분단사'를 역설적으로 '통일운동사'로 인식할 것을 제안한다.

해방 후 3년간의 통일운동을 보는 시각에는 두 가지가 있다. 첫째는, 좌우통합 자체를 높이 평가하며 별다른 전제조건 없이 '하나로 뭉쳤으면' 그것이 곧 통일민족국가 수립을 가져왔을 것이라고 주장한다. 이 시각에서는 '민족적 대동단결'을 이루지 못한 해방정국을 '좌·우의 극한적 대립'으로 기술하고 있다. 즉 가치중립과 객관성을 견지하여 역사를 본다는 의도 아래 좌·우 어느 쪽에도 가치를 두지 않지만, 사실은 좌·우 모두의 '분열주의적 책동'을 비판하는 입장을 견지하며 나아가 일부 논자들은 '좌익 비판론' 혹은 '중간파 옹호론'을 깔고 문제를 본다. 이에 비하여 두 번째 시각, 즉 당파성의 입장을 견지하는 논자들은 첫 번째 시각을 자유주의적 시각, 무원칙한 통일지상주의, 부르주아적 민족주의라고 비판한다. 조건 없는 통합만 강조하는 것은 마치 이승만식의 "무조건 뭉치자"를 연상시킨다고 주장하며, 아무런 내용성이 없는 형식에 불과한 민족의 대동단결이 무슨 의미가 있느냐고 비판한다. 두 번째 시각은 해방정국이 해결해야 할 여러 원칙적 과제─민족의 자주독립, 토지문제의 혁명적 해결─를 합의한 전제하에 이루어진 통합만이 의미 있는 통일이라고 설명한다. 또한 여기에서 프롤레타리아당이 통일과업을 영도해야 한다고 주장하며, 혁명적 시기의 민족통일운동을 공동의 적에 대항하는 '통일전선'으로 바라본다.

따라서 두 시각 사이에는 통일운동의 주체를 보는 것에서도 중대한 차이점이 존재한다. 자유주의적 시각(좌·우 양익에 치우치지 않은)은 좌우 통합체를 주체로 설정하는 데 비하여 당파성론은 친일·반민족세력이 배제되고 프롤레타리아당의 헤게모니가 견지된 통일전선을 주체로 바라본다.

이 글에서는 먼저 통일운동의 구체적 전개과정을 개괄해보고 이를 토대로 그 주체를 보는 대립된 시각을 분석할 것이다.

통일전선과 통일운동은 정치 지도자급인 상층의 운동과 일반 기층민중 차원인 하층의 운동으로 나누어서 살펴볼 수 있다. 초기 하층의 운동은 건국준비위원회·인민위원회를 중심으로 비교적 성공적인 좌우통합이 이루어졌다. 그런데 문제는 상층의 통일전선이 미군정의 탄압과 중앙의 전쟁 때문에 쉽게 와해되었다는 데 있다. 따라서 지방의 성공적 통합은 기정사실로 남겨두고 실패한 상층의 운동을 중심으로 살펴보는 것이 의미 있을 것이다.

1945년 8월 15일 해방과 더불어 일제로부터 행정권을 인수한 조선건국준비위원회(이하 건준)는 '사실상 정부'로서 기능했던 자주적 조직이었다. 한민당계열의 송진우가 자기 의사에 따라 배제되었을 뿐, 당시 한국사회를 이끌 명망가 2인(좌익 쪽의 여운형, 우익 쪽의 안재홍)이 주도한 명실상부한 좌우통합체였다. 그렇지만 이들 인물이 가지고 있는 모호한 입장, 즉 중도파적 속성 때문에 통합의 기초가 그렇게 탄탄했던 것은 아니었다. 재건파 공산당이 주도하게 되면서부터 9월 4일에는 안재홍계열이 탈퇴하게 되고 이후 9월 6일에는 '조선인민공화국'(이하 인공)이 수립된다.

건준은 당시 힘의 공백기에 물자를 공급하고 치안을 유지하는 등 긍정적인 기능을 행사했다. 이러한 훌륭한 자치력 행사는 미국의 '자치능력 결여' 주장을 무색하게 하는 사례다. 그러나 일제가 미국으로부터 계속적인 치안 유지를 위임받게 되어 해방 직전 건준과 체결한 협조 약속을 지키지 않자, 건준의 행정권 행사는 한계에 부딪힌다. 하지만 그 지방조직은 전국적으로 건설되었고 9월 6일 인민공화국 선포 이후에는 지방 인민위원회로 전환되어 11월 말에는 전국 반 정도 지방(134개 군 중 68개로 51퍼센트)에서 실질적으로 통치기능을 수행하게 된다.

한편 인공은 이틀 뒤로 임박한 미국의 진주 전에 '비상적'(非常的) 방법으로 결성된 조직이다. 건준 조직을 중심으로 수립된 인공은 그 조직상 여러 문제점을 노정한다. '급조'되었기에 조직적 미흡성이 관철되었으며 지방에서 선출된 대표를 통하여 구성되어야 할 중앙의 조직이 완전히 역전된 형태로 조직되는 '중앙중심주의'적 경향을 가지고 있었다. 게다가 미국의 '승인'을 구걸하다가 거부당하자 지방의 탄탄한 기반을 결집하기는커녕 중앙에서는 투쟁 한번 하지 않은 채 스스로 간판을 내린다. 당시 좌익은 '진보적 민주주의 국가'인 미국이 적어도 행정권 정도는 기존 정부에 이양해주리라는 잘못된 '낙관'을 하고 있었던 것이다. 이러한 정세 판단의 오류에다가 그 조직에서도 자파 중심적 파벌성이 관철되어 있다.

9월 14일 발표된 중앙인민위원회의 각 부서 책임자를 보면 총 51명 중조선공산당계열이 36명으로 제일 많고 여운형의 건국동맹계열이 5명이므로 좌익적 성향의 인사가 80퍼센트 정도를 차지한다. 여기에서 좌익 특히 조선공산당의 확고한 헤게모니하에서 민족통일전선을 시도하려는 의도를 읽을 수 있다. 우익 측은 한민당이 2명, 임정계열이 4명, 기타 4명이다. 주요 부서인 주석(이승만), 내무부장(김구), 외교부장(김규식), 재정부장(조만식), 사법부장(김병로), 문교부장(김성수) 등에 우익 측 인사를 끌어들이려 했음을 알 수 있는데, 이들 우익인사의 경우는 인공이 미군정에 부인되자 모두 취임을 거부한다. 따라서 정부조직에서 우익인사를 끌어들이려는 시도는 좌절되며 오히려 이승만의 주가만 올려놓는 결과를 낳는다. 후일 북한의 역사가들은 인공 수립을 '정당한 절차를 무시한 모험주의적 행동'으로 평가하며, 자신들의 '조선민주주의인민공화국' 창건은 건준-인공계열과 전혀 상관 없는 것이라고 주장한다. 또한 이승만의 옹립을 비판하면서 '반공분자이며 친미분자인 이승만을 비롯하여 친일파·민족반역자들과 가짜혁명가인 파벌분자'로 구성되어 있으며 '소수 특권계급을 위한 반인민적 부르주아정권'으로 규정하기도 한다.

이러한 부정적 인식에 비하여 남한에서는 긍정적 평가도 있다. 인공이 미국의 탄압과 일제 잔재세력의 파괴공작 때문에 부인되었지만 "해방조선에서 대중적 기반을 갖춘 가장 강력한 정치세력이었고 단일한 자주독립국가의 수립을 염원하는 조선민중의 유일한 정치적 구심체"라고 평가하는 것이 그것이다.

1945년 10월 16일 환국한 이승만은 한동안 좌익의 눈치를 보면서 "자기 자신을 중심으로 무조건 뭉치자"는 구호를 실천하는 듯했다. 그러나 자신의 사조직인 독립촉성중앙협의회를 중심으로 한 정계 통합 노력도 11월 7일 이승만의 명백한 '반공' 표명으로 와해되고 만다.

한편 이승만과 연대에 실패한 인공은 11월 23일과 12월 2일 두 차례에 걸쳐 입국한 임정에 대하여 합작을 시도한다. 11월 27일에는 김구·김규식의 인공 중앙위원 취임을 요청하는 등 인공 조직에 임정인사가 참여하는 인공 중심 통일론을 제시하나 거절당하고, 12월 23일에는 1 대 1의 동등한 통합원칙을 제시하나 오히려 임정 측이 자신의 법통을 승인하고 임정의 부서 2, 3개를 늘려 좌익이 참여할 것을 요구했다. 이러한 쌍방의 자기중심적 통합론 공방 이후에 1945년 12월 31일부터 다음 해 1월 6일까지는 인공이 임정 측에 '동시해체론'을 제시하여 논의가 무르익기도 했으나, 임정은 반탁운동의 헤게모니를 잡게 되어 이 제의를 거절하게 된다.

인공-임정 간 합작 노력은 어떠한 원칙(예를 들면 친일파·민족반역자 처리원칙)을 가지고 진행된 것이 아니라 양 정부자임기관의 패권 쟁탈 차원에서 진행된 것이다.

좌익세력이 우익과 가진 주도적 통일전선 형성 노력의 마지막 시도라고 할 수 있는 4당행동통일회의(조공, 인민당, 한민당, 국민당: 1월 9일 이후 신한민족당이 추가되어 5당회의로 발전)는 1월 5일부터 1월 16일까지 진행되었다. 신탁통치문제와 테러문제에 대한 일련의 합의를 담은 「4당코뮤니케」를 1월 7일 산출하나 하루아침 사이에 국민당과 한민당이 파기하는 바람에 합작 노력이 깨지게 된다. 이후부터 합작 노력의 주도권은 인민당이라는 중간좌파적 성격의 당이 가지게 되며 좌우합작까지 연결된다.

탁치문제를 계기로 좌우대립이 첨예화된 상황에서 좌익은 우익과 합작을 단념하고 공산당과 인민당을 중심으로 민주주의민족전선(이하 민전)을 결성하는데 임정 내에서 진보파(김원봉·김성숙·장건상·성주식)를 빼내는 데 그친다.

이렇게 상층의 민족통일전선 시도는 좌절되고 범좌익통일전선이라고 할 수 있는 '민전' 결성만으로 그친 데에는 여러 가지 요인이 있을 것이다. 한 연구자는 미군정이 인공을 부인하고 좌익을 배제한 채 우익세력을 지원했기 때문이라고 주장하면서 미국이 조선민족의 통일을 방해했다고 말한다. 그런데 최근에는 조선공산당-남조선노동당계열의 종파주의적이고 패권주의적 성향 때문에 효과적인 통일전선의 결성이 불가능했다고 주장하는 견해가 제시되고 있다. 민주주의민족전선 내부의 동맹세력인 여운형과도 좌우합작 참여 문제로 균열을 드러내고, 남북합작에 참여한 김구·김규식과 합작을 주도하지 못하여 교섭의 주도권을 북조선로동당에 내주는 등 파벌주의적 한계를 드러냈다는 것이다.

좌우합작운동은 시종일관 여운형과 김규식의 중간 좌·우파가 주도했지만, 1946년 5월부터 8월까지는 허헌·이강국 등 공산당 쪽 인사가 민전 소속으로 참여했으며 원세훈(한민당), 김붕준·최동오(임정) 등의 우익인사가 민주의원 소속으로 참여하여 명실상부한 '좌우합작'을 이룬 적도 있다. 그러나 미국이 1946년 8월 이후 조공계열을 탄압하고 한민당이 1946년 10월 4일 합의된 「좌우합작7원칙」을 10월 8일에 반대하여 위임받은 대표가 탈당해버리자 7원칙 서명자를 중심으로 좌·우 양익과는 색깔이 다른 중간파 집단이 결집되고 만다. 따라서 좌·우 간의 '합작'은 전혀 달성하지 못하고 오히려 좌·우 양익을 배척하는 새로운 제3의 정치세력인 배타적 중간파의 형성을 가져왔으므로 '합작'의 본뜻은 완전히 무색해진 것이라고 평가할 수 있다.

이러한 결과적인 한계 외에도 과정상 여러 문제점이 있었다. 첫째로, 이 합작이 '미국의 후원'을 받았다는 점이다. 미국은 기본적으로 "한반도에서 공산당의 집권을 막는 것", 즉 반공의 보루를 쌓는 것이 양보할 수 없는 최후 목표였다. 그런데 만약 자신들이 기반한 우익을 계속 지지한다면 오히려 진보적인 그룹의 결속력이 높아져 공산주의혁명이 일어날 가능성이 높다고 판단했다. 따라서 인민당을 공산당의 영향권에서 빼내 김규식세력과 합작을 달성하여 진보적 개혁을 시도한다면 당시 국내에 만연했던 사회혁명의 분위기를 개량적이며 점진적인 방법으로 표출할 수 있을 것이라고 보았다. 이렇게 함으로써 소련 측이 한국인의 대표로서 제시하는 '북조선임시인민위원회'에 비견되는 조직적 기반을 형성할 수 있으며, 미소협상에 좀더 능동적으로 참여하는 것이 가능하리라고 내다보았던 것이다. 그러나 이러한 계획은 완전히 수포로 돌아가게 된다. 미국의 지원을 받는다는 사실 자체가 '자주적' 통일운동으로서 원천적 한계였으며, 무엇보다 이러한 중간파가 조직적인 대중 기반이 없는 기회주의적 지식인 그룹에 불과했기 때문에 그러했다. 이러한 지식인 그룹의 취약성이 두 번째 한계인 것이다.

세 번째 한계는 이 운동이 남한에서만 전개되었던 점에 있다. 여운형이 김일성과 연락하여 합작운동에 참여할 것을 권고했지만, 김일성은 "잘해 보라"는 소리만 할 뿐 사태의 추이를 지켜본 후 태도 표명을 하려는 유보적이며 방관자적 태도를 보였다. 따라서 이 운동이 만약 명실상부한 좌우 합작이 되었다 하더라도 이것은 남쪽에만 한정된 것이었으며 결국 또 한 차례 합작인 '남북합작'을 거쳤어야 했을 것이다. 물론 남쪽만의 합작이라도 가능했더라면 바람직한 일이었겠지만 남북통일의 길은 요원했을 것이다.

마지막 한계는 이 운동이 가지고 있는 '무원칙성'에 있다. 당파성론에 입각한 연구자들 사이에서 제기되는 한계로서, 원칙 없이 무조건 합작을 하는 것은 마치 "모이기만 하면 모든 것이 해결된다"는 식의 합작만능주의를 부르짖는 격이라고 주장한다. 이에 비하여 자유주의적 연구가들은 "그래도 모이려고 했던 것이 어디냐"는 긍정적 평가를 한다. 더 나아가서 좌·우의 원칙을 어느 정도 절충한 7원칙을 산출했으므로 그것이 '무원칙한 합작'이 결코 아니었노라고 주장한다. 따라서 이들은 좌우합작운동의 한계를 어느 정도 인정하기는 하지만 "자주적인 통일민족국가 수립 운동"의 일환으로서 긍정적으로 평가할 수 있다고 말한다.

좌우합작의 지도자 여운형이 암살되고 조선공산당계열의 합법적 활동이 사실상 불가능해진 1947년 후반 이후, 정국은 단정수립 문제가 제기되어 단정세력 대 단정반대세력 간의 대립구도를 형성했다. 남한의 단정반대세력은 1948년 3월에 월북하여 4월에 평양에서 '남북협상'에 참여한다. 따라서 단정세력은 이승만-한민당세력만으로 압축되어 이들의 고립화가 예견되기도 했지만, 오히려 1948년 5·10선거에 참여하지 않은 김구·김규식세력이 우익 일색의 남한 정계에서 몰락하고 마는 결과를 초래한다. 이렇게 된 데에는 좌익세력이 이들 단정반대세력과 연합해서 단정세력과 투쟁하지 못한 데에 책임이 있다. 따라서 반단정통일전선을 실천하지 못한 남한 좌익의 오류를 지적하기도 한다. 이를 실천하지 못한 책임은 남한 공산주의자들에게도 돌아가지만, 이들 핵심 지도부를 북으로 내몬 미국의 책임도 크다고 할 수 있다. 미국은 공산주의자를 북으로 내쫓아 남한에 반공정권을 수립했지만, 북을 공산주의자의 기지로 만들어버렸으며 우익 일색인 남에서는 민중의 사회개혁 의지를 실천하지 못하게 했다.

'남북협상'이라고 불리는 1948년의 통일운동은 남한의 우익인사 김구·김규식이 규정한 명칭이다. 북과 남의 좌익은 전조선정당사회단체대표자연석회의(이하 전정)라고 부른다. 즉 남에서는 김구·김규식이 주체적으로 김일성·김두봉과 만나 담판한 '4김회담'에 그 중심을 두는 데 비하여 북에서는 자신들이 준비한 정당·사회단체 회의에 남의 일부 정당·사회단체가 참여한 것에 그 비중을 둔다. 남의 시각은 지도자·개인 중심임에 비하여 북은 단체 중심이며, 이러한 시각차가 지금까지 통일논의에도 연결되어 나타난다.

또한 이 운동의 주도권이 누구에게 있느냐도 역시 대비된 시각이 존재한다. 초기(1948. 1. 26~3. 24) 협상 제의는 김규식(최초에 김구는 수동적이었으나 월경할 때는 김구가 주도적이었다)이 주도했으나, 3월 25일 북조선 민전의 연석회의 제안방송 이후에는 김일성이 주도한다. 이때부터 김구·김규식은 회의 참석 여부를 가지고 밀사를 파견하는 등 번민하다가 결국 김일성·김두봉의 서한이 전달된 후 김구의 과단성 있는 결단에 따라 양김씨의 월경이 4월 19일과 21일에 각각 이루어진다. 4월 19일부터 26일까지 미리 준비된 모임에 김구는 소극적이나마 참여했으나 김규식은 늦게 간 탓도 있고 해서 참석하지 않았다. 한편 4월 27일부터 30일까지 남북제정당사회단체지도자협의회, 즉 남북요인회담이 열려 남북의 지도자 15인이 회담하여 양군 즉시 철퇴, 전조선정치회의 소집 후 선거 실시, 단독선거 반대 등에 합의했는데, 김구·김규식은 자신들이 어느 정도 주도한 이 회의의 의의를 귀국 후 높이 평가한 것이다. 주도권을 보는 시각을 요약해보면 남에서는 시종일관 김구·김규식이 주도했다고 하며, 북에서는 김일성이 주도했다고 한다.

남북협상운동의 결과를 놓고 남의 단정세력들은 "초대받은 잔치에 인사만 하고 왔다"는 식으로 평가하여 "북측의 놀음에 이용당했다"고 주장한다. 이에 비하여 김규식 측근이었던 송남헌은 이때 요인회담에서 합의한 내용이 김규식의 평소 주장과 맞아떨어짐을 들어 이를 통일운동의 귀감으로 평가한다. 어쨌든 남북협상은 북한정권 정통성의 근거를 제시해준다. 즉 비록 6월 29일부터 7월 5일까지 북한정권 수립을 위한 제2차 남북협상에 김구와 김규식이 참가를 거부했지만 자신들의 정부는 남쪽의 우익인사까지 참가한 남북협상의 결과로 만들어졌다는 주장을 현실화해준 것이다. 또한 그때의 '연석회의' 개최 주장을 지금까지도 반복적으로 주장할 수 있게 해준 것이다. 이에 비하여 남의 단독정부는 국내적 정통성에 관한 한 적어도 취약할 수밖에 없었으며 그 기반을 미국의 물리력에 의존할 수밖에 없었다.

이상에서 살펴본 구체적 통일운동을 토대로 그 주체를 보는 시각을 살펴보면, 먼저 자유주의적 연구가는 좌·우 양익을 포괄하는 건준-4당코뮤니케-좌우합작-남북협상의 계보에 그 주체를 두며 양익의 분열주의적 책동을 비판한다. 이에 비하여 남쪽의 남로당계열은 건준-인공-민전-남북협상에 그 정통성을 두는 데 비하여 북의 북로당계열은 임시인민위원회-인민위원회-전정 계보에 그 주체를 둔다. 북에서는 종파주의적인 남로당계열이 적과 동지를 구별하지 못한 채 통일전선을 파탄 지경에 이르게 했다고 주장한다. 즉 적대시하지 말았어야 할 반제통전의 일부분이며 반일역량인 김구·김규식을 포괄하지 못하여 한동안 반민족세력과 결합하게 만들었다는 것이다.

따라서 민족세력과 반민족세력의 대결구도가 정립되어야 할 해방정국에 민족세력의 일부를 견인하지 못해 왜곡된 좌우대립 구도를 정착시켰으며, 이후 단정세력 대 반단정세력 간의 대결구조로 전환되어 김구·김규식 세력을 견인할 수 있었지만 이미 단정세력의 물리력은 충분히 확보된 시점이었으므로 이들은 몰락한 수밖에 없었다는 것이다. 또한 좌익세력들 간에도 남로계열의 종파주의적 속성 때문에 균열이 생겼다는 것이다. 여운형과 박헌영계열의 주도권을 둘러싼 반목 때문에 마지막 동지인 여운형을 김규식계열에게 넘겨주어 중간파를 결집시키고, 3당합동 과정에서도 고질적인 파벌성이 표출되어 당을 분열시켰다는 평가를 할 수 있다.

7. 남로당의 운동노선

연구

- 김남식, 『남로당연구』(돌베개, 1984).
- 김점곤, 『한국전쟁과 노동당전략』(박영사, 1973).
- 김남식·심지연 편, 『박헌영노선 비판』(세계, 1986).
- 정병준, 「박헌영·남로당노선 무엇이 문제인가」, 『역사비평』, 1989년 여름, 277~303쪽.
- 이미숙, 「박헌영·남로당에 대한 비판을 비판한다」, 『역사비평』, 1989년 여름 246~76쪽.
- 양동주, 「해방 후 좌익운동과 민주주의민족전선」, 박현채 외, 『해방전후사의 인식』 3(한길사, 1987), 76~139쪽.
- 이철순, 「해방 직후 좌익세력의 대미인식에 관한 연구」(서울대학교 정치학과 석사학위 논문, 1988).

자료

- 김남식·심지연 편, 『박헌영노선 비판』, 87~535쪽.

조선공산당 재건파 즉 남조선노동당(이하 남로)의 노선은 곧 박헌영의 노선이다. 박헌영의 노선에 대한 논점은 그의 파벌주의적 성향, 초기 대미 협조노선과 후기 반(半)합법무력투쟁노선으로 전환한 데 대한 평가 등의 문제로 집약될 수 있다.

우선 조공의 노선을 개괄적으로 기술해보면, 초기 장안파의 2차대전의 성격규정(사회주의혁명전쟁이므로 소련과 영·미 사이에 전쟁이 반드시 있어야 할 것을 주장)을 좌경적 노선으로 규정한 재건파는 2차대전의 기본성격을 반파시즘전쟁으로 규정하고 반파시즘 연합전선의 일원인 영국과 미국의 진보성을 인정하면서 미·소 간의 협조를 강조하고 있다(이는 전쟁 직후 대미협조를 강조한 스탈린의 견해와 일치하는 것이다). 따라서 미군을 '해방군'으로 간주했고, 미군정의 정책에 대하여 비판적인 점이 없지는 않았지만(예를 들면 인공 부인, 한민당 인정), 이렇게 된 것은 미국의 본의가 아니며 국내 우파세력의 책임이 크다고 책임을 전가하면서 1946년 7월까지는 우호적이며 유화적인 태도를 견지하고 있다.(그렇지만 이 시기에도 미국을 사회주의국가 소련과 같이 최첨단의 진보적 국가로서 대우했던 것은 아니며, 민주당 집권하의 자본주의 국가 미국의 상대적 진보성을 인정하는 편이었다.)

그러다가 1946년 7월 26일에는 미국의 일방적인 탄압을 극복하기 위하여 '정당방위의 역공세'를 기치로 노선을 전환하는데, 이것은 미군정을 정면으로 반대하는 것이 아니라 '미군정과 그 비호하의 반동들의 테러'에 대하여 테러로 '방위'하자는 전술적 전환이었다. 즉 미군정을 부인하는 데 목적이 있는 것이 아니라 정치적 시위와 대중적 총파업으로 미군정에 압력을 가해 대소협상을 재개하고자 한 방침이었다. 따라서 합법적 방법(우회적 비판)으로 요구를 관철하던 전 시기와 달리 합법·비합법(폭력투쟁: 직접적 비판) 방법을 배합해 반(半)합법적 배합투쟁을 1946년 7월부터 1947년 말까지 전개해나간다. 이 시기 미국을 '제국주의 국가'로 규정했는지 아닌지는 논란의 여지가 있다. 단지 이 시기에 '제국주의적 반동성'에 대한 문제제기가 나오나 '미제국주의'라는 표현을 직접적으로 내건 것은 1947년 말 제2차 미소공위가 완전히 결렬되어 미·소 협조가 불가능하다고 인식한 시점이 처음이었다. 이러한 폭력투쟁의 시초는 9월총파업에 뒤이은 '10월인민항쟁'이었다. 영남지역을 중심으로 전개된 '10월인민항쟁'에 거의 230만 명 이상이 당에 의하여 '동원'된 것으로 알려져 있는데, 최근 연구에서는 '중앙지도부의 올바르지 못한 지도와 헌신적인 대중투쟁의 결합'이었다고 평가한다. 즉 중앙에서 별반 준비가 없는 상태에서 지방의 활동가를 비합법투쟁에 몰아넣는 방식은 그것에 참여한 대중들의 혁명성에도 불구하고 좌익 내부의 통일·단결 또는 투쟁을 통한 대중적 지반 확대 및 조직역량 강화 어느 쪽에도 긍정적인 결과를 가져다주지 않았다는 것이다. 이러한 비합법투쟁과 병행하여 3당합동으로 남로당이라는 대중적인 합법정당을 결성하는데, 좌익역량 강화를 목적으로 설정했던 3당 합동의 결과는 오히려 좌익역량의 공개적 분열(남로와 사로의 분열, 남로와 근로인민당의 분립)을 명백히 했을 뿐이다.

이와 같이 조직면에서 취약한 상태에서 1948년부터는 오로지 비합법지하투쟁만 전개할 수밖에 없었다. 1948년 2·7구국투쟁, 4·3제주도 인민항쟁, 여수군인폭동 등이 남로당 조직의 직간접적인 연계로 계속적으로 발생했다. 이런 과정을 거치면서 점차 전면적 무장투쟁을 구사하게 되었다. 이후 입산한 야산대를 중심으로 유격전이 진행되는데, 1950년 2월에 이르면 남로당의 군사조직은 국군의 대토벌 때문에 실질적으로 와해되고 만다. 이렇게 좌익역량이 유지·보존되지 못하고 단계적인 무장해제를 거치면서 한국전쟁을 맞은 남로당 지하조직은 전쟁 수행과정에서 영향력을 행사하지 못한다.

이제 논점별로 남로당의 노선을 평가해볼 것이다.

먼저 대미인식을 중심으로 한 정세분석 문제부터 살펴보자. 이를 비판적으로 인식하는 쪽에서는 초기의 대미유화적 태도가 미국의 본질에 대한 근본적 인식의 한계에서 발생하는 기본적 결함이라고 평가한다. 따라서 초기의 우경적 협조노선에서 1946년 중반 이후 좌경모험주의적 투쟁방식으로 전환을 자초하여 미국에 의해 단계적으로 무장해제당할 수밖에 없었다고 주장한다. 이에 비하여 남로의 노선을 '이해'하려는 측에서는 대미협조적 태도가 근본적 한계에서 발생하는 기본적 결함이 아니라 하나의 전술이었으며, 소련의 국제협조노선을 주체적으로 소화하지 못하고 무비판적이며 낙관적으로 받아들인 '전술적 실수'에 불과한 것이라고 이해한다. 당시 좌익은 미·소 간의 차별성을 인식하지 못한 채 미국을 존경하고 숭상했기에 우호적인 태도를 가진 것이 아니었으며, 자본주의 국가에 가지고 있는 비판적 인식을 기본적으로 깔고 있었으나 압도적 규정력을 가지고 있다는 객관적 조건에 눌려 어쩔 수 없이 협조적일 수밖에 없었다는 것이다. 또한 북한의 좌익들도 초기에는 미국의 존재를 전면적으로 부인하지 못했으며, 미소협조를 강조했다는 것이다. 후기에 비합법투쟁으로 노선을 전환한 것은 남로계열이 합법적 정치공간에 머물고 싶어도 미군정에 의한 법적 제약, 물리적 탄압, 우파세력의 적극적 공세, 백색테러 등으로 무장투쟁을 할 수밖에 없었던 면을 '이해'할 것을 주장한다.

남로당의 파벌성을 변호하는 시각에서는 일제하 국내 민족해방이 극도로 탄압받는 상황에서 분산·분절된 형태로 지하화한 상태에서 운동을 전개했기에 폐쇄적인 '파벌'이 존재할 수밖에 없었다고 주장한다. 그런데 이를 비판적으로 인식하는 입장은 민족해방운동의 정통적 흐름을 국내 운동세력으로 보는 시각과 만주의 항일무장투쟁세력으로 보는 시각으로 분화된다. 후자는 최근 들어 남한의 학계에 제기된 '새로운 시각'으로서 1930년 말의 경성콤그룹은 노동운동 한번 제대로 하지 않은 인텔리들의 집단에 불과하며, 이에 비하여 같은 시대에 만주에서 투쟁한 항일유격대는 투쟁방법이나 그 의식수준면에서도 파벌성을 극복한 '참공산주의운동'으로 자리매김할 수 있다고 주장한다. 이에 더하여 해방 재건파 조선공산당은 다른 파벌의 대표성을 전혀 인정하지 않고 자신들만이 전체 공산주의운동을 대표한다는 배타적이고 종파주의적인 행동을 했다는 것이다.

국내 운동세력에 정통적 흐름을 두고 있는 논자 중에서 박헌영파의 대표성을 비판적으로 보는 쪽에서는 경성콤그룹이 상대적으로 체계화된 전국적 조직망 내지는 연락망을 갖고 있었다 할지라도 실제로는 국내 공산주의운동에서 일정한 부분을 대표했을 뿐 전국적 범위에서 전체 공산주의운동을 대표하는 것이었다고 판단할 수는 없다고 주장한다. 재건파가 장안파보다 나았던 점은 투쟁 속에서 해방을 맞았다는 사실이 아니라 전향·탈락·휴식분자가 더 적었다는 데 있다. 따라서 해방 후 조선공산당을 재건할 때 자신들만 가지고 똘똘 뭉칠 것이 아니라, 다른 파들도 포용했어야만 그 정통성과 대표성을 견지할 수 있었을 것이라고 주장한다. 또한 3당 합동 과정에서 대회파의 당대회 소집 요구는 완전히 무시되었고(이를 이해하는 쪽에서는 당대회 소집이 불가능했다고 주장한다) 여운형과 백남운 같은 영향력 있는 정치가는 배제되어 그 종파성과 분열성이 여지없이 폭로되었다.

종합적으로 살펴보건대 남로의 노선을 이해하는 쪽에서는 미국의 압도적 역량이 존재했다는 객관적 상황을 무시하고 단죄론적 평가로 일관하는 '승리한 자에 의한 결과론적 평가'를 비판하면서, 남북한의 객관적 조건의 차별성에 대한 이해를 전제로 조선공산당-남로의 노선을 그 자체의 논리대로 이해해줄 것을 제안한다. 또한 남로가 전혀 실수를 안 했다는 것이 아니라 남한에서 변혁운동의 실패에 따르는 모든 원인과 책임을 모두 남로 노선의 오류, 당지도부의 종파성에만 귀속시킬 수는 없다는 것이다. 반면 비판적 인식을 하는 논자들은 위의 시각이 '실패한 운동의 정당성을 복권하려는 감상적 사고'라고 비판하면서, 남로 노선이 가지고 있는 내적 오류 때문에 그 많은 조직대중을 가지고 있던 당이 짧은 시간 내에 붕괴될 수밖에 없었다고 주장한다.

8. 미군정을 어떻게 볼 것인가

연구

- 김광식, 「8·15 직후 한국사회와 미군정의 성격」, 『역사비평』 1집(1987), 49~72쪽.
- 김광식, 「미군정과 분단국가의 형성」, 최장집 편, 『한국현대사』 1(열음사, 1985), 111~83쪽.
- 진덕규, 「미군정의 정치사적 인식」, 송건호 외, 『해방전후사의 인식』(한길사, 1979), 33~63쪽.
- 브루스 커밍스, 「한국의 해방과 미국정책」, 커밍스 외, 『분단전후의 현대사』(일월서각, 1983), 129~67쪽.
- 브루스 커밍스, 『한국전쟁의 기원』(청사, 1986; 일월서각, 1986).

- 조순승, 『한국분단사』(서울: 형성사, 1982).

자료
- 『주한미군사』(돌베개, 1988).

　미국을 자유주의의 선한 전파자로 보건 제국주의 침략자로 보건간에 8·15 직후 남한사회의 성격을 미군정이 결정적으로 각인했다는 사실은 누구나 인정할 수 있을 것이다. 1945년 9월 8일에 진주하여 1948년 8월 15일에 막을 내린 미군정은 3년 동안 한반도 남부의 유일(唯一)하며 지고(至高)한 정부로서 자임했으며, 물리력의 독점적 지배자로서 한국 민족을 지배했다. 따라서 미군정의 성격을 알지 못하고는 당시 남한사회를 총체적으로 이해할 수 없을 것이다. 이 글에서는 주요 논점별로 미국의 대한정책과 이의 구체적 표현인 미군정의 성격을 살펴볼 것이다.

　첫째 논점은 미군이 점령군이냐 해방군이냐는 것이다. 이 논점은 소련군의 성격과 연결되어 있다. 미국에 대한 비판이 금기시되던 이전 시대에는 미국은 조선민족을 해방시킨 은인인 데 비하여 소련은 조선민족을 침략한 약탈자로서 인식되었으며, 현재 진보적 학계 일각에서는 오히려 이 인식을 전도시켜놓고 있다. '미국은 점령군, 소련은 해방군'이라는 논리는 소련이 조선민족(인민위원회)에게 정권을 이양했음에 비해 미국은 미군정이라는 모욕적인 정부기구를 설립하여 조선민족 위에 군림하면서 고답적으로 지배했던 상황을 대비한다.(실제로 미국은 적국의 식민지였던 조선을 적국으로 간주했으며, "적국민이나 해방국민으로 대우하라"는 맥아더의 1945년 8월 말 포고에도 불구하고 조선인과 교섭하기보다는 구지배자였던 일제와 교섭하여 그들에게 항복을 받아내 한국민을 전혀 당사자로 대우하지 않고 식민지 민중으로 대우했다. 또한 구식민지 통치기구를 그대로 존속시켜 대중들은 해방된 기쁨을 느끼기보다 "식민지의 지배자가 바뀐 것뿐"이라는 좌절감을 느꼈다.)

　그런데 소련의 '상대적 진보성'을 부각하는 이러한 논리에 차츰 반성이 제기되기 시작하고 있다. 모든 외국군 진주를 조선민족의 자주성과 배치되는 '외세'로 치부해버리는 '부르주아적 민족주의'의 논리를 빌리지 않더라도 소련군이 진정 '프롤레타리아 국제주의'의 원칙에 입각하여 피압박민족을 해방시키려고 한반도의 전체가 아닌 반쪽에 파행적으로 진주했냐는 데에 다소 회의가 들 수 있는 것이다. 소련군도 진주 직후에는 구지배기구인 일제 관헌을 '치안유지'라는 미명 아래 존속시키려고 했으며, 사회혁명을 요구하는 대중의 분위기나 상층지도부의 좌경적 구도 등을 인식한 후에야 비로소 행정권을 조선민중의 대표인 인민(정치)위원회에 이양했다. 따라서 그들도 자신들의 이익이 보장될 것이라고 판단되었기 때문에(친소·친공정부의 수립이 낙관되었기에) 직접통치 양식을 택하지 않고 간접통치 양식을 택한 것이지, 조선민중을 해방시키기 위하여 그러한 조치를 취한 것은 아니다. 행정권을 이양했지만 군사적인 권한은 계속 소련 주둔군이 장악했으며, 미국과 협상할 때나 대외적인 대표가 필요할 때는 항상 소련군이 대표했다. 즉 '국가보위권'이나 외교권을 박탈당했으며 형식적인 행정권만 수행한 북조선(임시)인민위원회를 완전히 독립된 자주적인 정권형태로 보는 것은 문제가 있다.

물론 미군정이 "북과 같이 정권을 인민위원회에 이양하라"는 남한민중의 요구를 의식하여 1947년에 만든 '남조선과도정부'(민정장관 안재홍)보다는 한국민중의 참여가 보장되었기에 진보적이라고 할 수 있지만, 그렇다고 소련군이 자신의 이익과 배치되는 조선민중의 회합을 모두 용인하지는 않았다.(예를 들면 서울의 조선인민공화국을 인정하지 않았으며 연안독립동맹의 무장력인 조선의용군을 무장해제했고 우익이 우세했던 평남건중을 좌·우 동수로 합작시켰던 것에서 소련의 적극적 의도를 읽을 수 있다.) 이렇게 본다면 소련군이나 미군이나 모두 자신들에게 우호적인 정부를 전 한반도에다 혹은 자신들의 점령지에만이라도 수립하기 위하여 진주한 점령군이라고 볼 수 있다. 단지 소련군이 상대적으로 진보적인 것처럼 보이는 이유는 그들의 이익이 대다수 민중의 이익과 일치되는 부분이 미군보다 많았기 때문이다.

이 친미정부 수립을 최대 목표로 가지고 들어온 미군이 점령지에서 행한 정책이 과연 실수투성이였는가 그렇지 않았는가가 두 번째 쟁점이다. 전통주의자들은 미군이 한국에 대하여 사전지식도 없이 군사적 편의에 따라 진주했기 때문에 처음부터 일관성 없이 헤맸다고 주장한다(fumbling theory). 이에 비하여 수정주의자들은 미국이 한반도에서 공산주의였다고 주장한다. 방벽(bulwark)을 쌓는다는 정책적 목표를 일관되게 수행했다고 주장한다. 필자가 보기에는 '실수연발'이라고 하는 것은 단지 현상적으로 드러난 전술적 차원의 것이었으며 친미정부를 수립하여 미국의 이익을 확보하자는 좀더 본질적 차원의 전략적 목표는 일관되었던 것 같다. (비슷한 맥락에서 소련의 정책을 보는 전통주의자의 시각은 공산화[소비에트화]의 확고한 계획이 있었다고 하는 데 비하여[Sovietization Theory], 와다 하루키[和田春樹]는 소련도 미국과 같이 준비가 없었다고 본다. 연구자는 소련의 '헤맴'도 단지 전술적 차원의 것이며 전략적으로는 소련의 이권을 확보한다(프롤레타리아 국제주의와 배치되는 스탈린의 '소비에트 대조국수호론'에 입각함)는 목표는 시종일관하게 확고했다고 본다.) 단지 이러한 전략적 목표의 구현범위가 대소협상의 결과에 따라 변했는바, 최초 대소관계가 비교적 원만했을 시점에는 한반도 전역을 자신의 세력권에 두고자 했으나 미·소 간의 냉전이 현재화되는 시점부터는 한반도 남부만이라도 건지자는 현실적 목표를 견지했던 것이다.

과연 그렇다면 미국이 통일정부 수립안을 언제 버리고 단정정책을 수행했는지가 세 번째 쟁점으로 부각된다.

미군정은 미소공위가 최종적으로 결렬된 1947년까지 모스크바3상 결정을 추구하여 통일정부 수립안은 버리지 않았던 것처럼 보이기도 한다. 그러나 이러한 태도는 대소협상에 임하는 대외적 카드에서나 표명되었거나, 커밍스의 주장처럼 국무성 내의 국제주의자만이 고수한 안이며, 현지 사령부인 미군정은 일찍이 1945년 11월 20일 랭던(William Langdon)의 '정무위원회'(Governing Commission)안에서 드러나는 바와 같이 이 시점부터 단정안을 현실적인 대안으로서 지속적으로 검토하고 있었다. 여기서 미국이 공산주의의 방벽을 쌓으면서도 통일을 지향한다고 내세워야 하고, 반탁 우익세력에서 지지기반을 찾아야 함에도 모스크바 결정의 실천을 다짐해야 하는 이율배반적 상황에 처했음을 느낄 수 있다.

　이러한 단정지향정책을 정책의 대안으로서 가지고 있던 미군정은 일찍부터 자신의 점령지에서 군·경찰·관료제 등의 국가기구를 정비해나간다. 이승만이 단정 실시를 제안한 1946년 6월 3일의 정읍발언보다 훨씬 앞서는 1945년 12월 15일, 군사영어학교가 창설되어 친미적이고 반공적인 군인들을 양성하게 된다. 또한 미군정은 워싱턴 합참본부의 명백한 보류 명령에도 불구하고 1945년 10월 초부터 군대 창설 계획을 논의하기 시작한다. 이런 맥락에서 1946년 1월 14일 국방경비대(처음에는 비록 미국인 사령관이 지휘하기는 했지만 1946년 9월 11일 광복군 출신 유동열이 초대 사령관에 취임함)가 창설된다. 이렇게 되어 1946년 말에 이르면 커밍스의 주장대로 남한에서 단정 수립을 위한 모든 국가기구가 정비되기에 이른다.

　그렇다면 소련 점령지역에서는 언제 단정지향적 국가기구가 수립되는가? 북한의 경우에는 우선 행정기구의 수립이 돋보인다. 1946년 2월 북조선임시인민위원회가 수립되어 북한만의 '민주개혁'이 수행되면서 남한과는 다른 사회구성체를 형성한다. 또한 단독적 민주개혁의 이론적 기초를 이루는 반국적 범위의 '민주기지'노선('일국사회주의의 소비에트 기지전략에 입각한 스탈린의 대한정책'이라고 평가되기도 하는데 우선 북조선에 전국적 혁명을 위한 기지를 건설하자는 노선)이 1945년 12월 17일 제시되었다고 하며, 남북한 어느 정치세력도 반국적 범위의 당을 건설하지 않았던 1945년 10월 시점에 이미 분국이라는 명칭하에 또 다른 조선공산당 중앙을 건설한 것이다. 그렇지만 북한에서도 1946년 말에 이르러서야 단정지향적 국가기구가 정비된다.

　남과 북 어느 쪽이 먼저냐를 논의하여 분단 책임을 전가하는 주장들이 있지만, 쌍방 모두 개전을 준비하여 전쟁을 할 의사를 갖춘 상태라면 어느 쪽이 먼저 도발했느냐가 별로 중요하지 않은 것처럼 어느 쪽이 먼저 단정 수립을 입안했느냐는 중요하지 않다. 단지 분할점령 중인 상태에서 단독행동을 당연히 검토했을 것이며, 진행 중인 계획을 서로 인지해 비밀리에 상호 상승작용한 것일 뿐이다.

단정지향적 정책을 일찍부터 검토한 미군정의 국내 정치세력에 대한 정책을 살펴보면 초기에는 인재 부족이라는 이유로 친일 전력을 문제삼지 않고 한민당세력을 관료기구에 독점적으로 기용했으며 이승만·김구 등의 우익세력을 암시적으로 지지하는 등 매우 노골적인 편이었다.(그러나 표면적으로는 인공·임정을 공히 부인하여 비승인정책을 택하는 것처럼 내걸었다.) 그러나 제1차 미소공동위원회가 결렬되는 1946년 5월의 시점에는 여운형·김규식의 좌우합작위원회를 명시적으로 지지하여 적어도 표면상으로는 통일지향적 정책을 취하는 것처럼 보였다.

그러나 이는 친일파를 등용하여 대중들로부터 잃었던 신뢰도 회복할 겸 소련과 협상에서 유리한 위치를 점하기 위한 조치였으며, 북한의 임시인민위원회에 해당하는 한반도 남부의 정치적 중심을 형성하기 위한 단독적 조치였다. 또한 당시부터 좌익세력에 대한 대대적 검거가 잇달았으며 민중운동을 탄압했다. 따라서 다소 온건하고 미국이 용인할 만한 정치세력을 공산주의자로부터 분리·등용하여 공산주의자들을 배제한 상태에서 개량적 개혁을 시도한다면 대중의 지지도 얻고 무엇보다 공산주의에 대한 방벽을 쌓는다는 궁극적 목표를 달성할 수 있으리라고 판단했을 것이다. 이런 맥락에서 본다면 미국의 좌우합작 지지는 통일지향적이며, 좌익을 용인하여 합작하게 하는 용공적 정책이 아니라 오히려 단정지향적·반공적 정책이라고 평가할 수 있다.

해방 전후 북한현대사의 쟁점

김명섭

1. 김일성, 진짜인가 가짜인가

- 이재화, 『한국근현대민족해방운동사』(백산서당, 1988).
- 이종석, 「북한 지도집단과 항일무장투쟁」, 『해방전후사의 인식』 5(한길사, 1989).
- 와다 하루키, 「김일성과 만주의 항일무장투쟁」, 『사회와 사상』, 1988년 11월호, 1988년 12월호).
- 스칼라피노·이정식, 『한국공산주의운동사』 2(돌베개, 1986).
- 서대숙, 『북한의 지도자 김일성』(청계연구소, 1989).
- 김준엽·김창순, 『한국공산주의운동사』 4, 5(청계연구소, 1986).
- 이명영, 『김일성열전』(신문화사, 1974).

김일성이 과연 '진짜냐 가짜냐' 하는 그간의 논쟁을 살피기에 앞서 우리가 함께 경계해야 할 함정이 하나 있다. 그것은 바로 이러한 논쟁구도의 설정이 미쳐왔던 저간의 이데올로기적 영향이다. 설사 김일성가짜론의 주장을 백번 받아들인다 하더라도 그 주장 자체가 김일성의 항일무장투쟁 경험만큼은 인정하고 있음에도 불구하고 김일성가짜론은 그동안 김일성은 해방의 찬탈자, 소군정의 통역관(미군정의 통역관과 마찬가지) 정도로 인상지우는 데 성공해왔던 것이다. 돌이켜보면 이와 같은 이데올로기적 부산물 혹은 의도를 지녔던 김일성에 관한 진부논쟁은 그 뿌리가 꽤 오래되었다.

해방 직후 '김일성'이라는 이름의 명망성은 '김일성 장군 환영대회'로 간주되던 '평양시 민중대회'(1945. 10. 14)에 그를 보기 위해 무려 8만의 인파가 운집하는 것으로 표현되었다. 부친 오윤선과 더불어 조만식과 절친한 사이였던 오영진에 따르면 김일성에 대한 가짜 시비는 이미 이때 다음과 같이 제기되었다.

> 김일성 장군이 등단하자 군중의 입은 그들 눈앞에 전개되는 의외의 사건에 한결같이 벌어지고 눈은 의심스러이 빛났다. 백발이 성성한 노장군 대신에 확실히 30대(당시 33세)로밖에 안 보이는 젊은 청년이 원고를 들고 마이크 앞에 다가선다. 신장은 167센터미터가량, 중육의 몸에 감색 양복이 좀 작아맞고 얼굴은 볕에 걸어 검었고 머리는 중국인 요리점의 웨이터처럼 버쩍 치켜깎고 앞머리털은 한 치 정도, 흡사히도 라이트급의 권투선수를 방불케 한다.
> 가짜다!
> 넓은 장내에 모인 군중 사이에는 순식간에 불신과 실망과 불망과 분노의 감정이 전류처럼 전파되었다.

이처럼 제기되기 시작한 가짜 시비는 전국으로 파급되어 급기야는 1946년 4월 8, 9일자 『해방일보』에 당시 논쟁을 소개하고 해명하는 '조선이 낳은 청년 영웅, 내가 아는 김일성 장군'이라는 제하의 연속기사가 발표되기에 이른다. 이 기사의 필자는 김일성에 대해서 가짜니 2세니 하는 등의 풍설과 억측이 나도는 이유에 대해 ① 그렇게 유명한 장군이 나이가 어리다는 데서 나온 평범한 해석, ② 친일파·반역분자들이 진보적 민주주의진영에 일대 타격을 주기 위한 좋은 재료로 선전하는 야비한 의도 등으로 정리하면서 자신의 경험을 다음과 같이 밝히고 있다. "필자가 만주에 있을 때, '김일성 장군의 부대가 일본군을 보기 좋게 격파했다'는 기사가 수없이 신문에 특호활자로 기재되었다. 장군의 이름과 연령이 쓰여 있는데 공교롭게 나이가 필자와 연갑(年甲)인 까닭으로 언제든지 장군의 기억이 새로웠다." 이 기사의 필자는 또한 '조선 내에서 장군을 잘못 해석하는 이유'를 ① 거리관계―김일성 장군이 국외인 만주에서 활동했기 때문이다. 동만 동포들은 대개 그의 연소함을 아는 고로 50여 세니 2세니 하는 말은 전혀 없었다. ② 장유(長幼)의 차별감―조선 재래의 관습에 따라 연장자는 무엇이든지 안다는 우월감이 장군을 잘못 해석하게 했다. ③ 일제 교육의 영향―일제 정치가들의 나이가 대부분 60, 70세인 까닭에 이러한 영향으로 김일성 장군도 노년일 것으로 생각했다 등으로 정리하고 있음을 볼 수 있다.

결국 당시 김일성의 나이가 가짜 시비를 낳게 한 주된 원인이었다고 볼 수 있는데 이에 대해 우리는 다음과 같은 점을 전제해둘 필요가 있다. 즉 최근 공개되고 있는 지리산 빨치산 출신들의 수기만 보더라도 20대 후반으로 접어들기만 해도 노빨치 취급을 받던 산중 분위기를 전해준다. 하물며 겨울이면 영하 40도를 밑도는 혹한과 배고픔을 극복하며 혹독한 일제 토벌을 피해 저항해야 했던 1930, 40년대의 만주, 그때 그곳은 10대 후반에서 20대 초반 젊은 전사들조차 버티기 어려웠다. 그 속에서 백발을 휘날리며 말 달리는 노장군이란 애초에 항일 투혼을 고취하기 위한 민족신화에나 존재하는 것이었다.

피압박민족이 세계사의 새로운 주체로 떠오른 20세기 중반, 그들의 지도자들이 대개 약관에 이미 두각을 나타내고 20대 후반 30대 초반에 지도력을 인정받은 것은 매우 보편적인 현상이었다. 저우언라이·왕밍 등이 20대에 이미 최고지도자로서 위치를 인정받았다. 이렇게 볼 때 일제의 침탈 하에서 인구에 회자되던 '김일성 장군'이 백발을 휘날리는 노장군이었을 것이라고 마음대로 전단한 오영진식 환상은 일단 불식되어야 한다.

1943년경 한 일본인이, "남선(南鮮)에서 소학교생들과 중학교생들을 모아놓고, '누가 가장 위대하다고 생각하는지 정직하게, 절대로 두려워하지 말고 무기명으로 투표해보라'고 안심시키면서 투표해본 결과 놀랍게도 그 67퍼센트가 김일성이었다"(鎌田澤一郎, 『朝鮮新話』)는 기록이 있다. 과연 이토록 주의를 끌던 그 '김일성 장군'과 북한의 지도자 김일성 사이에는 어떠한 관련이 있을까. 김일성의 실체에 대한 남한학계의 주장은 크게 김일성가짜론·김일성왜소론 그리고 김일성인정론 등 세 가지로 나뉘고 있다.

첫째, 김일성가짜론은 전술한 바와 같은 김일성가짜설을 좀더 체계적으로 정리·논증해놓은 것으로서 주요 논자는 이명영·허동찬 등으로 대표된다. 둘째, 김일성왜소론은 김일성이 진짜라는 점만큼은 인정하면서도 그의 항일 업적이나 명망성은 대수로운 것이 못 되고 따라서 해방 이후 김일성의 집권은 소련의 지원 없이는 불가능했을 것이라는 논지다. 이 주장은 이정식·스칼라피노·서대숙 그리고 김준엽·김창순 등이 대표된다. 셋째, 김일성인정론은 가짜론에 맞서 김일성이 진짜임을 확인하는 동시에 항일무장투쟁과정에서 그의 지도적 권위를 인정한다는 점(논자에 따라 차이가 있지만)에서 김일성왜소론과도 구별된다. 이 주장은 와다 하루키(和田春樹), 이종석, 이재화 등으로 대표된다.

김일성가짜설을 주장하는 이명영의 주요 논지는 다음과 같다. ① 일본 육사 출신으로서 독립군으로 활동했던 김광서 등 '김일성 장군'으로 알려진 전설적 인물이 존재했다. ② 그 후 중국공산당 예하의 유격대인 '동북항일연군' 제1로군 제2군 제6사 사장 김일성이 있었는데 그의 본명은 김성주(金成柱)였다. ③ 보천보전투의 주역 김일성은 1937년 전사했고, 소련으로부터 제2대 김일성이 파견되었다. ④ 제2대 김일성은 1940년 12월 소련으로 도주하여 그곳에서 죽었고 현재의 김일성은 제1대, 제2대 김일성의 부하로 있던 김성주(金聖柱)라는 것 등이다.

결국 이명영의 핵심 논지는 ① 전설적인 보천보전투를 이끌었던 김일성은 1937년 11월 13일 토벌대에 사살되었다는 김일성전사설과, ② 전설적인 김일성의 이름이 제2 제3의 김일성으로 계승 혹은 도용되었다는 '김일성행명론(行名論)'으로 압축되고 있다. 먼저 김일성전사설과 관련해서 이명영은 김일성이 토벌대에 쫓기어 36세를 일기로 생애의 막을 내렸다는 『경성일보』 1937년 11월 18일자 보도를 그 유력한 근거로 삼고 있다. 이와 같은 '김일성사망설'에 대해 '김일성인정론'에서는 그것은 단지 항일유격대의 내부 와해와 민심의 동요를 막고자 했던 일제의 간악한 심리전술 내지는 토벌대의 과장된 전과보도 혹은 유격대 측의 교란전술에 지나지 않는다고 주장한다. '김일성가짜론'을 비판하는 논자들은 『경성일보』 보도가 있은 이후까지 김일성이 생존했다는 근거로서 1939년 장백현 및 국내 조국광복회 조직에 대한 일제의 일대 색출을 의미하는 이른바 '혜산사건'을 담당했던 일제 고등법원 검사국의 수사기록인 『사상휘보』(思想彙報) 제20호의 다음과 같은 기록을 제시한다.

    함경남도 국경지대 압록강 일대에 할거하고 있는 이른바 김일성 일파로 칭하는 무장단은 동북항일연군 제1로군 제2군 제6사로서 김일성을 사장, 위만생을 정치위원으로 하는 조선인과 중국인 혼합의 무장단이며 김일성의 신원에 대하여는 여러 설이 있으나 본명은 김성주(金成柱) 당 29세, 평안남도 대동군 고평면 남리 출신으로서 어렸을 때 실부모를 따라 간도 방면으로 이주하여 이 지방에서 성인이 되어 무장단에 투신한 조선인이라는 것이 가장 확실한 것이며…….

이렇게 볼 때 이명영이 그 활동상황을 자세히 규명해놓은 항일유격대의 제1대, 2대 김일성의 공적은 모두 현재 김일성의 업적으로 귀속하고 만다는 것이다. 결국 와다 하루키의 표현을 빌리면, '김일성전사설'은 당시 토벌작전에 참가했던 일본인들이 김일성부대가 흘린 거짓정보에 얼마나 현혹되어 있었는가를 전해주는 자료로서 가치만 지닐 뿐이다.
  다음으로 '김일성행명론'이란 김일성이나 최현이 워낙 상징적인 존재였기 때문에 그들의 자연적 수명의 종료에도 불구하고 정치적 수명을 계승하기 위하여 제2대 김일성, 제2대 최현이 그 이름을 계승했다는 것이 그

요지다. 이에 대해 '김일성인정론'의 이종석은 당시 김일성이나 최현에 버금가는 이홍광·이동광 등 뛰어난 조선인 지도자들이 활동한 바 있다고 지적하면서 왜 이들이 전사했을 때는 그들의 이름을 따서 제2의 이홍광, 제2의 이동광이 출현하지 않았는가 반문한다. 아울러 같은 공산주의 국가인 중국 측 문헌에도 현재의 김일성에 대한 언급이 없다는 이명영의 주장은 현재 북한 당국이 과거 중국공산당의 지휘계통하에서 항일무장투쟁을 전개했다는 사실을 부정하는 데 대한 중국 측의 외교적 배려에 기인하는 것에 불과하다고 주장한다. 즉 조금만 신중한 연구자라면 중국 문헌 곳곳에서 김일성의 직책이었던 동북항일연군 제1로군 제6사장이나 제2방면군장 자리에는 항상 공란 혹은 ×××로 처리되어 있는 공통성을 발견할 수 있으며, 몇몇 문헌에는 후기 형식으로 김일성의 만주 항일무장투쟁 행적이 언급되고 있음을 확인할 수 있다.

그러나 이제까지 논의에서 볼 때, 이명영의 '김일성가짜론' 역시 김일성이 항일유격투쟁을 전개했던 사실 자체를 부정하지는 못하고 있음을 알 수 있다. 따라서 '김일성인정론'의 이재화는 '김일성가짜론'의 문제점을 김일성의 진위 시비보다도 오히려 이들이 일본 제국주의 침략사관을 계승했다는 점에서 찾고 있다. 즉 항일유격대를 '살인·약탈·방화를 일삼는 비적떼'로 보는 일본의 침략논리가 해방 이후 이들에 의해 복원되어 남한정권의 체제수호 이데올로기로 사용되어왔으며, 대신 그들 자신도 부정할 수 없는 북한지도부의 항일유격투쟁 공적을 김일성가짜론으로 덮어씌워 희석화해왔다는 것이다.

한편, 스칼라피노·이정식·서대숙·김준엽·김창순 등 '김일성왜소론'은 종전 남한사회의 지배이데올로기로서 '김일성가짜론'이 구가하던 위치를 이어받으려는 조짐을 보이고 있다. 즉 '김일성가짜설'이 정치적 철갑만 남긴 채 고사하려는 즈음에 이르러 김일성이 가짜가 아니라는 사실만큼은 인정하는 대신 소부대의 두령에 불과했다는 주장이 점차 그 기반을 넓혀나가는 것이다. 이들이 김일성을 "1932년에서 1941년까지 만주에서 소수의 유격대를 이끌었던 바로 그 사람"이라고 확언하면서도 부정적 견해를 취하는 주요한 논점은 바로 김일성의 지도력에 관한 것이다. 즉 이들은 ① 김일성이 중국공산당의 지도를 받았다. ② '민생단사건'으로 유력한 조선인 공산주의자들이 희생된 이후 지도력을 장악한 김일성은 이미 그 독자성을 상실하고 있었다는 등의 주장을 펼치고 있다.(이와 같은 주장은 결국 해방 이후 북한정권의 소련괴뢰설로 이어지는데, 이에 대해서는 3절에서 다시 살펴본다.)

이에 대해 '김일성인정론'에서는 ① 중국공산당 산하 동북항일연군 제2군은 사실상 중국 인민들에게 조선인민혁명군 혹은 고려홍군이라 불렸던 사실을 상기시키면서 비록 공식적 체제는 중국공산당 산하에 있었다 하더라도 그것은 당시 상황에서 항일투쟁을 효과적으로 전개하기 위한 적절한 방법(버마전선에 투입되었던 광복군이 영국군에 개별편입된 것과도 비교되듯이)이었다고 주장한다. ② 또한 민생단사건의 결과, '열렬한 프롤레타리아국제주의자'임을 자처하던 민족분파주의와 사대주의가 해소됨으로써 민족주체노선이 견실해졌다는 사실을 지적하면서 '김일성왜소론'이 전혀 반대 사실에 근거함을 밝히고 있다. 결국 '김일성인정론'의 시각에서 볼 때, 이들은 당시 공산주의운동사를 분파투쟁사로 서술함으로써 외세에 저항하는 민족의 힘이 점차 통합되어나가는 커다란 줄기를 놓치고 있을 뿐 아니라(스칼라피노·이정식·서대숙), 김일성을 왜소화하기 위하여 1930년대 후반 조국광복회를 중심으로 광범하게 전개되었던 민족해방운동의 역사적 의의마저도 함께 왜소화하는 교각살우의 우를 범하고 있는 것이다 (김준엽·김창순).

이상에서 '김일성인정론'을 중심으로 제기되는 논쟁을 쟁점별로 간추려 보았다. 그러나 '김일성인정론자'들이 모두 일색의 주장을 펴는 것은 아니다. 와다 하루키의 논지에 대해서 이재화는 새로운 사실을 발굴해 김일성의 실체를 객관적이고 실증적으로 밝히고 있음을 높이 평가하면서도 ① 중화주의적 시각이 스며 있는 중국 측 자료에 대한 지나친 의존, ② 당사자 기록이라고 할 수 있는 북한 측 자료에 대한 불신, 그리고 ③ 저간의 김일성론에 나타난 반북이데올로기(북한을 '반봉건적인' 사회주의로 본다는

가, 과학이 아니라 '신화'가 지배하는 나라로 보는 것과 같은)의 일정한 침윤 등을 와다 하루키가 지닌 한계로서 지적하고 있다. 그런가 하면 이종석의 경우, 북한 문헌들에는 '주체사관'과 '사실인식' 사이에 가로놓인 긴장관계가 극명하게 반영되고 있다면서 북한 측 문헌에 일정한 정도의 '과대포장'이 있음을 지적함으로써 이재화가 주장하는 바와 같은 '당파성' 강조가 자칫 초래할 수 있는 오류에 대한 경계심을 늦추지 않는 미묘한 차이점을 보여주고 있다.

오랫동안 남한 측은 이승만의 외교노선 혹은 상하이임시정부에서 정권의 정통성을 구해온 반면 북한 측은 항일무장투쟁에서 그 정통성을 찾아왔고, 이것은 남한의 독립기념관과 '항일유격대식으로!'라는 북한사회 곳곳의 표어에서 단적으로 드러나듯이 오늘날까지도 남북한 체제를 유지하는 주요한 벼리가 되고 있는 것이 사실이다. 한 학자가 남한사회에 퍼져 있는 기이한 주장(양성철, 『분단의 정치』, 한울, 1987)이라고 표현했던 '가짜김일성론'이 그 학문적 임종을 정치적 생명력으로 대속하는 것은 바로 이러한 체제이데올로기의 대립구조가 있기 때문이다. 그러나 단지 체제수호 역사가 아닌 통일민족의 단일 역사를 되찾기 위해서는 만주지역에서 전개된 항일무장투쟁에 대한 논쟁은 체제이데올로기의 구속으로부터 좀 더 자유롭게 북돋워져야 할 필요가 있으며, 그와 같은 논쟁의 심화과정에서 김일성의 행적 또한 명명백백하게 밝혀질 수 있을 것이다.

2. 주체사상의 시원: 1930년대인가 1950년대인가

- 최춘옥, 「해방의 향도이념」, 고일경 외, 『현대민족사의 재인식』(東京: 扶邦出版社, 1984); 『현대민족사의 재인식』(그날, 1989).
- 김범찬, 「주체사상의 형성과정」, 『사회와 사상』, 1988년 12월.
- 윤해성, 「주체사상의 성립과정」, 『주체사상비판』 1(벼리, 1989).
- 김갑철, 「주체사상의 형성배경」, 『북한 정치이데올로기 분석』(서향각,

1977).
- 극동문제연구소, 『혁명전통강좌』(극동문제연구소, 1974).
- 국토통일원, 『김일성 주체사상 형성과정 연구』(국토통일원, 1977).
- 강동일 엮음, 『남한에서의 주체사상 논쟁』(밝은 글, 1989).

현재까지 우리 사회에서 발표된 주체사상에 관한 연구물들은 크게 다음과 같은 네 가지 연구시각 혹은 연구방법론에 기초하고 있다. 첫째는, 주체사상을 일관된 사상체계로서 인정하는 것 자체를 거부하고 단지 하나의 일탈된 관념체계 혹은 테러 독재를 위한 통치이데올로기 정도로 간주하려는 시각으로서, 주로 그것을 잉태시킨 북한사회의 부정적 측면(개인숭배·권력투쟁)과의 관련성 속에서 주체사상의 허구성을 분석해내고자 한다. 이와 같은 입장에서 볼 때 주체사상이란 김일성의 자연사(自然死)와 함께 그 정치적 생명 역시 퇴락할 수밖에 없는 것으로 인식된다.

둘째로, 하나의 사상체계로서 주체사상이 지니는 위치는 인정하되 기본적으로 첫 번째와 같은 견지에서 그것이 지니는 미숙성을 밝히고자 하는 논지를 마르크스-레닌주의의 철학체계를 빌려 세련화하는 시각이다. 셋째는 스스로 유물변증법적 전통에 튼튼히 뿌리박고 있음을 자임하면서 그에 비추어볼 때 하나의 사상조류로서 주체사상이란 관념론의 아류 혹은 철학적 수정주의, 한마디로 마르크스-레닌가(家)의 족보에서 탈락된 '공산주의철학의 사생아'라고 규정지으려는 시각이다. 그리고 끝으로 북한사회가 지닌 부정적 측면의 반영으로서 주체사상을 인식하는 것이 아니라 오히려 그것이 북한사회의 자주성과 경제건설 등을 선도해온 긍정적 측면을 강조해서 보는 시각이 있다.

네 번째 시각은 주체사상에 대한 우리 이해를 진작시키는 데 적잖은 기여를 해오고 있고 특히 세 번째 시각과의 토론은 주체사상에 대한 새로운 연구수준의 척도가 되고 있다고 해도 지나친 말이 아닐 것이다. 이와 같은 토론과정에서 주체사상에 대한 연구는 이제 좀더 새로운 방법론에 입각하여 수행되어야 할 필요성이 제기되었다. 그것은 먼저 북한 현대사와 밀접한 연관 속에서 주체사상을 살펴보는 방법이고, 둘째 공산주의철학사 나아가 세계철학사의 흐름 속에 주체사상이라는 사상조류를 위치시키고 그 속에서 주체사상을 연구하는 방법이다.

이와 같은 새로운 연구방법론을 채택할 경우, 처음으로 부딪치는 문제가 바로 1930년대 형성론과 1950년대 형성론이 대립하는 주체사상의 시원문제라고 할 수 있다. 현재로서 1930년대 형성론은 기본적으로 김일성의 항일유격투쟁과 관련 속에서 주체사상의 형성을 보려는 입장에 의해 지지되는 반면 1950년대 형성론은 한국전쟁 이후 북한사회주의가 봉착한 제반 문제와의 관련 속에서 주체사상의 형성을 파악하려는 입장을 보이고 있다.

흔히 공산주의자들은 그들의 지도사상이 형성되는 과정의 일반적 원리를 ① 시대적 요구에 부응해야 한다는 것, ② 그것을 위한 전 시대의 이론적·실천적 성과들의 축적에 기초한다는 것, ③ 그것들을 집대성하여 시대적 요구에 해답을 주는 사상의 창시자가 필요하다는 것 세 가지로 정리한다. 즉 19세기 전반 유럽에서는 자본주의가 급속히 발전하고 있었고, 그것은 노동계급에 대한 가혹한 착취와 압박을 동반했다. 그리하여 노동계급의 투쟁은 그 진로를 밝혀주는 혁명사상을 요구했던바, 마르크스와 엥겔스는 이 시대적 요구를 반영하여 전(前) 시기 계급투쟁 경험을 일반화하고 그 이론적 성과―독일의 고전철학, 영국의 고전경제학, 프랑스의 공상적 사회주의―들을 집대성하여 마르크스주의를 만들어냈던 것이고, 다시 마르크스의 후계자 레닌은 제국주의와 프롤레타리아혁명 시기의 새로운 역사적 조건에 맞게 마르크스주의를 창조적으로 발전시켜 레닌주의를 내놓았다고 보는 것이다. 결국 공산주의자들 스스로가 주장하는 이와 같은 지도사상 형성과정의 원칙에 준하여 볼 때, 주체사상의 시원을 따지는 작업은 바로 ① 주체사상은 어떤 시대적 요구에 부응하여, ② 어떤 이론적·실천적 성과에 기초하여, ③ 누구에 의해 만들어진 것인가 하는 문제를 해명하는 일인 것이다.

1950년대 형성론에서는 특히 1955년 12월 28일 처음 발표된 「사상사업에서 교조주의와 형식주의를 퇴치하고 주체를 확립할 데 대하여」라는 문건의 중대성에 주목한다. 이 문건에서 김일성은 "모든 문제에 깊이 들어가지 못하고 주체가 없는 것이 사상사업의 가장 중요한 결함입니다. 주체가 없다고 하면 어폐가 있겠지만 사실은 주체가 똑똑히 서 있지 못합니다"라고 포문을 열면서 비록 마르크스-레닌주의 원칙에 의거하여 출발한 것은 같지만 그 형태가 분명히 다른 북한의 인민정권하에서 중국식이니 소련식이니 하는 편향을 마르크스-레닌주의의 진리를 배우지 않고 남의 형식만 따르는 백해무익한 발상이라고 하면서 도대체 "밥을 먹는 데 왼손으로 먹든 오른손으로 먹든 상관할 바가 아니지 않는가"라고 공박함으로써 사상에서 주체를 명확히 세웠다는 것이다. 이처럼 사상에서 주체가 강조된 시대적 배경으로서 1950년대 형성론자들은 ① 정치적 통합의 필요성, ② 중소분쟁 속에서 실리외교, ③ 독자적 경제발전모델의 필요성 등을 제시하고 있다. 결국 이들이 파악하고 있는 주체사상 창시의 가장 직접적인 시대적 배경은 중·소 및 북한의 삼각관계 속에서 북한지도부의 내부분열로 압축되고 있다. 즉 6·25와 함께 북한정권의 최대위기였다고 자타가 공인하는 '연안파 및 소련2세파 반당사건'이 주체사상이 등장하게 되는 현실적 계기와 조건을 집약적으로 반영한다고 보는 것이다.

  이 사건은 '사회주의 과도기의 임무'에 대한 노선대립으로 표면화되었는데, 김두봉 등 '연안파'는 중국의 노선을, 박창옥 등 소련2세파는 소련의 노선을 추종한 반면, 김일성은 이를 비판하고 자주노선이라고 명명한 자신의 노선을 견지하려 했다. 따라서 소련2세파와 연안파, 그리고 김일성 및 그의 동료들 사이에는 치열한 정책 대결이 불가피한 것으로 되었는데 그것은 여타 공산주의당의 정책사에서 보이듯이 엄격한 사상투쟁을 동반하는 것이었고 주체사상은 바로 이 과정에서 이론적 무기로 등장했다는 것이다.

  이와 같은 사상투쟁 과정에서 김일성은 "우리나라는 어떤 다른 나라의 혁명도 아닌 바로 조선의 혁명을 하고 있습니다. 우리가 소련공산당의 역사를 연구하는 것이나, 중국혁명의 역사를 연구하는 것이나, 마르크스-레닌주의의 일반원리를 연구하는 것이나 다 우리 혁명을 옳게 수행하기 위해서 하는 것입니다. 소련에서 나온 사람은 소련식으로 중국에서 나온 사람은 중국식으로 했습니다"라고 말하면서 주체사상을 내세우게 되었다는 것이다.

이처럼 1950년대 형성론에서는 주체사상 출현의 시대적 배경이 중·소 및 북한의 삼각관계와 그와 관련된 내부 권력투쟁으로 되기 때문에 주체사상의 구성 역시 ① 정치에서 자주, ② 경제에서 자립, ③ 외교에서 자주, ④ 국방에서 자위 등 다분히 정책적 개념으로 파악되고 있다.

이에 비해 1930년대 형성론에서는 주체사상이 공식적으로 천명된 것은 1930년 카륜회의에서였고 이때 김일성이 발표한 「조선혁명의 진로」라는 문건에 주체사상의 출발점으로 되는 다음과 같은 두 가지 사상적 견해가 이미 표명되었다고 해석한다. 그것은 바로 ① 혁명의 주인은 인민대중이며 인민대중 속에 들어가 인민대중에 의거하여 혁명투쟁을 벌여야 한다. ② 자주적 입장과 창조적 입장을 견지해야 한다는 것이었다. 1930년대 형성론에서는 ① 당시 세계사의 새로운 발전단계와 그에 따르는 공산주의운동의 변화된 요구, ② 당시 우리 민족이 처한 역사적 특수성과 지리적 환경, 민생단사건 등과 같은 쓰라린 경험 등의 반영으로 이미 주체사상이 형성되고 있었다고 보는 것이다.

여기서 세계사의 새로운 발전단계와 새로운 시대적 요구란 1920년대 말 혹은 1930년대 초에 이르러 혁명운동이 전 세계적 범위에서 대규모적으로, 그리고 민족국가를 단위로 하여 다양한 형태로 전개된 사정을 말한다. 이러한 시대상황은 마르크스주의 경제학자들이 말하는 자본주의의 전반적 위기의 도래를 의미하는 것이고 이른바 4대 모순—독점자본과 노동계급의 모순, 제국주의와 식민지 사이의 모순, 자본주의진영과 사회주의진영 간의 모순, 제국주의 상호 간의 모순—이 첨예하게 발현되는 역사발전의 새로운 단계로 진입했다는 것을 의미한다. 세계혁명의 이러한 객관적 조건은 공산주의혁명의 중심지를 마르크스가 활동하던 시기의 서유럽에서 레닌시대의 러시아로, 다시 식민지·반식민지 나라들을 포괄하는 전 세계적 범위로 확대시켰다. 바야흐로 '전반적 혁명의 시대'가 도래한 것이다. 결국 이 시기는 여러 가지 코민테른사 자료에서도 보이듯이 '소비에트혁명론'이 강조되는 것이 아니라, '노농동맹을 기초로 하여 광범한 인민대중'이 반제·반파쇼전선에 참여하게 되고, 식민지·반식민지나라들에서는 더욱 광범위한 대중 참여가 이루어지게 되는 때다. 이러한 국제공산주의운동의 새로운 발전단계에 조응하여 민족국가 단위로 진행되는 개개 운동에서는 자민족의 역사적 조건과 민족적 특성에 따라 마르크스-레닌주의의 일반적 원리가 각각의 장에 맞게 변형되고 있었다. 바로 이러한 세계사적 흐름을 반영하여 '민족' 개념을 재해석하고 특정 계급보다는 '전체 인민대중'의 혁명 역량에 주목한 새로운 공산주의 지도사상이 출현하게 되었다는 것이 1930년대 형성론의 첫 번째 논거다.

1930년대 형성론이 의존하는 또 하나의 근거인 역사 발전의 특수성과 지리적 환경, 민생단사건 등을 비롯한 쓰라린 경험이란 대체로 다음과 같은 것들이다. 우리 민족은 대국들에 둘러싸인 지리적 조건으로 항시 사대주의적 편향이 병존해왔다는 것이고 이로써 1920, 30년대 민족해방운동 내부에도 그 이념적 색깔이 어떠한 것이었든간에 '외세를 등에 업은 당파싸움', 즉 사대주의·교조주의와 종파주의가 만연하여 운동의 전진을 가로막았다는 것이다. 특히 이 시기는 공산주의운동의 세계적 중심이 식민지·반식민지 나라들로 옮겨가면서 이들 나라에서 마르크스-레닌주의의 원칙에 기초하여 전개된 혁명운동은 그 누구도 앞길을 예측하지 못한 전인미답의 길이었고, 따라서 단순히 고전적 문구의 강조만으로는 해결될 수 없는 숱한 현실문제가 제기되고 있었다. 그럼에도 그저 코민테른으로부터 공문 한 장과 자금 몇 푼을 얻어내어 혁명의 승리를 보장받고자 하는 그룹들에 의해 조선인 공산주의운동의 분열상이 노정되었다는 것이다. 그 결과 프롤레타리아혁명론, 부르주아혁명론, 선계급투쟁 후민족해방론, 민족자본가와 애국적 종교인에 대한 무차별투쟁론 등 좌·우경적 편향이 노정되고 급기야는 무수한 조선인 공산주의자가 국제주의를 자처하는 같은 공산주의자들에게 학살당하는 민생단사건이 일어나는 파국적 상황이었다.

이처럼 화요파니 서울파니 하는 파벌적 그룹에 근거하여 혁명운동을 하려는 사대주의적이고 종파주의적인 경향에 반대하고 오로지 만주 일대에서 민족공동의 생활양식을 지니면서 정주하는 대중들에 의거해야 했던 빨치산 경험을 기반으로 주체사상이 형성되었다는 것이 1930년대 형성론의 두 번째 근거다.

이처럼 1930년대 형성론은 주체사상의 형성을 그 창시자인 김일성의 행적과 관련 속에서 다룬다는 강점이 있다. 1950년대 형성론자들은 대개의 경우 김일성의 항일무장투쟁 경험을 부인하거나 무시하고자 하는 경향성 때문에 이 점에서 결정적인 허점을 지니고 있다. 당시 제기되었던 '인민대중에 의거해야 한다는 사상'과 '자주적이고 창조적으로 혁명과 건설상의 모든 문제를 대해야 한다는 사상'은 알튀세르의 징후발견적 해독법(lecture symptomale)에 따른다면 최소한 주체사상의 문제틀이 형성되었던 것이라는 점을 인정해야 한다. 그렇게 때문에 북한 공산주의자들에게 혁명전통의 전 과정은 바로 주체사상을 구현하기 위한 투쟁과정이 되었다.

그러나 주체사상이 이 시기에 완성되었다는 주장 또한 별로 설득력이 없을 것이다. 한 사상의 역사적 뿌리가 중요한 것만큼 그것이 이후 제기되는 이론적·실천적 문제를 해결하면서 그 경험을 새롭게 일반화함으로써 변화된다는 점 또한 간과되어서는 안 되기 때문이다. 이런 점에서 볼 때 1950년대 형성론은 최소한 주체사상이 체계화되는 시기를 포착하고 있다. 원래 공산주의자들에게 하나의 사상이 지도상으로 되기까지에는 숱한 사상투쟁의 역사가 깔려 있게 마련이다. 마르크스와 엥겔스는 당대의 관념론과 대적하는 과정에서 각기 자신들의 사상체계를 발전·풍부화했다. 현실문제와 결부된 치열한 사상투쟁은 사상 자체가 발전하는 계기이자 조건으로 작용한다는 것이 공산주의자들의 인식이다. 이렇게 볼 때 1950년 중반 이후 주체사상이 북한 공산주의자들의 유일사상으로까지 체계화되는 과정은 치열한 당내외 사상 투쟁과정을 거쳐 주체사상이 더욱 정교화되는 도정이었다고 볼 수 있을 것이다.

결국 주체사상은 처음 민족 간의 갈등이 복잡하게 중첩되어 있던 만주의 빨치산 경험으로부터 그 문제틀이 형성되기 시작하여 1950, 60년대에 걸친 '전후복구 및 사회주의의 과도기 임무' 수행을 위한 북한로동당과 정부의 일련의 정책구현과정과 당내외 사상투쟁과정 및 그 성과에 기초하여 점차 유일사상으로서 위치를 확립해갔던 것으로 볼 수 있다.

3. 소군정의 성격: 점령군인가 해방군인가

- 최춘옥, 「해방의 재인식」.
- 소련과학아카데미, 『레닌그라드로부터 평양까지』(함성, 1989).
- 박재권, 「해방 직후 소련의 대북한정책」, 『해방전후사의 인식』 5(한길사, 1989).
- 와다 하루키, 「소련의 대북한정책 1945~1946」, 『분단 전후의 현대사』(일월서각, 1983).
- 브루스 커밍스, 『한국전쟁의 기원』 제11장(일월서각, 1986).
- 김용복, 「해방 직후 북한 인민위원회의 조직과 활동」, 『해방전후사의 인식』 5(한길사, 1989).
- 김학준, 「소련의 극동정책과 김일성정권」, 『신동아』, 1987년 9월호.
- 서대숙, 「소련의 북한 소비에트화 정책과 북한의 위성국가화」, 『한국전쟁 전후 민족격동기의 재조명』(국토통일원, 1988).
- 양호민, 「북한의 쏘베트화」, 『북한의 이데올로기와 정치』(고대 아세아문제연구소, 1967).
- 김창순, 「소련군정시대」, 『북한』, 1987년 1월호.
- 모리타 요시오, 「소련군의 북한 진주와 인민위원회의 결성」, 『한국사회연구』 5(한길사, 1987).
- 소련과학아카데미 동양학연구소, 『소련과 북한과의 관계』(국토통일원, 1987).
- 오영진, 『소군정하의 북한』([부산]: 국민사상지도원, 1952).

이 주제를 다루기에 앞서 먼저 지적해두어야 할 것은 흔히 사용되는 '소군정'이라는 명칭의 부당함이다. 북한 문제를 다룰 때 흔히 그러하듯 '소정군'이라는 명칭 자체가 이미 이데올로기적 편견을 담고 있음에 주목해야 한다. '선의의 미군정에 대한 악의의 소군정' '북한정권은 소군정에 의해 창출된 괴뢰', 이것이 '소군정'이라는 명칭이 담고 있는 이데올로기적 함축이다. 해방 이후 남한지역에 대해 유일한 주권기관임을 선포했던 미군정과 달리 실제로 북한지역에 다만 '북조선 주둔 소련군 사령부'가 있었을 따름이다. 그러면 이 '북조선 주둔 소련군 사령부'의 성격은 과연 어떤 것이었으며 그곳에 주둔하던 소련군은 과연 '점령군'이었을까 아니면 '해방군'이었을까. 이에 대한 필자의 잠정적 견해는 '점령군'도 '해방군'도 아니었다는 것이다.

본격적인 논의에 들어가기 위해서는 이 쟁점을 다시 다음과 같은 몇 가지 하부쟁점으로 나누어볼 필요가 있다. ① 소련 참전과 한반도 해방의 상관성에 대한 평가, ② 미국과의 협상에 의한 38선 분할이 이후 남북을 가르는 분단선으로까지 고착된 데 대한 소련의 책임문제, ③ 해방 이후 38선 이북에서 소련의 역할에 대한 평가 등이다.

첫 번째 하부쟁점 소련 해방과 한반도 해방의 상관성과 관련해서는 미국의 주도적 역할을 강조하는 '원폭종전론'과 소련의 주도적 역할을 강조하는 '관동군 붕괴에 따른 종전론' 두 견해가 대립하고 있다. 이 상반되는 두 견해가 총괄적으로 타율적 해방론이라고 할 수 있으며 모두 주체적 해방론과 대조되는 견해라고 할 수 있다. 먼저 미국의 주도적 역할을 강조하는 쪽에서는 시종일관 대일전을 이끌어왔던 것은 역시 미국이며 끈질기게 저항하던 일제는 결국 1945년 8월 6일과 9일 히로시마와 나가사키에 떨어진 원폭의 위력에 눌려 무조건 항복하게 되었다는 비교적 일반화된 주장을 개진한다. 이에 대해 '관동군 붕괴에 따른 종전론'에서는 1945년 7월 11일부터 모스크바 주재 일본 대사를 통해 평화협상을 시도하던 일본이 8월 8일 소련의 선전포고라는 청천벽력 같은 응답에 접하여 본격적으로 항복을 논의하게 되었다고 주장한다. 최근 공개된 비밀문서를 보더라도 항복에 관한 일본 내각의 논의과정에서 미국의 원폭은 거의 언급되지 않았음이 드러나고 있다. 이 주장에서는 특히 유럽지역 연합군 총사령관 아이젠하워 대장과 합참의장 리히 제독이 공히 "일본은 이미 패배했기 때문에 원폭 같은 야만적인 무기의 사용이 전혀 불필요하거나 아무런 실질적 도움이 되지 않았다"고 후에 회고했음을 강조하고 있다. 이와 같은 견지에서 본다면 태평양에서 전쟁을 미국이 전담해왔지 않았느냐는 반론도 설득력을 잃고 만다. 태평양에서 전쟁은 결국 2차대전의 일부 전장이었던 것이고 보면 그것을 전체 대전의 양상과 떼어내어 고찰할 수는 없으며 이렇게 볼 때 전반적인 전세는 소련이 스탈린그라드공방전을 승리로 이끌면서부터 연합국 측으로 기울기 시작했다고 볼 수 있기 때문이다.

이처럼 타율적 해방론에서는 미국주도설과 소련주도설이 대립하는 반면 주체적 해방론은 이들 모두를 식민사관 내지는 사대사관이라고 싸잡아 비판한다. 즉 민중이 역사의 주체라는 관점에 서서 8·15해방에 대한 반일 민족해방운동의 주도성을 강조하는 것이다. 즉 8·15해방이란 의병운동, 3·1운동, 독립군운동, 노동운동, 심지어 테러활동 등 일제에 저항해온 우리 민족의 일련의 해방운동사 선상에서 파악되어야 한다는 것이다. 특히 1945년 8월 8일 대일전에 참전한 소련이 당일에 동·서·북 세 방면에서 만주 중앙을 향해 진격하고 12일 비교적 소규모 병력으로 나진과 청진으로 진출하여 일본관동군을 공격하는 동안 그 선봉에 섰던 것은 어디까지나 우리 민족이었다는 점을 강조하는 것이다.

두 번째 하부쟁점 소련 측이 일본군을 무장해제하기 위해 미국의 삼성조정위원회(SWNCC)에서 제출한 38선획정안을 받아들인 데 대해서는 미국음모론과 소련음모론이 병존하고 있다. 즉 미국음모론에서는 천하무적의 정예군으로 알려져 있던 일본관동군이 의외로 맥없이 와해되고 소련군이 급속하게 남하하자 미국이 서둘러 원폭을 투하함으로써 피날레의 주역을 차지하고자 하는 한편 소련군의 남하를 저지하기 위한 세력분할선으로서 38선을 획정했다는 주장이다. 이와 병존하는 소련음모론은 '만주, 38선 이북의 조선, 가라후도에 있는 일본군 지휘관들과 육·해·공군은 소련 극

표 1   해방 직후 북한에서 소련의 역할을 보는 시각

주요 시각	소련군사령부의 성격	1945~48년 북조선인의 행정	소련군 철수 이후
소군정론	군정(직접통치)	괴뢰 행정	소비에트화
간접통치 형식의 소군정론	외형상(민정부)의 간섭을 통한 실질적 지배	종속적인 행정	소련에 의존적인 국가 수립
간섭론	간섭자, 개입자	상대적 자율성을 지닌 행정	소련에 우호적인 독립국가 수립
해방군론	해방자, 원조자(주권을 조선 인민에 이양)	자율적인 행정	독립국가 수립
소련 주둔 무시론	소련군의 주둔 사실 자체를 무시	완전한 독립행정	개입 사실 자체를 무시

동사령관에게 항복한다'는 미국 측의 「일반명령 제1호」 초안을 소련 측이 받아들일 수 있었던 것은 스탈린이 ① 독일을 비롯한 동구지역에서 위치를 다지며, ② 일본의 분할점령을 도모하고, ③ 얄타비밀협정에 의해 보장된 만주의 이권을 고수하기 위하여 미국과 협상하며 한반도를 흥정대상으로 삼았기 때문이라는 주장이다. 이 같은 소련음모론은 국제주의적 원칙을 소비에트기지론이라는 소련 중심의 왜곡된 일국적 관점으로 치환한 스탈린주의적 편향이라는 주장으로 이어지고 있다.

세 번째 하부쟁점 38선 이북에서 소련의 역할에 대해서는 표 1과 같이 다기한 시각적 차이가 노정되고 있다.

'소군정론'은 북조선인 정권의 자율성을 전혀 인정하지 않고 북조선 정권은 소련 점령군의 괴뢰로서 기능했다고 보는 시각이다. 따라서 소련 점령군은 처음부터 군정을 시행했으며 통치양식으로서 직접통치가 행해졌다고 주장한다. '간접통치 형식의 소군정론'은 소련 점령군이 형식적으로는 간접통치 양식을 채택했지만 민정부라는 사실상의 군정기관을 통하여 실질적 지배를 행했다는 주장이다. '간섭론'은 소련군이 형식적으로나 실질적으로나 명실상부한 간접통치를 행했으며, 따라서 북조선인의 정권은

상대적인 자율성을 지녔다고 보는 주장이다. '해방군론'은 해방군으로 입북한 소련은 초기에 주권을 조선 인민에게 이양하여 북한의 내정에 거의 간섭하지 않은 채 원조자 혹은 방조자로서 자신들의 역할을 축소하다가 철수했다는 주장이다. 이는 대략 1959년까지 북한 문헌에서 나타나는 시각과 유사하다. '소련 주둔 무시론'은 자력적 해방론의 견지에서 당시 소련의 해방자로서 역할보다는 항일무장투쟁의 주체적 측면을 강조하고 따라서 당시 북조선인의 정권을 완전한 독립정부로 봄은 물론 소련군의 주둔 자체에 전혀 의미를 부여하지 않고 그저 잠시 들어왔다 나갔다는 식으로 취급하는 입장이다. 이는 대체로 1960년 이후 1979년까지 북한 역사 서술에 나타나는 시각과 유사한 것이다.

흔히 해방 이후 북한지역에서 소련의 역할을 해명할 때 '점령군인가 해방군인가'라는 다분히 폐쇄적인 질문에 응답하고자 했던 사람들이 처음으로 강조했던 것은 북한지역에 진주한 소련군의 행태에 관한 것이었다. '강간·강도·절도를 일삼고 공장시설을 뜯어간 소련군', 이와 같은 시각에서 볼 때 소련군은 점령군 중에서도 가장 폭압적인 점령군이 아닐 수 없다. 그러나 이 문제에서는 소련군 헌병대가 진주하여 즉결처형을 포함한 엄격한 통제를 가하기 시작한 1946년 1월 이후 모습, 그리고 남한에 진주했던 미군의 행태를 아울러 고찰해야 한다. 그와 같은 소련군의 형태들이 분명 사소하게 넘겨질 수 있는 문제는 아니지만 '점령군인가 해방군인가' 하는 물음에 대답을 주는 결정적 실마리는 더더욱 아니다. 그와 같은 표피적 판단은 일부 해방군론자들의 주장에서도 나타난다. 즉 진주에 앞서 남한민중들의 머리 위로 살포된 맥아더의 포고문과 소련 극동군 제1전선 25군 사령관의 호소문을 평면적으로 비교함으로써 해답을 제시하고자 하는 것이다. 맥아더 포고문이 '38선 이남 조선영토를 점령'했음과 따라서 '명령 위반자에 대해서는 가차없이 엄벌에 처할 것'임과 '영어를 모든 목적에 사용하는 공용어로 할 것' 등을 선포한 데 비해 소련군 사령관의 호소문은 다음과 같은 미사여구의 권고만으로 구성되어 있을 뿐 어떠한 위협적 문구도 찾아볼 수 없었다는 점을 들어 해방군론을 개진하는 것이다.

조선 인민들이여! 소련 군대와 연합군은 조선에서 일본 약탈자들을 추방했습니다. 조선은 자유국가가 되었으나 이것은 새로운 조선 역사의 첫 페이지에 지나지 않습니다. 정원의 꽃도 사람의 노력과 보살핌으로 꽃피울 수 있듯이 조선의 행복도 조선 인민들의 영웅적인 투쟁과 끊임없는 노력으로만 성취될 수 있을 것입니다.

　그러나 미·소군이 발한 공문 내용의 이와 같은 차이점은 한반도 민중에 대해 지니고 있던 미·소의 조심성 차이, 나아가 상대적 진보성으로 표현될 수는 있으나 '점령군인가 해방군인가'라는 물음에 대한 결정적 해답이 되지는 못한다. 즉 조금만 더 신중한 연구자라면 당시 소련군이 발포했던 다음과 같은 일련의 성명을 함께 검토할 것이다.

　일본관헌은 종래와 같이 행정에 임한다. 치안유지는 일·소 공동으로 행하고…… 일본인을 박해하는 행위는 엄벌에 처한다.

　반일당과 민주주의 단체들은 자기의 강령과 규약을 가지고 와서 반드시 지방자치기관과 군 경무사령관에 등록해야 하며 동시에 자기의 지도기관과 인원명부를 제출하여야 한다.

　결국 이것은 남한의 미군정이 행한 성명과 표현상 차이는 있을지언정 비슷한 효력을 지닌 것이었다. 실제로 소련군 측은 두 번째 포고문에 의거하여 민족사회당과 같은 정당의 등록을 거부하기도 했다. 결국 소련 역시 미군정의 남한지역에 대한 통치에 상응하는 일정한 영향력을 행사하고자 했던 것이다. 애초에 "아무런 유보도 없이 무조건, 공공연히 그리고 성실하게, 군사상 비밀 없이 소련을 옹호하고 방위할 용의가 있는 자, 그러한 자야말로 국제주의자다"라고 말했던 스탈린의 소련군이 아무런 영향력을 행사하려 하지 않고 다만 해방자 모습으로 입북했다고 보는 것은 지나치게 순진한 발상이다. 결국 이 문제와 관련해서는 스탈린이 유고의 부통령을 지내기도 했던 질라스(Milovan Djilas)와 한 인터뷰에서 행한 "한 영토를 점령하는 자는 또한 자기 자신의 사회제도를 그곳에다 강요"하기 마련이라는 언급을 역으로 되새겨볼 필요가 있었을 것이다. "자기 자신의 사회제도를 강요하는 자는 그 영토를 점령하려 드는 자다."

물론 9월 20일 "적군(赤軍)은 일본 약탈자들을 분쇄할 목적으로 북조선에 진주한 것이며, 조선에 소비에트제도를 도입하거나 조선영토를 획득하려는 목적을 추구하지 않는다"고 했던 스탈린의 포고문은 거짓이 아니었다. 해방 이후 38선 이북지역에 수립되었던 것은 어디까지나 인민위원회 조직이었지 소련으로부터 부식된 소비에트제도는 아니었기 때문이다. 그러나 그와 같은 인민위원회 조직에 기초한 인민민주주의에 대해 소련은 1946년 3월 20일 미소공위 소련 측 수석대표 슈티코프(Shtykov)의 공위 개막연설에서 최소한 다음과 같은 의도를 지녔음을 확인하고 있다.

소련은 조선이 진실한 민주주의적 독립국가가 되기를 요망하며 소련과 우위적 국가가 되기를 기대한다. 그리하여 조선이 장차 소련을 침범함에 필요한 요새지와 근거지가 되지 않기를 요망한다.

한편 해방과 함께 소련군이 진주했던 사실이나 그 후 일정 기간 북한지역이 소련군의 영향하에 있었다는 사실 자체를 애써 무시하는 시각 또한 바람직한 역사서술은 아니다. 해방 전후 38선 이북지역에서 소련은 미 국무성이 주장하는 바와 같이 '위성국가' 혹은 '소연방의 한 공화국'(a republic of USSR)은 아닐지라도 적어도 우호적인 정부가 수립되도록 간섭했던 것이 사실이다. 물론 소련군은 미군처럼 군정청을 수립하여 직접 통치를 하지는 않았다. 그러나 인민위원회에 행정권을 이양한 후에도 '정치사령부' 혹은 '로마넨코사령부'라고 속칭되는 민정부(民政部)를 통하여 지속적인 간섭의 사슬을 놓지 않았다. 또한 적어도 민족통일문제에 대한 미국과의 쌍무교섭에서 소련 측은 전적으로 북한지역을 대표했다. 이렇게 볼 때 김일성 집권과정에서 소련 측의 입김이 전혀 없었다고 주장하는 것은 무리다. 다만 ① 당시 소련 측이 김일성을 '조선의 차바예프'라고 부를 정도로 그의 빨치산 경험을 무시할 수 없었던 점, ② 코민테른 관계를 통해 극명하게 드러나고 있던 토착 공산주의자들의 파벌성 때문에 그들을 불신할 수밖에 없었고 따라서 국내의 파벌과 전혀 무관했던 김일성을 인정할 수밖에 없었다는 해석이 유력하다.

역사서술이라는 것이 과거 사실의 단순한 기술이 아니고 현재적 의미에서 그것을 재해석하는 차원까지 포함한다는 점에서 주동적인 역사적 의미를 중심으로 역사를 서술하는 태도는 바람직한 것인지도 모른다. 그렇지만 바로 그렇기 때문이라도 당시 북한지역이 소련군의 영향하에 있었다는 사실은 객관적이고 실증적으로 기록되어야 한다. 그럴 때만이 우리 민족이 주변의 외세에 맞서 자주적 전통을 보전해온 좀더 큰 흐름 속에서 이 시기 역사가 균형 있게 자리매김될 수 있기 때문이다.

4. 통일전선에 대한 평가

- 변영호, 「해방 직후 북한에 있어서 통일전선」, 연대 대학원 북한현대사 연구회 편, 『북한현대사 I: 연구와 자료, 1945~1948』(공동체, 1989).
- 서인석, 「북조선민주주의민족통일전선의 전개과정과 성격에 관한 연구」 (성대 정외과 석사학위논문, 1988).
- 김남식, 「북한의 공산화과정과 계급노선」, 공산권연구실 편, 『북한공산화과정』(고대 아세아문제연구소, 1972).
- 이승현, 「북조선노동당의 형성과 그 의미」, 연대 대학원 북한현대사 연구회, 앞의 책.
- ——, 『조선노동당연구』(국토통일원, 1977).
- 방인후, 『북한 조선노동당의 형성과 발전』(고대 아세아문제연구소, 1967).
- 강인덕, 『공산주의와 통일전선』(극동문제연구소, 1980).
- 김용규, 「북한의 통일전선에 관한 연구」(동국대 행정대학원 석사학위논문,

1987).

　제2차 세계대전이 제1차 세계대전과 구별되는 가장 커다란 특징은 사회주의세력을 포괄하는 민족통일전선과 파시즘적 제국주의 간의 대결구도가 있었다는 점이다. 전후 세계 각처에서 이와 같은 민족통일전선은 투쟁도구에서 새로운 민족국가 건설의 주체로 전화되어 제반 민주개혁을 추진하고 파시스트 침략자들의 잔재를 일소했다. 흔히 '(상층과) 타협과 (하층으로서) 침투라는 이중적 정치전을 통하여 공산당의 안정과 세력확대 정책을 기하려는 전술'로 정의되던 통일전선은 2차대전을 경험하면서 새롭게 변화·발전했다. 이와 같은 통일전선의 변화·발전은 해방 전후 북한에서 더욱 특이한 경로를 밟게 된다. 즉 '민족통일전선→새로운 민족국가'의 과정이 아닌 '1단계 민족통일전선→불완전한 민족국가 수립→민족대통일전선→통일민족국가'라는 특수성이 발생한 것이다. 여기서 '1단계 민족통일전선'은 반일통일전선이 해방 이후 북조선 민주주의민족통일전선(이하 북조선민전)이라는 기구의 결성(1946. 7. 22)으로 그 결실을 보았던 것으로, 그리고 민족대통일, 전선이란 이후 북조선민전이 주도한 '남북한 제정당사회단체연석회의'(1948. 4)를 거쳐 1949년 6월 25일 조국통일민주주의전선이 수립된 이후 현재까지 과정에 해당된다.

　해방 직후 북한의 통일전선은 하층 통일전선과 상층 통일전선의 두 가지 형태로 전개되었다. 통일전선에 대한 상·하층 개념은 제4차 코민테른 대회에서 처음으로 정식화된 것으로서, 통일전선 대상의 계급적 지위와 신분, 더 정확하게는 연대의 대상이 되는 정당 혹은 단체 내의 지도부와 일반구성원을 구분해서 보는 것이다. 결국 공산주의자들에게 항상 우위에 놓이는 것은 통일전선의 대상이 되는 정당 혹은 단체 전체를 동맹자로 간주하면서 지도부 간의 교섭을 중시하는 상층 통일전선보다는 대상 정당 혹은 단체 일반구성원의 포섭에 주력하는 하층 통일전선이라고 할 수 있다. 해방 직후 북한의 통일전선에서 나타나는 특징 중 하나는 이와 같은 원칙이 준수되면서 동시에 상층 통일전선에 대한 배려가 컸다는 점이다.

먼저 하층 통일전선은 토지개혁과정에서 수행되었다. 무상몰수·무상분배를 골자로 하는 북한의 토지개혁과정에서는 ① 노동계급의 지원을 강화하는 속에서, ② 고농·머슴·빈농에 의거하고, ③ 중농과 동맹하여, ④ 부농을 고립화하고, ⑤ 지주와 친일파를 타도하는 통일전선전략이 관철되었다. 한편, 상층 통일전선은 1946년 7월 29일 북조선공산당과 신민당의 합당에 의한 북조선로동당의 결성으로 구체화되었다. 이로써 북조선로동당은 인원면에서나 (합당 당시 북조선로동당 총수에 대해서는 북한 문건 내에서도 40만 명, 37만 명, 7만 명 등 다양한 기록이 있다) 성분면에서나 명실상부한 대중정당으로서 발돋움하게 된 것이다. 이와 같은 통일전선전략은 이후 남한지역의 정당·사회단체를 향한 민족대통일전선으로 집중되는데, 이는 현재 북한 측에 의해서 계급동맹은 물론 주권 전취를 위한 통일전선과도 구별되는 분단상황을 극복하기 위한 특수한 형태의 대정치연합이라고 규정되어 있다.

이와 같은 일련의 통일전선에 대해서는 현재 다음과 같은 몇 가지 쟁점이 제기되고 있다. 먼저 토지개혁을 중심으로 한 통일전선과 관련하여 반제반봉건이라는 당시 혁명단계 설정에 비추어볼 때, 지나치게 좌경적이었다는 비판이 제기되고 있다. 좌경적 오류에 대한 지적은 당시 북한의 문건에서도 확인되고 있다. 즉 전술한 바와 같은 연대와 고립, 그리고 타도 대상의 설정에도 불구하고 그와 같은 통일전선전략이 올바로 관철되지 못한 결과, 5정보 이상 자경지가 몰수되는 사례가 있었고 사소한 일로 친일파 규정을 남발했던 측면이 있었던 것이다. 통전의 기준이 잘못 적용된다는 것은 그만큼 반대세력의 범주를 늘리고 반발의 집결을 조장할 수 있음을 의미한다. 그럼에도 일제하에서 억눌렸던 감정의 분출은 명확한 기준의 관철을 어렵게 했고, 공산당은 주민들의 감정적 활동을 제지하지 못했으며 일정 정도 이 감정을 동원했다는 비판이 제기되고 있다. 또한 토지를 분배하는 과정에서 하급 당원들이 공산당에 와야만 땅을 준다고 하여 조선민주당원을 끌어갔던 것 역시 통일전선사업이 올바로 수행된 것으로 볼 수 없다는 것이다. 이와 같은 지적들은 물론 좌경적 오류론일 뿐이며 토지개혁과정의 통일전선 자체를 좌경적이라고 보는 시각과는 구별되는 것이지만 후자와 같은 시각에서는 그와 같은 좌경적 오류가 결코 일회적이고 우연적인 것이 아니라 잘못된 사업지도와 연결된 것으로 파악되고 있다. 즉 하층 통일전선을 매개하는 토지개혁의 방침 자체가 지나치게 원칙적·급진적으로 편성되었다는 것이다.

예를 들어 동구의 인민민주주의혁명 과정을 보면 루마니아와 알바니아를 제외한 여타 나라의 경우 유상몰수 방식을 적용했을 뿐만 아니라 지주의 토지를 50헥타르(1헥타르는 0.99정보이므로 약 50정보)까지 허용하여 그 이상의 소유토지만 몰수했고 생산수단까지 몰수하지는 않았다는 것이다. 또한 인도·버마 등지의 경우를 보더라도 대부재지주의 토지만 몰수하고 자본주의적 농업경영을 추진했다. 이와 같은 경우들에 비해 북한에서는 무상몰수·무상분배 원칙에 따라 토지개혁을 실시하면서도 비록 자경지라 할지라도 5정보 이상에 해당하는 토지는 몰수해버린 사례가 속출했으며 생산수단까지도 몰수대상에 포함시킴으로써 주민의 원성을 자아냈다는 것이다. 또한 이와 같은 추진과정에서 내걸었던 친일파·민족반역자라는 규정 또한 그 기준이 모호하게 설정되어 지방수준에서 그와 같은 규정이 자의적으로 남발되는 결과를 초래했다는 것이다.

둘째, 상층 통일전선적 의미를 지녔던 신민당과 합당 역시 당 대 당의 통일전선이었다기보다는 북조선공산당에 의한 일방적 흡수라는 시각이 존재한다. 합당 당시 공산당원들 사이에 "지금 비록 합당하지만 당내에서 곧 대량적으로 숙청할 것이다"라는 등 철저한 검열과 숙청의 필요성이 역설되었던 반면 신민당원들은 "공산당은 강대하고 신민당은 상대적으로 약한데 합동하게 되면 간부 자리를 모조리 빼앗길 위구가 있다"는 등 숙청 가능성을 염려했던 사실은 통일전선사업이 원만하지 못했던 증거라는 것이다.

셋째, 북한식 민주개혁이 추진되는 동안 상당수 인구가 통일전선에 포섭·개조되기보다는 남쪽으로 방출되는 결과가 초래된 것은 일정 정도 이상의 좌경적 측면에 기인한다고 보는 것이다. 즉 북한 측에서는 토지개혁의 중요한 특징으로서 적대분자들의 큰 반응이 없었다는 점을 꼽는데 이는 당시 통일전선사업이 원활하게 수행되었기 때문이 아니라 오히려 그와 같은 좌경적 통전사업이 반국적 지역을 범위로 했기 때문이라는 것이다. 이것은 주된 통전사업의 지리적 범위가 '반국적 단위→전국적 단위'로 단계적으로 확장된 것에 대한 비판이라고 할 수 있다.

결국 이상의 비판적 논리는 해방 직후 북한 통일전선사업의 주된 목표가 전래의 반제적 과제(친일 잔재의 척결)보다도 반봉건적 과제에 집중되었음은 물론 새로이 제기되던 반제적 과제(아메리카 변상[變相]제국주의)보다도 우위에 놓여 있었다는 비판으로 압축된다. 이에 대한 재비판은 다음과 같은 몇 가지 요지로 제기된다.

첫째, 일제의 혹독했던 조선 지배방식과 동구 및 남아시아 제국들이 경험했던 외압과는 일정한 구별이 필요하다. 즉 일제의 침탈하에 조성된 당시 토지소유관계의 특수성(특히 38선 이북에서 두드러지던)이 감안되어야 한다는 것이다. 그것은 바로 민족주의적 중소지주층의 공동화(空洞化)로 집약된다. 소수의 일인 및 친일지주의 대토지소유 대(對) 대다수 소작농의 사적 경영 추구, 이것이 바로 당시 사회개혁을 추진해나간 기본동력이었다는 사실에 비추어볼 때, 다소의 급진성과 신속성은 그에 수반되는 필연적 성격이었다는 것이다.

둘째, 당시 혁명단계에 비추어 주된 사업목표는 전래의 반제적 과제→반봉건적 과제 혹은 새로이 제기되던 전국적 범위의 반제적 과제→북한 지역에 국한된 반봉건적 과제였음에도 불구하고 통전의 범위와 구성이 지나치게 협애하고 허약했다는 비판은 혁명의 기본동력을 무시한 채 일련의 혁명과정을 분절적으로 파악한 데 따른 오류라는 것이다. 즉 정치교육의 미숙으로 통전의 고리가 이완된 것은 인정할 수 있으나 반봉건적 과제가 척결되어가는 혁명의 열기 속에서만 반제적 과제를 올바로 달성할 수 있다(물론 그 역도 성립하지만)는 점에서 볼 때, '부농 고립화-지주 타도'보다 '지주 고립화-친일파 혹은 친미파 타도'를 앞세울 수 있는 근거는 어차피 주어지지 않았다는 것이다.

이와 같은 비판과 재비판 과정에서 새로이 수렴될 수밖에 없는 쟁점은 당시 북한지도부가 어느 정도 전국적 범위의 변혁을 사고했는가 하는 점이다. 이것은 바로 북한의 민주기지노선을 어떻게 평가할 것인가 하는 문제다.

5. 민주기지노선: 통일노선인가 분단노선인가

- 사쿠라이 히로시, 「북조선노동당의 통일정책―민주기지노선의 형성」, 연대 대학원 북한현대사연구회 편, 『북한현대사 I: 연구와 자료, 1945~1948』 (공동체, 1989).
- 최인범, 『민족통일과 민중권력―국제주의의 관점』(신평론, 1989).
- 이덕용, 「자주사회건설의 진로」.
- ──, 「정권문제와 민주정치에 대한 분석」.
- 홍세민, 「민주개혁 성공의 요체」, 고일경 외, 『현대민족사의 재인식』.
- 양호민, 「반봉건적 토지개혁의 실태」, 『북한의 이데올로기와 정치―인민민주주의혁명론』(고대 아세아문제연구소, 1972).
- 김기석 편, 『북조선의 현상과 장래』(조선정경연구사, 1947).
- 김오성, 「민주개혁과 남북통일」, 『개벽』 제75호, 1947년 8월.

해방 이후 우리 민족이 직면한 가장 커다란 문제는 바로 어떠한 형태의 자주국가를 건설할 것인가 하는 점이었다. 이 문제의 해답은 일차적으로 당시의 식민지반봉건적 사회성격에 대한 이해로부터 구해질 수 있는 것이었다. 그러나 사회성격이 반봉건적이라고 해서 자본주의사회를 발전시킨 다음에 그것을 부정하고 사회주의의 길로 나아간다는 것은 당대 세계사의 합법칙적 발전과정을 무시한 것으로 될 수밖에 없었다. 아울러 역사 발전단계를 생략한 채 당장 사회주의사회로 나아간다는 것 또한 마찬가지였다. 여기서 북한지도부는 당시의 혁명단계를 반제반봉건민주주의혁명 단계로 확정짓고 이에 따라 건설되어야 할 민주주의의 특징을 다음과 같이 규정했다.

우리가 지향하는 민주주의는 구미 자본주의 국가의 '민주주의'와는 근본적으로 다르며 또한 사회주의 국가의 민주주의를 그대로 본뜬 것도 아니다. 36년 동안의 일제 식민지 통치에서 갓 벗어난 우리나라에 구미 자본주의 국가의 '민주주의'나 사회주의 국가의 민주주의를 그대로 적용하려고 한다면 그것은 큰 잘못이다. 우리의 민주주의는 반제반봉건민주주의혁명 단계에 놓여 있는 조선의 현실에 가장 알맞은 새 형의 민주주의다.

남한의 미군정 실시, 38도선을 경계로 한 국토 양단, 일제 잔재세력들의 재집결 등의 조건 속에서 이와 같은 건국강령을 실현해나가기 위한 정치·경제·군사적 역량의 마련을 목표로 했던 전략적 방침이 바로 다음과 같은 내용으로 요약될 수 있는 민주기지노선이었다. 그것은 ① 당을 조직사상으로 강화하고 그 주위에 각계각층 군중을 결속함으로써 이북사회를 강대한 정치적 역량으로 전변시킨다는 것이고, ② 제반 민주개혁을 실시하고 경제를 부흥·발전시켜 튼튼한 자립적 민족경제를 실시한다는 것이며, ③ 자주국방을 담보하는 막강한 군사력을 확보한다는 것이었다. 그리하여 1945년 10월 '북조선공산당 서북5도 도당책임자 및 열성자대회'에서는 이와 같은 건국강령과 그 실현 가능성을 조성하기 위한 전략노선인 민주기지노선이 정식으로 채택되었고, 이어 1946년 2월 8일에 이르러서는 그와 같은 강령과 노선을 구현해나갈 최고행정기관으로 해방 이후 북한의 전 지역에 걸쳐 조직되었던 인민위원회의 중앙집권적 지도기관인 '북조선임시인민위원회'가 발족되어 제반 민주개혁을 추진했던 것이다. 이와 같은 개혁과정은 말할 것도 없이 북조선임시인민위원회의 중앙집권적 성격을 강화하고 북조선공산당을 대중정당으로 전변시켰다.

앞에서 말한 바와 같이 이와 같은 민주개혁은 조선 말기에서부터 지속되어오던 민중적 요구를 담아내는 것이었음과 동시에 당시 세계사의 보편적 요구에 부응하는 성격을 갖고 있었다. 그러나 문제는 이와 같은 개혁이 북한지역에 국한되어 실시되었다는 점에 있었다. 이처럼 한반도 전체에서 실시된 것이 아니라 북한지역에 국한하여 추진되었던 민주기지노선이 남북관계에 미칠 영향에 대한 우려는 이미 40여 년 전 박헌영계의 이론가 김오성이 다음과 같이 제기한 바 있었다.

> 이러한 남북의 차이는 앞으로 통일정부 수립에서 중대한 난점이 아닐 수 없는 것이다. …… 그런데 여기서 우리들에게 가장 관심의 초점이 되어 있는 것은 앞으로 수립될 임시정부는 이 남북의 차이를 어떻게 해결하겠느냐인 것이다. 여기에 대한 세인의 추측은 참으로 구구한 듯싶다. 남쪽이 북쪽과 같이 되느냐! 북쪽이 남쪽과 같이 되느냐? 그렇지 않으면 남북이 절충하여서 중간정책을 취하게 되느냐?

브루스 커밍스 또한 그와 같은 우려에 대해 어느 정도 동조적인 태도를 취하면서 다음과 같이 지적하고 있음을 볼 수 있다. 즉 "1946년부터 남북의 갈등은 계급적 갈등으로 변화되었으며, 이 계급갈등을 중심으로 정치적·민족적·종교적·세대적 갈등 등의 제반 갈등이 표출되었다. …… 이로써 한반도의 통일은 오직 두 가지 방식―남한에서도 비슷한 개혁을 실시하거나 혹은 통일과 계급지배를 달성하기 위한 전쟁, 즉 혁명이나 반혁명―을 통해서만 가능하게 되었다"는 것이었다.

김오성과 커밍스의 우려는 물론 미국에 의한 분단화정책과 그에 부응하는 남한 내부의 움직임을 전제한 것이었다. 그러나 이와 같은 측면은 흔히 남북분단의 책임을 '소련과 그의 괴뢰'에 덮어씌우고자 하는 정치적 논리에 의해 증폭되어왔다. 따라서 한동안 '민주기지노선=분단노선론'과 '민주기지 옹호론'의 대결은 곧 좌우파의 논리적 대립의 외피에 불과한 것으로 취급되었다. 그러나 최근 들어서는 마르크스-레닌주의적 관점에서 '민주기지노선=분단노선론'이 재등장하는 경향이 나타나고 있다. 이 입장에서는 민주기지노선이 비록 미·소 양군정에 대해서 소군정은 환영하고 ('소군정'이라는 용어가 담고 있는 전술한 바와 같은 이데올로기적 함축에도 불구하고 여기서는 이 입장의 논자가 사용하는 바대로 인용했다) 미군정은 반대한다는 선택적 승인의 입장을 취하기는 했으나 어쨌든 분할점령과 군정의 실시라는 현실을 승인했다고 비판하고 있다. 즉 북조선에 독자적으로 당을 건설하고 민주기지노선에 입각하여 북조선만을 우선적으로 개혁한 것은 철저하게 반국적인 관점의 오류였다는 것이다. 이와 같은 민주기지노선에 대한 비판은 대체로 '전국적 관점에서 미·소 양군의 철수와 인민공화국의 수립을 위해 투쟁하는 것'이 당시에 옳은 노선이었다고 보는 인식에 근거하는데, 이에 근거하여 이 입장의 한 논자(최인범)는 '민주기지-남조선해방론'이란 이승만의 '단정 수립-북진통일론'과 일맥상통하는 것이고 그것은 결국 스탈린의 일국사회주의적 편향(소비에트대조국 수호론)과 일국일당주의 원칙을 위반한 김일성의 당권경쟁에 의한 합작품이라는 혹독한 비판론을 전개하고 있다.

새로운 관점에서 재등장한 '민주기지노선=분단노선론'은 군데군데 당시 사실에 대한 부정확한 이해가 노정되기는 하나 현재로서는 민주기지노선에 대한 가장 세련된 비판론이라고 할 수 있다. 이와 같은 비판론에 대한 재비판은 다음과 같은 몇 가지 측면에서 제기된다.

첫째, 해방 이후 박헌영을 비롯한 재건파 공산주의자들이 조직한 조선공산당은 비록 최초로 조직된 마르크스-레닌주의 정당이기는 하지만 당시에 존재했던, 해방 이후 족출했던 수다한 마르크스-레닌주의 정당의 하나에 불과한 것이었고 박헌영의 조선공산당은 그와 같은 여타 정당에 대하여 이렇다 할 배타적 정통성을 지니지 못했다는 것이다. 즉 해방 당시 이들이 국내에 있었다는 사실만을 가지고 이영파 혹은 이정윤파 등과 대립 속에서 급조된 조선공산당이 일국일당주의 원칙에 따른 유일한 권위로 인정받기에는 재건파의 모태라고 할 수 있는 경성콤그룹의 국내활동 양상으로 보나 '국제주의'적 관점에서 보나 별로 설득력이 없다는 것이다. 국내파 공산주의자들이 그토록 승인을 받고자 했던 코민테른의 종주국 소련 역시도 조선공산당에 공식적 권위를 부여하지는 않았던 것이다. 바로 이 점에 대해서 '민주기지노선＝분단노선론'에서는 당시 스탈린이 올바른 국제주의적 관점에 서지 않았다고 비판한다. 물론 재비판에서도 스탈린주의의 편향은 인정되는 바이지만 문제는 스탈린주의적 편향→민주기지노선으로 파악하는 도식이다. 결국 해결의 실마리는 자민족의 결정을 존중해야 한다는 국제주의의 올바른 원칙으로 희귀하여 찾을 수밖에 없는 것이고 보면 문제는 당시 공산주의자들이 얼마나 서울의 조공을 권위 있는 당으로서 인정하고 있었는가 하는 점으로 모이게 된다는 것이다.

둘째, 민주기지노선의 대안으로 제시되는 '미·소 양군의 철수와 인민공화국의 수립을 위한 투쟁론'의 부당성이다. 미군정에 대한 저항의 주체는 어디까지나 남한민중이라고 하면서 미·소 양군 철수투쟁론을 제시하는 것은 결국 당시 주된 운동대상을 잘못 설정하는 논리로 귀착되고 만다는 것이다. 또한 '인민공화국 사수론'은 민중적 지지가 결여된 채 간판만을 업으려는 '임정봉대론'과 사실상 큰 차이가 없다.

셋째, 미·소군이 동시에 진주하지 않았던 베트남이 분단된 것을 보더라도 민주기지노선을 분단 원인으로 취급하는 것은 잘못된 논리라는 것이다. 결국 분단화과정이 이미 진행되는 상황에서 항일유격근거지 건설 경험을 토대로 한 혁명근거지 강화론은 정당한 것이라는 주장이다.

넷째, 민주기지노선에 따른 제반 민주개혁이 수행된 이후에도 통일민족국가의 수립 가능성은 상존하고 있었다. 1948년 단정이 수립된 이후에도 평화적 통일을 위한 노력은 계속되었고 1950년 남북협상파 인사들이 대거 국회에 진출하는 등 당시 분단구조는 아직 잠정적인 것에 불과했다. 이렇게 볼 때 분단결과론적 인식 정향을 가지고 당시 노선을 판단하는 것은 오류라는 주장이다. 1946년 3월 21일 '당중앙위긴급회의정치보고'에서 있은 박헌영의 다음과 같은 언급은 그와 같은 분단결과론적 인식틀로는 이해될 수 없을 것이다. "그럴 경우(반동파가 미소공위를 파괴하는 경우—필자) 우리는 북조선의 인민정권에 의한 급속한 민주개혁·민주건설의 추진으로 북조선 전역을 혁명근거지로 만들어 단숨에 남조선을 해방해야 한다." 더욱이 민주기지노선이 당권경쟁에 의한 소아적 발상이었다고 한다면 1946년 서울중앙을 떠나 입북한 박헌영의 결정은 어떻게 설명될 수 있겠는가 하는 점이다.

이와 같은 치열한 논쟁점에도 불구하고 현재로서 이 주제에 대한 체계적인 연구는 매우 빈약한 형편이다. 다만 민주기지노선이 분단의 원인이 아니었던 것은 분명하더라도 그것이 일정 정도 잠정분단적 양축구조의 형성에서 상승작용을 초래했던 것만큼은 부인할 수 없을 것이다. 즉 동구의 개혁이 어떠한 형태로든 내부의 반발을 소화하면서 진행되었던 반면 북한식 민주개혁은 반발력과 길항적 관계가 적었기 때문에 체제의 탄력성이 성장하지 못했고, 개혁 반대세력들 또한 그에 맞서 조직적인 저항이나 협상 노력을 펼치기보다는 다분히 묵인되고 있던 남하의 길을 선택함으로써 북한지역 내의 갈등이 체제내적으로 해소되지 못한 채 남북 간 대결구조 속으로 농축되게 되었고, 결국 외세에 강요된 분단구조를 더욱 내화하는 결과를 초래하고 말았던 것이다.

6. 대미인식: 남로당계열과 차별성 여부

- 김남식 · 심지연 편, 『박헌영노선비판』(세계, 1986).
- 김남식, 「남로당과 북로당」, 『자유공론』, 1985년 8월.
- 정병준, 「박헌영─남로당노선 무엇이 문제인가」, 『역사비평』, 1989년 여름.
- 김동길, 「남로당과 북로당의 갈등을 보는 북한의 시각」, 연대 대학원 북한현대사연구회 편, 『북한현대사 I: 연구와 자료, 1945~1948』(공동체, 1989).
- 中川信夫, 「8·15해방 직후 한국의 좌익」, 김동춘 엮음, 『한국현대사연구』 1(이성과현실사, 1988).
- 이철순, 「해방 직후 좌익세력의 대미인식에 관한 연구」(서울대 정치학과 석사학위논문, 1989).

- 이미숙, 「박헌영-남로당에 대한 비판을 비판한다」, 『역사비평』, 1989년 여름.
- 김주환, 「서북5도 당대회의 대미인식과 조선공산당 북조선분국의 조직적 위상」, 『해방전후사의 인식』 5(한길사, 1989).

앞에서 살펴본 해방 직후 북한의 통일전선과 민주기지노선에 대한 토론에서 결국 관건이 되는 것은 이후 북한의 지도부를 구성하게 되는 일군의 공산주의자들이 당시 국제정세, 특히 미국의 대한정책을 어떻게 이해하고 있었는가 하는 점이다. 남로당노선 비판론자들에 의해서 조공-남로계열은 미국의 제국주의적 속성을 나이브하게 인식한 결과, 미국을 해방자로 취급하고 짝사랑하는 우경적 오류를 범하다가 결국 미군정에 의한 배제가 확실해지자 혁명을 유산시키는 좌경적 오류를 범한 것으로 지적되어왔다. 흔히 이것은 당중앙으로서 조공의 권위를 부정하는 것이 되기 때문에 한반도의 다른 한쪽에서 민주기지노선이 추진되는 주요한 근거를 이루는 것으로 이해되고 있다. 그러나 이것은 어디까지나 북쪽의 대미인식이 상대적 선명성을 지녔다는 전제하에서만 가능한 것이다. 유감스럽게도 1945년 이후부터 민주기지노선이 구체적으로 표명된 같은 해 12월까지 사이에 이 문제를 극명하게 드러내주는 문건은 아직 발굴되지 않고 있다. 민주기지노선이 표명되었으므로 '반제적 인식'이 있었다는 주장은 자칫 꼬리를 물고 제자리를 맴도는 논쟁이 될 수 있다.

이런 상황에서 최근 민주기지노선이 설정되기 이전 북로계열과 남로계열의 대미인식상에 유의미한 차이가 보이지 않으며 1946년 들어서는 남로계열 역시 미국에 대해 제국주의적 인식을 가졌다고 보는 주장들(무차별론)이 개진되고 있다. 이 입장에서는 먼저 1945년 9월 15일 평양에서 개최된 조선공산당 평남지구 확대위원회에서 채택된 「정치노선에 관하여」라는 문서에 주목한다. 이 문서의 주요한 결정사항 중 하나는 "미·영의 진보성을 분명히 인정하고, 미·영·중이 민주주의 국가라는 취지를 명기할 것"에 관한 것이었으며, 이 문건이 나온 이후 장안파는 곧 일대 노선 전환을 의미하는 「정권수립과 민족통일전선에 관한 결정」이라는 문서에서 미·영·중 연합국의 예외 없이 진보적 임무를 실로 영웅적으로 수행했음을 밝히고 있다. 이와 관련해서 다음과 같은 가설이 제시된다. 즉 9월 15일의 문건이 재건파의 장안파에 대한 공격을 담고 있다기보다는 국제협조노선을 관철하고자 하는 소련의 재건파에 대한 견해가 담겨 있다고 보는 것이다. 이렇게 볼 때 결국 장안파와 마찬가지로 재건파 역시 소련의 영향에서 자유로울 수 없었으며 따라서 미국의 제국주의적 속성을 충분히 이해하고 있었음에도 소련의 국제협조노선에 따라 미국의 진보성에 집착하게 되었다는 것이다.

다음으로 1945년 '서북5도 당 책임자 및 열성자대회' 말미에 발표된 「좌경적 경향과 그 분파행동에 대한 비판」이라는 문서에서는 장안파의 좌경적 오류를 비판하면서 "제2차 세계대전은 파시즘과 군국주의를 지구상에서 박멸하고 평화를 애호하는 민주주의 국가군의 총력전"이었음을 지적하고 있음을 볼 수 있다. 이를 보더라도 미국에 대한 '진보적 민주주의' 규정은 박헌영의 「8월테제」에 국한된 것이 아니며 남북한에서 대미인식의 차별성은 보이지 않는다는 것이다.

그러나 '차별성론'의 시각에서 이와 같은 추론은 다음과 같은 몇 가지 점에서 비판이 가해진다. 첫째, 장안파가 소련의 지시에 따라 움직였듯이 재건파 역시도 마찬가지였다는 주장은 그 어떤 쪽도 명확한 근거를 갖고 있지 못할 뿐만 아니라 1945년 「8월테제」에 의한 '진보적 민주주의' 규정이 소련의 사전 지시나 협의로 마련된 것이라고 보기는 불가능하다는 점이다. 둘째, 설사 이후 조공의 '진보적 민주주의' 규정이 소련의 국제협조노선에 따라 추인되고 또 지속된 것이라 할지라도 당 지도부의 책임이 안이하게 소련에 전가될 수만은 없다는 것이다. 그것이 소련의 압력 혹은 지도에 의한 것이었든 또는 앞장서서 소련의 의도에 부합하려는 사대적 경향에 따른 것이었든간에 일단 당중앙이 그와 같은 노선을 채택한 이상 어떠한 면책론도 있을 수 없다는 것이다. 셋째, 서북5도 당대회 역시 비록 북쪽에서 있었던 대회이기는 했지만 어디까지나 조선공산당의 조직체계 내에 있었던 당대회였다는 점이 강조되어야 한다는 것이다. 다시 말해서 이 것은 북로계열의 대미인식을 진술해주는 대회성격은 아니었으며, 당대회 보고문 중에 김○○로 되어 있는 문건이 있지만 이는 소련에 의해 조직업무를 위탁받은 김용범이라는 설도 유력하다. 넷째, 당시 남과 북의 공산주의자들이 소련의 영향권하에 있었다는 사실을 부정할 수는 없지만 모든 것을 소련의 영향으로 돌린다는 것은 외세에 대한 주체적 극복 노력을 과소평가하는 것이 될 수 있다. 더 중요한 문제는 이후 변화하는 상황 속에서는 어떻게 인식적 전환을 이루느냐 하는 점이었다. 조공은 이를 이행하지 못했고 북쪽에서 '변상제국주의'(1946. 5) 등의 문건화된 인식이 나타나게 될 때까지도 미군정을 한민당과 임정 등 우익 정치세력과의 정치게임에서 '불공정한 심판관' 정도로 보고 어필하는 구태의연한 자세를 견지했다는 것이다.

하지만 이상의 논거들이 민주기지노선의 설정에 앞선 북한 공산주의자들의 대미인식을 밝혀주지는 못한다. 다만 김일성의 이름이 명시된 1945년 12월 북조선분국 확대집행위원회의 다음과 같은 보고문 서두에서 일정한 경향성이 확인된다.

> 동지 여러분! 소련의 영웅적인 붉은군대는 우리 인민에게 자유와 독립을 가져왔다. 그들은 우리 조국의 영토에서 일본 제국주의를 영원히 몰아내었다. 이리하여 우리 민족은 영원히 행복을 향유할 수 있게 되었다. 우리들은 붉은군대와 그 지도자 스탈린 동지가 우리들에게 제공한 형제적 도움을 한시라도 잊으면 안 된다.

여기서는 분명히 미국에 대한 언급이 배제되고 있음을 볼 수 있다. 이는 앞의「정치노선에 관하여」라는 문건에서 "미국·영국 등의 민주주의 국가라고 표현하지 못하고 다만 민주주의 국가라고 표현한 것"에 대한 비판과 견주어볼 때, 미·영에 대한 지칭이 생략되어 있을 뿐만 아니라 '연합국'이라는 총체적 표현이 사라졌다는 점에서 주목을 요한다. 이 회의에서 결정된 문건에서도 그대로 관철되는 이와 같은 경향은, 1945년 12월 23일까지도 '서울중앙'이 "일정 기간의 군정 필요성을 깊이 인식하고 있으며 따라서 전면적으로 이에 충돌할 의사는 추호도 없다"고 하면서 "조선민족의 영세불망의 은인이 될 것"을 기대하는 인식 정향을 보여주던 것(이강국, 「미국에의 메모랜덤」)과는 뚜렷한 대조를 이루고 있다.

7. 혁명의 성격과 시기구분론

- 조진경, 「북한현대사의 재인식」, 『민족자주화운동론』 II(백산서당, 1988).
- 김명섭, 「해방 이후 북한현대사 개괄」, 연대 대학원 북한현대사연구회, 『북한현대사 1: 연구와 자료, 1945~1948』(공동체, 1989).
- 김시중, 「인민민주주의혁명 2단계론과 북한의 현대사」, 같은 책.
- M. N. 트리구벤코, 「한반도 분단상황에서의 인민민주주의혁명과 성격」, 같은 책.
- 김주환, 「해방 후 북한의 인민민주주의혁명과 사회주의혁명」, 『해방전후사의 인식』 5(한길사, 1989).
- 김남식, 「북한의 공산화과정과 계급노선」, 공산권연구실 편, 『북한공산화과정』(고대 아세아문제연구소, 1972).
- 양호민, 『북한의 이데올로기와 정치 II: 인민민주주의혁명』(고대 아세아문제연구소, 1972).
- 김준엽, 「북한의 인민민주주의혁명 노선과 대남전략」(국토통일원, 1976).

해방 직후 북한의 혁명단계를 어떻게 이해하느냐 하는 것은 당시 혁명의 성격, 이후 북한현대사의 시기 구분, 나아가 북한사회의 성격을 이해하는 문제와 밀접하게 결부되어 있다. 현재 이 문제와 관련해서 인민민주주의혁명 단계라는 용어 해석에서 빚어지는 혼선은 북한에서 인민민주주의혁명 단계를 언제까지로 설정할 수 있는가 하는 점에 대한 논란으로 이어

표 2   인민민주주의혁명의 길과 고전적 혁명의 길 도해

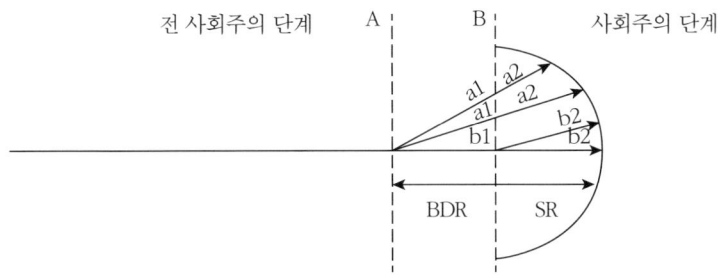

지고 있다. 한 입장은 인민민주주의혁명이 제1단계인 반제반봉건혁명, 즉 새로운 형의 민주주의혁명과 제2단계인 사회주의혁명으로 구성되어 있는 것으로 보고 따라서 북한에서 인민민주주의혁명 단계는 1947년 2월까지를 그 1단계로 설정할 수 있음과 아울러 이후 사회주의혁명 시기를 인민민주주의혁명의 강화·발전기로 놓고 광의의 인민민주주의혁명 단계에 포괄시킬 수 있다고 주장한다. 이것이 코민테른의 규정에 근거하는 것이라고 한다면, 북한(혹은 중국)의 공식 문헌을 들어 그 정당성을 내세우는 주장으로서 인민민주주의혁명=반제반봉건민주주의혁명(=신민주주의혁명)으로 도식화하여 "북한에서 인민민주주의혁명은 1947년 2월 북조선임시인민위원회가 북조선인민위원회로 개편되는 시점에서 종결되었으며 그 이후로는 사회주의혁명으로 들어섰다"고 보는 입장이 있다.

이론적으로 볼 때 인민민주주의혁명이란 표 2와 같이 단순화해서 보았을 때, a―a1 유형의 변혁코스에 해당된다. 즉 부르주아민주주의적 과업을 수행한다는 점에서는 고전적인 b단계와 유사하지만 이미 사회주의혁명으로서 성격을 내포한다는 점에서 b와 확연히 구별된다. 즉 이미 고전적 변혁코스가 아닌 인민민주주의혁명에 의한 변혁의 길로 들어서 있는 것이다. 따라서 a의 변혁과정에 의해 B지점까지 도달했다고 해서 다시 b의 변혁코스로 갈아탈 수 있는 것이 아니라 계속해서 a의 변혁과정에 의해서만 B단계 과업을 수행할 수밖에 없게 되는 것이다.

따라서 인민민주주의혁명을 강화·발전시킨다는 것은 바로 이미 내포되어 있는 사회주의적 성격으로 전변하는 것이다. 이처럼 한국전쟁 이후 본격적으로 전개된 사회주의 개조사업이 결코 인민민주주의혁명과 배치되는 것이 아니라는 사실은 전후(戰後) 북한지도부의 다음과 같은 언급으로도 뒷받침된다.

공화국 북반부에 수립된 인민민주주의 제도를 더욱 강화하며 인민대중의 애국적 역량을 동원하여 민주기지를 정치·경제·군사적으로 더욱 공고히 하는 그것입니다. 이렇게 하여야 …… 우리나라에서 인민민주주의혁명을 완성할 수 있습니다. 그러므로 우리 당과 전체 인민은 정전의 평화적 기간을 최대한으로 이용하여 민주기지를 강화하기 위한 전후 복구·건설에 모든 힘을 동원하여야 하겠습니다.

인민민주주의혁명 경험과 관련하여 흔히 논란이 되고 있는 것이 이른바 '북한사회주의의 반봉건성'이라는 문제다. 이 논점과 관련하여 우리가 먼저 염두에 두어야 할 것은 이 사회가 성숙한 자본주의 단계를 거치지 않은 채, 사회주의의 완전 승리 곧 공산주의의 낮은 단계를 향한 도정 위에 놓여 있는 사회라는 점이다. 이는 해방 직후 북한사회가 세계사적으로 유례가 드물 만큼 강고하게 인간을 구속했던 봉건제의 궤멸을 향해 투쟁하는 동시에 그 사체로부터 자본주의가 번식하는 것을 회피하기 위하여 예의 노력해왔음을 의미하는 것이다. 따라서 찰거머리처럼 악독한 봉건적 잔재를 척결하기 위한 싸움에서는 자본주의적인 사적 소유제가 무기로 이용되기도 했지만 반대로 생산관계가 자본주의적으로 뻗쳐나가는 것을 제어하는 과정에서는 전 자본주의시대로부터 내려오는 일부 전통이 사회주의적 원칙에 새롭게 접맥되어 보존·활용되기도 한 것이다.

예를 들면, 소(牛)거리반 사업의 추진, 품앗이활동의 강화를 통한 농업협동화 증대, 자연촌락을 범위로 한 작업반제도 등은 자본주의 길을 회피하고 사회주의제도를 확립하는 과정에서 국가적 소유 및 자본주의적 사적 소유로 구성되어 있는 이중소유제로부터 전 인민적 소유와 협동적 소유로 구성되는 이중소유제로 전화, 그에 기초한 이기주의적 사상의식에 집체적 사상의식으로 변화를 추동하는 데 징검다리적 역할을 수행한 것이다. 따라서 북한사회에 다분히 반봉건적인 요소들이 온존되고 있다는 지적은 결코 잘못된 것이 아니다. 다만 그것은 어디까지나 사회주의적 헤게모니 원칙에 접합되어 있는 것일 뿐 이미 물적 토대를 상실한 기생적 형태에 불과하다는 점이 동시에 강조되어야 할 것이다.

이상과 같은 쟁점에 대한 이해에 기초하여 다음으로 다루어야 할 문제는 바로 북한현대사의 시기구분에 관한 것이다. 북한현대사란 곧 혁명의 역사다. 북한 사람들은 이를 가리켜 '주체사상의 구현과정'이라고 말할 것이다. 따라서 북한현대사의 시기구분은 이와 같은 쟁점들에 대한 정확한 이해에 기초해야 하는 것이다. 이제까지 발표된 북한현대사에 대한 통사적 성격을 지닌 몇 안 되는 연구들을 살펴보면 제각기 상이한 시기구분을 해놓고 있음을 알 수 있다. 각각의 연구들에서 획정되는 기간도 다를뿐더러 각 시기에 부여되는 명칭도 상이하다. 시기구분에서 중요한 것은 사회이행의 단계와 특정 이행단계에서의 소(小)시기, 때로는 소시기 내의 일정 국면까지를 명확히 구분해야 한다는 점이다.

이제까지의 많은 연구는 이행단계의 구분기준과 소시기의 구분기준, 그리고 때로는 일정 국면에 대한 구분기준을 혼용함으로써 중요한 이행단계가 하나의 소시기로 구분되거나 혹은 하나의 소시기가 이행단계와 똑같은 비중으로 취급되는 오류를 빚었다는 점을 지적할 수 있다. 또한 많은 연구가 북한현대사라는 제목하에 실제로는 해방 이후 북한의 역사를 연구범주로 삼는데 이 경우 1930년대 기점설을 채택하는 북한의 공식입장에 비추어 8·15기점을 설정하는 근거를 밝힐 수 있어야 할 것이다. 이제 앞에서 말한 바와 같은 쟁점들에 대한 인식을 기초로 우리는 북한현대사가 표 3과 같이 시기구분되고 있는 근거들을 이해할 수 있을 것이다.

표 3   북한현대사의 시기구분

	일제하	1947		1958	?	?
지배적인 사회제도	식민지반봉건 사회제도	인민민주주의제도		사회주의제도	낮은 단계의 공산주의제도	높은 단계의 공산주의제도
혁명단계	반제반봉건민주주의혁명(인민민주주의혁명의 1단계)	사회주의혁명(인민민주주의혁명의 강화·발전)		사회주의의 완전승리를 위한 계속혁명(3대혁명)	공산주의의 전면 실현을 위한 혁명	
		─────── 1950 ─────── 1953 ───────		─── 종노선─천리마운동		
주요 사업	• 대외적 국가주권의 확립 • 반(半)봉건적 생산관계의 청산	• 생산관계를 사회주의적으로 개조하기 위한 기초 마련	• 전국적 범위 에서 반제반봉건 과제 수행(한국전쟁)	• 전후복구와 사회주의적 공업·농업 국가로 전변 • 농업의 집단화 • 노동량에 따른 분배구조 실현	• 사회주의의 완전승리를 위한 생산력 주의와 전 인민이 사상적 개조 • 단일한 전면 소유제의 확립 • 노동 및 도움 간의 차별성 해소 • 착취계급 잔재분자들이 준 동 방지 및 낡은 사상적 잔재 척결	• 정신노동과 육체노동 간의 차별성 해소 • 필요에 따른 분배를 위한 생산력 주의 • 공산주의적 인간형 창출	• 계속적인 생산력 주의

1946. 2

인간의 계급투쟁 자주성 실현 사회복리 타리아 독재 (계급적 전체와 투쟁) 과 를 위 한 투 쟁

한국전쟁사의 쟁점

박명림

　오늘 우리에게 한국전쟁은 무엇인가. 그것은 아득히 멀어져간 역사 속의 신화인가 아니면 오늘 우리의 삶을 조건지우는 현실인가. 신화와 현실, 오늘의 우리에게 이처럼 뚜렷하게 한국전쟁의 현재상을 드러내주는 어휘는 없다. 때로는 아득히 먼 옛날의 신화처럼, 때로는 숨막히는 현실로, 그것은 오늘 우리 삶과 기억 속에 끊임없이 갈마든다. 우리는 지난 역사 속에 많은 사건과 계기를 한국현대사의 전환점이나 결절점이라 불러왔다. 8·15가 그랬고 분단이 그랬고, 4·19, 5·16, 10·26이 그랬다. 그리고 또 광주항쟁과 6월항쟁이 그랬다. 그러나 한국전쟁처럼 결정적인 영향을 미친 역사의 전환점이나 결절점은 아마도 없을 것이다.

　이제 곧 우리는 한국전쟁 40주년을 맞이하게 된다. 한국전쟁 이후 우리는 한 세대의 시간을 역사 속으로 떠나보냈지만 그것이 파놓은 골과 생채기는 한 세대라는 시간의 경과에도 불구하고 아직 거의 치유되지 않은 채 오늘 우리 삶과 뇌리를 옥죄고 있다. 정치, 경제, 군사, 이데올로기, 사회, 문화…… 한국전쟁이 우리 역사에 미친 영향을 제대로 규명하지 못한다면, 오늘 우리 사회의 제반 모순구조는 올바로 해명되지 않는다. 그것의 영향을 단지 몇 마디 추상적 개념의 언급으로 그친다는 것은 그 영향의 심대함에 비추어 설득력을 잃을 수밖에 없다. 한국전쟁 이후 한국현대사가 한국전쟁에 그 직접적 연원을 두고 있는 것처럼 한국현대사에 대한 총체적 해명은 한국전쟁에 대한 해명으로부터 출발하지 않으면 안 된다. 한국전쟁에 대한 총체적 해명이 없이는 한국현대사 연구는 한 발짝도 앞으로 나아갈 수 없다.

이제 한국전쟁은 분단극복 곧 통일의 관점에서 전면적으로 재조명되지 않으면 안 된다. 이제부터 우리가 써야 할 역사는 분단시대사가 아니라 통일시대사여야 하며, 분단한국사가 아니라 통일한국사여야 한다. 이 글은 이러한 기본전제에서 출발하여 그간의 한국전쟁 연구(사)를 주요 쟁점을 중심으로 고찰하려는 것이다. 한국전쟁의 진실은 여전히 은폐되어 있고 때로는 심하게 왜곡되어 있는 점을 고려한다면 분단의 역사가 아닌 통일의 역사, 통일운동의 역사를 쓰려 하는 이 시점이야말로 바로 한국전쟁에 대한 총체적 해명이 시작되어야 할 시점이라는 점에서 그간 있어왔던 한국전쟁 연구의 주요 쟁점의 비교·고찰이 지니는 중요성을 간과할 수만은 없다. 그러한 작업은 그간 한국전쟁에 씌워졌던 온갖 이데올로기적 허상과 꺼풀들을 벗겨버리는 한 출발일 수 있기 때문이다.

이와 같은 작업을 통하여 한국전쟁의 참모습은 하나씩 하나씩 우리 앞에 그 전체상을 드러낼 것이며 한국전쟁에 대한 전면적 해명이 이루어진 뒤 최종적으로는 분단이 극복되는 그날, 조국통일이 달성되는 그날 비로소 한국전쟁은 현재 우리 삶 속에서 살아움직이는 현실로부터 지나간 시간 속의 한 페이지를 채우는 역사로서 자신의 위상을 한 발짝 물러설 수 있게 될 것이다. 그러한 작업, 즉 한국전쟁의 위상을 현실에서 역사로 바꿔주는 과업이야말로 오늘 우리의 제1차적 과제가 아닐 수 없다.

물론 전후 40년을 경과하는 동안 우리는 한국전쟁에 대한 많은 연구를 갖고 있기는 하다. 그러나 그간의 한국전쟁 연구는 주로 해외에서 진행돼 온 것이 저간의 사정이었다. 전쟁 당사자인 우리가 한국전쟁 연구를 게을리해왔다는 것은 역사에 대한 최소한의 책임조차 방기한 죄악이 아닐 수 없다. 국내 연구도 전무한 것은 아니었으나 그것들은 대체로 천편일률적인 이데올로기적 편향성을 갖고 진행되어온 것이 사실이다.

사실상 그동안 국내의 한국전쟁 연구는 남한정부의 공식 견해를 앵무새처럼 반복해온 것이나 다름없었다. "소련제 무기로 무장한 북한 괴뢰집단이 불법적으로 무력 남침한 것을 맨몸으로 쳐부수고 자유대한민국을 수호했다"는 식의 논리가 지금까지 한국전쟁에 대한 일반적 해석이었다. 이러한 해석은 강고한 반공·반북·친미 이데올로기의 뒷받침을 받으면서 조금도 훼손됨 없이 종전 후 수십 년을 버텨왔다. 그러나 그것은 이미 객관적 해석과는 너무도 거리가 먼 단지 하나의 화석화된 신화일 뿐이며 일방의 도덕적 승리를 강변하기 위한 선전의 일종에 불과하다.

최근 들어 한국전쟁 연구는 이러한 극단적인 이데올로기적 편향에서 벗어나 시각과 관점의 새로운 진전을 보여주고 있다. 또한 연구주제와 범위도 기원과 원인에만 집착해오던 그간의 연구경향에서 탈피하여 전개과정, 점령정책, 귀결, 영향, 주체, 성격 등으로 급속히 확산되는 추세를 보여주고 있다. 이러한 최근의 추세는 한국전쟁을 총체적으로 해명하는 데 매우 고무적인 현상이 아닐 수 없다. 그러나 이와 같은 관점의 진보와 주제 확대의 한편에서는 그간의 일방적 해석에 대한 역편향으로서 또 다른 일방의 공식적 견해를 아무런 비판적 검증이나, 사실과 해석 사이의 긴장 없이 도식적이고 교조적으로 수용하려는 경향을 보이고 있기도 하다. 모든 역사연구가 그렇지만 한국전쟁의 경우는 사실과 해석 사이의 특히 더 많은 긴장된 균형이 요구된다.

이러한 점에 유념하면서 한국전쟁 연구의 주요 주제와 쟁점, 그리고 그간의 한국전쟁 연구와 관련자료들을 모아놓은 목록집을 살펴보자. 먼저, 한국전쟁에 관련된 자료나 기존의 연구들을 모아놓은 목록집으로는 다음과 같은 것들이 있다.

국토통일원 남북대화사무국, 『6·25전쟁 문헌해제』(국토통일원, 1981).
한국전쟁연구소 편, 『한국전쟁(6·25) 관계자료문헌집』(갑자문화사, 1985).
김학준, 「6·25연구의 국제적 동향—6·25연구에 대한 문헌사적 고찰」,『한국현대사를 어떻게 볼 것인가 II』(동아일보사, 1988).

──, 「한국전쟁에 대한 국내외의 문헌」 1·2,『외교』제5호(1988. 3), 제6호(1988. 7).

Carroll H. Blanchard Jr. ed., *Korean War Bibliography*(New York: Albany, 1965). 이 목록집은 *A Selected Bibliography of Western Materials on Korean War, 1950~1953*이라는 제목으로 1967년 국회에서 영인출판되었다.

Keith D. McFarland, *The Korean War: An Annotated Bibliography* (New York: Garland, 1986).

Congressional Research Service Library Services Division of the Library of Congress, "Bibliography on the Korean War," No. of Citations, 89.

Research Center for Peace and Unification of Korea, "Selected Bibliography of the Korean War," *Korea and World Affairs*, Vol. 8, No. 2(1984. Sum.).

G. Raymond Nunn ed., *Asia and Oceania-A Guide to Archival and Manuscript Sources in the United States*, Vol. 1~Vol. 5(New York: Marshall Publishing Limited, 1985).

Park Hong Kyu, *The Korean War: An Annotated Bibliography* (Texas: Denmer Co., 1971).

이상의 자료·연구목록집들은 한국전쟁에 대한 그동안의 자료와 연구결과를 수집해서 정리해놓은 귀중한 문헌들이다. 그러나 이들 목록집이 갖고 있는 여러 한계를 감안할 때 한국전쟁 연구의 진전을 위해서는 우리 손으로 국내외의 방대한 자료와 기존연구들을 수집·정리한 체계적인 목록집이 시급히 나와야 할 것이다.

다음으로는 한국전쟁(연구)의 주요 주제와 쟁점들을 살펴보자.

1. 해방 후 무장투쟁과 그 평가
2. 38선 충돌의 내용과 성격
3. 한국전쟁의 원인과 기원: 전통주의와 수정주의
4. 한국전쟁 발발의 주체: 남침설과 북침설
5. 북한지도부의 정세인식과 파벌투쟁 여부
6. 전쟁 전 남북한 통일정책
7. 전쟁 전 미국의 대한정책과 한국전쟁 발발: 실수인가 음모인가
8. 1950년 6월 25일의 역사적 진실과 그 의미
9. 미국의 즉각 개입과 그 논리
10. 북한의 남한 점령정책의 실상
11. 유엔군의 북한 점령정책의 실상
12. 유엔군의 38선 북진논쟁과 그 함의
13. 중국군 참전의 배경과 원인
14. 세균전논쟁의 내용
15. 양민학살의 주체와 요인
16. 휴전협상의 쟁점과 지연요인
17. 제2전선·빨치산투쟁의 양상과 그 평가
18. 전쟁포로문제
19. 전쟁기간 중 남북한의 후방정책 및 대민정책
20. 한국전쟁과 사회경제적 변동
21. 한국전쟁이 남북한에 미친 영향
22. 한국전쟁과 세계질서의 재편
23. 한국전쟁의 주체와 성격

한국전쟁을 총체적으로 해명하기 위해서는 위의 각각의 주제들에 대한 연구가 본격적으로 진행되어야 할 것이다. 그러나 여기에서는 현 단계 한국전쟁 연구의 수준과 주제 및 쟁점의 중요도, 그리고 이 책의 편집관계상 위의 주제들 중 약 절반만을 다루려 한다.

1. 한국전쟁의 기원과 원인

연구

- 소진철, 「한국전쟁―국제공산주의자들의 음모」, 김철범 엮음, 『한국전쟁-강대국정치와 남북한 갈등』(평민사, 1989), 241~69쪽.
- Soh Jin-Chull, "Some Causes of the Korean War of 1950"(Ph. D. Dissertation. Univ. of Oklahoma, 1963).
- W. W. Stueck, Jr., *The Road to Confrontation*(Chapel Hill. Univ. of North Carolina Press, 1981).
- ──, "Cold War Revisionism and the Origins of the Korean Conflict: The Kolko Thesis," *Pacific Historical Reviews*(Nov. 1973), 537~75쪽.
- ──, "The Soviet Union and the Origins of the Korean War," *World Politics*, Vol. 28, No. 4(Jul. 1976), 622~35쪽.
- 최광녕, 「한국전쟁의 원인에 관한 연구」(서울대 외교학과 석사학위논문, 1984).
- J. I. 메트레이, 『한반도의 분단과 미국』(을유문화사, 1989).
- Peter Lowe, *The Origins of the Korean War*(New York: Longman, 1986).
- Callum A. MacDonald, *Korea: The War Before Vietnam*(New York: The Free Press, 1986).
- Clay Blair, *The Forgotten War: America in Korea, 1950~1953*(New York: Anchor Books, 1989).
- 김학준, 『한국전쟁-원인·과정·휴전·영향』(박영사, 1989).
- ──, 『한국문제와 국제정치』(박영사, 1987).
- 한국정치외교사학회, 『한국전쟁의 정치외교사적 고찰』(평민사, 1989).
- R. 시몬스, 『한국내전』(열사람, 1988).
- 김점곤, 『한국전쟁과 노동당전략』(박영사, 1973).
- I. F. 스톤, 『비사한국전쟁』(신학문사, 1988).

- Joyce & Gabriel Kolko, *The Limits of Power*(New York: Harper and Row, 1972). 이 책의 한국 관련 부분이 김주환 편, 『미국의 세계전략과 한국전쟁』(청사, 1989), 11~126쪽에 번역되어 있다.
- K. 굽타, 『한국전쟁은 어떻게 시작되었나』(신학문사, 1988).
- D. W. 콘데, 『한국전쟁―또 하나의 시각』 1, 2(과학과사상, 1988).
- 존 메릴, 『침략인가 해방전쟁인가』(과학과사상, 1988).
- ──, 「한국전쟁의 기원」, 주한미국공보원, 『시사평론』 1988년 12월호.
- Gavan MaCormack, *Cold War Hot War-An Australian Perspective on the Korean War*(Sydney: Hale & Iremonger, 1983).
- Jon Halliday, "What Happened in Korea?-Rethinking Korean History 1945~1953," *Bulletin of Concerned Asian Scholars*, Vol. 5, No. 3(Nov. 1973), 36~44쪽.
- ──, "The Korean War: Some Notes on Evidence and Solidarity," *Buetin of Concerned Asian Scholars*, Vol. 11, No. 3(July. 1979), 2~18쪽.
- 황남준, 「제1공화국의 체제위기에 관한 연구―한국전쟁의 원인과 관련해서」(고대 정외과 석사학위논문, 1986).
- 조백상, 「냉전의 기원에 관한 수정주의적 해석과 그 평가」(서울대 외교학과 석사학위논문, 1982).
- Daniel S. Stelmach, "The Influence of Russian Armored Tactics on the North Korean Invasion of 1950"(Ph. D. Dissertation. Saint Louis Univ., 1973).

한편 한국전쟁의 기원 및 원인과 관련지어 최근 가장 주목할 만한 연구를 하고 있는 브루스 커밍스의 경우 그가 한국현대사·한국전쟁 연구에 미친 영향을 고찰할 때 그의 '연구' 자체에 대한 별도 고찰이 반드시 필요하다. 이 글에서는 다만 그의 주요 저술들만 제시하는 것으로 그치려고 한다.(최근 커밍스의 한국현대사 연구에 대한 주목할 만한 논문이 나왔다.

손호철,「브루스 커밍스의 한국현대사 연구 비판」,『실천문학』 통권 제15호, 1989년 가을, 295~330쪽).

① 1973, "American Policy and Korean Liberation," Frank Baldwin(ed.), *Without Parallel: The American-Korean Relationship Since 1945*(New York: Pantheon Books);『한국현대사』(사계절, 1984).

② 1981, *The Origins of the Korean War-Liberation and Emergence of Separate Regime, 1945~1947*(Princeton Univ. Press);『한국전쟁의 기원』상·하(청사, 1986).

③ 1983a, "Introduction: The Course of Korean-American Relations, 1943~1953," Bruce Cumings(ed.), *Child of Conflict: The Korean-American Relationship, 1943~1953*(Univ. of Washington Press).

④ 1983b, "Korean-American Relations: A Century of Contact and Thirty Five Years of Intimacy," Warren Cohen ed., *New Frontiers in American-East Asian Relation: Essays Presented to Dorothy Borg.*(N. Y.: Columbia Univ. Press).

⑤ 1984, "The Legacy of Japanese Colonialism in Korea," R.H. Myers and M.R. Peattie(eds.), *The Japanese Colonial Empire, 1895~1945*(Guildford, 1984).

⑥ 1986a, "The American Occupation of Korea: The 'Reverse Course' First"(Paper Presented for the Occupation Conference. The Hoover Institution).

⑦ 1986b, "The International Context of the Korean War: Achesonian Deterence"(Paper Submitted to the 30th Anniversary International Conference JAIR, Yokohama, Japan).

⑧ 1987, "The Division of Korea," J. Sullivan & R. Foss eds., *Two Koreas-One Future?*(Univ. Press of America);『두 개의 한국―하나의 미래』(청계연구소, 1987).
⑨ 1988, *Korea: The Unknown War*(New York: Pantheon Books), J. Holliday와 공저;『한국전쟁의 전개과정』(태암, 1989).
⑩ 1989,「한국전쟁과 애치슨발언―6·25 직전 프레스클럽 연설의 배경과 진의」,『창작과비평』, 64호.

한국전쟁의 기원과 원인을 규명하는 문제는 국내외를 막론하고 지금까지 한국전쟁(연구)의 가장 핵심적인 주제였다. 사실상 지금까지 한국전쟁 연구는 한국전쟁 원인 연구였다고 해도 크게 틀린 말은 아닐 것이다. 즉 "누가 한국전쟁을 시작했는가" "왜 한국전쟁이 발발했는가"라는 물음이 지금까지 한국전쟁 연구자들이 매달려온 가장 중심적인 주제였는바, 전자는 남침설과 북침설로, 후자는 전통주의와 수정주의로 대별된다. 그러나 지금까지 수정주의가 마치 북침설인 것처럼 알려져 있는 것은 커다란 오류다. 이는 전적으로 국내 일부 관변학자들의 책임으로서 그들의 무지 또는 고의적 왜곡에서 온 혼란이다. 전쟁 발발의 주체를 규명하는 남침·북침설과 전쟁 발발의 원인을 규명하는 전통·수정주의는 논의의 수준도 초점도 완전히 다른 문제다. 따라서 수정주의가 곧 북침설이라는 논리는 억지이며 사실상 대부분 수정주의계열의 학자들은 북침설을 인정하지 않는다. 참고로 전통주의·수정주의 구분의 기준도 한국전쟁의 기원 자체에 있지 않고 2차대전 후 미국(과 소련)의 외교정책을 어떻게 볼 것인가라는 문제에서 전자는 미국의 외교정책을 옹호하는 관점을, 후자는 비판적으로 보는 관점을 통칭해서 지칭하는 용어다.

남침설과 북침설 사이의 논쟁은 적어도 학문적으로는 북침설의 설득력이 매우 약한 것으로 보이며 오늘날 북침설을 주장하는 학자는 거의 없다. 그동안 명시적으로 북침설을 주장했던 학자는 굽타가 유일하며 할러데이·콘데·스톤 등은 명백한 북침설 견지에 서 있지 않고 다만 기습적 전면남친설을 부인, 이승만의 선제 도발에 의한 북한 측의 역공 가능성, 또는 남한군의 북침 '가능성'을 조심스럽게 개진했던 정도에 머무른다. 굽타의 글은 학문적으로 깊이 천착한 논문이라 보기 어려우며, 북침 '가능성' 쪽으로 강하게 경도되어 있던 할러데이는 최근 들어 남북침 문제를 명확히 언급하지 않고 다만 급진적 시각에서 미국과 남한의 정책을 강력히 비판하면서 한국전쟁이 '발발했다'고만 쓰고 있다.

사실상 6월 25일 새벽에 누가 먼저 총을 쏘았는지를 밝히는 것은 거의 불가능에 가까운 일일뿐더러 중요하지도 않다. 미국의 남북전쟁이나 스페인내전, 그리고 중국내전에서 누가 먼저 총을 쏘았는지 아무도 모르며 문제삼지도 않는다. 한국전쟁과 아주 유사한 성격을 띠었던 그리스내전과 베트남전쟁의 경우 이러한 물음은 문제로서 제기되지조차 않는다. 문제의 초점은 누가 먼저 총을 쏘았느냐보다 오히려 왜 그렇게 될 수밖에 없었는가라는 역사적·구조적 필연성이다. 이 점에서 전통주의와 수정주의는 일정 정도 유의미성을 갖는다.

전통주의 시각은 일반적으로 한국전쟁을 공산주의혁명을 통한 세계 제패의 야욕을 가진 스탈린이 계획하고 지령하고 김일성이 일으킨 불법적 기습남침으로 해석한다. 따라서 이들은 한국전쟁의 원인을 팽창주의적이고 침략지향적인 소련의 대외정책과 그것을 막지 못한 미국의 대한정책 약화에서 찾고 있다. 물론 이들은 스탈린·마오쩌둥·김일성의 역할과 결속 정도를 설명하는 데 약간씩 차이를 보이나 공산주의 진영 팽창전략의 일환으로 한국전쟁이 발발했다는 기본입장(미국정부와 남한정부의 공식입장)에서는 크게 벗어나지 않는다. 올리버, 스튜에크, 달린, 리스, 머트레이, 로우, 맥도날드, 스텔마크, 돕스, 그리고 국내의 소진철, 온창일, 김철범, 김학준, 김점곤, 최광녕 등이 이러한 견해를 대표해온 학자들이다. 극단적인 냉전논리가 지배하던 1950, 60년대의 대표적 견해였으며 지금도 여전히 많은 학자가 이러한 입장을 취하고 있다.

이에 반하여 수정주의는 전통주의에 대한 안티테제로 등장한 국제정치를 보는 새로운 시각으로서 이들에 따르면 팽창주의적인 것은 소련이라기보다는 오히려 미국이다. 한국전쟁의 원인과 관련지어서는 이들은 초기수정주의와 후기수정주의로 나눌 수 있다. 전자는 북한과 전쟁을 벌여 국내의 제반 위기를 해소함으로써 정권을 지속시키려 한 남한정부와 국내의 경제적 위기탈출 및 세계적 반혁명 총노선의 강화를 정당화하기 위한 미국정부 사이의 음모 또는 유도로서 한국전쟁 발발원인을 설명한다. 예컨대 수정주의 사관의 비조에 해당하는 스톤에 따르면 "침략은 정치적으로는 침묵에 의해 고무되었고 군사적으로는 방어진영에 의해 유도되었고 최종적으로는 모든 것이 완료되었을 때 38선을 넘어선 몇 차례 소규모공격으로 촉발"되었다. 따라서 수정주의 시각에서 주목하는 한국전쟁의 원인은 미국의 대한공약의 강화, 맥아더의 개인적 야망, 미국 내의 정치·경제적 위기, 그리고 이승만정권의 위기와 38선 선제공격, 북진통일론 등이다. 스톤과 콜코, 맥코맥을 비롯해서 프레밍, 호로비츠 볼드윈 등이 이에 포함된다.

한편 후기수정주의는 미국의 외교정책이 팽창주의적·공격지향적이라는 기본적 전제를 수용한 위에 식민지시대에 역사적 연원을 둔 해방 후 한국사회의 제반 모순구조 및 갈등(남북한 간의 갈등 및 남한 내 갈등), 즉 내인에 초점을 맞추어 한국전쟁의 원인을 설명하려 한다.

이들은 한국전쟁을 해방 후 또는 식민지시대부터 한국사회 제 갈등의 연속선상에서 파악, 한국전쟁은 이러한 갈등이 국제냉전과 맞부딪치면서 폭발하여 6월 25일을 기해 전쟁(재래전) 형태로 발전한 것이라는 주장이다. 따라서 이러한 관점에서 보았을 때 한국전쟁의 기원은 단순히 6월 25일이 아니라 해방 직후, 또는 일제 식민지시대까지로 올라간다. 이러한 시각은 한국현대사 연구에 이정표적 영향을 미쳐온 커밍스로 대표된다. 이 밖에도 할러데이, 오고노키 마사오, 사쿠라이 히로시, 메릴, 황남준 등도 외인에 못지않게 내인을 강조한다는 측면에서 이에 포함될 수 있다. 그러나 오고노키, 사쿠라이, 메릴 등은 일면 전통주의적 요소도 강하게 보이며 특히 메릴의 경우 내인을 강조한다는 논리적인 점만 제외한다면 내용적으로는 최근 전통주의로 거의 돌아선 느낌이다.

이상에서 한국전쟁의 원인과 기원을 설명하는 몇몇 주요 관점을 아주 간략하게나마 검토해봤다. 이들 접근들은 전쟁의 원인에 대한 나름대로의 설득력을 제각기 갖고 있다. 특히 전통주의적 시각만 통용되던 상황에서 수정주의적 접근이 갖고 온 인식의 전환은 커다란 기여라고 할 수 있다. 필자의 견해로는 수정주의 사관과 전통주의 사관만을 단순히 비교한다면 전자가 좀더 설득력이 있다. 그중에서도 콜코와 커밍스, 맥코맥, 할러데이 등의 설명이 비교적 전체적인 시각을 확보하려 한 것으로 보인다.

그러나 이 모든 논의는 한국전쟁의 원인을 설명하는 데 총체적 인식에는 여전히 이르지 못하고 있다. 반공·반북이데올로기를 기저에 깔고 있는 전통주의는 말할 것도 없고 그것의 안티테제로 등장한 수정주의도 한계가 있기는 마찬가지다. 이들의 시각은 외부요인과 내부요인을 배타적으로 강조하는 내외인론의 편향에 침몰됨으로써 자칫 한국전쟁 발발의 역사적·구조적 필연성에 대한 총체적 인식을 차단할 우려까지 있는 것이다. 이러한 요인들은 상호배타적이라기보다는 오히려 보완적·중첩적이다. 따라서 한국전쟁은 역사와 구조가 만나는 접점의 한 폭발인 것이다. 말을 바꾸면 한국전쟁은 해방으로 제기된 반제반봉건민주주의혁명의 전 민족적 과제가 북한에서는 혁명의 성공으로 완수되고 남한에서는 제국주의의 점령으로 저지되면서 남·북 분단으로 이어진 결과 계급모순과 민족모순을 둘러싼 갈등이 조국통일을 향한 열망과 중첩되면서 폭발한 해방5년사의 총체적 모순구조의 한 필연적 귀결이었던 것이다.

따라서 한국전쟁의 원인에 대한 내·외인론적 편향은 극복되어야 하며 문제의 초점은 구체적 메커니즘, 즉 내·외인이 상호 착종되어 중첩되는 계기를 규명해내는 일이다. 이것은 자연스럽게 그 논리적 귀결로서 한국전쟁의 원인에 대한 논의가 기원과 시점에 대한 논의로 보완되어야 할 것을 요구하며, 모든 요인에 대한 평면적 고려가 아니라 제 요인의 규정력을 분석해 요인 간의 중요도·우위성을 판별해낼 것을 요구한다. 이러한 점을 고려할 때 우리는 한국전쟁의 원인에 대한 총체적 인식을 획득할 수 있을 것이다.

2. 전쟁 전 남북한 통일정책

연구

- 이호재, 『한국외교정책의 이상과 현실—해방8년 민족갈등기의 반성』(법문사, 1986), 337~47쪽.
- 김도현, 「이승만노선의 재검토」, 송건호 외, 『해방전후사의 인식』(한길사, 1979), 320~24쪽.
- 서중석, 「이승만대통령과 한국민족주의」, 송건호·강만길 편, 『한국민족주의론』 2(창작과비평사, 1983), 260~66쪽.
- 최광녕, 앞의 논문, 113~39쪽.
- R. Simmons, *The Strained Alliance: Peking, Pyongyang, Moscow and the Politics of the Korean Civil War*(New York: The Free Press), 110~16쪽.
- Joyce & Gabriel Kolko, 앞의 책, 714~15쪽.
- J. Halliday, "The Korean War: Some Note, on Evidence and Solidarity," *Bulletin of Concerned Asian Scholars*, Vol. 11, No. 3(July, 1979), 2~18쪽.

자료

- 노중선 편, 『민족과 통일 I—자료편』(사계절, 1983), 266~89쪽.
- 로버트 올리버, 『이승만비록』(한국문화출판사, 1982), 288~92쪽.
- U. S. Dept. of State, *Foreign Relations of the United States, 1949*, Vol. VII(Washington: USGPO, 1976).
- ——, *Foreign Relations of the United States, 1950*, Vol. VII (Washington: USGPO, 1977).

분단국가 수립 후 한국전쟁에 이르기까지 남북한 각각의 공식적인 통일정책(남한-북진통일론, 북한-평화통일론)을 어떻게 볼 것인가. 이 중 이승만의 북진통일론은 한국전쟁의 원인과 관련지어 그동안 특히 많은 논쟁을 불러일으켜왔다. 많은 수정주의계열 학자는 이승만의 북진통일론이라는 호전적 태도가 북한군의 남침을 유발했다고 주장해왔다. 즉 이승만의 북진통일론이 한국전쟁의 주요한 발발원인이었다는 것이다. 예컨대 콜코와 시몬스 등은 무력통일을 의미하는 북진통일계획을 이승만이 대내외적으로 공공연하게 천명함으로써 북한을 자극하여 북한으로 하여금 예방전쟁에 나오게 만들었다고 본다. 특히 전쟁유도설을 주장하는 콜코는 이승만정부가 북한의 남침을 유도한 이유는 미국의 개입을 불러일으켜 북진통일을 달성하기 위해서였다고 주장한다. 같은 수정주의계열 학자인 할러데이도 이승만정부가 미국의 개입을 유도해 북한정권을 붕괴시키려는 목적으로 전쟁을 도발했다고 주장한다. 이러한 주장에 대해 수정주의계열 학자들은 대체로 동의하는 편이다.

이에 대해 최광녕은 "이승만의 북진통일 주장은 유혹조와 위협조를 내포한 대미용 발언으로서 한국의 방위와 안보에 대한 미국의 공약을 확보하거나 군사장비에 대한 미국의 원조를 확보하기 위한 것이었다고 볼 수밖에 없다"면서 "이승만의 북진통일론이 하나의 대북 간접도발로서 북한군의 남침을 초래케 했다는 주장은 받아들이기 어렵다"고 주장한다. 이호재는 "이승만은 북진통일하겠다고 위협만 했지 실제로는 무력통일할 힘은 전혀 갖고 있지 못했다"면서 따라서 그의 북진통일론은 하나의 허세이자 공갈정책이었다고 주장한다. 그는 이승만이 공갈정책을 편 것은 ① 미군이 무기를 공급해줄 때까지 북한의 남침을 저지할 시간을 얻고, ② 북한의 평화통일공세에 대응하며, ③ 남북협상을 주장하는 그의 정적들을 강압할 정당화 수단으로 사용하기 위해서였다는 것이다. 그러나 이호재는 "이승만에게 그 당시 무력통일 이외에 다른 통일 방법이 있었을까?" 하고 의문을 제기하면서 "한국동란 자체가 바로 이승만의 공갈정책이 실패한 결과"라고 해석한다.

한편 김도현은 이승만은 남한 단정수립정책을 통해 분단체제를 확립·강화하는 입장이었는데 명분상 통일을 부정할 수는 없고 국민들의 통일열망을 무시할 수도 없게 되자 오직 협상 배제, 무력통일만을 주장함으로써 다른 통일운동을 일체 용납하지 않으려 했다고 주장한다. 이에 대해 서중석은 이승만 단정노선과 북진통일론은 필연적인 내적 연관성을 가진 것이었고 이승만은 북진통일론을 내세우면서 그밖의 남북협상론·평화통일론 등을 철저하게 억압하여 정적을 탄압하고 민중을 공포 속에 위축시켜 자신의 권력을 공고히 하려 했기 때문에 북진통일론은 그 자체의 목적 추구 못지않게 실제의 정치적 의도가 중요하다고 강조한다.

이상의 논의를 요약하면 이승만의 북진통일론은 ① 실제로 무력통일을 달성하기 위한 통일전략, ② 북한의 남침을 저지 내지 유도하거나 또는 그들의 평화통일공세에 대응하기 위한 대북용 전략, ③ 미국으로부터의 지원과 원조를 보장받기 위한 대미용 전략, ④ 국내의 남북협상론·평화통일론을 억압하기 위한 대내용 전략 등의 수준에서 이해할 수 있을 것이다.

간단한 사실을 재구성하여 검토해보자.

표 1에서 보듯이 이승만의 북진통일 발언은 매우 지속적이고도 강경했다. 이러한 이승만의 발언이 북한의 지도부를 매우 자극했음에는 틀림없다. 더욱이 이승만의 북진통일 발언이 남한군대의 38선에서의 빈번한 선제공격이라는 실제적 군사행동으로 표출됨으로써 북한으로 하여금 어떤 예방적 또는 대응적 군사행동을 유발했을 개연성은 얼마든지 있었다. 따라서 이승만정권의 북진통일론은—그것이 위협용이었든 실제 통일전략이었든지간에—한국전쟁의 한 주요한 원인이었다고 볼 수 있다. 또한 이승만의 북진통일론은 단순한 위협·공갈 수준이었다기보다는 무력만 확보된다면 실제로 북진하겠다는 무력통일전략이 그 본질이었다고 보아야 한다. 이러한 본질적 측면을 추구하는 과정으로서 이승만은 미국에 대하여 군사력의 지원을 요구한 것이고—그 역이 아니라—그것은 북한의 평화통일공세에 대응하는 대북 전략과 김구와 소장파 국회의원들을 중심으로 한 국내의 평화통일운동을 억압·제거하는 대내용 전략으로 표출되는 복합적인 성격을 함께 담고 있었다. 따라서 이승만의 북진통일론이 단지 미국으로부터의 지원과 원조를 확보하기 위한 대미용 전략이었다는 주장은 지나

표 1 전쟁 전 남북한 통일정책 관련 연표(이승만의 북진통일론을 중심으로)

통일 관련 사건 및 주장	북진통일론
1948. 10. 13, 대한민국국회, 40여 의원 외군철퇴결의안 제출. 1948. 10. 17, 김구, 평화로운 통일·독립을 위한 남북협상 주장. 1948. 11. 3, 김구, 미·소 양군 철퇴 후 통일정부 수립 요지 담화. 1948. 1. 13, 김구, 외국군철퇴 거듭 주장.	
	1949. 1. 29, 남한정부, 남북협상 반대성명 발표. 1949. 9. 28, 이승만, 육군을 증편하고 무기와 장비로 무장시켜 빠른 시일 안에 북진하고 싶다(미 육군성 장관 로열 및 주한미대사 무초와 대담). 1949. 2. 12, 이승만, 당장 넘어가서 파괴분자를 벌하고 질서와 평화를 확립할 수 있으며 북한동포들은 그들을 도와달라고 호소하나 미국이 국제전쟁으로 번질까 두려워하기 때문에 자제하고 있다(장면 주미대사와 올리버에게 보낸 각서). 1949. 2. 18, 남한정부, 북한괴뢰정권과의 협상은 공산정권의 묵시적 승인을 뜻하므로 결코 있을 수 없다.
1949. 3. 19, 국회, 김약수 국회부의장 등 국회의원 63명 외군철퇴 진언서 유엔 한위에 수교. 1949. 3. 31, 남한정부, 대북교역 금지 발표. 1949. 5. 20, 남한정부 외군철퇴 후 남북협상을 통한 평화통일을 주장했던 국회의원들 체포(국회프락치사건).	

1949. 6. 25, 북한, 조국통일민주주의 전선 결성.
1949. 6. 26, 남북협상을 통한 평화통일을 주장하던 김구, 이승만정부의 현역군인에게 암살.
1949. 6. 27, 북한조국전선, "조국의 평화적 통일사업은 조선인민 자신의 힘으로 필히 실천하자"는 내용의 평화통일선언서 채택(미군철퇴, 유엔 한위 철퇴, 통일적 입법기관 설치, 남북한 동시선거. 선거지도위원회 구성, 1949년 9월에 선거 실시 등을 주장).
1949. 7. 5, 북한조국전선, 1949년 9월 남북한 총선거 실시 제안.
1949. 7. 13, 북한조국전선, 남한의 대표와 조국통일문제 협의할 준비가 돼 있다는 공개서한 발표.

1949. 7. 9, 이승만, 북한의 9월총선안 거부.
1949. 9. 30, 이승만, 남한은 북한의 실지를 회복할 수 있으며 북한동포들은 남한이 공산주의자들을 소탕해줄 것을 회상하고 있다면서 이 같은 조치는 늦으면 늦을수록 곤란하다고 언명(기자회견).
1949. 9. 30, 이승만, 지금이 공산잔당을 평화에서 소탕할 호기라 언급. 무기 등 물질적 지원협력 요청(올리버에게 보낸 서한).
1949. 10. 7, 이승만, 3일 이내로 평양을 점령할 수 있으나 유엔과 미국이 우매한 일이라고 경고하여 자제하고 있음(UP 부사장 조세프, 존스와 회견).
1949. 10. 14, 이승만, 북한 공산정권을 제거하고 만주와 압록강·두만강을 국경으로 확보하도록 허용하면 민주주의를 지키는 과업이 한층 용이 할 것(기자회견).
1949. 10. 31, 이승만, 분단상태에서 더 이상 살 수 없다(미국 순양함 St. Paul호 선상에서).
1949. 11. 1, 남한 국방장관 신성모, 한국은 북진할 준비가 되어 있으나 미국이 만류·저지하여 목적을 달성하지 못하고 있다고 선언. 그는 만약 미군이 한국군으로 하여금 38선을 넘어 북진하게 내버려만 두었어도 한국은 벌써 확실한 북벌을 단행했을 것이라며 한국이 북진을 단행하지 못하는 것은 미국이 아직 준비가 안 되었으니 기다리라고 하기 때문이라고 언명(도쿄 기자회견).
1949. 11. 3, 이승만, 한국은 필요하다면 무력으로 통일할 준비를 해야 한다고 말하면서 이 참을 수 없는 분단상태는 무한정 계속될 수 없다고 언명(무초와 대담).

	1949. 11. 4, 이승만, 현 상황이 한국에 불리하게 될 경우 몇 가지 결정적인 대항조치가 취해져야 한다고 언명.
	1949. 11. 26, 이승만, 북한괴뢰정권 해체하고 남북한 자유선거하자고 제안.
1949. 12. 15, 북한 로동당중앙위원회 제2차 회의, 외세배제, 남북조선 총선거를 통한 평화적 통일방안 채택.	1950. 1. 14, 이승만, 북진을 위해 필요한 비행기·군함·탱크 등 중무기를 공급해달라고 미국에 강력하게 요구.
	1950. 4. 6, 이승만, 북한에서도 유엔감시하에 선거를 실시하여 대한민국 국회에 합류할 것 촉구.
	1950. 4. 28, 이승만, 지금이라도 당장 가서 공산도배를 소탕할 수 있으나 우방의 경원으로 국제관계상 단독행동을 할 수 없다(기자회견).
1950. 6. 7, 북한조국전선 중앙위, 평화통일 호소문 채택(8월 중 남북한 총선거로 통일정부 수립).	
1950. 6. 19, 북한 최고인민회의 상임위원회, 평화적 조국통일 방안에 관한 제안 발표(북국회연합을 통한 평화적 통일정부 수립방안 제시).	1950. 6. 19, 이승만, 중국에서 공산당이 기반을 강화하기 이전에 38도선에 의한 한국분단은 철폐되어야 한다고 주장(방한 중인 미 국무장관고문 덜레스와 대담).

치게 현상만을 본 설득력 없는 해석이다.

  한편 이 시기 북한에서 지속적으로 추구한 평화통일정책은 북한 민주기지론의 관철과정으로 봐야 할 것이다. 즉 해방 후 반제반봉건인민민주주의혁명을 완수함으로써 북한지역에 혁명적 민주기지 건설을 완료한 북한은 ① 통일전선전술에 입각한 남북협상을 통한 평화통일 방안을 주요한 전술로 ② 남한지역 혁명을 통한 이승만정권 붕괴와 통일정부 수립 방안을 부차적 전술로 사용한 것으로 보인다. 평화통일 공세와 남한지역으로 유격대 남파 병행이 이를 잘 보여주고 있다. 그러나 북한은 남한혁명역량이 전면적으로 붕괴한 뒤에는 ②의 전술과 함께 ③ 그동안 북한지역에 구축한 혁명역량의 동원을 통한 통일정부 수립방안의 둘을 모색해오다 통일지향세력이 대거 국회에 진출한 2대 국회의원선거 결과에 크게 고무되어 적극적인 ① 전술로 나왔으나 남한정부의 거부로 평화적 통일정부 수립의 길이 봉쇄되자 최종적으로 남아 있던 ③의 방안을 동원한 것으로 보인다. 이 과정에서 지속적으로 관철된 것은 물론 민주기지론과 통일전선전술이었다.

3. 전쟁 전 미국의 대한정책을 둘러싼 논쟁

연구
- 신복룡, 「한국전쟁의 원인에 관한 고찰—D. 애치슨의 연설을 둘러싼 논쟁을 중심으로」, 건대 사회과학연구소, 『사회과학』 제12집(1988), 53~72쪽.
- Allen S. Whiting, *China Crosses the Yalu*(Standford: Stanford Univ. Press, 1960), 40~42쪽.
- John Lewis Gaddis, *Strategies of Containment*(Oxford: Oxford Univ. Press, 1982), 112~17, 122~24쪽.
- ──, *The Long Peace*(New York: Oxford Univ. Press, 1983), 72~103쪽.
- J. I. 머트레이, 앞의 책, 258~68, 394쪽.
- 데이비드 리스, 『한국전쟁』(육군본부, 1979), 22쪽.
- B. Cumings, 앞의 글, ①, ③, ⑦, ⑨, ⑩번.

자료
- 중앙일보, 『광복 30년 중요자료집』, 『월간중앙』 1975년 1월호 별책부록, 130~31쪽.
- D. Acheson, Strengthening: *The Forces of Freedom-Selected Speeches and Statements of Secretary of State Acheson, Feb. 1949-Apr.*

1950(Washington: USGPO, 1950), 174~75쪽.
- ──, *Present at the Creation: My Years in the State Department* (New York: W. W. Norton & Co., 1969), 402~538, 651~57쪽.
- U.S. Dept. of State, *Foreign Relations of the United States, 1950*, Vol VII(Washington: USGPO, 1976), 234~96, 298~312쪽.
- ──, *Dept. of State Bulletin*, Vol. XXIII, No. 551(1950. 1. 23), 111~18쪽.
- Louise Yim, *My Forty Year Fight For Korea*(Seoul: Chungang Univ. Press, 1967), 297~99쪽.

　한국전쟁의 원인과 관련해서 그동안 미국의 대한정책은 가장 격렬한 논쟁점의 하나였다. 그중에서도 1950년 1월 12일 국무장관 애치슨(Dean Acheson)이 전국기자클럽(National Press Club)에서 행한 「아시아에서의 위기―미국 정책의 시험대」(Crisis in Asia―An Examination of US. Policy)(이하 NPC연설)라는 연설은 한국전쟁의 발발원인과 관련지어 현재까지도 가장 커다란 논쟁을 불러일으키는 쟁점이다.

　7,700여 단어에 이르는 이 연설은 발표되자마자 미국 국내는 물론이고 한국에서도 거센 반향을 불러일으켰다. 문제의 핵심은 미국의 '불후퇴방어선(The Defensive Perimeter)에 남한이 포함되지 않았다는 것 때문이었다. NPC연설이 보도되자 가장 먼저 반발한 것은 남한의 이승만이었다. NPC연설을 전해들은 즉시 이승만은 주미대사 장면을 시켜 미국무성 동북아시아차관보 버터워스(W.W. Butterworth)를 방문케 하여 미국이 NPC연설을 통하여 남한을 포기한 데 대하여 심각한 문제를 제기한 뒤 애치슨에게 "미국의 극동방위선을 수정하여 한국을 포함시켜달라"고 강력하게 요구했다. 그러나 1월 28일 이승만은 NPC연설문 전문을 읽고 나서는 초기의 격렬한 반발과는 정반대로 "애치슨이 한국문제에 관심을 가져준 데 대해 감사의 뜻"을 표시, NPC연설에서 애치슨이 말하려 했던 본질을 깊이 이해한 듯했다.

미국 내에서 논란이 훨씬 더 거셌다. 애치슨에 대한 반발과 공격은 주로 상원에서 행해졌는데 매카시즘으로 유명한 극단적 반공주의자 매카시(Joseph R. McCarthy)를 비롯하여 태프트(Robert Taft), 휘리(Kenneth Wheerry), 제너(William Jenner), 브리지스(Seyles Bridges) 상원의원 등은 애치슨을 공산주의자·배신자 등으로 공격하며 트루먼에게 애치슨의 해임을 요구했고 이것이 받아들여지지 않자 애치슨 스스로 사임할 것을 강력히 요구하기도 했다. 이들 중 일부는 한국전쟁 발발 후 "한국에서 미국의 젊은이들이 피를 흘리는 것은 애치슨의 책임"이라면서 트루먼과 애치슨이 "한국전쟁을 불러들였다. 특히 애치슨의 NPC연설은 공산주의자들로 하여금 한국전쟁의 발발을 결심하게 만들었다"면서 격렬하게 비난했다. 애치슨의 이 NPC연설은 1952년 미 대통령선거에서도 큰 쟁점이 되기도 했다.

이러한 현실정치적 논란 못지않게 학문적으로도 NPC연설은 그동안 커다란 논쟁점이 되어왔다. 최근 들어 커밍스의 재해석―사실 커밍스의 해석은 특별히 새로운 해석이나 내용을 담고 있는 것은 아니다―을 계기로 이 논쟁은 미구에 다시 한번 세계적으로 불붙을 것으로 보인다.

NPC연설에 대한 첫 번째 해석은 애치슨의 연설이 미국의 대한정책을 약화했으며 따라서 공산주의자들의 팽창정책·침략야욕에 호기를 주었다는 주장이다. 즉 애치슨의 NPC연설이 '실수로' 한국을 포기할 의사를 비침으로써 침략의 청신호를 주었다는 것이다. 말을 바꾸면 애치슨이 그러한 실수를 하지 않고 좀더 강력한 대한공약을 표시했다면 한국전쟁의 발발은 막을 수 있었다는 것이 이들의 주장이다. 올리버·모슬리 등을 포함하여 대부분 전통주의 학자들이 이러한 견지에 서 있다.

NPC연설에 대한 두 번째 해석은 그것이 미국 내 행정부 강경파의 음모라는 해석이다. 즉 이들에 따르면 애치슨의 연설은 소련과 북한으로 하여금 침략하게끔 교묘하고 치밀하게 분장한 계획된 음모요 침략 유혹·초대장이었다는 것이다. 연설 상당 부분이 해석에 따라 다를 수 있는 모호한 내용을 담고 있는 것도 공산주의자들을 고의적으로 현혹하기 위한 술책이었다는 것이다. 이러한 음모이론(Conspiracy Theory)의 대표자가 커밍스라고 할 수 있는데 그가 이러한 해석의 근거로서 특히 주목하는 것은 1953년 7월 9일 한 세미나에서 애치슨이 한 "한국이 나타나서 우리를 구해주었다"는 말이다. 이 말로 미루어볼 때 애치슨이 NPC연설에서 무엇을 얻으려고 했는지는 명백해진다는 것이다. 커밍스의 이러한 해석은 약간의 정도 차이는 있지만 수정주의 학자들 사이에서는 이미 오래전부터 개진되어 온 견해였다. "미국이 한국을 시험장 삼아 소련과 중국을 시험하려 했다"는 주장으로부터 "미국이 대만과 한국을 보호할 의사가 없다는 공언을 호도하기 위해 꾸며낸 수사학적 분장" "한국과 대만을 방위선에서 제외한 미국의 결정은 아시아에서 벌어질 침략을 위하여 용의주도하게 계획된 음모의 소산"이라는 주장이 그것들이다. 당시 한국의 유엔 대표였던 임영신은 NPC연설은 미국이 공산주의자들이 침략할 경우에 그들이 어느 정도 화력으로 얼마나 대담하게 공격할 것인가를 떠보기 위한 계략이자 음모이며, 한국은 그러한 미국의 음모의 희생물이었다고 주장하기도 했다.

   NPC연설에 대한 세 번째 해석은 애치슨의 연설이 한국전쟁(발발)과는 직접 관련이 없다는 것이다. 이들은 남한이 미국의 불후퇴방위선에서 제외된 것은 애치슨의 NPC연설에서가 아니라 그 훨씬 이전이었다는 점, 공산주의자들의 남침결정과 NPC연설은 아무런 관련이 없다는 점, 당시 한국문제는 미국의 관심 밖이었다는 점 등을 들어 애치슨의 NPC연설과 한국전쟁의 관련성을 부인한다. 이들에 따르면 애치슨의 연설은 이미 기정사실화되어 있던, 따라서 소련과 북한의 공산주의자들도 잘 알고 있던 사실을 한 번 더 언급한 것에 지나지 않는다는 것이다. 앞의 머트레이, 신복룡, 데이비드 리스 등이 이러한 주장을 펴는 논자들이다.

   이상의 제 주장 중 어느 것을 취해도 한국전쟁(발발)과 NPC연설의 관련성이 명확히 해명되지는 않는다. 세 주장이 상호보완적이기도 하지만 한국전쟁의 원인을 어느 한 요인·계기에서 찾으려고 하는 것은 그 출발부터가 사실 무리가 아닐 수 없기 때문이다. 따라서 애치슨선언이 한국전쟁을 실수로 불러일으켰다는 해석이나, 그것이 고도로 계산된 음모라는 해석, 또한 한국전쟁과 애치슨선언 사이에는 아무런 관련이 없다는 해석은 모두 일정하게 한계를 가질 수밖에 없다. 다만 당시 제반 상황과 애치슨연설의 내용을 살펴볼 때 단순실수론이 전혀 설득력이 없다는 점만은 분명한 것 같다.

중요한 것은 NPC연설이 한국을 포기하거나 한국에 대한 공약의 약화를 의미하는 것은 결코 아니며 따라서 그것은 당시 계속 강화되던 미국(특히 군부)의 대아시아 대한반도 정책의 연장에서 한 치도 벗어나지 않았다는 점이다. NSC48과 NSC48/2 그리고 맥아더구상을 한국전쟁 전에 이처럼 잘 나타내준 연설은 없었다. 즉 그것은 유럽에서 아시아까지 미국의 군사공약을 확대한 대구상의 일환으로써 방위선 내외가 형식상으로는 차이가 있었으나 내용상으로는 전혀 차이가 없었다는 것이다(방위선 내: 직접적 군사행동. 방위선 밖: 일차적으로는 당사국 책임, 그 뒤 미국이 명예로운—유엔동원 등—개입을 책임짐). NPC연설 1주일 후인 1950년 1월 20일 애치슨이 트루먼에게 보낸 보고서의 한 구절은 이를 너무도 잘 보여준다.

우리의 제한된 지원이 계속된다면 공화국(남한을 지칭-필자)은 계속 생존할 수 있는 좋은 기회를 갖게 될 것입니다. 그러나 만약 그러한 더 많은 지원이 거부된다면 그 기회는 상실될 것이고, 아마도 우리의 모든 노력은 수포로 돌아갈 것입니다.

4. 미국의 즉각 개입과 그 논리

연구
- 서주석, 「한국전쟁의 전개과정연구-미국의 전쟁 제한정책 결정과정과 그 원인을 중심으로」(서울대 외교학과 석사학위논문, 1986), 11~20쪽.
- G. 페이지, 『미국의 한국참전결정: 정책결정이론에 의한 사례연구』(법문

사, 1968).
- 小此木政夫, 『한국전쟁-미국의 개입과정』(청계연구소, 1980), 83~124쪽.
- R. Foot, *The Wrong War-American Policy and the Dimensions of the Korean Conflict, 1950~1953*(New York: Cornell Univ. Press, 1985), 55~67쪽.
- J. I. 머트레이, 앞의 책, 268~305쪽.
- William Stueck, "The March to Yalu: The Perspective from Washington," Bruce Cumings(ed.), *Child of Conflict: The Korean-American Relationship, 1943~1953*(Washginton: Univ. of Washington Press, 1983), 195~231쪽.
- Bruce Cumings, 앞의 글 ③, ⑨.

자료

- U. S. Department of State, *Foreign Relations of the United States 1950*, Vol. I(National Security Affairs) and Vol. III(Korea) (Washington: USGPO, 1976, 1977).
- ──, *American Foreign Policy: Basic Documents 1950~1955*, 2 vols(Washingon: USGPO, 1956).
- ──, *United States Policy in the Korea Crisis*(Washington: USGPO, 1950).
- H. S. 트루만, 『트루만회고록』(한림출판사, 1971).
- D. Acheson, *Present at the Creation: My Years in the State Department*(New York: W. W. Norton, 1969).
- ──, *The Korean War*(New York: W. W. Norton, 1971).
- R. E. 애플만, 『유엔군전사 제1집, 낙동강에서 압록강까지』(육군본부, 1963).
- J. F. 슈나벨, 『유엔군전사 제3집-정책과 지도』(육군본부, 1974).
- 구영록·배영수 편, 『한미관계, 1682~1982』(서울대 미국학연구소, 1982).

- 이기택 편, 『현대국제정치-자료선집』(일신사, 1986), 378~82쪽.
- 한국홍보협회, 『한국동란』(한국홍보협회, 1973), 236~44, 545~70쪽.

    1950년 6월 25일 한국전쟁 발발은 통일을 둘러싼 남북한 간의 무력대결로 시작된 것이었다. 따라서 한국전쟁은 외국의 개입이 없었다면 문자 그대로 국지전으로 끝날 수 있는 수준의 사건이었다. 한국전쟁이 발발했을 때 대부분 국가들은 실제로 그것이 한국의 내부문제임을 강조, 불개입 의사를 명확히 했다. 예컨대 소련은 6월 29일 "전통적으로 타국의 국내문제에 불간섭했음"을 강조, "한반도 내부문제에 대한 외국세력의 간섭을 불용할 것임"을 천명했고 중국 역시 6월 27일 한국전쟁을 "조선인민의 자주·통일을 위한 투쟁" "조선의 내부문제"로 규정했으며 28일에는 저우언라이 외교부장의 성명을 통해 자국 영토(대만)에 대한 미국의 제국주의적 침략행위를 규탄했을 뿐 전쟁 개입이나 대북지원 의사를 조금도 나타내지 않았다.

    이러한 불개입 분위기는 서방국가들에서도 유사하여 영국의 경우 "만약 남한이 패망하거나 명백히 패망하기 직전의 경우에도 강력한 행동을 취하게 되지는 않을 것"임을 명백히 했다.

    그러나 미국만은 달랐다. 미국은 국제법상 그리고 조약상 아무런 의무가 없는 한국에 즉각적인 개입을 결정했고 이로써 최초에 국지전·제한전화할 수 있었던 한국전쟁을 전면전으로 변전시켰다. 즉각 개입이라는 이러한 미국의 행동은 그 정당성과 관련하여 지금까지도 여전히 논쟁 중이다. 우선 지상군 파견 결정에 이르기까지 당시 워싱턴의 동향을 간단히 살펴보자.

    표 2는 미국이 한국전쟁에 전면 개입할 때까지 상황이다. 미국은 처음부터 북한의 군사행동을 소련의 사주에 의한 전면 무력남침으로 규정했고 사태에 대한 면밀한 분석 없이 전면적인 즉각 개입을 결정했다. 세계 모든 나라에서 혁명적 민족주의 운동과 반미·반자본주의적 움직임을 소련의 지시, 소련의 세계공산화전략의 일환으로 매도하는 것, 그리고 반소전

표 2   한국전 발발과 미국의 대응   (시간은 워싱턴 시간)

주요 보고	미국의 대응 및 결정
6월 24일 21시, 주한 미대사 무초, 북한군 전면남침 보고. 6월 25일 02시, 무초, 탄약 요구. 6월 25일 12시, 무초, 수도 이전 결정(서울→대전) 보고.	6월 24일 23시, 트루먼·애치슨, 유엔안보리 소집 요구 결정. 6월 25일 11시, 육군성, 무초의 요구 즉각 승인. 6월 25일 17시, **유엔안보리 결의**(공산침략행위 저지에 관한 안보리의 결의)
6월 25일, 국무성 정보보고. ① 북한의 행동은 소련의 통제하에 있다. ② 소련의 목표는 미국의 결의를 시험하고 자국의 위신을 높이며 한반도 기지화, 일본의 중립화다. ③ 북한의 목표는 전 한반도의 지배이고 미국의 지원이 없는 한 한국은 곧 패배할 것이다.	① 적대행위 즉각 중지와 북한군의 38선 이북으로의 복귀 요구. ② 유엔한국위원단의 북한군 철수 감시. ③ 본 결의안 시행에 대한 회원 각국의 협조 및 북한에 대한 원조 금지 요구. 6월 25일 19시, **제1차 블레어하우스회의** ① 맥아더에게 내리는 지령(군수물자 수송, 현지조사단 파견). ② 제7함대 일본해역으로 이동. ③ 극동에서 소련의 공군기지 일소할 준비. ④ 소련이 다음 행동을 일으킬 만한 지점 조사.
	6월 26일 21시, **제2차 블레어하우스회의** ① '지금으로서는' 38선 이남 전투에 해·공군 참전, 모든 작전 제한철폐, 유엔 결의에 따른 지원 형식을 취할 것. ② 대만해협에 7함대 파견. ③ 필리핀 미군부대 증강검토, 인도차이나 원조 강화.
6월 27일 21시, 무초, 서울 함락 및 한국정부 이동 보고.	6월 27일 23시, **유엔안보리결의**(대한민국에 대한 군사원조에 관한 안보리 결의). 유엔 회원국들이 대한민국에 대하여 이 지역에서 무력공격을 격퇴하고 국제평화와 안전을 회복하기 위하여 필요한 지원을 제공할 것을 권고.

	6월 28일 06시, 맥아더, 38선 이북지역 공군작전권 행사 지시. 6월 29일 17시, **국가안전보장회의(NSC)** ① 38선 이북의 해·공군작전권 허용. ② 부산·진해 확보를 위해 육군 전투부대 투입. ③ 대만군 투입 검토(논란 끝에 30일 거부 결정).
6월 30일, 01시, 맥아더, 전세 악화·연대 규모 부대(RCT) 즉시 파견 건의. 6월 30일 04시, 맥아더 군부대 증강 요구.	6월 30일 09시, **백악관회의** ① 지상군 2개 사단 파견 결정. ② 전한국 연안해상 봉쇄 결정.

략의 연장에서 그에 대응하는 것, 이것이야말로 제2차 세계대전 후 미국이 이용해온 전가의 보도였다. 한국전쟁 시에도 미국이 내건 주요 참전명분은 ① 소련에 의한 더 큰 침략행위의 억지, ② 미국의 위신 유지, ③ 유엔의 권위 유지, ④ 전 세계 반공세력의 약화 방지였으며, 북한의 군사행동을 예의 소련의 세계공산화전략으로 간주하여 모든 정책을 대소전략, 소련 저지의 명분에서 결정했다. 트루먼·애치슨·브래들리를 비롯한 거의 모든 미국 정책결정자는 한국전쟁이 발발하자 (일부의 이의제기와 소련의 분명한 불개입 의사 천명에도 불구하고) "소련은 우리가 제3차 세계대전의 개시를 두려워하여 저항하지 않을 것이라 보고 부전승으로 한국을 획득하려 하고 있다" "그들은 우리를 시험하고 있다"며 소련에 의한 침략임을 명백히 했고 그들의 이러한 인식은 "한국의 사태를 좌시하면 대만이나 일본뿐만 아니라 동남아시아나 서유럽, 특히 독일에서 미국의 위신은 현저히 손상될 것"이라며 "이 침략에 대응하기 위해 우리가 해야 할 것은 '모두' 하지 않으면 안 된다"는 합의로 이어졌다. 이것이 주요한 네 회의, 즉 제1차 블레어하우스회의→제2차 블레어하우스회의→국가안전보장회의→백악관회의를 통해 38선 이남 해·공군 참전→38선 이북에서 해·공군 작전권 허용→지상군 파견으로 이어지며 거의 아무런 검토나 저지 없이 수직상

승 일변도로 관철된 개입논리이자 명분이었다.

이러한 미국의 전략은 서유럽 국가들을 끌어들이고 철저한 미국의 거수기 유엔을 동원하여 사후 추인을 받음으로써 항상 정당화의 외피를 쓸 수 있었다. 트루먼은 "우리는 완전히 유엔을 위하여 행동하고 있다"고 강조하고―실제는 "유엔이 완전히 미국을 위하여 행동했음"에도 불구하고―"유엔의 명령이 발표될 때까지 이 이상의 행동은 삼갈 것"이라고 했다. 그러나 사실상 미국의 결정은 유엔의 결정보다 언제나 앞서나갔고, 유엔의 결정을 미국이 그 일원으로서 집행한 것이 아니라 미국의 결정을 유엔이 그 집행기관으로서 집행한 것이었다. 결국 미국의 이러한 전략은 자신들의 일방적 주도하에 유엔군을 조직함으로써 성공했고 이로써 국제기구 유엔은 최초로 전쟁 당사자가 되고 말았다. 참전 후 미군 사령관이 유엔군 사령관 이름으로 한국군에 대한 지휘권까지 완전히 장악하고(7월 15일), 미군에 대한 치외법권적 지위까지 확보함(7월 12일)으로써 미군은 한국군보다도 더 중요한 전쟁 당사자로 떠올랐다.

요컨대 미국은 한국전쟁을 제3세계 혁명적 민족주의 운동에 대해 언제나 그래왔던 것처럼 처음부터 소련의 차후 군사행동을 미리 저지하고 미국과 유엔의 위신을 유지하기 위해 미국의 힘을 과시하는 호기로 삼았던 것이다. 따라서 미국의 개입이 정의의 십자군, 자유의 사도로서 공산침략으로부터 한국민의 자유를 지켜주기 위한 것이었다는 논리는 완전히 허구이며 처음부터 미국 외 지역에서 미국의 안보를 지켜나간다는 자신들의 고전적 안보논리, 자신들의 세계전략으로부터 나온, 철저하게 미국 안보를 위한 행동이었다. 이는 미국의 전면적 개입이 소련이 불개입 의사를 명확히 했고 또 어떤 개입도 용납하지 않겠다는 의사를 천명한 뒤에, 그리고 실제로도 소련의 불개입이 거의 확인된 상태에서 이루어졌다는 점에서 더욱 명확해지는 것이다. 시몬스(Robert Simmons)는 미국의 개입에 대해 이렇게 말하고 있다. "미국이 한국내전에 개입함으로써 미국과 한국(남북한 모두를 지칭-필자) 모두에게 참혹한 결과를 낳았다. 신속하고도 상대적으로 덜 유혈적인 통일의 길이 있었으나(미국의 개입으로) 그것이 그만

대량참사로 전환되고 말았다."

5. 38선 북진 논쟁

(연구와 자료는 이 글 4절 참조)

6월 25일 저녁 제1차 블레어하우스회의로부터 4차에 걸친 중요 회의의 결과로 미국정부는 6월 30일 한국에 대한 지상군 전면파견을 결정했다. 이 결정은 종래 한국에 적용되던 제한적 봉쇄가 철회되고 직접적이고도 전면적인 군사행동의 방침이 확립된 것을 의미했다. 그렇지만 이때 최초의 개입명분은 북한군을 38선 이북으로 격퇴하고 한반도에서 평화를 회복한다는 것, 즉 전전원상회복(status quo ante bellum)이었고 유엔의 결의 또한 이와 같은 성격을 담고 있었다. 예컨대 애치슨 국무장관은 6월 29일 미국신문협회 연설에서 미국 군사행동의 목적은 "안전보장이사회의 결의에 따라 오직 한국은 북한이 침략하기 이전의 상태로 복귀시키고 그 침략에 의해 파괴된 평화를 재확립하기 위한 것에 지나지 않는다"고 언명했으며 트루먼의 초기 발언도 이에서 크게 벗어나 있지는 않았다. 그리고 만약 미국이 동북아에서 평화의 회복을 재확립하기 위한 것이 개입의 진정한 목적이었다면 침략의 저지, 즉 전전원상회복만으로도 그것은 충분히 달성되었다. 그러나 지상군 재파견을 결정한 뒤 미국은 곧바로 단순한 38도선 회복에 그치지 않고 무력으로 한국을 통일하려는 의사를 노골화했다. 개입의 명분과 진정한 목적이 분명해지는 순간이었다.

이러한 무력통일론은 국무성 동아시아과장 앨리슨(J. Allison), 국무성 극동담당 차관보 러스크(D. Rusk), 국무장관 고문 덜레스(J.F. Dulles) 등 국제주의자들에 의해 강력하게 개진되었으며 국방성·국무성 내의 많은 관료와 현지 사령관 맥아더의 전폭적 지지를 받았다. 맥아더는 사실상 이들의 의도를 전장에서 앞서서 실천해가고 있었으며 이들에게 "무력공격을 격퇴하고 이 지역에서 국제평화와 안전을 회복한다"는 6월 27일 유엔 안보리의 결의는 한낱 백지장에 불과했다. 이들 뒤에는 트루먼과 애치슨이 있었다.

그러나 이러한 무력에 의한 통일·독립 한국의 추진노선에 대해 그러한 방침에 반대하고 문제의 국지적 해결을 시도한 주장도 만만치 않았다. 주로 국무성 정책기획실을 중심으로 조지 케난(George Kennan) 전 정책기획실장, 폴 니체(Paul Nitze) 정책기획실장, 주불 공사 찰스 볼렌(C. E. Bohlen) 등이 이러한 주장을 편 사람들이었다. 이들은 유엔군의 지상전투 행동을 38도선 이남에 한정하고 조속한 정전을 주장하면서 문제를 소련과 교섭해서 해결해야 한다고 주장했다. 이들은 한국의 사태는 기본적으로 국내적 분쟁(a Civil Conflict)으로서 침략이라는 용어는 타당치 않다면서 ① 소련의 의도가 국지적 수준에 머무르고 있고, ② 38선 북진 시 소련 또는 중국의 군사적 대응을 초래할 것이며, ③ 유엔의 지나친 개입은 자제해야 한다는 논리에서 무력에 의한 통일·독립한국 수립 논리를 반대했던 것이다. 이들 두 관점은 한국전쟁 발발 후 7, 8월에 걸쳐 정책 대립과 논쟁을 거듭하나 결국 전자의 일방적 승리로 끝나고 말았다. 미국의 개입의도에 비추어 후자의 주장이 관철되거나 고려될 가능성은 애초부터 없었던 것이다.

미국의 북진 결정과정과 그 함의를 좀더 자세히 살펴보자.

7월 1일, 지상군의 전면적 파견이 결정되자마자 국무성 동북아 과장 앨리슨은 가까운 장래에 있을 대통령 연설에서는 한·미 양군이 38도선에서 정지한다는 의사표명을 해서는 안 된다고 주장했다. 그는 그러한 의사표명이 한국군의 사기에 큰 타격을 줄뿐더러, "38선에서의 인위적 분할이 계속되는 한 한국의 항구적인 평화와 안정은 없을 것"이라며 "만일 할 수 있다면 우리는 만주와 시베리아 국경까지 진군을 계속하여 '유엔 감시 아래 전 한국 총선거'를 요구해야 한다"고 강조했다. 그는 또 7월 23일 각서에서 '통일·독립 한국의 실현'이라는 목표와 '북한군의 38도선 이북으로의 격파' 목표를 분리한 전날의 정책기획실 비망록은 '기본적인 오류'라고 강력히 비판하고 '북한군의 무력에 의한 제거, 유엔 감시 아래 무장해제 및 통일한국정부의 유엔 가입에 이르기까지 지속적인 비타협적 문제해결을 주장했다. 앨리슨 주장의 핵심은 ① 북한군의 단순한 38선 이북으로의 격퇴 반대, ② 북한군 무장해제 뒤 유엔 감시하 남북한 총선거 실시로 요약될 수 있는바, 후자야말로 미국이 1947년 이래 지속적으로 추구해오던 한반도에서의 진정한 목표로서 6월 25일 한국전쟁 발발은 미국이 군사력을 이용하여 그러한 목표를 달성할 수 있게 해준 더없이 좋은 기회였다. 그리고 미국은 이 절호의 기회를 놓치려 하지 않았다.

앨리슨의 이러한 주장은 "38선을 철폐하고 북한군을 격멸함으로써 문제의 화근을 뿌리뽑아야 한다"고 주장한 덜레스와 러스크에 의해 강력히 지지받았으며 국방성과 국가안전보장회의에서는 "한국 주도하의 통일·독립이 유엔을 통하여 이루어져야 한다"는 정책으로 구체화되었고 맥아더는 이를 전장에서 이미 '블루하츠작전'(Operation of "BLUE HEARTS")으로 실현하려 했다. 이것은 모두 전세가 북한의 일방적 공세하에 있던 7월에 결정된 사항들이었다. 전세가 일방적 열세에 있던 7월부터 이미 미국의 모든 정책결정기관, 즉 백악관, 국가안보회의, 국무성, 국방성, 군부는 북한 섬멸 후 유엔을 동원한 통일·독립 한국의 수립 목표를 확정했던 것이다.

7월 17일, 유엔군이 북한군의 진격을 저지하기 훨씬 이전에 이미 트루먼은 북한군이 38선 이북으로 퇴각한 이후에 미국이 취해야 할 대응책을 준비하라고 NSC에 지시했고 맥아더는 7월 말경에 "적은 크게 유리한 기회를 가지고 있었으나 그것을 이용하는 데 실패했다. 압도적인 병력차에도 불구하고 우리의 손해는 경미하다. 우리의 힘은 계속 증대될 것이고 적의 힘은 상대적으로 감소될 것"이라는 보고를 트루먼에게 제출했으며, 실제로 미군의 최초 반격(킨작전)이 개시된 8월 7일에는 이미 유엔군 병력이 북한군을 상회하고 있었다. 애치슨은 이 시점에서 앞으로 북한군 병력의 태반 상실과 그에 따른 "더 이상의 위험 없이 독립되고 통일된 한국을 달성한다는 매혹적인 가능성"의 현실화를 예견하고 있었다.

8월은 전세가 계속 불리했음에도 이러한 기본노선이 더욱 강화·구체화되는 과정임과 동시에 그러한 목표를 '세련되게' 달성할 효과적인 수단과 방법을 찾는 기간이었다. 그것을 위한 전가의 보도, 즉 미국에는 유엔이 있었다.

8월 17일 미국은 유엔대표 오스틴의 입을 빌려 이러한 '자유·통일·독립' 국가 수립정책을 대외적으로 공표했고 내부적으로는 NSC81(9월 1일 제출, 9월 7일 승인)로 문서화되었다. NSC81은 ① 북한군 격퇴 후 중·소 불개입 시 북진, ② 군사적 승리 후 유엔 주도 아래 한국문제 해결을 핵심내용으로 전쟁 종결 시 및 그 뒤 행동방침까지 포함하고 있었다. 그러나 이 NSC81은 아직 비교적 잠정적·유보적 단계였으나 국방성, 군부의 반발로 군사적으로 더욱 강경하고 공격적인 NSC81/1로 변경되었다(7월 9일 제출, 9월 11일 승인). 이 결정은 9월 15일과 27일 맥아더에게 지시되었고 29일 합동참모본부(JCS)가 맥아더의 북진을 승인(유엔의 결의는 10월 7일임을 기억하라)함으로써 현실화되었다.

9월 15일 인천상륙작전에 이어 9월 30일 맥아더는 김일성에게 무조건 항복을 요구했다. 10월 1일 한국군이 38선을 넘고 10월 7일 마침내 미군이 38선을 넘자 미국의 의도는 명확해졌다. 10월 9일 맥아더는 재차 김일성에게 무조건 항복을 요구함으로써 북한정권의 전멸을 통한 통일·독립 한국의 수립이 미국의 궁극적 전쟁목적임을 다시 한번 확인해주었다. 그러나 중국의 계속되는 경고와 서방진영의 우려에도 아랑곳하지 않은 미국의 이러한 확전일변도 전략은 끝내 중국의 참전을 초래해 한반도를 국제전의 무대로 만들어버리고 말았으며 중국군의 공세로 스스로 총퇴각하지 않으면 안 될 운명을 자초하고 말았다.

이러한 미국의 전략은 최초의 개입명분에 비해서는 분명한 자기 일탈이자 새로운 전쟁 목적의 설정(38선 이북으로 북한군을 격퇴해 평화회복→북한군 전멸 후 유엔을 통한 통일·독립 한국 수립)이었으나 2차대전 후 미국의 전반적인 대극동·대한반도 전략에서는 조금도 벗어나지 않은, 오히려 그것의 현실화정책이었다.

한편 이러한 결정에서 미국은 끝까지 유엔을 동원하려 노력했다. 이미 참전 시에도 그랬던 것처럼 7, 8월부터 '유엔을 통한' 통일·독립 한국의 수립을 강조해오던 미국은 9월 27일 트루먼의 입을 통해 "38선 돌파는 유엔이 결정할 문제"라며 내부적으로 진작에 결정된 사항을 끝까지 유엔의 외피를 쓰려 노력했다. 그러나 사실상 유엔의 결정(10월 7일)이 있기 훨씬 이전인 9월 29일 미합동참모본부는 이미 맥아더의 북진 건의를 승인했다. 유엔에서 결의안 통과 시에도 북진이 초래할 중·소 개입에 따른 전면전화를 유려한 영·불 등 서유럽제국의 견제와 소련의 안보리 참여로 안보리 통과가 용이하지 않자 이번에는 지금까지 동원해오던 안보리가 아닌 총회에서 북진결의안을 통과시키는 교묘한 방법을 채택했다. 아마도 한국전쟁에서처럼 유엔이 철저하게 미국의 거수기, 제2의 국무성 역할을 충실히 해준 예도 없을 것이다. 그러나 미국의 그러한 추악하고도 철면피적인 유엔 이용과 타국 동원 전략은 한국전쟁 단 한 번으로 족해야 했다. 베트남전쟁에서 또 한 번 유엔의 이름으로 정당화의 외피를 쓰고 다른 국가들을 끌어들이려던 미국의 계획은 모든 국가로부터 철저히 외면당했다.

6. 중국군 참전의 배경과 원인

연구

- 정종욱, 「중공의 한국전쟁 해석—중공군의 한국전 참전을 중심으로」, 서울대 국제문제연구소, 『논문집』(서울대 국제문제연구소, 1984), 135~68쪽.
- 김학준, 「한국전쟁시기에 있어서 남북한 각자의 동맹국들과의 관계」, 『한국문제와 국제정치』(박영사, 1987), 92~133쪽.
- ———, *The Sino-North Korean Relations, 1945~1984*(The Korean Research Center, 1985), 1~85쪽.
- Allen Whiting, *China Crosses the Yalu: The Decision to Enter the Korean War*(Stanford: Stanford Univ. Press, 1960).
- 박두복, 「중공의 한국전쟁 개입의 원인에 관한 연구」, '한국전쟁 전후 민족

적 동기의 재조명' 심포지엄(1987) 발표 논문. 한국정치외교사학회편,『한국전쟁의 정치외교사적 고찰』(평민사, 1989), 113~43쪽에 재수록.
- 平松茂雄,『中國と朝鮮戰爭』(東京: 經草書房, 1988), 이 책 일부가『사회와 사상』, 1989년 7월호에 실려 있다(361~80쪽,「사람이냐 무기냐」).
- Rosemary Foot, *The Wrong War—American Policy and the Dimensions of the Korean Conflict, 1950~1953*(New York: Cornell Univ. Press, 1985), 74~123쪽.
- 小此木政夫,『한국전쟁—미국의 개입과정』(청계연구소, 1986), 167~227쪽.
- Harold Hinton, *Communist China in World Politics*(Boston: Houghton Mifflin Co., 1966).

자료
- 伍修權,「在外交部 八年的 經歷(1950. 12~1958. 10)」,『중소연구』8권 1호(한양대 중소문제연구소, 1984. 3), 251~82쪽, 8권 2호(1984. 6), 253~80쪽.
- 姚旭,「미국에 대항하고 조선을 지원한 현명한 정책—中國人民志願軍이 出國하여 참전한 30주년을 기념하며」, 같은 책, 8권 4호(1984. 12), 213~35쪽.
- "How to Understand the United States," *Current Affairs Journal* (Peking, 1950), Vol. 1, No. 2; Harold C. Hinton(ed.), *The Peoples Republic of China, 1949~1979: A Documentary Survey*(Delaware: Scholary Resources Inc., 1980), 127~32쪽.

중국군은 1950년 10월 한국전쟁에 참여하면서부터 1953년 7월 휴전에 이르기까지 한국전쟁의 전개과정과 종결에 결정적인 영향을 미쳤다. 그러나 이와 같이 결정적인 영향을 미친 중국군이 한국전쟁에 왜 참전하게 되었는지 그 배경과 원인에 대한 연구는 거의 없는 실정이다. 물론 한국전쟁의 원인을 설명하는 일군의 전통주의 계열 학자들 중에는 중국이 한국전쟁 발발 시부터 이미 소련과 함께 깊숙이 개입해 있었다는 중소음모설을 주장하기는 하나(힌튼[Harold Hinton], 달린[A. Dallin], 바네트[D. Banrnett], 슐만[M. Schulman], 박두복 등) 이러한 견해는 오늘날 전통주의에서조차 거의 받아들여지지 않고 있다.

그렇다면 한국전쟁 발발 시에는 전혀 관여치 않던 중국이 왜 전쟁이 한창 진행 중인 1950년 10월에 가서야 참전을 결정하게 되었는가. 그 배경과 원인을 규명하는 것이 한국전쟁의 국제전화를 가져왔던 중국의 참전을 이해하는 데 필수적이다.

이에 대한 기존의 견해는 대략 두 가지로 대별된다. 하나는 마오쩌둥이 스탈린의 지령 또는 압력으로 참전하게 됐다는 견해이고(힌튼, 박두복 등) 다른 하나는 미국의 북진으로 인한 중국의 안전에 대한 스스로의 우려가 참전의 주요 동기였다는 견해다(화이팅, 푸트, 오고노키 등). (커밍스와 할리데이는 중국군의 참전이유가 북한에 대한 '호혜의 원칙'이 일차적인 원인이고 그다음이 자국의 국경선방어, 세 번째가 북한에 대한 소련의 영향력 배제라고 주장하나 이는 좀더 면밀한 분석을 요하는 해석이다.) 전자는 소련의 지시와 통제로부터 벗어날 수 없었던 당시 중·소관계의 성격에 비추어볼 때 1950년 10월 중국의 한국전쟁 참전 결정은 소련의 압력에 의한 피동적 결정이라는 주장이며 후자는 중국이 미군의 북진으로 점증하는 위협에 직면하여 사회주의 건설 초기의 어려움을 무릅쓰고 전쟁이 자국 영토로 확대되는 것을 방지하고자 참전했다는 것이다. 그러나 최근 들어 전자, 즉 스탈린의 지시나 압력에 따라 중국이 참전했다는 주장은 그 설득력을 잃어가는 추세다.

그렇다면 중국은 진정 왜 참전했을까. 간단한 사실의 재구성으로 추적해보자. 중국은 이미 한국전쟁 발발과 동시에 미국이 7함대를 대만해협으로 파견하자 이것이 중국 영토에 대한 제국주의적 무장침략이라면서 즉각적으로 예민한 반응을 보였다. 그러나 대만문제를 제외하고는 중국은 한반도 전쟁에 대해 그것은 '조선의 내부문제'라며 어떤 특별한 움직임을 보이지 않았다. 중국이 한국전쟁에 직접적인 관심을 표명한 것은 1950년 8

월 17일 주유엔 미국 대표 오스틴(Warren Austin)이 유엔군의 군사적 목표가 전전원상회복, 즉 38선회복에 있지 않고 한반도 통일에 있음을 명백히 선언하면서부터였다. 이에 대해 중국은 "미제의 조선침략이 특히 중국의 안전에 중대한 위협"을 주고 있으며 중국 인민은 "그러한 미제의 조선침략을 허용할 수 없다"고 경고했다. 9월 말까지 중국은 때로는 외교부장 저우언라이 등이 성명을 통해, 때로는 베이징 주재 인도대사 파니카(K. M. Panikar)를 통해 유엔군이 38선을 넘어 중국 국경으로 진격해올 경우 중국은 절대로 좌시하지 않고 참전할 것임을 강경하게 그리고 지속적으로 경고했다. 이러한 중국의 계속되는 경고에도 불구하고, 그리고 중국의 참전이 점차 명확해지는데도 불구하고 미국은 일단의 논쟁을 거쳐 결국 38선을 넘어 북진을 결행했고 계속해서 확전 일변도로 나아갔다.

미국의 승인 아래 한국군이 38도선을 넘자 마오쩌둥은 10월 2일 당간부들을 소집하여 중국인민지원군의 이름으로 군대 일부의 조선 파병을 결정했다. 이때 마오쩌둥이 중국군의 한국전 참전을 결정하기에 앞서 사흘 낮, 사흘 밤을 혼자 고심하고 번민했다는 것은 널리 알려진 일화다. 국가건설기에 산적한 국내문제와 세계 최강 미국군의 침략 위협에 직면하여 내린 참전은 마오쩌둥으로서는 모든 것을 건 어려운 결정이었다. 중국공산당 내의 참전 반대파들도 만만치 않아 이들은 북한 지원보다 국내 경제건설이 더 시급하며 아직 미국 군대가 중국 본토를 침략할 때까지는 상당한 시간이 남아 있다는 이유로 강력히 참전 반대의사를 개진했다.

그러나 마오쩌둥은 이와 같은 반대를 무릅쓰고 한반도에서 전쟁이 계속되는 한 중국이 평화스럽게 경제건설에 전념할 수 있는 정세가 조성될 수 없으며 미국이 한반도에서 승리하게 되면 막바로 압록강 연안을 공격할 것이라면서 "우리 군대가 조선전쟁에 참여하는 것이 유리하다. 우리의 출병은 우리나라 그리고 동방과 전 세계에 모두 유리하다. …… 결론적으로 우리는 마땅히 참전해야 하며 만일 참전한다면 그 이익이 엄청난 데 비해 참전하지 않는다면 그 손해가 막대할 것"이라며 중국인민지원군을 조직하여 참전할 것을 명령했다. 이것은 10월 7일 유엔이 유엔군의 38도선 북상을 허용하는 서방 측 결의안을 통과시킨 지 하루 뒤의 일이었다.

마침내 10월 19일 중국인민지원군은 항미원조보가위국(抗美援朝保家爲國)을 명분으로 압록강을 건넜다. 이로써 한국전쟁은 국제전화했고 그 결과 세계역사상 자본주의 진영과 사회주의 진영이 맞붙은 최초의 전쟁이 되었다. 미국의 확전전략이 빚은 결과였다.

중국군의 참전으로 북한정권은 존망의 위기에서 벗어났다. 한국전쟁에 참전한 중국군은 북한에서 매우 조심스럽게 행동했는데 이는 마오쩌둥이 지시한 결과로 보인다. 마오쩌둥은 참전에 앞서 "우리 중국인민지원군은 조선 국경 안으로 들어간 뒤 조선인민군, 조선민주정부, 조선로동당과 기타 민주당파 및 조선인민의 수령 김일성 동지에게 우애와 존경을 보이고 군사기율과 정치기율을 엄격히 보여야 한다. …… 또 중국인민지원군은 조선의 산 하나, 물 한 방울, 풀 한 포기, 나무 한 그루라도 애호해야 한다"고 강조했다.

결론적으로 중국군의 한국전쟁 참전배경과 원인은 다음과 같이 정리될 수 있을 것이다.

첫째로 가장 중요한 요인으로서 미군의 국경 부근 진격으로 인한 자국 안보에 대한 직접적 위협이다. 중국은 점증하는 미국의 침략 위협에 대응하여 사회주의 건설기의 산적한 문제에도 불구하고 국가를 보위하기 위해 참전하지 않을 수 없었던 것으로 보인다. 중국은 당시 미군과 장제스군대의 양면공격 위협을 심각하게 느끼고 있었으며 (맥아더는 실제로 장제스군대의 본토 투입을 검토하기까지 했다) 최후의 순간까지도 미군이 38선을 넘지 않는다면, 즉 한국군만이 38선을 넘는다면 참전하지 않겠다는 의사를 표명할 정도로 자제하다가 국가 수호를 위한 최후의 승부수로서 참전 결정을 내렸던 것이다.

둘째는 소련과 관계를 개선하기 위해서였다. 훗날 마오쩌둥이 "스탈린은 언제부터 우리를 믿게 되었나. 그것은 항미원조 때부터다. '1950년 겨울에 가서야' 우리가 티토가 아니고 유고가 아님을 그는 믿게 되었다"고 한 언명에 비춰보더라도 한국전 참전의 주요 목적 중 하나가 그들에 대한 스탈린의 불신을 제거하고 그의 신임을 얻는 데 있었음을 알 수 있다. 실제로 스탈린은 중국의 유고화, 마오쩌둥의 티토화에 대해 끊임없이 의구심을 품어왔던 게 사실이며, 그 결과 양국 관계는 매우 소원했고 1949년 12월부터 이듬해 2월까지 장장 3개월에 걸친 소련 방문에서 마오쩌둥은 이를 절감했던 것으로 보인다. 따라서 중국의 참전이 소련의 지시로 이루어졌다는 견해는 전혀 설득력이 없다고 볼 수 있다.

   셋째는 북한에 대한 보은 또는 사회주의 연대성의 원칙이다. 중국은 항일투쟁과 국공내전과정에서 조선인으로부터 받은 도움을 위기에 처한 북한을 지원함으로써 갚으려 했던 것으로 보인다. 또한 이것은 제국주의의 침략에 공동으로 대응한다는 국제사회주의 연대성의 원칙을 견지하려 한 것으로 볼 수 있다. 그러나 중국은 '지원' 이상을 시도한 것 같지는 않다. 당시 중국 지도층은 "조선의 통일목표는 장래에 실현될 수 있는 것이지 이 전쟁에서는 성취될 수 없는 것"이라면서 전 조선해방을 추구하지는 않았다. 그리하여 중국은 자국 군대가 북한지역을 회복하고 38이남으로 진격하여 더 이상 자국의 안보와 북한의 존폐가 위협받지 않게 되자 갑자기 추격정지 명령을 내려 진격을 중지했다. 당시 평양 주재 소련대사 라츠와예프는 계속 진격을 촉구했으나 펑더화이는 이를 거절했고 라츠와예프는 결국 스탈린에 의해 즉각 해임되고 말았다.

   넷째는 중국 국내문제와 관련성이다. 당시 중국은 비록 혁명이 성공하기는 했으나 아직 본토 곳곳에는 국민당 잔류부대·잔류세력이 남아 있었으며 이들 반혁명세력의 저항은 결코 무시할 수 없는 정도였다. 또한 당시 중국공산당의 중앙통제력은 중국 전체 국토의 좁은 부분에 한정되어 있었으며 중국인민해방군의 군벌적·파벌적 성격으로 전 중국군을 마오쩌둥이 장악한 것은 더욱 아니었다. 일례로 '동북의 통치자' '만주의 군주'로 불리던 가오강의 경우 마오쩌둥의 통제권 내에 있지 않았다. 마오쩌둥으로서는 이러한 대내적 상황을 한국전쟁에 참여함으로써 일거에 극복하고 혁명을 촉진하려는 판단을 했던 것 같다. 한국전쟁에 참전하면서 마오쩌둥은 토지개혁, 반혁명세력 제거, 중앙정부의 통제력 강화, 그리고 대대적인 대중운동(三反·五反운동 등)의 전개 등으로 대내적 통합력의 제고와 사회주의 건설을 급속하게 추진해나갔던 것이다.

7. 휴전협상의 쟁점과 지연요인

연구

- W. Hermes, "The United States Army in the Korean War: The Last Two Years, July 1951~July 1953"(Ph. D. Dissertation, George Town Univ., 1966), Vol. I, II, III.
- Wilfred Bacchus, "The Relationship between Combat and Peace Negotiations: Fighting While Talking in Korea, 1951~1953," *Orbis* 17, No. 2(Sum., 1973), 547~74쪽.
- Robert Simmons, 앞의 책, 198~240쪽. 번역본 233~67쪽.
- 이종운, 「한국휴전협상과정과 한미관계」(연대 정치학과 석사학위 논문, 1982).
- 정해구, 「휴전회담 교착과 미국의 전략」, 『역사비평』 5호(1989년 가을), 96~111쪽.
- 온창일, 「휴전을 둘러싼 한·미관계」, 김철범 엮음, 『한국전쟁―강대국정치와 남북한 갈등』(평민사, 1989), 215~37쪽.
- B. Cumings and J. Halliday, 앞의 책, 161~202쪽.
- 김학준, 앞의 책(1987), 134~213쪽.
- David Rees, 앞의 책, 227~332쪽.
- Rosemary Foot, 앞의 책, 174~231쪽.
- David Conde, 앞의 책, 제2권.
- 신복룡, 「한국전쟁의 휴전」, 한국정치외교사학회, 앞의 책, 255~88쪽.
- Barton J. Bernstein, "The Pawn as Rook: The Struggle to End the Korean War," *Bulletin of Concerned Asian Scholars*, Vol. 10(Jan.,

1978), 38~47쪽.

• ———, "The Struggle Over the Korean Armistice: Prisoners of Repatriations," Bruce Cumings(ed.), 앞의 책, 261~307쪽.

자료

- Walter G. Hermes, *Truce Tent and Fighting Front: United States Army in the Korean War*(Washington: Office of the Chief of Miliary History in US Dept. of the Army, 1966). 육군본부 작전참모부 옮김, 『유엔 군전사 제2집, 휴전천막과 싸우는 전선』(육군본부, 1968).
- H. Vatcher, Jr., *Panmunjom; The Story of the Korean Military Armitice Negotiations*(New York: Frederick A Praeger Inc., 1958).
- Turner Joy, *How Communists Negotiate*(New York: Macmillan, 1955).
- 육군본부, 『6·25사변사』(육군본부, 1959), 209~60쪽.
- 구영록·배영수 편, 앞의 책, 93~120쪽.
- 이기택 편, 앞의 책, 384~401쪽.
- 김주환 편역, 앞의 책, 443~58쪽.

중국군의 참전으로 전쟁이 국제전의 양상을 띠면서 각 전쟁 당사국들은 두 가지 선택, 즉 세계적 수준의 전면전으로 확전이냐, 아니면 쌍방 간에 교섭을 통한 정전이냐의 문제에 직면했다. 또한 실제 전황이 38선을 중심으로 교착상태에 빠지면서 어느 일방에 의한 군사적 승리는 사실상 불가능해졌고 쌍방 모두가 이를 인식하고 있었다. 이러한 상황에서 정전을 위한 협상이 시작되었다. 1951년 5월 말과 6월 초에 있었던 주유엔 소련 대사 말리크(Jacob Malik)와 전 주소 미대사 케난(George Kennan) 사이의 비밀회담이 그 시작이었다. 그러나 이렇게 시작된 휴전협상이 종결되기까지는, 즉 1953년 7월 27일 휴전협정체결까지는 무려 2년여의 시간을 더 기다려야만 했다. 쌍방 간에 정전의 필요성을 인식하고 있었으면서도 무수한 피해를 더해가면서 협상이 2년간이나 더 계속된 원인은 무엇이며 그 책임은 누구에게 있는가. 휴전협상과 휴전협정이 체결된 이후 1954년에 있었던 제네바정치회담의 쟁점을 중심으로 이 문제를 고찰해보려 한다.

휴전회담은 1951년 7월 10일 개성에서 처음으로 개최되어 회의 벽두부터 논란을 거듭한 끝에 7월 26일 ① 군사분계선 문제, ② 휴전감시기구 구성 문제, ③ 전쟁포로에 관한 문제, ④ 관련 각국 정부에 대한 권고 사항 문제 등을 의제로 합의했다. 이러한 휴전협상은 중국과 북한에는 그 자체가 외교적 승리였다. 왜냐하면 미국과 유엔이 중국과 북한을 협상대표로서 인정했다는 점은 그때까지 중국과 북한에 대해 그들이 견지해왔던 불인정 정책이 사실상 철회되었음을 의미하기 때문이다.

7월 27일 공산 측과 미군 측은 첫 번째 의제인 군사분계선 문제에 관한 협상을 시작했다. 공산 측은 38선을 군사분계선으로 하고 쌍방이 이로부터 10킬로미터씩 비무장지대를 설치할 것을 제안했고, 미국은 지상에서 현 전선보다 훨씬 북쪽에 군사분계선을 설정할 것을 요구했다. 미해군과 공군의 작전범위가 압록강까지 걸쳐 있으므로 군사분계선은 이를 고려하여 설정해야 한다는 것이 미군의 주장이었다. 미군의 이러한 요구는 전혀 타당하지 않음에도 공군력의 우세를 이용해 협상을 유리하게 이끌려는 전술이었다.

미군의 무리한 요구로 협상이 교착상태에 빠지자, 공산 측은 현 전선을 중심으로 군사분계선을 설정할 것을 제안했으나 미군은 이에 대해 가공할 군사적 공격으로 대응했다. 공중폭격은 미국의 가장 유용한 수단이었다. 7, 8월 미군 폭격기들은 평양 등 북한의 주요 도시에 네이팜탄을 비롯한 수천 톤의 폭탄을 퍼부었다. 대부분 도시는 잿더미로 변했다. 8월 15일 미국은 통신망과 보급선을 차단할 목적으로 대규모 폭격작전인 교살작전을 감행, 북한 전역의 초토화를 기도했다. 또한 9월과 10월에는 극비리에 '허드슨항 작전'(Operation of Hudson Harbor)을 실시, B29폭격기(2차대전 시 히로시마와 나가사키에 원자탄을 투자했던 기종) 한 대가 북한 상공을 비행하며 모조원자탄 또는 TNT폭탄을 투하하는 모의원자탄투하비행을 실시했다. 이와 함께 지상에서는 점령지역을 확대하기 위한 공세를 강화했다. 또한 9월에는 소련을 배제한 가운데 일본과 단독강화조약(샌프란시코조약)을 체결하여 공산 측에 외교적 압력을 가했다.

10월 25일 협상이 재개되어 현 전선을 중심으로 군사분계선을 설정하는 것으로 쌍방 간에 잠정 합의를 보았으나, 미군이 동부전선 일부와 서부전선의 개성을 교환하자는 새로운, 그러나 전혀 얼토당토않은 요구를 함으로써 협상은 다시 교착상태에 빠졌다. 결국 미군이 자신들의 무리한 요구를 스스로 철회함으로써 제1의제는 12월 27일 현 전선을 기준으로 군사분계선을 설정한다는 합의에 이르게 되었다. 군사분계선의 합의는 한국전쟁 전체 전개과정에서 중요한 의미를 갖는다. 이제부터 전쟁은 군사적 승리는 불가능하다는 것을 상호 인정한 가운데 다만 정치적·심리적 승리만이 남아 있음을 의미했다.

군사분계선 문제가 매듭되자 쌍방은 곧바로 정전의 구체적 사항, 즉 휴전감시기구의 구성과 권한 문제를 다뤄나갔다. 이와 함께 의제 4항 "외국군대의 철수와 한반도문제의 평화적 해결에 관해 쌍방에 관련된 나라들의 정부에 권고하는 문제"를 함께 다뤘는데 이 문제는 쌍방이 비교적 쉽게 합의에 도달, "쌍방 사령관은 …… 정전협정이 조인되고 효력을 발생한 후 3개월 내에 각기 대표를 파견하여 고위 정치회의를 소집하고 조선으로부터 모든 외국군대의 철거 및 조선문제의 평화적 해결 등의 문제들을 협의할 것"에 합의했다.

휴전감시문제에서 쌍방은 남북한 주요 지점에 대한 감시 문제와 중립국 구성 문제에서 첨예하게 대립했다. 앞의 문제와 관련하여 미군은 완전히 파괴된 북한 내의 군용 비행장 복구를 금지하고 북한 전 지역에서 자유로운 감시와 정보 수집을 위해 쌍방에서 선정한 휴전감시위원회가 남북한의 모든 지역에 대해 통행의 자유권을 갖게 할 것을 제안했는데, 이러한 요구는 대부분 군사장비 및 보급 시설을 일본과 미국에서 조달하는 미군과 남한 측에는 유리한 반면 모든 것(특히 비행장)이 파괴된 북한에는 전적으로 불리한 것이었다. 따라서 공산 측은 남북한 모든 지역에 대한 통행의 자유를 반대하고 비무장지대에서만 감시활동을 할 것을 제의했고 정전협정이 맺어진 뒤 군용비행장의 복원을 금지해야 한다는 미군의 제안은 주권 침해라고 맞섰다.

이 문제보다 양측이 더 큰 이견을 보이고 논쟁을 벌인 부분은 휴전감시위원회의 구성 문제였다. 미군은 노르웨이·스웨덴·스위스를 위원국으로 추천했고, 공산 측은 소련·체코슬로바키아·폴란드를 추천했다. 이에 대해 미군은 소련은 북한과 국경을 접하기 때문에 중립국으로 인정할 수 없다고 주장했다. 이에 공산 측은 만일 소련이 중립국이 아니라면 이 세상에 중립국은 없다고 맞섰다. 또한 노르웨이와 스웨덴은 유엔 참전국들로서 사실상 중립국이 아니었다. 이 문제를 놓고 협상은 무려 3개월을 끌었다. 결국 1952년 5월 2일 미군은 비행장 복원문제를 거론하지 않기로 하는 한편 중립국 감시위원단에서 노르웨이를 제외하기로 하고 공산 측은 소련을 제외함으로써 휴전 감시를 위한 출입지역문제는 쌍방 5개 장소로, 그리고 중립국 감시위원회는 체코, 폴란드, 스위스, 스웨덴 4개국으로 구성하기로 합의했다.

의제 4개 가운데 3개가 해결되자 1952년 5월 현재 남은 의제는 포로교환 문제 하나였다. 전쟁포로문제는 정전이 성립되면 당연히 쉽게 해결될 것으로 예상되었고, 중요한 문제들이 타결된 이 시점에서 그러한 예상은 절대로 단순한 상상력만은 아니었다. 또 실제로도 쌍방이 포로에 관한 국제협정(1949년 제네바 협정 제118조: 전쟁포로들은 전쟁이 끝나면 지체없이 석방되고 송환되어야 한다)에 따를 경우 이것은 아무런 문제가 될 것이 없었다. 그러나 포로교환문제는 예상 밖으로 난항을 거듭했고, 그것을 이유로 전쟁은 숱한 인명피해를 더해가며 무려 18개월이나 지연되었다. 문제는 미국의 태도에 있었다.

미국은 제네바협정에 서명했으면서도 인도주의를 내세워 제네바협정이 규정하고 있는 강제송환을 거부, 자유송환을 주장했다. 이에 대해 공산 측은 제네바협정 위반이라면서 즉각 거부의사를 분명히 했다. 미국 내에서도 미국 자신이 서명한 국제협정을 스스로 위반하는 것의 불합리성을 들어 초반에는 자유송환을 반대하는 주장(예컨대 합참본부 애치슨 등)도 없지 않았으나 이는 곧 압도적인 대다수의 반대에 직면하여 모두가 확고한 자유송환원칙을 주장했다. 미국이 자유송환을 주장한 표면적 이유는 인도주의적 견지에서 포로들에게 선택의 기회를 주자는 것이었다. 그러나 미국이 자유송환원칙을 고수한 좀더 본질적인 이유는 공산포로들이 모국송환을 거부할 때, 또 그렇게 하게 함으로써 얻는 반사적 이익, 즉 심리적·도덕적·선전적 승리를 집요하게 추구했기 때문이다. 그것이야말로 미국에는 위신과 명분, 그리고 이데올로기 싸움에서의 승리로 보였던 것이다.

문제는 포로들의 '자유의사'를 확인하는 데 있었다. 공산포로들은 자신들을 송환시키지 않으려는 미군의 압력에 대해 크고 작은 빈번한 반란으로 저항했다. 반공포로와 공산포로들 간의 충돌도 적지 않았다. 자유의사를 확인하는 과정에서는 반공교육이 행해졌고 종종 고문과 협박이 자행되었다. 가능하면 자유세계에 남겠다는 반공포로를 많이 만들어내는 것, 그것이 미국이 포로문제에서 추구한 궁극적 승리였다. 휴전회담 당시 초대 미군대표단장이었던 조이(Turner Joy)는 이렇게 적고 있다. "송환을 원한다고 표명한 포로들은 모두 실컷 얻어맞아 골병이 들거나 살해되었다. …… 대부분 포로들은 겁에 질려 자신들의 선택을 정직하게 표현할 수 없었다." 공산 측은 이에 대해 미국이 이승만 및 장제스와 짜고 포로들로 하여금 송환을 거부하도록 압력을 가하고 있다고 비난했다. 미국은 이 주장이 허위라고 하며 오히려 북한군이 유엔군포로를 학살하거나 가혹히 다룬다고 비난했다. 양쪽 모두에서 포로들이 처한 상황은 열악했다. 미군 관할하의 공산포로수용소에서는 대규모 폭동과 유혈 충돌, 보복과 반보복 살해가 속출했고 사망자가 다수 발생했다. 협상은 다시 교착상태에 빠졌고, 사실상 결렬상태에 빠진 것이나 다름없었다.

이러한 상황에서 새로운 문제가 주요 쟁점으로 떠올랐다. 세균전 문제였다. 공산 측과 미국은 북한과 만주지역에 대한 미군의 세균전 시행 여부를 놓고 비난과 부인을 번복했다. 한편 미국은 휴전협정이 교착상태에 빠지고, 세균전 문제로 전 세계적인 여론이 불리하게 돌아가자, 확전을 통한 전쟁의 조기 종결을 다시 모색했다. 휴전협상을 끈질기게 반대하며 미국 전쟁전략에 커다란 장애가 되는 이승만을 제거할 구체적 계획(상비작전[Operation Everready])을 수립하기도 했다. 원자탄 사용, 장제스군대 동원, 중국 해안공격 및 본토에 게릴라 투입, 그리고 북한에 대한 공중폭격 강화 등이 심각하게 고려되었다. 협상을 위한 압력이었다. 그러나 그러한 작전은 '너무 위험하다'고 하여 북한지역에 대한 공격을 제외하고는 대부분 거부되었다.

1952년 6월 23일 미공군 폭격기들은 수풍댐을 비롯하여 10여 개 발전소를 폭격했다. 약 2주간 북한 전역은 부분적인 암흑을 감수해야 했다. 북한의 발전소들은 거의 파괴되었다. 7월 11일과 12일에는 전율할 '평양북폭'이 '행해져 이틀 만에 7천 명이 사망했다. 목표는 살아 움직이는 것들'이었다. 네이팜탄 1만여 톤, 탄약 6만 2천 발, 그리고 폭탄 697톤이 북한주민들의 머리 위로 투하되었다. 미국은 북한의 78개 도시와 읍, 그리고 주요 군사시설을 '지도 위에서 영원히 지워버리기 위한' 작전까지 수립했다. 10월에는 철원·금화를 중심으로 피의 혈전이 벌어졌다. 미국은 또한 제2의 인천상륙작전이라 할 대규모 수륙양동작전을 원산에서 실시했다. 같은 해 여름 동안에만 무려 1,254회 폭격이 평양을 비롯한 인구밀집지역에 가해졌다. 아마도 이때 북한주민들에게는 미군의 폭격을 피하는 것, 그것이 삶을 위한 투쟁의 전부였는지도 모른다. 포로문제에서 미국 측이 일관되게 주장했던 인도주의 원칙은 폭격과 고문과 살상이라는 가장 비인도적인 모습으로 나타났던 것이다.

1953년 들어 한국전쟁의 주변 환경은 새로운 국면으로 접어들었다. 미국에서는 전쟁 종결의 압력을 국내외로부터(특히 여론과 영국으로부터) 강하게 받으며 당선된 아이젠하워가 전쟁 종결을 주장하며 새 대통령에 취임했고 소련에서는 스탈린이 사망하고 뒤이어 등장한 말렌코프·몰로토프 등 소련의 새 지도부가 '평화적으로 해결할 수 없는 것은 없다'면서 전쟁의 조기종결을 추진했다. 4월 26일 6개월간 중단됐던 협상이 재개되었고 6월 8일 쌍방은 포로교환문제에 대한 완전한 합의에 도달했다. 포로의 자유선택에 따른 합의였다. 자유송환원칙을 주장한 미군의 승리였다.

휴전협정의 최종 재개와 조인에 앞서 미국은 이번에도 강력한 군사적 압력을 가했다. 미국의 아이젠하워는 중국에 협상 지연 시 원자탄을 사용할 것이라는 위협을 계속 가했을뿐더러 북한과 만주에 대한 공중폭격을 격화했다. 협상이 다시 교착상태에 빠진 1953년 5월 중순, 덜레스는 다시 원자탄 위협을 가했고 미군 폭격기들은 평양 부근 댐들을 연속으로 폭파하여 평양시내를 홍수에 잠기게 함과 동시에 주변 평양지역의 농작물을 싹쓸어버렸다. 한편 이승만의 끈질긴 정전반대저항도 휴전협상에서 큰 걸림돌이었다. 그는 반공포로 2만 5천 명을 자의로 석방하여 협상타결을 앞두고 있던 공산 측과 미국을 경악시켰다. 미국은 '상비계획'을 다시 검토, 이승만 제거와 군사쿠데타를 고려하기까지 했으나 결국 남한에 대한 지원 보장이라는 회유책으로 돌아섰다. 미국 입장에서 '반공'을 위해 이승만만한 인물은 없었다. 이승만은 끈질긴 휴전반대로 미국으로부터 "종전 후 한미상호방위조약 체결, 장기적 군사·경제 원조, 한국군 증강" 등의 보장을 받아내었다.

1953년 7월 27일 마침내 5조 63항(부칙 10조 26항)에 달하는 휴전협정이 조인되었다. 그러나 그것은 전쟁의 진정한 종식, 즉 종전은 아니었으며, 그 결과 종전을 통한 평화체계의 구축은 또 다른 회담을 필요로 했다. 1953년 10월 25일 외국 군대의 철수문제와 한국문제의 평화적 해결을 논의하기 위한 정치회의 예비회담이 개최되었으나 참가국의 범위 및 의제문제로 쌍방의 의견이 대립되어 12월 12일 결렬되고 말았다. 대결의 장은 이듬해 제네바정치회담으로까지 이어졌다.

제네바회담에서 공산 측과 유엔 측은 통일정부 구성을 위한 선거문제와 외국군대 철수문제에서 첨예하게 대립했다. 선거문제와 관련하여 남한 측은 유엔감시하에 남한의 헌법에 의한 북한만의 선거를 주장했고 유엔 측은 역시 유엔감시하에 인구비례에 의한 전국적 선거를 주장했다. 반면에 공산 측은 유엔은 전쟁 당사자라면서 중립국 감시위원단의 감시하에 전 조선위원회가 관리하는 전국적 선거의 실시를 주장했다. 외국군 철수문제와 관련해서는 공산 측이 선거 이전에 모든 외국군이 동시에 철수할 것을 제안했으나 남한과 미국은 이를 거부했다. 이후 한반도 평화구축을 위한 제반 논의조차 무위로 돌아가 결국 제네바정치회담은 결렬되고 말았다. 통일방안도, 외국군 철수도, 그리고 평화구축도 어느 것 하나 달성하지 못한 채 회담은 쌍방의 이견만 확인하고 끝난 셈이었다.

결국 포성은 멎었으나 전쟁은 끝나지 않은, 전투는 끝났으나 평화는 오지 않은 준전시적 분단상태가 오늘까지 이어지고 있다. 요약하면, 군사분계선 설정 문제, 휴전 감시 문제, 포로송환문제, 그리고 통일정부 수립과 평화체제 구축 문제 등 휴전협상과 전후처리문제에 관한 회담을 통해 누가, 무엇 때문에 숱한 피를 흘리면서도 전쟁을 2년이나 지속시켜왔고 또 통일정부 수립과 평화체제 구축을 실패로 이끌었는지 명백해진다.

8. 한국전쟁이 미친 국내외적 영향

연구

- 김학준, 「한국전쟁이 국제정치와 남북한에 미친 영향」, 『한국문제와 국제정치』(박영사, 1987), 214~40쪽.
- Robert Jervis, "The Impact of the Korean War on the Cold War," *Journal of Conflict Resolutions*, Vol. 24, No. 4(Dec., 1980), 563~92쪽.
- 이대근, 「6·25사변의 국민경제적 귀결」, 『한국경제』 제10집(성대 한국산업연구소, 1982. 11), 179~208쪽.
- ──, 『한국전쟁과 1950년대의 자본축적』(까치, 1987), 69~113, 269~76쪽.
- 박찬표, 「6·25 직후의 북한과 남한」, 『역사비평』 제5호(1989년 여름), 112~26쪽.
- 김병오, 『민족분단과 통일문제』(한울, 1985), 136~43쪽.
- John E. Wiltz, "The Korean War and American Society," *The Wilson*

Quarterly, Vol. 2, No. 2(Sum., 1978), 127~34쪽.
- G. E. Makinen, "Economic Stabilization in Wartime: A Comparative Case Study of Korea and Vietnam," *Journal of Political Economy*, Vol. 79, No. 6(Nov/Dec., 1971), 1216~43쪽.
- 스칼라피노·이정식, 『한국공산주의운동사』 2(돌베개, 1986), 511~79쪽.
- 김남식, 『남로당연구』(돌베개, 1984), 427~511, 573~99쪽.

 1953년 7월 27일 휴전협정의 조인과 함께 3년을 넘게 계속해온 한국전쟁은 끝났다. 그러나 그것은 전투행위의 중지를 의미할 뿐 전쟁의 진정한 종식을 의미하지는 않았다. 3년간의 전쟁이 남기고 간 상흔은 30년이 자난 오늘에까지 때로는 보이는 곳에서 때로는 보이지 않는 곳에서 너무도 깊고 넓게 우리 삶 속에 남아 있다. 전쟁을 체험한 세대는 체험한 대로, 체험하지 않은 세대는 체험하지 않은 대로, 남한은 남한대로 북한은 북한대로 우리 민족구성원 모두는 한국전쟁이 남기고 간 유산 속에서, 또는 그것을 극복하려는 몸부림 속에서 오늘을 살아가고 있다.
 한국전쟁이 미친 영향을 살펴보기에 앞서 먼저 그것이 남긴 결과를 간단히 살펴보자. 우선 지적돼야 할 것은 엄청난 규모의 인적·물적 손실이다. 전쟁은 무려 400만~500만에 달하는 인명피해를 남겼는바 이것은 당시 남북한 인구 3천만 명의 약 6분의 1, 즉, 6명당 1명이 전쟁으로 손실되었음을 말해준다. 1가구당 최소한 1명의 피해를 말해주는 이 수치는 당시 우리 민족구성원 누구도 미친 듯이 몰아닥친 저 전율할 전쟁의 광포성으로부터 벗어날 수 없었음을, 그리고 최소한의 동물적 인간으로서 존재하는 것조차 허용되지 않았음을 말해준다. 이렇게 엄청난 숫자와 함께 우리가 특별히 주목하지 않을 수 없는 것은 비전투민간인의 손실이 역대 전사상 유례가 없을 만큼 컸다는 점이다. 많은 역사가는 스페인내전과 베트남전쟁을 인류의 양심에 먹칠을 한 20세기의 2대 추악한 전쟁이라고 말하지만, 필자는 20세기의 3대 추악한 전쟁에는 그 둘에 한국전쟁을 포함시키기를 주저하지 않는다. 한국인 누구도 그가 비록 비전투민간인이었음에도 불구하고 한반도의 하늘을 새까맣게 뒤덮었던 미국의 폭격기와 폭탄의 사정권으로부터 벗어날 수 없었다. 세 번째로 지적돼야 할 것은 방대한 규모의 인구이동이다. 500만이 넘는 전재민, 농촌경제의 완전파괴가 가져온 인구의 도시집중, 그리고 1천만에 달하는 이산가족에서 보여지다시피 전쟁은 살아 있는 사람들 모두에게도 뿌리뽑힌 삶을 강요했다.

다음으로 물적 손실을 살펴보자. 전쟁은 인적 손실 못지않은 물적 손실을 가져와 남북한 모두의 사회경제적 기반을 철저하게 파괴했다. 그 파괴 정도는 미군의 집중적인 폭격을 받은 북한지역에서 특히 심했는바 전쟁이 끝난 시점의 생산력을 1949년과 비교할 때 공업의 60퍼센트, 광업의 20퍼센트, 농업의 78퍼센트가 평균적으로 감소되었으며 90퍼센트에서 100퍼센트까지 파괴된 업종도 적지 않았다. 그 결과 전쟁 직후 북한주민들은 일정 기간 절대 기아선상을 헤매지 않으면 안 되었다. 남한의 경우 이러한 파괴는 주로 전쟁 초기에 집중적으로 당했기 때문에 북한지역보다는 비교적 덜했지만 제조업의 경우 42퍼센트가 파괴되는 등 피해 정도가 결코 적지 않았다.

다음으로 한국전쟁이 미친 국내적 영향을 살펴보자. 우선 한국전쟁은 전쟁 전 비교적 잠정적인 분단상태에 놓였던 남북한 사이를 완전히 다른 두 사회로 고착된 분단상태를 만들어버렸다. 한국전쟁으로 인한 분단은 정치, 경제, 군사, 사회, 이데올로기 그리고 개개인의 의식과 생활에 이르기까지 개인적·집단적 수준의 모든 것을 깊이 갈라놓았고 그것은 엄청난 물리력과 적대감에 의해 담보되는 군사적·이데올로기적인 준전시적 대치상태로 확대재생산되어왔다. 특히 엄청난 폭력성과 잔인성을 동반하며 전개된 전쟁의 전개과정은 점령과 수복, 보복과 반보복, 역전에 역전을 거듭하면서 서로 가슴에 씻을 수 없는 증오심을 각인시키며 분단의식을 내면화하기에 충분했다.

한편 한국전쟁은 남북한 각각의 체제 형성에도 커다란 영향을 미쳤는바, 그 결과 남북한사회는 공히 자본주의사회, 사회주의사회의 일반적 모습과는 상당한 거리가 있는, 분단상황에 토대를 둔 독특한 사회체제를 형성해갔다. 먼저 북한의 경우를 보자. 북한은 정치적으로 한국전쟁과 전후 복구과정을 거치면서 김일성에 의한 단일지도체제가 형성되었다. 전쟁 전 북한의 주요 정치세력이었던 연안파·소련파·남로당이 전쟁기간의 제반 오류와 일련의 쿠데타 음모에 연루되어 모두 제거됨으로써 전후 북한에서는 김일성 일인지도체제가 확고히 구축된 것이었다. 그러나 '전쟁(실패)의 책임' 문제만을 놓고 볼 때 전쟁의 발발과 전개과정에서 가장 중요한 역할을 했던 김일성이 전쟁과정상 비교적 작은 오류를 이유로 다른 정치세력에게 주요 책임을 물었다는 것은 아이러니가 아닐 수 없다. 이와 같은 정치세력의 재편은 당 상층부뿐만 아니라 하층부에서도 이루어졌는데 전쟁을 거치면서 대폭적인 당원 교체가 일어나 1956년을 기준으로 당원의 약 51.7퍼센트가 한국전쟁 이후 신규 입당한 사람들로 채워졌다.

경제적 측면에서 한국전쟁은 북한의 생산력기반을 전면 파괴함으로써 전후 북한은 오로지 주민들의 노력과 지도부의 지도가 결합된 자립적 경제발전전략을 추구하지 않으면 안 되었고 그 과정에서 자연스럽게 사람 중심, 자주사상이 북한사회의 핵심 운영원리로 등장했다. 군사적 측면에서도 한국전쟁은 엄청난 영향을 미쳤는바 전전 10여 만 수준이던 북한군은 전후 40여 만으로까지 확대되었다. 이것은 남북 간의 대치와 긴장고조에 따라 각종 동원조직과 함께 북한사회를 동원체제로 만든 주요한 요인이었다. 그러나 이렇게 성장한 군이 북한사회의 정치에서 군으로서 역할을 벗어난 적은 결코 없었다.

한국전쟁은 북한의 대외관계에도 커다란 영향을 미쳤다. 전후 북한은 미국을 포함한 자본주의 진영에 대한 적대관계뿐만 아니라 '국제기구' 유엔마저 북한을 침략자로 규정한 데다 전쟁 당사자로 참여하기까지 함으로써 유엔을 통한 외교를 포기하고 제3세계 국가들과의 비동맹외교에 주력하여 이 국가들과 긴밀한 유대를 형성했다. 또한 사회주의권 내에서의 관계에서도 북한은 종전 직후의 잠정적인 친중국노선을 거쳐 중소분쟁을 경과하면서부터는 본격적인 자주 단계로 들어서게 된다.

한국전쟁이 북한사회에 미친 가장 커다란 영향은 아마도 사상·의식적인 측면일 것이다. 전쟁 전개과정에서 북한지도부와 주민들은 철저한 반미사상으로 무장했으며 전후 복구과정에서는 자주와 사람 중심을 핵심내용으로 하는 주체사상이 북한사회의 가장 중요한 지도원리가 되었다. 한국전쟁이 미친 위와 같은 모든 영향은 북한의 사회주의를 매우 독특한 북한식 사회주의 체제로 만드는 데 커다란 영향을 미쳤다.

한편 한국전쟁은 남한사회에도 큰 영향을 주었다. 우선 정치적으로 한국전쟁은 강력한 반공독재체제를 완성해주었다. 이러한 반공독재체제는 전쟁을 거치면서 내화된 지배이데올로기인 반공·반북이데올로기와 엄청나게 강화된 군·경찰·정보기구 등의 국가강권력을 통해 시민사회와 민중부분에 강요되었다. 경제적 측면에서 한국전쟁은 남한의 경제구조를 미국의 소비재와 잉여농산물 원조로 유지되는 종속 경제체제로 만들어버렸다. 군사적 차원에서도 한국전쟁은 전전 10여 만 수준이었던 군사력을 전후 60만 병력으로 성장시켜 군이 중요한 사회세력 중 하나로 등장했고 이러한 군사부문의 성장은 사회 다른 부문의 발전을 상대적으로 저지하면서 이후 군사독재가 가능할 수 있었던 단초를 제공했다. 전쟁을 거치면서 군의 성격도 변화했는데 한국군은 단순히 북한의 위협에 대응한다는 국가방위 차원을 넘어 대소전진기지로서 소련권에 대응하는 미군의 현지 역할을 대신한다는 자본주의 체제 유지군의 성격을 강하게 띠게 되었다. 이러한 군의 성격은 전쟁 중 미군에 이양된 한국군에 대한 작전지휘권이 전후에도 회복되지 않고 유지됨으로써 한국군은 자신의 영토에서조차 자국군에 대한 자주적 지휘권을 외국에 맡겨버린 전 세계적으로 유일한 국가라는 점으로 더욱 명확해진다. 미군의 직접주둔이야말로 이를 반증하는 가장 좋은 사례가 아닐 수 없다.

사회문화적 측면에서는 한국전쟁과 그에 따른 미군의 계속 주둔 결과, 혼혈아 양산, 국제결혼, 저질 양키문화의 무분별한 유입 등으로 고유의 민족문화가 파괴되지 않으면 안 되었다. 이데올로기적 차원에서는 극단적인 반공·반북·친미 이데올로기가 사회의 가장 중요한 운영원리이자 지배이데올로기가 됨으로써 모든 정치적 움직임은 이를 구실로 탄압당했다. 극단적인 반공·반북 이데올로기는 또한 평화통일 노력, 중립화통일 움직임 등을 포함한 어떠한 통일 움직임도 용공시하여 모든 통일운동을 억압하는 분단이데올로기로서 기능했다. 요컨대 반공·반북·친미 이데올로기는 남한체제의 가장 중요한 존재근거이자 정당화의 외피였던 것이다. 한국전쟁은 남한의 대외관계에도 커다란 영향을 미쳤다. 정치·경제·군사적으로 일방적인 대미종속은 미국 일변도 대외정책을 가져와 이후 상당기간 남한은 반공·친미적인 국가들과만 외교관계를 맺어 제3세계·비동맹진영에서 고립을 자초하는 외교관계의 파행성을 오랫동안 면치 못했고, 이미 국제기구로서 명분과 능력을 상실한 유엔을 오랫동안 주요한 외교무대로 설정하기까지 했다. (1974년까지 유엔의 날이 국가공휴일이었다는 것은 희화적인 한 에피소드에 불과하다.)

　이러한 모든 국내적 영향 외에도 한국전쟁은 세계사적으로도 커다란 영향을 미쳤다. 우선 한국전쟁은 제2차 세계대전 이후 격화돼오던 동서냉전을 더욱 고착화했다. 한국전쟁은 미국과 소련을 중심으로 하는 자본주의 진영과 사회주의 진영 간의 대립을 고착화했으며 이것이 완화되기까지는 수십 년을 기다려야 했다.

　둘째로, 한국전쟁은 자본주의 진영 내에서 미국의 헤게모니를 공고히 해주는 계기가 되었다. 한국전쟁을 계기로 미국은 세계 최강의 경제 및 군사 대국으로 부상하면서 지역통합과 상호동맹을 통해 세계 각국을 자신이 정점이 되는 정치·경제·군사적 헤게모니체제의 하위단위로 편입시켰고, 이러한 지배체제는 오늘날까지도 아무런 본질적 수정 없이 이어져오고 있다. 구체적으로 미국은 대서양지역에서는 북대서양조약기구(NATO)를 강화해나갔고 태평양지역에서는 태평양 안보체제를 구축했다. 이와 관련하여 중요하게 지적되어야 할 점은 서독과 일본의 재무장으로, 두 국가는 한국전쟁 후 서유럽과 동북아에서 미국의 가장 중요한 경제적·군사적 거점으로 부상했다. 북대서양조약기구 강화는 나토 상비군 창설, 서유럽 주둔 미군 증가, 나토 사령부 수립, 서독재무장, 그리스와 터키의 가입 등 가입국가수 확대 등으로 나타났으며 태평양 안보체제 구축은 일본과 평화조약 및 태평양안전보장조약 체결, 미군의 일본주둔 합법화, 엔저스(ANZUS)·동남아시아조약기구(SEATO)·중앙조약기구(CENTO) 등의 지역동맹체제 구축, 그리고 각국과 상호방위조약 체결로 나타났다.

셋째로, 한국전쟁은 자본주의 진영에는 미국을 정점으로 하는 단일한 헤게모니 지배체제를 가져온 데 반해 사회주의 진영에는 분열을 결과했다. 한국전쟁을 계기로 국제공산주의운동은 중국과 소련 간의 균열이 형성되기 시작했고 이것은 장차 전개될 중소분쟁의 씨앗이 되었다.

한국전쟁은 미국·일본·중국 각각에 미친 국내적 영향도 매우 컸다. 우선 한국전쟁은 미국의 정치·경제·군사적 측면에 커다란 영향을 미쳤다. 한국전 후 미국경제는 전전의 침체국면에서 뚜렷한 회복세를 보였다. 1946년에서 1950년까지 연평균 2.9퍼센트에 머물던 GNP성장률은 한국전쟁기간인 1950년에서 1953년 사이에는 평균 9.2퍼센트를 기록하여 매우 높은 성장을 이룩했다. 전쟁이 매우 치열했던 1950년에서 1951년 사이에는 무려 13퍼센트의 고성장을 기록했고 실업률 또한 전전의 2분의 1 수준으로 급격히 하락했다.

이러한 성장을 촉진한 요인은 무엇보다도 정부지출의 증가, 특히 군비지출의 증가였다. 제2차 세계대전 이후 급격한 감소추세를 보였던 미국의 군비는 1950년에서 1953년에 이르기까지 각각 185억, 372억, 488억, 514억 달러로 급증했고 정부지출에서 군비가 차지하는 비율은 무려 60퍼센트에 달했다. 이러한 군비 확장의 결과 재래식 무기·핵무기는 물론 육·해·공군의 상비군 병력을 급속히 팽창시켰고(150만에서 350만으로), 해외원조도 한국전쟁 전에는 경제원조 대 군사원조의 비율이 3~4 대 1 수준이었던 것이 전후에는 거꾸로 1 대 3~4로 역전되어 있었다. 이러한 국내적 변화는 자연스럽게 미국의 대외정책을 힘에 의한 냉전 격화와 공격지향으로 만들어갔는데 전후 미국의 대외정책은 봉쇄(containment)를 넘어 사회주의권 및 식민지·반식민지에 대한 적극적 공격정책인 반격정책(roll back policy)이나 대량보복전략(massive retaliation strategy)으로 나타났다.

한편 한국전쟁은 미국의 반공·보수화를 촉진했다. 전쟁 직전 불기 시작한 매카시즘의 선풍은 한국전쟁과 함께 극에 달해 안보의식에 위험이 있다는 이유로 공직자를 무려 1,500명이나 강제해임했고, 6천 명을 사임시켰다. 공산당에는 등록을 명령했고 공산주의자들의 시민적 권리를 박탈하는 한편 이들을 무더기로 체포했다. 또한 진보적 신문이었던 『데일리 워커』(Daily Worker)를 폐간처분하기도 했다. 노동자들의 파업을 진압하기 위해 군대가 동원되었고 간첩행위를 했다는 이유로 로젠버그 부부(Julius and Ethel Rosenberg)가 미국판 드레퓌스사건이라는 조작의혹 속에 전 세계의 무죄 주장과 구명운동에도 불구하고 처형되었다. 반공을 명분으로 한 이러한 극단적인 탄압은 로젠버그사건 외에도 수없이 많았다. 이와 같은 파쇼적 폭압은 노사관계법(The Labor-Management Relations Act)·국내보안법(The Internal Security Act. 참고로 미국은 국가보안법[The National Security Act]이 따로 있다)·공산주의자 통제법(The Communist Control Act) 등의 법률에 의해서 제도적으로 보장되었다. 한편 이러한 미국의 반공·보수화 경향은 1952년 대통령선거에서 20년 만에 공화당후보(아이젠하워)를 대통령에 당선시키기도 했다. 요컨대 한국전쟁을 계기로 미국은 대내적으로는 반공·보수·군사화의 길을, 대외적으로는 반격·대량보복 전략의 길로 들어섰던 것이다.

한편 한국전쟁은 일본에도 굉장한 영향을 미쳤다. 아마도 일본은 한국전쟁 당사국(남북한·미국·중국)을 제외하고는 가장 큰 영향을 받은 국가일 것이다. 한국전쟁을 계기로 미국은 일본과 강화조약 및 태평양안보조약을 체결하여 일본의 주권을 회복해주는 한편 미·일 안보체계를 구축, 일본을 극동의 반공핵으로 만들었다. 따라서 전전 대일정책의 기조였던 비무장화·중립화정책은 전면 폐기되었고 일본은 급속히 재무장의 길로 들어섰다. 이와 같은 정치·군사적 영향 외에도 한국전쟁은 일본의 경제부흥에 결정적 계기가 되었다. 한국전쟁에 소요되는 미군의 군수품을 일본에서 제조·조달하기로 한 국가안전보장회의(NSC)의 결정을 토대로 일본은 전쟁기간에 장비 및 보급품을 조달하는 군수기지가 됨으로써 생산력이 일시에 비약적으로 발전하게 되었으며, 이것은 이후 일본 자본주의 발전의 중요한 토대가 되었다.

또한 한국전쟁은 중국에도 커다란 영향을 미쳤다. 먼저 국내적으로 한국전쟁을 계기로 중국에서는 마오쩌둥과 중국공산당의 지도력이 매우 강화되었다. 각 지역에 산재했던 반혁명세력과 반마오쩌둥세력이 한국전쟁기간에 전개된 대규모 혁명운동(예컨대, 三反·五反運動 등)과정에서 제거되었다. 또한 한국전쟁은 중국의 분단을 고착화했고 대외관계에서도 미국과의 적대관계와 유엔에서의 대표권 획득 지연으로 상당기간 외교적 고립을 면치 못했다.

해방 전후 사회경제사의 쟁점

백일

일본 제국주의하 식민지 조선사회는 제국주의 전성기의 세계적 추세 속에서 엄청난 수탈의 연속과 변화를 겪었다. 식민지경제의 여파는 해방 이후 시점에서도 큰 영향력을 발휘했음은 물론 현대 남한사회의 성격에까지 중대한 역할을 했음은 부인할 수 없는 사실이다.

이 글에서 다루고자 하는 주제 역시 식민지경제체제의 본질에 대한 것임은 분명하다. 그러나 한 사회의 역사적 변화를 놓고 그 변천과정의 본질을 해명하는 데는 수많은 이론적 접근과 노력, 치열한 쟁점이 따르기 마련이다. 물론 관념적 언어의 유희에까지 이르는 불필요한 논쟁전이나 사회변혁에 기초하지 않은 분파주의적 색채가 끼치는 해악은 간과할 수 없는 것이다. 그러나 역사적 진보를 위한 과학적 분석으로 나아가는 쟁점의 첨예화와 변증법적 통일은 분명 바람직한 것이며 또 반드시 거쳐야만 하는 것이기도 하다.

한국자본주의의 발전사에서 사회분석이 본격적인 논쟁 양상으로 비화한 사례는 일제하 식민지 조선사회에 대한 당시 자본파와 봉건파의 논쟁이 최초라고 할 것이다.

일제하 자본파와 봉건파의 논쟁은 해방 직후 사회경제를 규명하는 쟁점의 뿌리가 된다는 점에서 중요한 의미를 갖고 있다. 그것은 해방 직후 사회성격을 규명하는 논객들이 대부분 일제하 논쟁의 연장선에서 해방 직후 사회를 정의내리고 거기에 기초하여 자신의 주장과 노선을 피력하기 때문이다.

해방 직후 사회성격에 대한 분석들을 다음 몇 가지로 나누고자 한다.

첫째, 당시 논객들이 주장하는 바를 조명하는 작업이다. 이 작업이 나름대로 의의를 갖게 되는 이유는 이것이 당시 사회변혁운동의 방향에 결정적인 영향을 미쳤고 또 이에 근거하여 각 정파의 사상투쟁이 발생하고 해방 직후 사회사의 흐름을 주도했기 때문이다.

둘째, 시대의 논쟁사를 주도했던 인물들에 관계없이 (현재의 축적된 연구결과를 포함하여) 해방 전후 사회경제사에 대한 논쟁을 독자적으로 검토해보는 작업이다. 특히 현대의 연구결과와 쟁점들은 시대적 분위기를 재조성하는 데는 한계가 있을지도 모르나, 적어도 그 시대의 자료보다는 더욱 분명한 자료와 축적된 연구결과를 놓고 검토할 수 있다는 사실에서 오히려 당시의 쟁점을 좀더 객관적이고 체계적으로 점검할 수 있으리라고 생각된다.

셋째, 앞의 분석틀이 역사적 검증에 의한 실증적 접근인 것에 비해서 이론적 접근을 시도하는 작업이다. 가령 한국자본주의에서 보편성과 특수성을 적용하는 문제점 등이 그것인바, 사회구성체(이하 사구체)문제, 봉건제·반봉건제의 범주와 이론 도출, 식민지·신식민지의 성격, 국가독점자본주의론의 적용 여부 등이 이론적으로 해명되어야 할 부분들이다.

1. 일제하 사회성격에 대한 쟁점
봉건파와 자본파의 제1논쟁기

- 김호영, 「조선에 있어서 토지문제」, 박경식 편, 『朝鮮問題資料叢書』(東京: アジア問題研究所, 1982).
- 김석민, 「일제하 조선농업의 성격에 관한 일 연구」, 『한국자본주의와 농업

문제』(아침, 1986).
- 김용섭, 「수탈을 위한 측량=토지조사」, 『한국현대사』(신구문화사, 1969).
- 김준보, 『한국자본주의사 연구』 I·II·III(일조각, 1976).
- 박문규, 「농촌사회분화의 기점으로서 토지조사사업에 대하여」, 『조선토지문제론고』(신한인쇄공사, 1946).
- 박문병, 「농업노선의 검토」, 『조선중앙일보』, 1936년 6월 9일~8월 20일; 『동아시아 사회성격논쟁』(온누리, 1988).
- 인정식, 『조선농업기구』(백양사, 1940).
- 안병직, 「일제 식민지의 경제적 유산과 민족해방의 의의」, 『한국경제론』(까치, 1986).
- 宮嶋博史, 「'조선토지조사사업'연구를 중심으로 한 논쟁사」, 임영태 편, 『식민지시대 한국사회와 운동』(사계절, 1985).
- 櫻井浩, 「봉건제론과 농지개혁」, 같은 책.

일제하 사회성격을 논했던 논객들을 정확히 구분하여 서로 대립하는 쟁점들을 캐기란 상당히 어려운 작업에 속한다. 왜냐하면 일제하 식민지 조선사회에 대한 논쟁점은 본격적으로 활성화되지 못하고 어느 특정 분파(봉건파)의 일방적인 우세 속에 단기간 내에 거의 통일되었기 때문이기도 하다. 그렇게 되기까지는 무엇보다도 1930년대에 주로 전개되었던 이 논쟁이 비슷한 시기에 중국의 자본파와 봉건파, 일본의 강좌파와 노농파 간의 대립과 비슷한 양상으로 전개되었기 때문에 논쟁이 비약적으로 발전하지 못하고 특히 일제하라는 특성상 일본학계의 영향력이 강하게 미친 결과도 이 논쟁에 한 영향을 주었을 것이다. 일본의 강좌(봉건)·노농(자본)파 간 논쟁은 노농파의 현실적 몰락으로 거의 귀결되었고 그 결과 1932년 테제 이후 일본학계의 주류는 강좌파가 장악했다. 이후 일본학계에서는 야마다(山田勝次郎) 등의 강좌파적 학설들이 대거 등장하고 그 여파는 일제하 식민지 조선사회는 물론 현재 남한사회에서도 상당한 영향력을 미치고 있다.

따라서 식민지 조선사회에 대한 분석은 거의 봉건파적인 시각이 통용되었는바, 그 논쟁의 출발점은 토지조사사업(1912~18) 이후 농업에서 봉건제의 잔존·강화 여부에 초점이 모아지고 있었다.

이 시기 사회경제사의 논쟁에 참가했던 논문·저술 중 관심을 끄는 논객들은 박극채(朴克采), 박문규(朴文圭), 박문병(朴文秉), 백남운(白南雲), 이청원(李淸源), 인정식(印貞植) 등이다. 이들 중 대부분 논객들은 거의 봉건파계열에 속하며 박문병 정도가 자본파적 주장을 전개해온 것으로 알려져 있다.

이들 모든 논객의 주장을 검토하는 것은 이 글의 범위를 넘어서는 것이기는 하나 해방 직후 사회경제사의 쟁점이 이 논쟁의 연장선임을 감안한다면 최소한의 쟁점은 짚고 넘어가야 할 필요가 있을 것이다.

이 시기 대표적인 봉건파의 문건으로는 박문규의 논문을 들 수 있다.

> 농촌사회의 새로운 계급분화의 기점으로서 토지사유제도의 확립, 토지조사사업의 특질=농민의 전통적 토지점유권으로부터 분리, 분리된 농민의 반봉건적 영세소작농으로 편성 및 반봉건적인 영세토지소유의 이식, 총괄해서 토지영유의 근대적 성질과 봉건사회로부터 그대로 답습된 영세농적 생산양식의 본질적 모순의 기초 위에 선 반봉건적 영세농 및 소작관계의 성립

이 글에서 주시해야 할 중요 개념은 '농민의 전통적 토지점유권으로부터의 분리, 영세소작농으로 편성'이라는 반봉건적 토지소유의 범주를 설정한 부분이다. 이 개념에 대해서는 뒤에 일본학계를 중심으로 많은 비판, 특히 미야지마(宮嶋博史)와 사쿠라이(櫻井浩) 등에 의해서 실행된 바 있으며 당시에는 인정식이 이에 대한 비판을 가한 것으로 알려져 있다. 그러나 우리가 여기서 찾고자 하는 것은 박문규에 대한 비판이나 이론적 오류를 검토하기에 앞서 당시에는 이러한 개념이 일제하 사회경제적 분석의 이론적 근거로서 거의 무비판적이고 심지어는 여타 비판으로부터 보호되

면서까지 사용되었다는 사실이다.

먼저 박문규의 견해에 대해 비판하는 인정식의 견해는 다음과 같다.

> 저자(박문규)가 이와 같이 생산양식 혹은 수취관계 등에 관해서는 봉건적 성질을 인정하면서도 한편 '토지영유'에 대해서는 소위 자본가적=근대적 성질을 논증하려 했다는 사실이다. …… 주어진 바의 생산양식 혹은 수취관계와 역사적 성질을 달리하는 일정의 토지영유라는 것은 어떤 경우의 사회에서도 우리들은 발견할 수 없다. …… 유통과정에 있어서는 상품=가치=화폐 제 관계에 종속·포섭되고 있음에도 불구하고, 다른 한편으로 가장 본질적인 생산과정에 있어서는 봉건적=농노적인 농촌관계를 우리들은 반봉건적, 혹은 반농노적 농촌관계로 규정할 수 있을 것이다.(인정식, 앞의 글, 234쪽)

박문규와 인정식 등 일제하 봉건파의 일관된 논지는 봉건적·반봉건적 생산관계의 재생산이며, 이것이 봉건파 주장의 기초라는 것은 두말할 나위가 없다. 그러나 대부분 봉건파가 이러한 견해를 취하고 있음에도 서로 이견이 나오게 되는 대표적 사례가 박문규와 인정식의 경우다.

이들 간의 견해 차이는 한 사회의 성격규정에 기초가 되는 생산관계·소유관계에 대한 이견이다. 박문규의 경우는 봉건제의 본질로서 영세토지소유라는 소유관계와 근대적 사유제도화(토지조사사업-자본주의적 소유관계)와의 모순관계 위에서 식민지 조선사회의 착취·모순관계를 찾는다면 인정식은 생산관계와 소유관계가 기계적으로 분리되는 사회분석의 틀은 인정할 수 없다는 것이다.

박문규와 인정식이 자본주의하 생산양식의 개념을 올바른 의미에서 사용하고 있는가에 대한 의문을 논외로 친다면, 이들의 견해는 다음과 같이 해석할 수 있다.

박문규의 경우는 일제하 조선사회의 수탈구조를 봉건적 소유관계와 자본주의적 소유관계의 모순으로 파악하고 있다. 소유관계가 근대적 관계=

(=자본주의적 관계)로 편성되었음에도 봉건적 소유관계가 성립되고 있다는 사실이 반봉건제의 특질이라면 반봉건성이 생산력 발전을 저해한다는 의미에서 부르주아민주주의혁명론의 이론틀로 작용하게 되며 따라서 이러한 견해가 해방 직후 사회변혁론과 접맥되는 이론적 기점으로 되는 것이기도 하다.

인정식의 견해는 일제에 의한 철저한 봉건적 생산관계의 존속·강화라는 의미로 반봉건성의 의미를 사용하고 그것이 구래의 봉건제와 다른 의미를 유통과정의 자본주의화에서 찾고 있다. 자본주의 논쟁사에서 자주 등장하는 쟁점이 이른바 상품유통과정이 자본주의적 본질과 어떤 관계에 있는가 하는 문제였다는 사실을 상기한다면 인정식의 주장은 생산양식의 개념에 입각한 것은 아니라는 사실을 알 수 있다.(박문규와 인정식의 주장이 나름대로 한계를 갖고 있음에도 '박'의 견해가 일제하 조선사회 봉건파의 대표적 견해로 사용된 이유를 여기서도 찾을 수 있다.)

여기서 이들 간의 쟁점이 봉건적 생산관계와 자본주의적 생산관계에 대한 견해 차이에 있음을 알게 된다. 박문규는 근대적 생산관계에 봉건적 생산관계가 성립함으로써 모순이 발생한다고 한 반면 인정식은 주어진 생산양식(근대적 수취관계)과 성질을 달리하는 토지영유라는 것은 있을 수 없다는 것이고 따라서 봉건적 생산관계가 지배적이라는 견해다.

다우클라드(경제제도)론이 아닌 한, 한 사회에 두 가지 생산관계가 존재할 때(특히 사회적 이행기) 그 사회의 성격을 판단하는 기준은 흔히 지배적 생산관계의 설정으로 처리되고 있다. 인정식은 지배적 생산관계를 봉건적 생산관계로 본다. 따라서 그는 식민지 조선사회를 본질적으로 봉건적 사회로 파악하는 경향이 있을 것이다. 박문규와 인정식의 논문을 분석한 사쿠라이는 인정식의 박문규 비판을 인정하면서도 봉건제의 유제로서 조선사회의 성격을 규정한 인정식의 견해도 비판하고 있다. 그러나 이들 간의 견해 차이를 단순히 봉건제의 유제·잔재의 개념으로 판단할 수 있는 것은 아니다. 문제의 핵심이 식민지사회에서 자본주의의 이행경로 문제에 있다면 박문규와 인정식의 한계는 식민지 조선사회에 대한 현상분석에 주력하여 정체론으로 빠졌다는 점이고 따라서 일제와 식민지 조선사회 간의 식민지적 모순을 간과하고 있다는 점이다.

이들에 대한 사쿠라이의 견해는 그 탁월성에도 불구하고 자신의 견해를 본격적으로 밝히지 않는 비판일색이라는 데 한계가 있다. 그가 주장하는 바는 봉건제의 유제·잔재에 대한 구분에서 실마리를 찾을 수 있는데 "봉건적인 요소가 잔재로서는 농후하게 남아 있었다고 할 수 있어도 …… 경제외적 강제로서의 존속을 논증하는 것은 곤란하다"는 표현에서도 알 수 있듯이 식민지 조선사회의 봉건제에 대한 그의 관점은 봉건잔재로 파악하고 있는 것으로 생각된다. 그럼에도 그는 자본주의 문제에 대해서는 확실한 근거를 제시하지 않는 논리적 맹점을 가지고 있으며, 특히 그가 주장하는 유제·잔재의 구분이 자본주의 이행 문제와 어떤 관계에 있는지는 알 길이 없다. 다만 한 가지 알 수 있는 사실이 있다면 그가 유제라는 표현을 쓸 때는 봉건제적 본질이 전 사회에 관철되는 봉건제사회를 의미하는 것은 아닌가 하는 점이다.

인정식의 견해는 기본적으로 본원적 지대로서 봉건제의 본질을 해명하려는 경향이 있다. 그러나 본원적 지대 역시 봉건제의 본질을 해명하는 한 구성부분이라면 그가 과도기적 지대의 의미와 봉건제의 본질을 어떻게 생각하는가는 오히려 큰 문제가 안 된다.(이런 점에서 미야지마의 인정식 비판은 지나치게 지대론적으로 해석하는 경향이 있다.)

인정식의 한계는 식민지 조선사회에서 압도적·지배적인 생산양식과 수취관계를 봉건제 및 반봉건제로 본다는 점이다. 다시 말해서 자본주의적 생산관계(=자본주의적 사적 소유)가 식민지 조선사회에서는 존재·진행되지 못하고 봉건적(=반농노적) 제 관계가 자기의 독자성을 심화해가는 과정으로 보는 봉건파의 본래 한계, 즉 본원적 축적의 진행 등 자본주의적 사적 소유관계의 진행을 거의 인정하지 않는다는 데 있는 것이다. 따라서 자본주의 이행에서 두 가지 이상의 생산관계가 존재·혼재하는 현상이라든가 봉건적 생산관계가 해체되면서 나타나는 과도기적 형태 등에 대한 철저한 부정이 주어진 생산양식과 모순되는 토지영유의 존재를 인정하지 못하는 논리적 경직성으로 나타난 것이다.

자본파의 대표적 견해라고 할 수 있는 박문병의 견해는 다음과 같다.

> 적반하장류의 방법론자를 인(인정식)군에게서 발견함을 기이하게 생각한다. 왜? "시민사회에 있어서는 농업은 더욱 단일한 생산부문화하고 그리하여 자본에 의하여 지배된다"는 것은 『정치경제학비판』 서설에 있어 역사적 논단이다. …… 금일 조선의 농업생산관계는 의연한 봉건적인 영세농적 경영이 일반적임에도 불구하고 특수적으로 자본관계의 발생과 붕아를 볼 수 있으며 따라서 농촌의 봉건성은 이미 상당한 정도로 자본적 변질의 도정에 있는 것이다.(「농업조선의 검토」, 『조선중앙일보』, 1930년 7월 25일)

박문병이 주장하는 요지를 간추리면 몇 가지 흥미있는 사실에 접근하게 된다. 그는 인정식의 주장을 격렬히 비판하는 반면 박문규의 주장에는 오히려 동조한다는 사실이다. 박문병이 자본파임을 증명할 수 있는 것은 자본관계의 발생, 자본적 변질의 상당한 진전 …… 등의 주장에서도 확인할 수 있다. 따라서 그의 주장의 기본적 골격은 자본주의의 상당한 진전이고 자본주의적 생산관계의 확산, 농민의 탈농화, 본원적 축적 진행의 본격화에서 찾을 수 있다. 그러나 또 한편에서는 농업에서 영세농적 경영, 지대에서 생산물지대의 압도적 형태를 강조함으로써 박문규의 견해에 동조하는 모순된 견해를 피력하고 있다.

둘째, 이와 같은 모순된 주장을 그는 어떠한 방식으로 탈피하고 있는가 하는 점이다. 박문병은 그럼에도 이것을 자본에 의한 농업의 지배, 또는 붕아(崩芽), 변전도정이라는 표현으로 해소하고자 한다. 따라서 박문병의 주장은 현실적으로 농업에서 봉건제의 지배적 존재를 (그는 생산관계로서 식민지 조선사회의 봉건적 관계를 강조하기보다는 지대에서 생산물지대, 고율조작료 형태로서 봉건제를 강조하고 있다) 인정하면서도, 한편으로 자본에 의한 지배를 강조함으로써 인정식이 이러한 자본의 지배라는 부분을 망각했다고 격렬하게 비판하는 것이다.

박문병의 자본파적 주장은 많은 허점을 보이고 있고 봉건파에 의해서도 집중적인 공격을 받는다. 가령 경제외적 강제, 고율소작료, 영세농적 소경영 등을 봉건제의 존재로 보는 이 같은 경우는 봉건파의 주장과 일치하므로 배제한다고 해도, 자본에 의한 농업의 지배나 농산물의 상품화과정을 자본주의적 현상으로 강조하는 부분, 본원적 축적의 진행정도를 강조함에도 농민이 다시 토지로 긴박되는 과정을 해명하지 않는 부분 등이 봉건파의 집중공격 대상으로 되는 것이다.

토지자본 개념의 경우는 해방 이후 백남운이 이를 주장하다가 이기수 등의 봉건파에게 집중공격을 당한 사례와 같은 많은 허점을 보이고 있다. 그러나 더 중요한 것은 그가 주장하는 자본의 농업 지배라는 개념이 농업에서 차지농적 경영, 혹은 자본주의적 경영이라는 농업자본제화와 어떤 관계에 있는가 하는 점이다. 박문병은 아마도 본원적 축적만 진행되면 농업자본주의화와 토지의 자본화(=토지자본)가 자연히 이루어지는 것으로 착각한 것 같은데 토지라는 생산수단이 자본화되려면 봉건제로부터 생존의 보증을 부여받았던 농노가 모든 권리를 박탈당하고, 다시 말해서 생산수단으로부터 완전히 분리당하고 또 한편으로 이러한 생산수단을 독점하고 자본화하는 자본가적 농업경영이 있어야 한다. 그런데 그는 반봉건적 영세소작경영을 인정하면서도 토지자본 등의 개념을 사용함으로써 스스로 논리적 함정에 빠지고 이를 자본의 지배라는 자의적 개념으로 대치하려고 했다.

인정식은 박문병의 토지자본 등의 개념에 대해 하등의 구체적 논증도 없이 원칙을 현실에 적용하려 한다는 비판과 함께 자본파의 견해를 날조·현실왜곡 등으로 비판하고 있다.

그러나 일제하 자본파·봉건파 논쟁은 더 이상 계속되지 못했다. 더구나 일제가 2차대전에 파시스트진영으로 참가하면서부터는 해방 이후로 그 남은 과제를 넘길 수밖에 없었다.

2. 해방 이후 사회경제사의 쟁점
부르주아민주주의혁명=분할지소유론의 권위에 대한 도전기

- 高峻石, 『朝鮮革命テ―ゼ』(東京: 勁草書房, 1979).
- 권태섭, 『조선경제의 기본구조』(동심사, 1947).
- ――, 「조선경제의 구조적 특질과 재편성문제」, 『조선경제』(1946. 9).
- 김남식, 「박헌영과 8월테제」, 『해방전후사의 인식』 2(한길사, 1985).
- 박헌영, 「현정세와 우리의 임무」, 김남식·심지연 편, 『박헌영 노선비판』 (세계, 1986).
- 백남운, 「조선민족의 진로」, 심지연 편, 『조선혁명론 연구』(실천문학사, 1987).
- 심지연, 「신민당 백남운의 통일전선론」, 『역사비평』, 1988년 봄.
- V. I. 레닌, 『러시아에 있어서 자본주의의 발전』 I(태백, 1988).

 일제가 패망한 이후 조선사회는 중요한 사회적 변화를 겪는다. 그중에서 사회경제사의 중요한 쟁점은 일제와 미국(미군정)의 성격에 대한 해석, 봉건파가 주장하는 반봉건제의 해체 여부, 남북분단문제, 귀속재산(적산) 분배문제, 자본주의 이행 문제, 식민지사회 이후 남한 자본주의의 독자적 발전 문제 등이다.
 오늘날 이러한 문제점들은 적어도 당시 제약된 여건이나, 부족한 정보에 의한 사회분석 이상으로 객관적인 자료 속에 재검토되고 있다. 그러나 좀더 중요한 점은 해방 이후 사회적 요구가 일제 잔재의 철저한 청산과 완전한 자주독립국가의 완성이었다는 사실에서 논의를 풀어가야 한다는 것이다.
 우리는 앞서 봉건파 논객들이 일제하 식민지 조선사회의 성격을 어떻게 규정짓는지를 살펴본 바 있고 따라서 해방 이후 이것의 영향력이 대부분 사회경제적 분석의 근거로 사용되고 있음을 보게 된다. 특히 이 시기에 자본파적 입장은 거의 찾아보기 힘들며 이러한 입장에 서 있었다고 추측되는 장안파의 초기 문건도 그 진위 여부를 가리기에 앞서 다시 봉건파 입장으로 환원하기 때문에 봉건파에 대한 분석의 중요성은 더욱 강조될 수밖에 없다.

장안파의 초기문건(「현정세와 우리의 임무」)은 현재 거의 찾아볼 수 없으며 거의 유일하게 박헌영의 「8월테제」 중 일부분이 다음과 같이 인용되고 있을 뿐이다.

> 이 혁명이 부르주아민주주의혁명으로부터 프롤레타리아민주주의혁명으로 점진적이 아니고 비약적으로 진전될 수 있는 것이다. …… 8·15 이래 우리들은 혁명의 제2단계에로 돌입했다. …… 금일에 있어서는 정세일변함을 따라서 자유주의적 민족부르주아지의 반동적 저항을 진압하고 농촌중농과 도시소상공층의 동요, 불확실성을 견인 혹은 중립화시키는 이 역사적 순간에 있어서는 프롤레타리아와 …… 빈농, 즉 반프롤레타리아와의 일정한 통일적 전선체제를 광범히 전개하지 않으면 안 된다.(박헌영, 앞의 글)

이 인용문에서 두 가지 사실을 주시해야 하는바, 첫째는 이것이 전통적인 2단계혁명론에 근거한다는 점이며, 둘째는 '정세의 변함을 따라서'라는 부분이 무엇을 뜻하는가 하는 점이다.

먼저 장안파 역시 본질적으로는 봉건파 입장에서 시작했다는 사실의 확인이다. 1단계혁명이 일제하 조선사회에서 행할 수 있는 단계라면 일제의 패망은 곧 부르주아민주주의혁명론의 그것임을 확인하는 것이고, 따라서 문제의 핵심은 장안파가 '정세의 변함'이라고 주장하는 부분, 즉 조선사회의 성격을 어떻게 규정하는가에 달려 있는 것이다. '정세의 변함'이라는 문구를 적어도 상식선을 넘지 않는 것으로 생각한다면, 그것은 곧 일본제국주의의 패망을 뜻하는 것이고 또한 이 문건이 배출된 시기가 「8월테제」이전임을 감안한다면 장안파의 경우는 일제 패망을 부르주아민주주의적 과제 완수로 간주하고 자본주의적 모순의 전면화로 가정하는 것으로 추측

할 수 있다.

그러나 이 문건의 오류를 지적하기에 앞서 장안파의 이 짧은 문구에 연연할 필요는 없다고 생각한다. 왜냐하면 이 문건은 파벌통합 이후 사실상 폐기되었으며, 장안파의 이론적 출발점 역시 봉건파적 입장이었고(장안파 이론진의 핵심으로서 이청원이 봉건파였다는 사실에서도 확인) 따라서 이것이 해방 직후 사회경제사의 흐름에 큰 영향을 주지는 못했기 때문이다.

객관적으로 보아 초기의 노선투쟁 진행과정에도 불구하고 해방 이후 자본파 입장은 일제하 그것보다도 훨씬 뒤떨어진 수준이라고 할 수 있으며, 그렇기 때문에 해방 직후 논쟁사의 초점은 봉건파의 영향력이 얼마나 컸는가에 달려 있었다.

해방 이후 봉건파적 입장에서 변혁의 과제와 사회성격을 분석한 대표적 논객의 하나로서 우선 권태섭의 견해를 들 수 있다. 그의 견해 중에서 핵심되는 부분은 다음과 같다.

> 조선에 있어서 이식적인 자본주의 발전은 이 반봉건적 농업관계를 해체하여 자본의 제약 밑에 재편성하는 것이 아니라 오히려 이것을 확대·강화하면서 이 반봉건적 농업체제를 토대로 반봉건적 토양 위에서 그것을 불가결한 구성부분으로 하여서 자기를 발전시키고 재물의 착취관계를 가지고 있었다. …… 그러나 조선경제의 지배적 관계가(이식적 식민적 발전이나마) 자본주의적 생산양식이라는 점에는 이론이 없을 것이다.(권태섭, 앞의 글, 158쪽)

권태섭의 논문에서는 일제하 논객들의 견해와는 질적으로 발전한 부분이 발견된다. 그것은 식민지경제에서 제국주의와 식민지의 모순관계를 이론적·실증적으로 도출하는 부분이다. 엄격히 말해서 일제하 논객들은 그것이 합법적 문건인 경우는 일본 제국주의에 대한 적대적 표현이 의식적·무의식적으로 삭제되거나 축소되었으므로 제국주의의 폭력적 수탈이 명쾌하게 폭로되지 않았고, 비합법문건인 경우에도 적대적 의식만이 강조될 뿐 체계적 접근은 매우 미흡한 형편이었다. 해방 후라는 사회적 조건이 작용했겠지만 권태섭의 견해는 이 점에서 하나의 성과라고 생각된다. 그가 식민지경제에 대해 분석한 중요 부분은 다음과 같다.

> 토지소유제의 해체·개혁의 역사적 과정은 전혀 기형적·식민지적으로 수행된 특수한 토지정책이었다. 그것은 토지조사사업을 기축으로서 가장 철저한 봉건적·아시아적 조선봉건농업체제를 '타협적'으로 해소했던 것이 아닐뿐더러 봉건농업체제를 식민지적으로 그대로 재편성하고 봉건적 최고 지주 이조정부에 대위하는데, 일본 제국주의를 갖고 예 농민들의 토지를 수탈하여 일본 금융자본, 고리대적 일본인 지주·토착대지주가 이것에 대위 재현해서 식민지적·반봉건적 토지소유제를 확대재생산했다. …… 이 반봉건적·식민지적 토지소유관계의 토양 위에 반예노적 저임금노동자가 창출되고 상호규정을 하여 일본 제국주의의 거대 재벌·금융자본의 이식적 구축 발전의 길을 가능케 했다.(권태섭, 앞의 책, 274~75쪽)

이 글에서 흥미를 끄는 구절은 특수한 토지정책으로서 식민지적·반봉건적 토지소유관계의 확대재생산이라는 부분에 집약된다. 즉 일제는 조선의 봉건적 토지소유를 타협적으로 해소한 것이 아니라 토지조사사업을 실시해서 일본 금융자본, 일본인 지주, 토착대지주를 형성하고 자본가적 차지농·자영소농민 대신에 반봉건적 토지소유제를 확립하는 수탈구조를 생성했다는 점이다.

자본파의 그것, 가령 박문병의 견해와 비교해볼 때, 자본에 의한 농업의 지배가 아니라 반봉건적 토양 위에 일본 제국주의의 발전이 전제되며 따라서 특수한 식민지적·반봉건적 토지소유관계가 조선사회를 지배하게 되는 것이다.

권태섭의 견해에서는 반봉건적 생산관계에 식민지적 특수성이 전제되는데, 그에 따르면 조선의 반봉건제가 확대재생산되는 이유는 첫째 부르주아적 변혁과정으로서 자본가적 농업경영, 자유독립소농의 창출은 일본 자본과의 대항·항쟁의 격화를 초래한다는 점, 둘째 식민정책이 불구화한다는 점, 셋째 반제운동(＝민족해방운동)이 통일적으로 전개된다는 점 때문이라는 것이다. 따라서 반봉건적·군사적 일본 자본주의는 불철저한 부르주아 변혁에 의한 국내시장의 협애, '기간산업체제＝군사기구'를 기축으로 한 근대적 산업이 고도한 발전을 하게 된 특수한 경제구조로서, 조선은 일본 자본주의의 특수한 일환이라는 것이다.

물론 권태섭의 이와 같은 견해는 몇 가지 의문점을 남기고 있다. 그의 견해에 따르면 부르주아민주주의적 변혁은 독립자영농의 창출이다. 일제가 조선사회에서 부르주아적 개혁조차 허용하지 않은 이유는 이러한 독립자영농의 대항 때문이거나 최소한 자본주의적 발전이 일제와 조선 간의 자본경쟁을 초래할 위험 때문이고 그 여파는 민족해방전선이 결성될 가능성 때문이라고 한다.

그러나 독립자영농 창출―자본주의의 정상적 발전―일본 자본과의 대립, 따라서 이러한 모순 격화를 방지하기 위해서 반봉건제의 확대재생산을 만들어냈다는 가정은 거꾸로 된 관점이다. 애초부터 일제와 독립자영농 창출은 아무런 관련이 없으며 일제는 오로지 제국주의의 본질에 따라 생산수단을 폭력적으로 강탈하는 데 그 목적이 있고 자본주의적 생산관계의 확장이나 자본제적 공업부문의 확산문제는 일제 독점자본의 자본축적에 관련되어 확산된다.

권태섭의 견해는 식민지 조선사회에서 자본제적 생산관계의 확장이나 반봉건적 생산관계가 일본 자본주의의 토양이 되는 것이라는 점에서는 옳지만, 지배적 생산관계를 자본주의적 생산관계로 보고 있음에도 그것을 박문규와 같이 형식으로 대치하고 사실상 반봉건적 생산관계를 지배적 생산관계로 간주하는 것은 문제의 본질을 잘못 이해한 것이다.(이 때문에 그는 식민지에서 자본주의적 생산관계의 확대를 최소 의미로 축소하고 봉건제의 확대재생산·강화론에 주력한다.)

일제의 자본축적을 위한 전제조건으로서도 자본주의적 생산관계는 서서히 확산된다.(이것은 본원적 축적과정 등에 의해서도 객관적으로 실증되고 있다.) 권태섭은 자본주의의 정상적 발전을 농민적 진화의 길로서 이해할지 모르나 자본주의로 이행은 고전적 의미의 분할지소유하에서도 폭력적 수탈을 동반한다. 부르주아민주주의혁명을 분할지소유로 보는 견해가 강조되는 이유는 자기노동에 기초한 자유로운 사적 소유를 통한 자유로운 생산력 발전(자연발생적)이 봉건제적 모순을 급속히 해체하기 때문이다. 그리고 그것이 전통적인 2단계혁명론에서 특히 강조되는 이유는 연속혁명과정으로서 이러한 농민적 소유가 폭력적 수탈을 동반하는 자본주의적 사적 소유로 진행되는 과정을 짧은 기간 내에 최소한으로 억제하고 사회적 소유로 진행하기 위해서다.

권태섭의 견해는 이러한 분할지소유의 의미를 자본주의의 정상적 발전을 통한 자본과 자본 간의 대립이라는 의미로 확대해석하는 경향이 짙다. 아마도 그는 조선을 위한 자본주의적 발전과 일본을 위한 자본주의·자본제 부문의 확산을 구별하기 위해서 이러한 가정을 했을지도 모른다. 그러나 식민지하 자본주의의 문제는 제국주의와 식민지 간의 수탈관계로만 설명될 수 있으며 그것은 부르주아민주주의 문제이기 전에 반제국주의 문제가 우선이다. 따라서 권태섭을 비롯한 봉건파의 견해에서 원론적인 의미나마 민족자본의 범주가 애초부터 철저히 삭제된 것은 향후 부르주아민주주의혁명론이 스스로 고립을 자초하는 중요한 단초가 된다.

다소 이르기는 하지만 여기서 봉건파의 한계를 짚고 넘어가야 할 필요가 있다.

봉건파의 한계는 끊임없는 봉건제 재생산론과 생산력정체론에 있다. 우리는 여기서 귀중한 발견을 하게 된다. 즉 봉건파의 이론적 근거는 '분할지토지소유제=부르주아민주주의혁명의 완수'라는 공식에 있다는 사실이다.

일제하 토지조사사업이나 해방 이후 농지개혁에서 봉건파가 반드시 해명하려고 하는 작업이 분할지소유인가, 아니면 봉건제의 타협적 해소인가에 달려 있었던 사례는 우리 주변에서 흔히 볼 수 있다. 권태섭의 경우 역시 토지조사사업 이후 봉건제 해체의 타협적 해소의 길을 부정하지만 그 이면에는 분할지소유론적 인식이 강하게 자리 잡혀 있음을 보게 된다.

역사적으로 봉건제 해체의 두 가지 길 이론과 분할지소유론은 레닌의 고전적 명제인 농업자본주의화의 두 가지 길 이론에서 유추되고 있다.

> 하나의 노선은 …… 농노제도와 결합되어 있는 낡은 지주경제가 여전히 존속되면서 순전히 자본주의적 '융커'경제로 서서히 전화하는 것. 고역에서 자본주의로 최종적 이행의 토대는 봉건적 지주경제의 내적 변형이다. …… 다른 노선은 낡은 지주경제는 혁명에 의해 파괴되며 그 혁명은 농노제의 모든 잔존물을 그리고 무엇보다도 대토지소유를 파괴한다는 것. 고역에서 자본주의로 최종적 이행의 토대는 소농민경영의 자유로운 발전이며, 이는 농민층의 이해에 따른 지주사유지 몰수의 결과로 엄청난 자극을 받은 것이다.(레닌, 앞의 책, 19~20쪽)

융커경영과 소농민경영(분할지소유)으로 대표되는 두 가지 길 이론과 봉건파적 이론을 대비할 때 우리가 알 수 있는 것은 봉건파가 무엇인가를 잘못 이해하고 있다는 점이다. 봉건파의 반봉건제론은 크게 두 개로 나뉜다. 하나는 이와 같은 융커경영을 타협적 해소와 반봉건제 온존·강화로 보는 시각이고, 다른 하나는 박문규·권태섭과 같은 타협적 해소가 아닌 반봉건제 온존·강화로 보는 시각이다. 여기서 앞의 타협적 해소가 아닌 반봉건제 온존·강화론은 레닌의 두 가지 길 이론에서 보는 그대로 옳지 않음을 알 수 있다.(레닌은 봉건제 잔존의 장기화―지주경제의 내적 변화―자본주의화로 보았지 봉건제 강화를 주장하지는 않는다.) 그러나 권태섭의 견해처럼 반봉건제의 확대재생산으로 보는 시각도 옳지 않음을 알 수 있다. 두 가지 길 이론에서는 자본주의 이행과 발전 문제를 부정한 적은 한 번도 없다. 그럼에도 불구하고 권태섭은 반봉건제의 확대재생산을 주장함으로써(특수한 의미) 자본주의적 생산관계의 지배적 위치를 강조하면서도 스스로 봉건제의 회귀론으로 돌아가는 모순된 주장을 낳게 되는 것이다.(확대재생산이라 할 때는 질과 양의 문제를 분명히 밝혀야 할 것이다.) 레닌이 분할지소유론을 강조했던 이유는 그것이 농민의 이해를 대변하는 착취관계의 혁명적 타파의 길이자 자유로운 생산력 발전을 보장하는 길이기 때문이지 그렇지 않을 경우에 자본주의적 발전이 정지된다는 의미는 아닌 것이다. 권태섭의 경우는 이 점을 식민지적 특수성으로 해소하려고 함으로써 적어도 토지소유 외적인 부문에서 객관적 자본주의 발전이 식민지 조선사회에서 발생하는 점을 형식으로 대치해버리는 오류를 낳았던 것이다. 따라서 그가 주장하는 자본주의적 생산관계의 지배적 위치는 자신의 견해 전체를 통틀어 아무런 영향력을 발휘하지 못할 뿐이다.(분할지소유라는 봉건해체의 혁명적 길은 농민의 주체적인 힘으로 가능한 것이지 일제나 조선의 토착대지주는 봉건해체의 혁명주체와는 아무런 상관이 없는 오히려 적대적 위치인 것이다.)

권태섭에 따르면 식민지 조선의 지배적 생산관계는 자본주의적 생산관계다. 그럼에도 그 자본주의적 생산관계는 특수한 반봉건적 토지소유관계의 토양 위에서 성숙된다고 한다. 여기서 특히 강조되는 것은 일본 자본주의의 특수성과 특수의 의미로서 식민지 반봉건적 토지소유의 성립이라는 점이다. 일반적으로 사회구성체의 정리에서 마르크스의 『정치경제학비판』 서문에서 제기되는 토대·상부구조의 정의와 인류사회의 보편적 5단계 사회구성체의 범주는 많이 검토된 바 있다. 그러나 최근의 식민지반봉건사회구성체론에서 제기되는 특수한 생산관계로서 반봉건적 생산관계와 권태섭의 견해는 어떻게 대비될 수 있을까? 권태섭은 이것을 다음과 같이 주장하고 있다.

봉건제사회로부터 자본제사회로의 발전은 각국이 다 동일한 발전과정을 밟는 것이 아니고 각 자본주의 제 국가는 각각 그 특수한 역사적 전제조건에 제약되어서 각각 상이한 양상을 갖고 발생·발전한 것이다.

이것에 따르면 권태섭의 반봉건적 생산관계를 도출하는 양식은 자본주의 발전에서 식민지 조선사회의 특수한 경로로 파악하는 것임에 틀림없다. 권태섭의 견해는 해방 이후 부르주아민주주의혁명론을 도출하고자 하는 것으로서 자본주의적 생산관계가 지배적임에도 일제에 의해 재생산된 반봉건제가 자본주의적 발전을 가로막고 있다는 가설에 입각하고 있다. 즉 권태섭의 견해는 반제반봉건민족해방운동이자 부르주아민주주의 변혁론이 되는 것이다. 이것의 객관적 검증은 앞에서 언급한 바와 같이 그의 분할지소유론에 입각한 부르주아민주주의혁명론이다. "반봉건적 토지소유제의 결과로 농민=직접적 경영자는 …… 반예농적 농업체제에 의연히 결박되고, 분산적인 영세경작농민으로서 '자영독립농민'으로 발전하는 길은 영원히 두절되었다"고 강조하고 조선의 소작제도를 과도적 분익농체로 간주하는 견해를 철저히 반대하는 것이 그것이다. 따라서 권태섭은 이것의 해결방법으로서 레닌의 분할지소유론을 받아들여 "반봉건적 성질을 평민적으로 완전히 해결하는 것이 선결문제이며, 조선농업을 지배하는 반봉건적 지주의 토지를 국유화 규모로 수행하고, 그것을 직접 생산자인 근로농민에게 분할하여 자기노동생산물을 소유한 노동조건인 토지의 완전히 자유스러운 소유로 노동력에 비례하여 평등하게 무상으로 분배하는 것이 현 단계 토지개혁의 전형이다"라고 해방 이후 농업문제의 해결방책을 제시하게 되는 것이다.

권태섭의 주장이 해방 직후 봉건파의 모든 것을 대변하는 것은 아니지만, 해방 이후 그의 사회적 위치(민주주의민족전선 경북 대표, 남로당 기관지 부책)를 감안한다면 상당한 권위를 갖는 것으로 해석할 수 있다. 그러면 이러한 봉건파의 권위는 절대적인 것이었는가? 그렇지는 않다. 봉건파의 주장과 이른바 부르주아민주주의혁명론에 문제제기를 가한 백남운과 논쟁에서 해방 직후 논쟁사의 쟁점이 무엇인지를 다시 한번 알 기회가 있다.

백남운은 1946년 4월 15일 연합성신민주주의론을 제창하는 『조선민족의 진로』를 발표함으로써 봉건파의 열화 같은 집중공세를 받게 되었다. 이기수는 「백남운씨의 '연합성신민주주의'를 박(駁)함」이라는 제하의 반박

논문을 『신천지』(1946년 5월호)에 발표함으로써 논쟁의 포문을 열었고, 이와 같은 종류의 반박문은 여러 각도에서 백남운의 주장에 대해 일제히 공격을 가하기 시작했다.

결론부터 말한다면 이 논쟁 역시 봉건파의 승리로 끝난다. 물론 이와 같은 결과가 나오기까지는 해방정국이라는 논쟁외적 조건이 큰 작용을 했기 때문이기도 하다. 이 논쟁이 진행된 1946년 4월에서 7월 사이는 신탁통치 실시문제로 인한 찬·반탁진영 간의 심한 대립과 미군정에 의한 좌익탄압 강화, 미소공위 결렬, 박헌영체포령 등 급속한 상황 변화가 있었다. 따라서 이 논쟁이 충분한 검토 속에 진행되기를 바라는 것은 무리였을지도 모른다.

그럼에도 이 논쟁의 의미는 「8월테제」 이후 절대적 위치에 있던 봉건파의 권위가 도전받고 있다는 사실에서 찾을 수 있다. 그것은 첫째, 일본 제국주의가 패망한 이래 반제의 과제가 일제 잔재의 청산에만 있지 않다는 것을 제기한 것이고 따라서 봉건파의 진보적 민주주의국가(「8월테제」 중 미·소·영·중을 가리키는 부분)라는 견해에 대해 최소한의 문제제기를 가하는 것이었다. 둘째, 절대적 권위를 갖고 있던 부르주아민주주의혁명론이 도전을 받고 있다는 사실이다.

백남운은 연합성신민주주의론을 제기하는 근거로서 민족해방의 미완성이라는 문제를 들고 있다. 그는 이 점을 "연합군의 위대한 전승으로 인하여 우리의 민족혁명이 대행된 것은 감사한 일이나 아직 정치자유를 갖지 못한 이상, 완전한 민족해방을 수행한 것으로 볼 수 없다"(백남운, 앞의 글, 165쪽)라고 규정하고 "자주독립이 실현되는 순간까지는 양심적인 일부 유산계급도 민족해방을 위한 혁명세력의 일부를 대표하는 만큼 무산계급도 연합하는 과도적 형태로 취할 수 있게 되는 것이며 그것은 유산독재의 자유민주주의도 아니고 무산독재의 푸로민주주의도 아니다"라는 요지의 연합성신민주주의론을 제기한다.

백남운은 두 가지 문제의식을 갖고 있다. 하나는 미완성 민족해방이라는 부분이고 또 하나는 양심적인 유산계급과 무산계급의 연합을 주장하는 부분이다.

코민테른 7차대회와 중국의 신민주주의론 이후 이른바 식민지·반식민지에서 민족해방운동론이 질적으로 변화했음을 우리는 알고 있다. 백남운이 코민테른 7차대회 이후 결정사항을 얼마나 염두에 두었는지는 정확히 알 길이 없으나 적어도 중국의 경우를 고려(중국의 경우는 일제와 군사적 항쟁이었다고 보는 반면에 8·15 이후 조선사회는 그렇지 않다는 점으로 자기 견해의 새로움을 주장한다)한다는 점에서 봉건파의 견해와는 다르다. 문제는 백남운이 주장하는 양심적인 자산계급과 무산계급의 연합론이 봉건파에 의해서 어떻게 공격당하고 있는가 하는 점이다. 가령 이기수는 "지주가 자본가와 가치 혁명성을 못 가진다는 말은 도대체 무슨 말인가. …… 백씨는 자본가의 범주에 지주를 집어넛는 요술을 다하니 씨의 경제학에는 토지소유와 자본의 구별이 업는 모양이다"라는 요지로 백남운의 견해를 통박하고 있다. 봉건파의 비판 요지는 유산계급과 무산계급의 연합이라는 부분과 지주와 자본가 범주구분의 불분명(특히 토지자본과 지주의 혁명성)에 대한 것으로 압축된다. 전자는 좌우익연합론으로서 민족자본의 혁명성 여부를 쟁점으로 하는 것이고 후자는 봉건파의 절대적인 주장인 반(反)봉건의 현실적 적응인 지주계급의 붕괴에 반하는 것임을 보게 된다.

백남운의 견해 중 가장 문제가 된 부분은 다음과 같다.

사회경제의 구조부면을 본다면 토지자본이 민족자본을 대표한 것인 동시에 봉건 잔존세력의 물적 기초가 되는 것이며, 조선의 자본가 부류에는 지주도 포함되는 것이다. …… 조선의 지주 및 자본가도 또한 어느 정도의 혁명적 세력이었던 것이다. 금일의 조선은 과거 일제의 식민지였던 만큼 일부의 유산자와 전무산자는 '민족혁명'이라는 공통의 혁명적 목표를 가졌던 것이고 따라서 민족독립을 위해 동맹할 가능성을 내포했던 것이다.

봉건파와 견해 차이를 알기 위해서는 이것이 「8월테제」와 어떻게 다른지를 비교할 필요가 있다. 「8월테제」의 주요 주장은 다음과 같다.

> 금일 조선은 부르주아민주주의혁명의 단계를 걸어가고 있나니, 민족적 완전독립과 토지분배의 혁명적 해결이 가장 중요하고 중심되는 과업으로 서 있다. …… 노동자, 농민, 도시소시민과 인테리겐쨔는 조선혁명의 현 단계인 부르주아민주주의혁명의 동력이 되는 것이다.(「현정세와 우리의 임무」, 김남식·심지연 편, 『박헌영노선 비판』, 32쪽)

위에서 보는 바와 같이 「8월테제」에서는 민족자본가의 혁명성은 인정되지 않으며 오히려 지주계급과 같이 적대계급으로 설정되어 있다. 한 가지 주의할 점은 「8월테제」에서는 부르주아민주주의혁명론을 주장함에도 자본가계급 역시 혁명의 대상이 된다는 사실에서 2단계 혁명론과는 다른 계급 간의 대립이 전제되고 있다는 사실이다.

'분할지소유=부르주아민주주의혁명'으로 믿고 있는 봉건파가 기본 적대관계에서 프롤레타리아와 혁명적 대립관계를 설정하는 것은 일종의 모순이면서도 우연의 소산은 아니다. 그럼에도 백남운이 봉건파의 견해를 근본적으로 돌파할 수 없었던 이유는 자신의 주장이 결정적 약점을 가지고 있었기 때문이다. 토지자본의 정의가 그것인바, 역사적으로 토지를 둘러싸고 자본주의적 생산과정이 발생하는 것은 지주-차지농-임노동의 관계, 또는 자본주의적 기업농의 등장에서만 찾을 수 있다. 그런데 백남운의 경우는 이를 무시하고 토지자본이 단순히 민족자본이라는 발상을 내놓음으로써 일제하 지주-소작관계의 봉건적 본질을 인정하면서 그를 다시 부정하는 모순된 주장으로 비치게 된 것이다. 아마도 백남운의 견해는 지주가 자본가로 전화하는 과정(박흥식의 경우)이나, 지주가 자본가를 겸업하는 형태(가령 김성수 일가의 경성방직의 경우는 대지주로서 축적된 부를 자본제부문으로 돌린 대표적 형태. 따라서 김성수 일가는 지주이면서 자본가)를 놓고 토지자본이라는 표현을 사용한 것 같은데(정치적으로는

3·1운동에서 영향받고 있다) 이 경우도 농업부문에서 과도기적 또는 자본주의적 경영이 나타나지 않으면 사회 전체적으로 토지자본이라는 표현을 쓸 수 없다. 따라서 봉건제와 자본제 간의 모순관계에 대한 불명확한 범주구분, 또는 지주와 자본가의 겸업형태를 놓고 토지자본과 지주의 혁명성을 동시에 말한다면 그것은 당연히 봉건파의 공격을 받을 수밖에 없었다. 백남운의 견해가 적어도 논리적 완결성을 이루기 위해서는 지주의 자본가로서의 형태변화과정에서 민족자본의 혁명성을 찾기보다는 제국주의자본의 민족자본에 대한 탄압, 다시 말해서 자본부문에서의 식민지적 관계를 해명해야 가능했다. (그는 민족해방의 미완성을 문제 제기하고도 구체적인 적대관계를 해명하지 못했다.)

백남운의 민족자본과 무산계급과의 동맹론은 민족자본의 혁명성을 인정하지 않는 봉건파의 계급동맹론에 의해서도 배척받는다. 물론 박헌영을 비롯한 재건파계열의 정치행위가 이념적으로는 우익이면서도 민족해방운동진영인 김구·김규식 등의 세력에게까지 처음부터 적대관계를 설정한 것은 아니었다. 그러나 신탁통치라는 전 민족적 정치사안을 놓고 이념적 좌우익대립이 심화된 과정과 그 와중에 민족해방세력이 이를 극복하지 못하고 극한에 가까울 정도로 분열된 이면에는 이와 같은 사회경제사적 쟁점이 뒷받침하고 있었다.

장안파·백남운과 논쟁을 거친 봉건파의 견해는 해방 직후 전 기간을 걸쳐 가장 위력 있는 사회경제학적 파벌을 이루고 있었다. 그러나 봉건파의 견해 역시 몇 가지 중요한, 그리고 결정적인 한계를 가지고 있다. 특히 고립을 자초한 부르주아민주주의혁명론에 대한 재검토는 8·15 이후 사회경제사의 쟁점 중 가장 관심 있게 다루어야 할 부분이다.

3. 8·15 이후 사회경제사 쟁점의 현대적 의미

이제까지 살펴본 바와 같이 해방 직후 각 논객·파벌 간의 사회성격 논쟁은 단순히 이론적 구명에 머무는 것이 아니라 정치적 행위와 노선으로 나타나게 된다. 마찬가지로 이 부문의 쟁점은 현재까지도 많은 논객의 관심을 끌고 당시에는 파악되지 못한 문제점들이 현재는 새로운 문제로 발견되고 있으며 그 이상으로 가면 정치노선으로 표현되기도 한다. 따라서 여기에서 우리가 해야 할 작업은 과거와 현재를 총괄해서 치열한 쟁점이 되고 있는 부분을 조명하는 일이며 그를 통해서 해방 직후 사회성격의 본질에 좀더 가깝게 접근하는 일일 것이다.

일제하 그리고 해방 이후 논쟁사에서 주요 쟁점이 되거나 해결되지 못한 사안들은 크게 다음 네 가지로 분류할 수 있다.

첫째, 토지조사사업 이후 봉건제는 해체되었는가 하는 점이다. 다시 말해서 봉건제·반봉건제의 범주를 어떻게 해석할 것인가의 문제다.

둘째, 이른바 식민지반봉건사회는 무엇인가 하는 점이다. 특히 자본주의 발전과 식민지반봉건사회의 관계가 중심적인 쟁점이다.

셋째, 자본의 성격형성(매판, 관료독점, 국가독점자본, 본원적 축적)을 어떻게 볼 것인가 하는 점이다. 이 경우는 8·15 이후의 원조, 귀속재산의 분배와 자본주의적 생산관계의 발전, 그 역사적 위치가 초점이다.

넷째, 농지개혁에 관한 논쟁이다. 이 경우는 크게 보아 반봉건제에 대한 쟁점과 같은 맥락이나 토지조사사업 이후 봉건제논쟁의 변화양상과 농지개혁 이후 봉건제논쟁의 양상을 비교하는 데 반드시 필요하기 때문이다. 다시 말해서 농지개혁 이후 봉건파의 관점은 어떻게 변화하는가가 초점이다.

1) 봉건제·반봉건제의 주요 쟁점과 이론문제

- 이진경, 『사회구성체론과 사회과학방법론』(아침, 1987).
- 장상환, 「현행 토지문제의 성격과 해결방향」, 『한국농업·농민문제연구』 I (연구사, 1988).
- 三好四郞, 「반봉건적 토지소유론」, 장시원 편역, 『식민지반봉건사회론』(한

울, 1984).
- 山田盛太郎, 「일본자본주의의 분석」, 『동아시아사회성격논쟁』(온누리, 1988).
- 小谷汪之, 「(반)식민지반봉건사회구성의 개념규정」, 『식민지반봉건사회론』.
- 山岡豪一·木原正雄 編, 『封建社會の基本法則』(東京: 有斐閣, 1956).
- 田中忠夫 譯, 「支那經濟論」, 김용석 편역, 『식민지반봉건사회론연구』(아침, 1987).

  8·15 이후 농지개혁 전까지의 기간은 사실상 농업문제에서 어떤 근본적인 개혁조치가 이루어지지 않았다. 그럼에도 이 시기를 분석하는 논객들에 따르면 이 기간은 일제하 식민지 조선사회의 연장(따라서 식민지반봉건사회)으로 보는 시각과 그것의 해체과정으로 보는 시각으로 대별된다. 이러한 시각 차이는 각 논자 간의 봉건제·반봉건제를 바라보는 견해 차이 때문이다. 여기서 다시 봉건파의 주요 이론가인 박문규의 반봉건제에 대한 견해로 돌아가기로 한다.

  전술한 바와 같이 박문규의 반봉건제 정리는 토지영유의 근대적 성질과 봉건사회로부터 그대로 답습된 영세농적 생산양식의 기초 위에 선 토지소유제도가 그 출발점이다. '봉건사회로부터 그대로 답습된'이라는 의미가 봉건제의 본질을 가리키는 것이라면 박문규는 영세농적 생산양식을 봉건제의 본질로 보고 있음에 틀림없다. 그런데 여기서 토지영유의 근대적 성질 부분을 강조하게 되는 이유는 일제에 의해 강행된 토지조사사업이 토지의 근대적 성질의 창출로서 생산수단(토지)으로부터 농노를 자유롭게 만드는(박탈하는) 자본제적 소유가 성립되었다는 점 때문이다.(그러나 박문규는 이것이 형식적인 것에 불과하고 농민은 다시 토지에 긴박된다고 주장한다.) 따라서 박문규에 따르면 식민지 조선사회는 토지소유의 근대적 성질과 봉건적 소유 간의 반봉건적 모순이 발생하는 시기가 되는 것이다.

박문규가 파악하는 봉건제의 본질의 지표에는 이밖에도 경제외적 강제, 생산물지대, 고율소작료의 개념이 더 있다. 즉 일제하 농민은 "경제외적 강제에 의해서 직접적으로 잉여노동을 흡수당하는 반농노적 존재에 불과하고 …… 지주에게 지불되는 지대는 노임 및 이윤을 뺀 나머지 잉여가치 초과분(자본가적 지대)이 아니라 잉여가치의 일반적 형태로서 노임의 일부에 포함되는 반봉건적인 고율지대-자연물지대(소작료)가 지배적인 것이다."

그러므로 반봉건제는 이러한 세 가지 봉건적 본질이 답습되고 그 위에 근대적 토지소유제도는 형식이 되며 경영양태는 영세농적 경영이 되는 것이다.

봉건제의 본질논쟁은 아직도 완벽하게 해결되지는 않고 있다. 그러나 경제외적 강제, 생산물지대(본원적 지대), 고율소작료, 영세농적 소경영 등 박문규가 판단 근거로 삼고 있는 척도들은 봉건제의 한 특징이 될 수는 있어도 본질적 접근이 될 수는 없다. 가령 소작료의 고율에 관한 주장은 본원적 지대 개념인 "직접 생산자의 노동에 의한 잉여생산물"(『자본론』 3권, 47장)에서 봉건지대는 당연히 고율이 된다는 것을 전제로 한 것으로 생각되나 봉건적 지대인가 아닌가의 판단 기준은 지대의 고율 여하에 달린 것이 아니라 잉여가치가 이윤·임금 등으로 분화되는가 여하에 달려 있기 때문에 봉건제의 본질적 문제와는 별도 관계다.

경제외적 강제를 봉건제로 보는 시각은 현대에 이르러 거의 폐기되었고 (이것은 스탈린이 『소련에서 사회주의의 경제적 제 문제』[1952년]라는 논문에 발표한 "경제외적 강제는 지주[=농노 소유자]가 경제적 권력을 강화하는 역할을 하고 있으나 봉건제도의 기초는 경제외적 강제가 아니라 봉건적 토지소유에 있다"는 규정 이후 거의 정설로 되고 있다. 이 논문 이후 경제외적 강제 등 봉건제 문제에 대해서 소련과학아카데미를 중심으로 활발한 토론이 전개된 바 있다) 마찬가지로 영세농적 소경영양식이 봉건제의 본질이 될 수는 없다. 만약 이러한 점들을 봉건제 판단의 기준으로 삼는다면 반대로 완전한 경제적 강제의 범주나(자본주의사회에서도 경제외적 강제는 존재하며 봉건제사회 역시 기본은 경제적 착취관계다) '소농·소경영＝봉건제'라는 범주를 설정해야 한다. 그러나 자본주의사회라고 해도 완전한 경제적 착취관계만 설정되는 것은 아니며(경제외적인 즉 법적·정치적 강제의 존재), 소농·소경영양식은 과도적 소유형태로서 분할지소유에서도 나타날 수 있다. 따라서 고율소작료, 경제외적 강제, 소농·소경영양식 등은 봉건제를 존속시키는 지배형태나 조건, 또는 형태적 분류는 될 수 있을지언정 그 자체만으로 봉건제의 기준이 될 수는 없다.

그렇다면 박문규 등 봉건파에서 주장하는 반봉건제에 대한 해명은 어디에서 찾아야 하는가. 그것은 생산수단(토지)의 소유형태 즉 생산관계의 측면을 어떻게 파악하는가에 달려 있다.

여기서 우리는 다른 각도에서 반봉건제를 주장하는 다섯 가지 견해를 살펴본다.

견해 1: 중국 농업생산의 경우에 지주는 전혀 생산에 참가하지 않고 농민은 자신의 생산수단·비료·자본을 가지고 생산을 진행하며, 노동에 의해 생산된 생산물을 지주에게 제공한다. 이러한 착취관계는 농노제에서 볼 수 있는 바와 같은 강제노동의 산물이고, 따라서 반봉건적 관계이다. …… 봉건적 관계가 우세하다고 주장할 뿐이지 중국에는 자본주의가 존재하지 않는다고 주장하는 것은 결코 아니다.(潘東周, 「중국경제의 성질」, 김용석 편역, 『식민지반봉건사회론 연구』, 아침, 1987, 19~23쪽)

견해 2: 유신변혁은 첫째로는 영세경작농토의 주요 부분을 봉건적 대토지영유권의 타협적 해소형태인 반봉건적 예속조건을 계승한 고리대 자본적인 기생지주에 대해 …… 고율소작료를 내는 반예농적인 영세 경작농민으로 전화시켰다.(山田盛太郎, 앞의 글, 49쪽)

견해 3: 본격적인 토지개혁이 실행되지 않고 봉건적 토지소유가 철저하게 근절되지 않은 채 그 본질을 잔존시키면서 상품경제의 침투를 받아 그 사회 전체가 자본주의적 발전방향으로 나아감에 대응하여 타협적·적응적으로 재편되는 토지소유 …… 반봉건적 토지소유의 본질은 지주의 존재가 다른 한편에 있어서 무토지·소토지농민의 재배적인 존재로 규정할 수 있는 것이다.(三好四郎, 앞의 글, 207쪽)

견해 4: 반봉건이라고 할 경우의 반은 세계자본주의에 의한 규정성을 의미한다는 점이다. 반이라는 개념은 단순히 과도기를 의미하는 것도 아니고 어떤 중간적 형태를 의미하는 것도 아니다. …… (반)식민지반봉건사회구성의 토대의 중심은 반봉건적 토지소유이고 그것이 세계자본주의에 의해 규정되는 것인 한 자본주의적 생산관계를 부차적 우클라드로서 필연적으로 포함하지 않을 수 없다.(小谷汪之, 앞의 글, 350~52쪽)

견해 5: 반봉건적 토지소유란 생산과정의 개인적 성격과 봉건적 대토지소유 간의 모순이라는 봉건제의 기본모순을 유지하고 있으면서 토지에 대한 사적 소유=일물일권주의가 확립되어 있는 토지소유이다. 본질적으로는 봉건적이되 자본주의사회의 상부구조인 사적 소유관계의 법률의 적용을 받아 변용된 것이다.(장상환, 앞의 글, 118쪽)

견해 1은 중국 봉건파의 대표적 견해로서 1930년대 중국사회성질논쟁의 한 부분이다. 견해 2는 일본 구강좌파의 견해이고, 견해 3은 전후 신강좌파이론의 일부분이다. 견해 4는 강좌파 이론이 식민지반봉건사회구성체론으로 발전한 경우이며, 견해 5는 최근 발표된 견해의 하나로서 박문규의 반봉건제론과 같은 맥락을 유지하고 있다. 이밖에 반봉건제를 과도기적 토지소유로 보는 견해(김석민)나, 본질적으로 자본주의적으로 보는 견해(이진경) 등이 있으나 우선 이 다섯 가지 견해를 비교·검토하는 것으로 한다.

견해 1의 특징은 1930년대 중국사회의 지배적 생산관계를 봉건제로 본다는 점이다. 이 견해에 따르면 고율소작료·고리대자본·생산물지대가 여전히 농촌사회에 잔재하고 이러한 현상이 전국 경제생활에서 차지하는 비중이 (자본제 부문보다) 높기 때문에 봉건적 생산관계가 지배적이라는 것이다. 이 견해는 봉건제를 강화·유지하는 기본 요소로서 고율소작료나 경제외적 강제를 봉건제의 본질적인 부문으로 파악하는 경향이 있지만 그보다 더욱 중요한 사실은 지배적 생산관계의 의미를 양적으로 파악한다는 점이다. 지배적 생산관계의 의미가 양적 개념으로는 설명되지 않는다는 점에서 이 견해는 명백한 오류를 범하고 있다. 그러나 이 시기 중국에서 봉건적 생산관계가 자본제적 생산관계보다 양적으로 많다는 현실(봉건적 모순 위에 피해받는 인간관계)은 봉건파의 주장을 자본파의 그것보다 우세하게 만드는 배경이 되며, 여기서 우리는 반봉건제의 범주를 해명하는 데 양적인 평가기준의 의미도 무시할 수 없음을 알게 된다.

견해 2와 3은 2차대전 전후의 신·구 강좌파 간에 나타나는 차이를 비교하기 위한 것이지만 이 견해들은 본질적으로는 차별성을 갖지 않는다. 다만 여기서 강좌파의 반봉건론이 타협적 해소-기생지주제-영세경작론에 있다는 점은 다시 한번 확인해둘 필요가 있다.

견해 3은 특별한 관심을 요한다. 그것은 이 견해가 농지개혁 후 토지소유문제를 다루고 반봉건제 온존·강화론으로 매듭짓기 때문이다.(이 견해의 영향력은 현대 한국사회에서 신봉건파를 탄생시키는 배경으로 된다.) 일제하 조선의 봉건파와 비교하면 이 견해가 상품경제의 발달을 제시한다는 점에서 박문규보다 인정식의 견해에 가깝다고 할 수 있다. 그러나 견해 3의 가장 중요한 점은 봉건제의 본질을 어떻게 보는가와 그 본질이 왜 확대·강화되는 것으로 주장하는가에 있다. 타협적 해소론을 주장하는 근거가 봉건제 해체의 두 가지 길 이론에서 나오는 것이라면 이는 권태섭의 견해와 마찬가지로 분할지소유에 대한 강력한 선입관 때문이고 두 가지 길 이론에 대한 잘못된 해석 때문이다. 즉 타협적 해소는 부르주아민주주의혁명과 분할지소유를 통한 자본주의적 발전으로 나아가지 못한다는 선입관은 그 반대급부로 봉건제 온존·강화론으로 연결되기 때문이다. 그것을 뒷받침하는 이론적 배경은 봉건제적 본질을 어떻게 보는가에 달려 있다. 견해 3에 따르면 봉건제적 본질은 소수자의 토지독점과 고립분산된 소경영의 지배적 존재이고 그 존재형태는 지주의 존재와 무토지·소토지농민의 지배적 존재, 즉 지주-소작관계의 존재다. 따라서 이 견해에 따르면 지주-소작관계의 존재는 봉건·반봉건제의 기준이 되고 그 분포도의 확산 여하에 따라서 확대재생산 강화론으로 나타나는 것이다. 결론적으로 말해서 지주-소작(영세농)관계의 존재를 봉건제의 본질로 보는 것은 오류다. 그러나 이 문제는 우리나라 농지개혁의 문제와 관련이 깊기 때문에 그와 연관해서 뒤에서 다시 언급하기로 한다.

견해 4는 세계사에서 특수하고 독자적인 생산관계로서 반봉건제의 범주를 설정하고 그 위에 식민지사회에서 반봉건제의 지배적 위치를 강조하는 식민지반봉건사회구성체론의 그것이다. 일본에서 이러한 관점에 서 있는 학자들은 고다니(小谷汪之)와 가지무라(梶村秀樹)가 대표적이며 우리나라에서는 안병직·장시원 등이 이를 수용한 바 있다. 식민지반봉건사회구성체론은 종속이론류의 주변부자본주의론·사회구성체론을 강좌파의 반봉건제론에 결합한 것이나 최근에는 종속이론의 후퇴와 함께 거의 자취를 감추었다.

견해 5는 일제하 봉건파의 반봉건제론(특히 박문규)을 도입한 것이다. 그럼에도 불구하고 박문규가 봉건제의 제반 현상을 병렬적으로 열거하거나 모호하게 처리한 것에 비해서 이 견해는 봉건제의 본질을 생산과정의 개인적 성격과 봉건적 대토지소유 간의 모순으로 분명히 처리함으로써 봉건제의 본질 및 반봉건제 해명에 단일된 견해를 취하고 있다.

견해 3이 봉건제의 본질을 토지독점과 소경영의 지배적 존재로 간주하는 것에 비하여 견해 5는 생산과정의 개인적 성격과 봉건적 대토지소유에서 찾고 있다. 견해 5에 따르면 생산력(생산과정의 개인적 성격)과 생산관계(봉건적 대토지소유)의 모순에서 이 주장의 근거를 제시하는데 이는 견해 3에 비해서 정당하다고 생각된다. 그것은 견해 3의 소경영론이 사회적으로 분화되지 않은 봉건제의 낙후된 생산력으로서, 생산과정의 총괄로서 개인노동을 말하는 것인지, 아니면 봉건제적 점유에 기초한 소소유와 소경영(생산관계)을 말하는 것인지가 불분명하기 때문이다. 견해 3은 후자의 입장으로 생각되는데, 그것은 무토지·소토지 농민의 지배적 존재(생산수단 소유의 문제)로 반봉건제를 정의하는 것에서 밝혀진다.

　이상의 여러 가지 쟁점에서 이제 우리는 이른바 반봉건제의 범주를 어떻게 판단할 것인가 하는 기로에 서게 된다. 반봉건제 해석을 크게 강좌파류의 타협적 해소론과 박문규 등의 이론(근대적 사유권과 봉건제적 본질의 재편으로 보는 견해)으로 구분할 때 기본적으로 우리나라에서는 후자쪽이 옳다고 생각된다. 물론 박문규의 논리가 봉건제의 본질면이나 강좌파류의 오류를 중복하는 부분은 보완할 필요가 있겠지만 봉건제 본질부분에서는 견해 5가 참고되리라고 생각한다. 그러나 봉건제의 비본질적 부분으로 분류한 여러 가지 내외적 조건을 전혀 불필요한 범주로 경시하는 것도 옳지 않다고 생각한다. 특히 경제외적 강제의 범주는 농노를 봉건지주에게 인격적으로 예속시키는 강력한 전제조건이기 때문에 이것의 변화과정을 연구하는 것 또한 그만큼 중요하게 부각된다.

　대부분 반봉건제를 주장하는 논자들에게서 나타나는 확대재생산·강화론은 재편의 의미로 한정하므로 잔존, 느린 속도로나마 해체되어가는 과정으로 파악하는 것이 올바르다고 생각된다. 이 점은 일제하의 구체적 사례나 통계로도 검증되는 바이지만, 수탈의 가혹성을 봉건제 강화의 의미로 대치하는 반봉건제정체론·봉건제순환론은 지나친 확대해석이기 때문이다. 일제하에서 반봉건제 문제를 융커경영이나 고전적 의미의 봉건제 잔존과 비교할 때, 그 의미가 맞아떨어지는 것은 물론 아니다. 따라서 고전적인 자본주의 이행경로와 차별성은 인정되지만, 그렇다고 해서 식민지에서 자본주의 이행경로가 폐쇄된다는 착안은 자본주의적 생산관계가 봉건제의 그것을 누르고 역사적으로 지배적 위치를 장악하는 것에 대한 몰이해와 다름없다.

2) 8·15 이후 식민지반봉건사회론의 쟁점

- 박현채, 『민족경제와 민중운동』(창작과비평사, 1988).
- ───, 『한국경제구조론』(일월서각, 1985).
- 박현채·조희연 편, 『한국사회구성체논쟁』 I , II (죽산, 1989).
- 안병직, 「식민지반봉건사회론의 쟁점」, 『산업사회연구』 제1집 (한울, 1986).
- 윤소영, 「식민지반봉건사회론과 신식민지국가독점자본주의론」, 『현실과 과학』 2 (새길, 1988).
- 이헌창, 「8·15의 사회경제사적 인식」, 『한국자본주의론』(까치, 1984).
- 梶村秀樹, 「구식민지사회구성체론」, 『식민지반봉건사회론』(한울, 1984).
- 통일문제연구소 엮음, 『북한경제자료집』(민족통일, 1989).

봉건제·반봉건제의 쟁점에서 해방 직후 사회성격의 변화과정을 가늠할 수 있는 몇 가지 척도를 발견할 수 있다. 그것은 첫째 반봉건제의 해체, 둘째 식민지반봉건사회의 적용 여부, 셋째 자본주의의 이행문제다. 이것에 기초할 때 지금까지 단편적이나마 해방 직후의 사회성격을 정의내리고자 하는 주장들은 크게 두 가지로 분류할 수 있다.

먼저 다음 견해를 예로 들기도 한다.

식민지 조선에서 이와 같은 자본주의의 전개는 식민지하 조선사회의 성격을 식민지반봉건사회라고 규정하게 된다. …… 이것은 일제 식민지 통치하 사회구성체로서 성격을 의미하는 것은 아니다. …… 자본주의적 경제법칙의 관철을 지배적인 것으로 하게 했다.(박현채, 『한국경제구조론』, 21쪽)

일제하 식민지 조선사회에 대한 이러한 규정은 붕괴파의 사회규정과 큰 차이가 없다는 데 특징이 있다. 이 견해에 따르면 일제하 조선사회의 지배적 생산관계는 자본주의적 생산관계이며 식민지 정치권력(총독부권력=

자본주의적 권력이 상부구조로서 이것에 조응하여 기본적으로 자본주의적 사회구성체가 되고 식민지반봉건사회는 민중적 전략전술을 위한 주요 모순 파악의 한 방법이라는 것이다. 주요 모순 파악이라는 견해는 중국의 모순론적 개념을 일부 수용한 것으로 보이나 크게 보아 이 견해는 봉건파의 기본구상과 같은 맥락에 속한다. 8·15 이후 권태섭의 주장이 일제를 군사적·봉건적 성격을 갖고 있는 이식자본주의라고 주장한 것에 비하면 약간 차이는 있으나 박현채의 견해는 사회구성체적인 방법론을 적극 활용하여 조응의 의미를 강조함으로써 완전한 자본주의적 단계를 일제하부터 가정하고 있다.

이 견해의 해방 직후 사회성격에 관한 관점은 관료자본주의라고 할 수 있다. 즉 미군정하의 사회성격은 "반봉건적 소작관계의 온존, 저농산물가격정책, 상업고리대자본의 농촌침투에 더하여 잉여농산물의 소비시장으로의 한국경제의 전환계기가 주어진다. …… 원조의 매개만이 아니라 군정기의 무역전쟁 또한 전후 자본주의의 전개를 대미의존적인 것으로 귀결지은 중요한 기초였다"는 것이다.

이 견해의 단점은 생략과 이론적 무리를 범하는 과정에서 찾을 수 있다. 가령 주요 모순 파악의 한 방법으로 제시되었던 식민지반봉건사회론이 8·15 이후로 넘어오면 그의 견해에서 언급되지 않는다는 점이 그것이다. 이 점이 왜 문제가 되는지를 알기 위해서 이 시기를 평가한 다른 견해를 살펴본다.

> 미일자본주의와의 수직적 분업체계에 편입된 자본제 부문이 토대의 중추로 되며 그 외향적 축적을 위해 비자본주의적 관계를 구조적으로 재생산시키는 바의, 외적으로 통합되고 따라서 내적인 상호관련성이 미약한 경제를 필자는 감히 본질적으로 주변부자본주의의 경제적 사회구성이라고 이해하고자 한다.(이헌창, 앞의 글, 99쪽)

이 견해는 1980년대 중반 주변부자본주의론이 한창 소개될 때, 가지무라의 식민지반봉건사회구성체론을 도입하여 8·15 이후 사회분석에 적용한 경우에 속한다. 일제하 식민지반봉건사회구성체(이하 식반사구체론)가 해방 후 주변부자본주의 사회구성체로 이행했다는 것이 이 견해의 핵심부분인바, 그것은 다음 이유 때문이라고 한다.

식민지사회의 지배적 경제범주였던 반봉건제는 분명히 해소되었다. 그러나 반봉건지주가 위장 자영을 가정하면서 농촌의 실력자로 남았고 농민은 비자립적 영세소경영을 탈피하지 못했다는 점에서 그것은 반봉건제의 불철저한 타협적 해소로 이해되어야 한다.

위에서 보는 바와 같이 이 견해는 봉건제 해체의 타협적 해소의 길 이론을 수용하고 있으며 또 한 가지 특징은 봉건·반봉건제의 지배적 위치를 주장하던 식반사구체론자들도 해방 이후 시점으로 들어서면 자본주의적 생산관계의 지배적 위치를 강조한다는 점이다.

박현채의 견해가 일제하부터 자본주의적 생산관계의 지배적 위치론을 주장한 것에 비하면 매우 특기할 만한 사실이나 사실상 이 두 가지 견해가 사회구성체를 바라보는 시각 차이 외에는 모두 본질적으로 봉건파적인 견해로부터 출발하고 그를 이론적 배경으로 한다는 점은 매우 흥미로운 사실이다.

이헌창의 견해에서는 상호 모순된 주장을 볼 수 있는데, 그것은 계급으로서 지주의 소멸을 인정하면서 (따라서 반봉건제 철폐) 다시 타협적 해소론을 받아들여 반봉건제의 온존·재생산을 주장하는 부분이다.

식반사구체와 주변부자본주의사구체의 차이점은 지배적 생산관계가 봉건제에서 자본제로 바뀌는 것에 있으나 적어도 이 견해에 따른다면, 이들 사구체 간의 차이는 없다. 다시 말해서 반봉건제 온존·재생산은 그 자체가 식반사구체론의 모태가 되기 때문에 주변부자본주의사구체를 주장하면서 결국에 가서는 식반사구체론으로 되돌아가는 환원론이 되기 마련이다.

이와 같은 결과가 나오게 된 것은 신강좌파의 아류인 식반사구체론을 무비판적으로 수용했기 때문이다. 다시 말해서 식반사구체론에 신강좌파의 타협적 해소와 반봉건제론을 도입하게 되면 구체적 사실의 전개과정에 상관없이 지주계급 없는 반봉건제라는 모순된 주장을 낳게 되는 것이다.
　위에서 예로 든 두 가지 견해가 8·15 이후 남한사회성격을 규정한 대표적 주장이라고는 할 수 없다. 그러나 부분적인 견해 차이나 세세한 오류를 배제하면 이들 견해에서 8·15 이후 사회를 바라보는 두 가지 주류를 발견할 수 있다.
　우선 대부분 견해는 8·15 이후의 사회에 대해서 자본주의사회 또는 자본주의사회로 변화를 주장하기 위해 노력한다는 점이다. 그런데 자본제적 공업부문과 그것의 확산에 대해서는 근본적인 이견이 없으나—가령 자본의 (신)식민지적 성격, 또는 종속·예속적 성격 등—농지개혁과 관련된 농업부문에 대해서는 심한 이견이 존재한다.
　박현채의 견해는 기본적으로 관료자본주의·국가자본주의 등이다. 그러나 이것은 언제든지 다시 식민지반봉건사회론으로 회귀할 가능성을 내포하고 있다. 왜냐하면 그는 신강좌파인 미요시(三好四郎)의 반봉건제론을 받아들이기 때문인데 가령 "이들 논의에서 부차적 계기가 되는 경제외적 강제나 대토지소유의 표지는 제쳐놓고 그밖의 것은 반봉건적 표지로 받아들일 수 있다. …… 반봉건적 토지소유에 대해서 나는 '대토지소유라는 형식을 상실한 봉건적 토지소유'라고 규정"(『민족경제와 민중운동』, 314~16쪽)한다는 것이 그것이다. 박현채는 최근에 이르러 소경영양식을 봉건제의 경제적 기초로 보는 경향을 보이는데 아마도 이것은 미요시의 무토지·소토지론에 매혹되었기 때문으로 생각된다. 미요시의 경우는 앞서 지적했듯이 소경영양식에서 봉건제 및 반봉건제론을 도출했는데 이 견해의 결정적 한계는 봉건영주(지주) 대 농노라는 대립적 관계가 도출되지 않는 것에 있다. 극단적으로 말해서 봉건 대 지주가 존재하지 않는 봉건제의 모순을 소경영양식으로 볼 경우, 농노가 토지로 긴박되는 유일한 근거는 경제외적 강제가 될 수밖에 없고 그것은 봉건제의 본질을 경제외적 강제가 아니라고 하는 본래 주장에 정면으로 어긋나는 모순이 될 수밖에 없다.

　박현채가 어째서 대토지소유 없는 소경영양식을 반봉건제의 개념으로 사용하는지는 모르겠지만, 봉건제에서 생산력과 생산관계의 모순을 '새로운 생산력과 속박적인 소생산자적 제 관계'의 모순에서 찾고 봉건적 토지소유의 불완전한 해체형태를 반봉건제로 간주하는 것에서 실마리를 찾을 수 있다. 즉 그는 생산과정의 개인적 성격(봉건제의 생산력)이 사회적 성격(자본주의적 생산력)으로 발전(생산력의 발전)함으로써 기존의 낡은 생산관계(봉건적 대토지소유)와 모순되면서 새로운 자본주의적 사적 소유를 요구한다는 사회변혁의 동력적 측면을 간과하는 오류를 범했다는 사실이다. 그가 생산력과 생산과정의 이중모순이라고 한 부분을 소경영양식 자체 내에서 생산력과 생산관계를 동시에 수용하려는 의도로 생각한다면 아마도 그는 소경영양식을 봉건적 생산양식으로 간주한 것으로 생각된다. 결론적으로 말해서 소경영양식이 봉건제의 모든 것이 될 수 없다. 소경영이 모두 봉건적인 것이라면(그는 분할지소유조차도 본질적으로 봉건제에서 파생된 것으로 보고 있다) 대경영은 모두 자본주의적이거나 그외의 어떤 것으로 될 수밖에 없다. 이것은 결국 논리적 파탄일 뿐이고 우리는 영원히 봉건제적 본질을 소경영으로 보는 견해에서 벗어나지 못한다.(소규모 소유와 소경영이 봉건제라면 농업에만 봉건제가 존재할 이유가 없다.)

　소경영양식론은 봉건파의 관념이 극단에 이른 경우이지만 이른바 영세 사적 토지소유양식을 봉건제 및 반봉건제의 기준으로 보는 견해는 의외로 많이 존재한다. 특히 봉건파가 사회경제학계의 주류를 이룬 북한의 경우는 1970년대 초반까지도 남한사회를 기본적으로 식민지봉건사회로 규정하는 견해가 유력했다.

　지난날 우리나라는 일본 제국주의가 통치하는 뒤떨어진 식민지반봉건사회였다. …… 그러나 지금 북조선과 남조선은 서로 다른 정세에 놓여 있으며 남북조선에서 혁명은 그 발전단계가 서로 다르다. …… 남조

선에서는 반제반봉건적 민주주의혁명이 당면과업으로 된다.(『북한경제자료집』, 1965, 166쪽)

결국 영세 사적 토지소유(=소경영양식)를 봉건제적 본질로 보는 강좌파의 오류는 생산력과 생산관계에 대한 잘못된 이해에서 나오는 것이다.

8·15 이후 사회성격을 바라보는 또 하나의 주류는 반봉건제 해체-식민지반봉건사회 해체과정으로 보는 시각이다. 이것은 계급으로서 지주의 소멸에 대한 실증적 분석과 농지개혁의 결과에 대한 봉건파와 대립된 견해에서 근거하는바, 결국 식민지반봉건사회의 해체·재편 문제의 초점은 8·15 이후 사회변화과정과 농지개혁을 어떻게 보는가에 따라 판단의 기준이 달라지는 것이다.

3) 분단의 경제적 귀결과 자본주의 재편의 문제

- 김기원, 「미군정기 한국공업의 동향」, 『한국현대정치사』(실천문학사, 1989).
- 이대근, 「미군정하 귀속재산처리에 대한 평가」, 『한국사회연구』 1 (한길사, 1983).
- 이병천·윤소영, 「전후 한국경제학 연구의 동향과 과제」, 『80년대 한국인문사회과학의 현 단계와 전망』(역사비평사, 1988).
- 이종훈, 『한국경제론』(법문사, 1979).
- 장상환, 「해방 후 대미의존적 경제구조의 성립과정」, 『해방 40년의 재인식』(돌베개, 1985).
- 정윤형, 「경제성장과 독점자본」, 『한국경제의 전개과정』(돌베개, 1981).
- 주종환, 『재벌경제론』(정음문화사, 1985).
- 박동순, 『재벌의 뿌리』(태창, 1979).
- 황병준, 『한국의 공업경제』(고대 아세아문제연구소, 1965).
- 홍성유, 『한국 경제의 자본축적과정』(고대 아세아문제연구소, 1966).

생산력이 발전하게 되면 기존의 낡은 생산관계와 모순이 되고 이때 사회혁명이 시작된다는 것은 고전의 명제다. 물론 이에 대한 현재의 해석은 생산력우위설, 생산관계우위설로 양분되기도 하나 기본적으로 한 사회의 다른 사회 이행은 이로부터 시작된다는 사실은 변함이 없다. 8·15 이후 사회변화과정도 기본적으로는 여기서 시작할 필요가 있다.

토지조사사업을 전후로 해서 식민지 조선사회에 확산되는 자본주의적 생산관계는 분명히 일제에 의해 강제로 파급된 생산관계다. 그런데 이 과정은 봉건조선사회의 생산력이 생산관계와 질곡으로 변하여 일어난 현상이 아니기 때문에 또 한편으로는 일본 제국주의의 식민지 수탈구조에 따라 봉건적 생산관계가 완전히 해체되지 않고 광범위하게 재생산되는 결과를 낳았던 것이 그 유명한 반봉건제론이었다.

생산력의 발전은 반드시 가치량의 증대로 나타나지는 않으나 일반적 의미에서 생산력의 발전은 기술과 생산성의 진보·증대로 나타난다. 따라서 사회적 생산액이 반드시 사회적 생산력을 의미하지는 않는다. 그러나 생산과정의 최종 표현물로서 생산액이 일정 정도 생산력을 반영한다면 해방 직후 사회적 생산액의 지표는 간접적이나마 생산력 발전을 측정하는 지표로 사용할 수 있을 것이다.

해방 직후 사회적 생산액은 엄청나게 격감했다. 공업의 경우는 75.2퍼센트가 감소(1939년 대비 1946년 현재)했으며 농업생산도 최소 10~30퍼센트가량 감소했다. 물론 그 이유로는 남북분단으로 인한 경제적 파행구조, 일본인 기술자의 환국으로 인한 기술상 공백, 적산기업체와 토지의 운영·불하의 공백, 원료·자재의 격감 등 식민지 경제 단절의 단기적 여파와 사회적 과도기의 영향력 등을 들 수 있다. 그러나 적어도 이 시기만을 놓고 볼 때 고전적인 명제로서 생산력과 생산관계의 질곡으로 인한 사회혁명의 동인이 직접 발현된 것으로 보기는 어려우며 기타 외곽 변수들을 감안해도 최소한 생산력의 공백·정체기로 파악되리라고 생각된다.

그렇다면 해방 직후 자본주의 재편과정의 쟁점은 어디로 귀결하는가? 그것은 무엇보다도 본원적 축적과 자본의 성격형성에 대한 이견으로부터 시작된다고 할 것이다. 이 점은 일제의 패망이라는 계기와 미군정의 귀속재산 장악·불하과정, 그리고 원조 등에 의한 사회경제적 변화과정이 이 시기에 이루어졌다는 사실에 근거하고 있다.

자본관계를 창출하는 과정은 노동자를 자기노동조건의 소유자로부터 분리시키는 과정 '곧 한편으로는 사회의 생활수단과 생산수단을 자본으로 전화시키고, 다른 한편으로는 직접생산자를 임금노동자로 전화시키는 과정' 바로 그것이다. 따라서 이른바 본원적 축적이란 생산자와 생산수단의 역사적 분리과정이다.(『자본론』1권 24장, 803쪽)

해방 직후 자본주의 쟁점의 큰 주류는 이와 같은 본원적 축적의 의미를 어떻게 적용할 것인가에 달려 있다.
먼저 다음 견해를 보기로 하자.

일제하에서 한국인에 대한 자본축적이 상대적으로 빈약했기 때문에 정상적으로 축적된 자본에 의해 대규모 귀속재산이 불하된다는 것은 불가능했다. 따라서 정부에 의한 민주적 운영이나 농지개혁과 유사한 민주적 개혁, 예컨대 '주식분산'과 같은 방식이 채택되지 않는 한, 귀속재산 불하는 대규모의 원시적 축적의 과정밖에 될 수 없다는 것이다.(정윤형, 앞의 글, 136~37쪽)

이 견해는 단순한 일제의 유산으로서 귀속재산을 바라보고 식민지 경제와 단절을 강조하는 평이한 인식에 대해 강한 문제제기를 함으로써 해방 직후 자본의 성격을 연구하는 데 중요한 역할을 하고 있다. 특히 해방 이후 대부분 자본이 일제하에 부분적으로 성장한 조선인 자본가들에게 주로 불하되고 그것이 해방 직후 자본의 집적·형성의 계기가 되고 있다는 사실에 대한 해명은 한국자본주의에서 독점자본의 성격과 뿌리를 일제하에서부터 해방 직후의 연관성 속에서 도출했다는 데 그 의의가 있는 것이다.

약간 견해 차이는 있지만 이와 같은 맥락을 견지하는 견해로는 다음과 같은 것이 있다.

한국자본주의의 담당주체는 민족자본이 아닌 그 축적과정이 그간에 주어진 경제외적인 자본의 본원적 축적과정이고 매판으로서 이루어진 관료자본으로 되었다.(박현채, 『한국경제구조론』, 82쪽)

미국원조가 귀속재산 불하와 더불어 한국자본주의의 원시적 축적의 주요한 원천으로 등장한바, 이것이 정치권력과 결탁된 특정인에게 특혜적으로 배분됨으로써 매판적·관료독점적 재벌이 형성되었다.(장상환, 앞의 글, 107쪽)

이들 두 가지 견해는 정윤형의 견해에 비해서 매판자본과 관료독점자본론을 주장한다는 점을 특징으로 한다. 매판자본과 관료독점자본론은 이전 연구에서 자본의 성격을 규정하는 양대이론이었고 그 주요 근거는 원조에 의한 자본의 (매판적) 성격형성과 귀속재산 불하과정에 두고 있었다. 정윤형의 견해에서는 이들의 견해에 대해서 별다른 이견은 없고 다만 이것을 자본주의로 이행하는 과도기에 전기적 독점자본의 후진국적인 특수성으로 간주하는 정도다.

위에서 보는 바와 같이 이 세 가지 견해의 공통점은 해방 직후 한국 자본주의의 전개과정을 본원적 축적기로 판단하는 데 있다. 여기서 두 가지 의문점이 제기될 수 있다. 첫째 해방 직후 귀속재산 불하과정이 과연 본원적 축적과정이고 관료독점적 성격을 갖는가 하는 점, 둘째 주로 원조에 의해서 설명되는 매판자본의 개념은 정당한가 하는 점이다. 이에 대해서 다음과 같은 견해가 제기되고 있다.

일제통치하에서 자본주의가 발전했으며 또한 독점자본의 지배력이 강화되어갔음을 보았다. 일제시대에 대한 이러한 인식에 입각할 때 미군정기를 본원적 추적기로 파악하고 귀속재산의 불하나 미국의 원조 제공을 그러한 본원적 축적의 주요한 계기로 받아들이는 견해들은 당연히 거부된다.(김기원, 앞의 글, 218쪽)

이 견해의 요지를 한마디로 압축하면 국가독점자본주의론적 접근시도가 될 것이다. 다시 말해서 일제하 인식된 자본주의가 독점자본주의화했다는 점에 착안하여 해방 직후 자본의 불하과정은 본원적 축적의 성격이 아니라 이러한 자본의 재편, 특히 미군정에 의한 자본 귀속과 불하라는 성격상 일제하에 축적된 사적, 그리고 전시국가독점자본이 재편되는 과정으로서 일제하에서 사적 자본이었던 독점자본 부분이 미군정하에서 국가자본이라는 독점적 형태로 변화했다고 주장하는 것이다.

본원적 축적의 의미가 생산자의 생산수단으로부터 분리에 있을 때, 축적된 자본의 재편으로 보는 견해는 정당하다고 생각된다. 반대로 앞의 논자들이 사용한 본원적 축적의 의미는 다소 과장되었거나 오해에서 비롯된 것으로 생각된다. 그러나 이것은 본원적 축적의 의미를 잘못 사용한 데서 파생한 것일 뿐, 문제의 본질은 이 시기 형성된 자본의 성격을 어떻게 규정하는가에 달려 있다.

일반적으로 매판자본이 자본의 대외의존성(식민지성)과 상업·유통부문의 기생성에서 자본의 성격을 말하는 것이라면 관료독점 또는 국가독점자본의 개념은 권력 또는 국가의 자본통제로서 자본의 성격을 강조하는 것이다. 따라서 매판자본론이나 국가독점자본주의론 간에 치열한 쟁점이 발생할 이유가 없다.

그러나 이러한 개념들의 근원은 향후 한국자본주의의 성격을 밝히는 데 중요한 단초로 된다.

원조불에 대한 원자재의 우선적인 공급 등의 갖가지 특혜조치가 무주공산격의 귀속사업체 불하조건이었다. 일제통치의 유산이 이처럼 외국세력과 결탁되어 특정인(친일지주·관료·자산가·관리 등)에게 무원칙하게 팔아치워지게 되었다는 것은 국민경제의 초기 자본축적 조건을 글자 그대로 매판적이고도 천민자본주의적인 성격으로 만들었던 것이다.(이대근, 앞의 글, 429쪽)

이 견해에서도 밝혀지듯이 해방 직후 자본의 성격은 한편으로 귀속재산 불하과정에 관료 또는 국가독점자본주의의 성격을 갖게 되고, 또 한편으로는 주로 원조와 원료공급이 분배되는 정도에 따라서 자본순환이 결정된다. 식민지경제의 단절 여파로 인한 원료나 원자재의 절대적 부족은 그것을 어떻게 확보하는가에 의해서 재생산과 자본축적의 가능성이 결정된다. 따라서 이것은 국가의 통제력이 주도하는 사실상의 공급 독점이다.

이 시기 자본축적은 귀속재산 불하과정과 이에 대한 특혜 조치가 양대 축을 형성하고 한편으로는 소비재의 절대적 부족분을 장악·유통·판매하는 무역상의 기본적 축적의 토대를 마련할 수 있었다. 미군정의 이와 같은 공급 독점권은 자본의 성격을 결정하는 데 중요한 역할을 하게 되고 이에 기생하게 되는 국내 자본의 축적 양상 때문에 매판자본의 개념이 등장하게 된다.(자본운영양식에서 매판자본의 개념은 아직 사회과학적 체계를 갖지 못하고 있기 때문에 그것의 정확한 표현은 식민지적 성격이 될 것이다.)

그러나 식민지·신식민지 등의 범주가 부각되면 이제까지 치열한 쟁점이 되지 못했던 관료독점자본·국가독점자본·매판자본 등의 개념은 쟁점의 첨예화로 이전하게 된다. 가령 다음 견해는 이러한 차이를 보여주는 것의 하나다.

중국사회성질논쟁의 올바른 해결지침이 자본파적 오류를 기각하고 봉건파적 편향을 정정하는 마오/첸포타의 관료자본주의론에서 발견될 수 있음을 지적해둔다. 그것은 식반사회를 자본주의적 사회구성체의 특수성으로 개념 파악하는 것인데 …… 독자사회구성체가 군사파쇼를 매개로 하여 재생산되는 과정의 유형적 특질을 매판성과 봉건성이라는 범

주로 정식화하는 것이다.(윤소영, 151쪽)

자본주의사회구성체의 특수성으로 식반사회를 바라보던 견해는 앞서 봉건파의 주장에서 자주 등장했던 것이고 윤소영이 봉건파의 견해를 이렇게 정식화하고 비판한 것은 나름대로 의미를 갖는다. 이 견해의 요지 중에서 자본의 재생산문제와 관련된 부분을 몇 가지로 간추리면 관료독점자본론이나, 매판자본론에 대한 비판이 그 하나이고 제국주의에 의한 자본주의적 발전의 억제·촉진론으로 봉건파와 자본파를 구분할 수 없다는 것, 따라서 민족해방운동에 대한 이해의 대립관계에서 이들간의 차별점을 두어야 한다는 것이다. 자본파가 반제의 과제를 포기했는가에 대한 사실 규명은 논외로 친다고 하더라도—사실상 일본의 노농(자본)파는 이러한 경향이 있었다. 그러나 중국이나 식민지조선에서도 그러했는가는 더 분명한 검증을 요한다—이 견해는 이른바 신식민지국가독점자본주의론의 적용 영역을 지나치게 확장하는 경향이 있다.

가령 "제2차 세계대전을 전후로 하여 비로소 등장하게 되는 PD라는 정식화를 여기까지(러시아혁명기 자본주의논쟁—인용자) 소급할 것을 제안"한다고 주장하는 부분 등이 그것인바, 적어도 2차대전 이전까지 신식민지국가독점자본주의론을 확장하려면 봉건파의 모든 착안이나 견해·주장을 모두 부정하여야 한다.(생산력·생산관계 등에 대한 해명이 다시 한번 제기되어야 한다.) 그가 박현채의 민족경제론을 식반사회론에 대한 자기비판으로 간주하거나, 마오의 견해를 봉건파적으로 보지 않고 반식민지론(관료자본주의론) 등으로 국한하는 경우는 사실상 봉건파에 대한 지나친 적대의식의 발현이다.(마오쩌둥은 기본적으로 봉건파에 속한다. 마오가 봉건파나 자본파의 한계를 극복할 수 있었던 것은 봉건파적인 시각에서 식민지 모순의 우위를 확인하고 매판자본과 민족자본의 차별성을 구분한, 따라서 통일전선에 입각한 신민주주의론을 확립한 것에 있다. 마오의 신민주주의론이 오늘날의 PD론에 가까운 것으로 해석된다고 해도, 시대 변화에 상관없이 식민지·반식민지·신식민지의 특성이나, 봉건제·반봉건제·독점자본의 차별성을 구분하지 않는 것은 지나친 편견이다.)

아무튼 윤소영의 견해에서는 관료독점자본·매판자본·국가독점자본 등의 범주가 시대적 논쟁의 진행 정도에 따라 정리되고 있으며 적어도 논쟁적인 면에서는 상당한 성과를 획득하고 있다.

그러나 8·15 이후 자본의 유형 또는 성격분류는 아직 쟁점화될 단계가 못 된다. 오히려 이 시기 문제의 초점은 자본주의 이행의 문제에서 어느 계급이 자본가화되고 또 그것은 어떻게 성장하며 반봉건제적 토지소유문제에 어떤 파급력을 가지는가가 중심이 된다. 다시 말해서 자본(또는 자본가계급)의 성격 변화가 생산관계에 미치는 영향을 밝히는 작업이 문제의 초점이다.

우리는 일제하의 광범위한 지주계급의 존재를 인정하고 지주가 자본가화하는 부분적인 사례도 검토한 바 있다. 그렇다면 8·15 이후 이들 계급은 어떻게 변화하는가.

결과적으로 이 시기에 들어와서 대부분 지주계급(자본가로 전화하거나 겸업을 경험하지 못하는 지주)은 자본가로 성장하거나 지주계급으로 계속 존재하지 못하고 몰락했다. 남한 총자산의 70~80퍼센트가 되는 귀속재산이 지주에게 불하된 사례도 없는 것은 아니다. 그러나 오늘날 한국자본주의에서 거대독점자본은 대부분 일제하부터 자본주의적 운영을 경험했고(자본가계급으로 전화) 초기 미국의 대한 경제정책에 기생한 자본들이 축적의 토대를 마련할 수 있었으며 이후에는 국가독점자본양식으로만 성장할 수 있었다.(이 시기 주요 업종을 불하받거나 장악한 독점자본의 전신으로는 삼성물산공사[일제하 지주-협동정미소-삼성상회-조선양조, 1948년 삼성물산공사-삼성그룹 전신], 현대자동차공업사[일제하-기계자동화서비스공장, 1946년 현대자동차공업사-현대그룹 전신], 낙희화학공업주식회사[일제하 대지주-구인상회, 1947년 낙희화학공업주식회사-럭키그룹 전신], 한진상사[일제하 소지주-이연공업사, 1945년 이연공업사 재불하, 한진상사-한진그룹 전신] 등 남한의 대독점자본은 대부분 이미 자본가계급이었다. 그밖에 관료·관리인이 불하받거나 공장을 운영한 사례는 매우 많다.)

물론 독점자본의 성장에 대한 구체적 사례연구는 앞으로 더 많은 연구의 축적을 필요로 한다. 그러나 이 시기만을 놓고 볼 때 본원적 축적 과정은 오히려 정체기였고 일제하 축적된 자본이 재편·정비되는 과정에서 국가독점자본주의화하는 사실을 밝혀낼 수 있다.(한국전쟁 시 전시경제에 기생하여 축적의 토대를 마련할 수 있었던 자본들에 대한 연구도 동시에 중요한 의미를 갖는다.)

4) 농지개혁과 분할지소유의 이론적 문제

- 김병태, 「농지개혁의 평가와 반성」, 『한국경제의 전개과정』(돌베개, 1981).
- 박진도, 「지주·소작관계의 전개와 그 성격」, 『한국자본주의의 성격과 과제』, 한국사회경제학회 제1회 학술대회 발표논문집.
- 박현채, 『한국농업의 구상』(한길사, 1981).
- 유인호, 「해방 후 농지개혁의 전개과정과 성격」, 『해방전후사의 인식』(한길사, 1979).
- 장상환, 「농지개혁과정에 관한 실증적 연구」, 『해방전후사의 인식』 2(한길사, 1985).
- 정영일, 「전후 한국농지개혁에 관한 일고찰」, 『경제논집』 제6권 2호, 1967.
- 황한식, 「현행 소작제도의 성격」, 『한국농업문제의 새로운 인식』(돌베개, 1984).

앞의 많은 쟁점 중에서 우리는 해방 직후 사회경제사의 쟁점이 반봉건제 해체 여부와 자본의 재편, 자본의 성격형성문제, 그리고 그 사회를 어떻게 볼 것인가에 초점이 모임을 보았다.

식민지반봉건사회론이 농지개혁 후에는 어떻게 발전하는가에 대해서 다음 견해를 보기로 한다.

해방 후 농지개혁 이래 소위 자작농주의는 봉건적 지배의 타협적 해소의 길에서 나타나는 과소농제, 즉 토지가 없거나 적은 농민의 지배적 존재를 말할 뿐이다. '개혁'에 의해 기생지주제는 일단 퇴거했으나 그 철저한 자기부정에 이르지 못하고 그 후 국가권력을 매개로 한 내외독점자본주의와 봉건 유제의 결합(온존·강화)에 의하여 한국농업은 토지가 없거나 적은 농민의 토지문제가 기본이 되는 농업생산관계를 보여주고 있다.(황한식, 앞의 글, 125쪽)

이 견해의 요지가 농지개혁-봉건적 지배의 타협적 해소의 길-반봉건제 온존·강화론이라면 결국 현행 한국사회의 성격은 식민지반봉건적 성격을 갖는 것으로 유추된다. 이 견해의 뿌리를 추적하면 봉건제 해체의 타협적 해소의 길 이론에서 미요시의 주장과 같은 강좌파의 이론임을 발견할 수 있으며 따라서 우리는 다시 봉건제·반봉건제의 본질논쟁으로 돌아가지 않을 수 없다.

자본의 본원적 축적, 곧 자본의 역사적 발생은 어떠한 결과에 이르는가. 그것이 노예와 농노로부터 임금노동자에로의 직접적인 전환인 한, 따라서 단순한 형태변화가 아닌 한, 그것은 오직 직접 생산자의 수탈 곧 자기노동에 기초한 사적 소유의 해소와 다름없다.(『자본론』 1권 24장, 852쪽)

현대에 봉건제 본질논쟁의 기초는 바로 이와 같은 직접 생산자의 수탈 곧 자기노동에 기초한 사적 소유의 해소라는 부분에 있다.
황한식의 경우 봉건제의 본질을 이와 같은 직접적 생산자의 수탈에서 찾고 있다. 즉 "봉건적 토지소유의 본질 파악은 생산제조건의 소유자와 직접적 생산자와 직접적 관계 그 자체에서 구해져야 하며" 따라서 봉건적 사회의 기본모순은 생산과정의 개인적 성격과 봉건적 대토지소유 간의 모순에 있고 그것은 토지소유자(지주)와 직접 생산자(농노) 간의 직접적 대립·결합관계에서 구해진다는 것이다.

우리는 봉건제하에서 봉건적 대지주와 토지에 긴박된 소농·소경영양식이 봉건제하의 일상적 형태임을 알고 있다. 그리고 이러한 소농양식을 봉건제의 본질로 유추하여 영세 소농양식을 봉건제의 본질이 남아 있는 반봉건적 토지소유제도로 주장하는 견해를 앞에서 거론한 바 있다. 황한식의 견해 역시 기본적으로는 이러한 과소농제를 근거로 하여 지주·소작 간의 직접적 관계를 봉건제의 본질로 간주하고 있음에 틀림없다.

토지조사사업 이후의 농업문제에서는 이와 같은 일본의 강좌파적 견해가 큰 무리 없이 수용될 수 있었을지 모른다. 왜냐하면 '사업' 이후의 반봉건적 토지소유는 무난하게 통용되었기 때문이다. 그러나 농지개혁 이후의 시점에서도 이러한 이론틀을 적용할 때는 구체적인 실증과 큰 격차를 나타나게 되고, 따라서 반봉건제 온존·강화론의 문제가 결정적으로 드러나게 된다.

황한식은 두 가지 오류를 범하고 있다. 하나는 과소농, 영세 사적 소농을 봉건제의 본질로 보는 부분이고 또 하나는 직접적 관계를 강조하는 부분이다. 이 가운데 과소농론이 빚은 오류를 직접적 관계로 보강하고자 한 부분은 더 큰 오류를 낳고 있다. 이른바 지주-소작관계의 존재를 반봉건제의 존재로 간주하는 경우가 이것이다.

이러한 오류는 자기노동에 기초한 사적 소유의 해소라는 명제를 과도하게 해석했기 때문이다. 즉 자기노동에 기초한 사적 소유와 소경영을 봉건제의 본질로 간주하면 남는 것은 지주-소작 간의 직접적 관계뿐이다. 그러나 고전에서 자기노동에 기초한 사적 소유는 무엇보다도 생산과정의 개인적 성격이 갖는 한계를 지적하고자 하는 데 그 진정한 목적이 있다. 따라서 "자본주의적 사적 소유는 자기노동에 기초한 개인적인 사적 소유에 대한 제1의 부정이다"는 명제에 내재한 의미는 봉건제가 해체되면서 나타나는 자기노동에 기초한 소경영(가령 분할지소유)이 자연발생적인 생산력 발전의 범위를 넘어서 사회적 생산력의 자유로운 발전을 배제하는 단계에 이를 때 질곡으로 변화하는 과정, 다시 말해서 개인적으로 분산되어 있던 생산수단이 사회적으로 집적된 생산수단의 독점 즉 자본주의적 사적 소유로 바뀌는 과정을 해명하기 위한 것이다.

이제 우리는 강좌파-봉건파의 이론적 맥락이 어디서부터 어긋나기 시작했는가를 발견할 수 있다. 봉건제 해체의 농민적 혁명의 길(부르주아민주주의혁명과 분할지소유)을 의식·무의식적으로 염두에 둔 본건파는 봉건적 소경영에서 직접 생산자가 자신이 취급하는 노동조건의 자유로운 사유자(분할지소유적 소경영)로 전화하는 생산력의 발전과정을 그 자체로 자본주의적 사적 소유하의 자유로운 생산력 발전으로 잘못 가정하는 데서 이러한 오류가 발생했던 것이다. 다시 말해서 봉건제하의 생산력과 생산관계(통괄하여 생산양식)가 대토지소유에서 자유로운 소토지소유(분할지소유)로 전화하는 과도기적 단계를, 봉건적 소경영(농노)과 봉건적 생산양식에서 자유로운 사유자와 분할지소유로 전화하는 생산력 발전단계로 대치함으로써 이러한 농민적 진화의 길이 열리지 않는 한 한편으로 지주의 존재, 또 한편으로 무토지·소토지 소유의 존재는 봉건적 본질이 남아 있는 것으로 간주했던 것이다.(따라서 아래로부터의 혁명에 의해서 분할지소유의 길이 열리지 않는 한 봉건적 본질은 계속된다.)

그러나 분할지소유가 자연발생적이나마 생산력 발전의 가능성으로 나타나는 것은 소경영이나 생산과정의 개인적 성격이 변화한 결과가 아니다. 분할지소유하의 생산력 발전이 과도기적 단계라고 하는 이유는 봉건적 대토지소유라는 봉건적 생산관계가 자유로운 노동조건의 사유자(이때 생산과정의 개인적 성격이 발휘할 수 있는 가장 높은 생산력에 도달한다)로 바뀌고 아직 사회적 생산과 자본주의적 생산이라는 도 높은 생산력 발전의 단계로 나타나지 않았기 때문이다.

봉건파의 한계는 이러한 과도기적 단계를 무시·경시·누락, 때로는 자본주의적 사적 소유로 착각하기 때문에 지주계급 없는 과소농제, 또는 영세 사적 소경영, 경제외적 강제의 유무를 봉건제의 본질로 간주하곤 하는 것이다.

따라서 거꾸로 말하면 아래로부터 농민적 진화의 길이 열려야 한다는 강박관념이 강하게 자리 잡혀 각국의 특수한 경로나 사례를 모두 부정하는 폐쇄적 사고가 굳어져가고 영원히 분할지소유론에 목을 매는 반봉건적 토지소유의 끊임없는 재생산을 주장하게 되는 것이다.

그렇다면 남한사회에서 농지개혁의 궁극적 귀결은 무엇인가? 우선 다음 견해를 보기로 한다.

> 농지개혁은 소작농을 영세소농지배적인 자작농으로 바꾸는 역할을 했을 뿐 농업과 농민을 '알려진 질서'에로 유도할 수 없었기 때문이다. …… 이렇듯 농지개혁은 봉건적 토지소유제를 분쇄하는 수속의 역할을 함으로써 영세소농지배적인 농민적 토지소유를 이룩했을 뿐, 농촌피폐의 요인을 제거하지 못하였다.(유인호, 앞의 글, 448쪽)

이 견해는 농지개혁에 대한 분할지소유론을 주장하는 대표적인 예의 하나로서 영세소농적인 자작농(=분할지소유)의 창출을 주장하고 있다. 이 견해와 같이 분할지소유론을 주장하는 대부분 견해는 농지개혁의 불철저성(가령 소작지의 50퍼센트를 밑도는 분배, 유상몰수, 유상분배)에도 불구하고 농지개혁은 해방 이후 거부할 수 없는 추세였고 그에 따라 지주의 소작지강매가 전국적으로 활성화되어 자작지 창출률이 높다는 점과 계급으로서 지주의 소멸 등에 의하여 분할지소유형태를 띠었다고 주장한다.

그렇다면 해방 직후 남한사회의 반봉건제 해체의 동인은 어디에 있는가?

8·15 이후 가장 특기할 만한 사실은 반봉건제 해체요구가 사회 곳곳에서 강력한 흐름으로 나타났다는 것이다. 그리고 이것은 아래로부터의 사회변혁을 위한 힘의 결집으로 작용하여 해방이라는 사회 발전을 이루는 거대한 동력으로 나타났다.

이를 막기 위한 지주계급의 최후 저항(농지개혁의 입법저지 등)에도 일제라는 국가권력의 보호력을 상실한 지주계급은 더 이상 반봉건제를 지탱할 수 있는 모든 힘을 상실했다.

그러나 우리는 여기서 일제에 대신하여 국가권력을 장악한 미국 및 미군정의 성격과 식민지반봉건사회 해체과정이 어떠한 연관을 맺고 있는지를 다시 한번 짚고 넘어가지 않을 수 없다.

해방 직후 반봉건제 해체와 농지개혁에 이르기까지 주요 쟁점이 되는 것은 독점자본의 재편과 자본가계급의 육성과정에 있다. 이것이 주요 쟁점이 되는 이유는 8·15 이후 반봉건제 해체의 주요 동인, 가령 농민의 반봉건제 해체요구, 북한의 토지개혁 영향, 일제와 성격이 다른 미국 및 미군정의 대한지배정책, 그리고 무엇보다도 해방에 대한 사회적 변혁의 요구와 그것을 충족해야 하는 보상정책의 전시효과 등으로 반봉건제가 더 이상 유지될 수 없는 여건에 이르렀고 따라서 지주계급은 다른 형태(자본가계급)로 성격 전환을 하든지 아니면 몰락할 수밖에 없었기 때문이다.

물론 이러한 가운데 유상몰수·유상분배 원칙이 결정되었고 지배계급으로 남기 위한 지주계급의 치열한 몸부림은 계속되었다.

이 다음 과제는 지주계급이 어떠한 성격 변화를 통해서 지배계급으로 재등장했는가에 대한 실증일 것이다. 그리고 이에 대한 반봉건제론과 분할지소유론의 논쟁이 한동안 계속된 바 있으나 현재 양자 모두의 견해는 지주계급의 몰락(자본가로도 성장하지 못함)이라는 결론에 가깝다.(이 때문에 봉건파는 지주계급 없는 과소농제로 반봉건론의 변화를 시도하기도 했다.)

이 글의 범위를 벗어나는 것이기는 하나 차후 논쟁은 농지개혁 후에도 광범위하게 파급된 지주-소작관계를 어떻게 해명할 것인가로 모아졌다. 이에 대해서는 반봉건제론(황한식·박현채 등)과 소농적 차지농(장상환: 분할지소유의 후퇴한 형태), 반봉건제 유제론(박진도) 간에 논쟁이 진행된 바 있다.

그러나 어느 견해이든간에 현대 남한사회에서는 봉건제 및 반봉건적 생산관계의 지배적 위치를 주장하지 않는다. 이제 논쟁의 초점은 농업에서 영세차지농의 지배적 형태인가 반봉건제형태인가 하는 문제와 독점자본의 농업지배형태로 모일 뿐이다.

이것은 생산수단이 사회적으로 집적되고 따라서 자본주의적 사적 소유에 기초한 독점자본의 형성과 본원적 축적과정의 진행정도에 따라 생산수단으로부터 자유로운 임금노동자의 창출이 객관적으로 진행된 사실에서 파생된 결과다.

본래 의미의 분할지소유가 자본주의적 사적 소유로 진화하는 과정은 폭력적이고 무자비했다. 남한사회에서 분할지소유는 처음부터 고전적인 분할지소유형태에도 못 미치는 것으로 이 과정은 더욱 빠른 속도로 진행되었다. 그리고 그것이 더욱 가속화된 것은 외래 독점자본의 남한지배에서 비롯된 식민지적 성격 때문이다. 따라서 영세적 자작농은 부의 축적(가령 봉건조선 말기의 경영형 부농)이 불가능했으며 자본가로 성장하지도 못하고 대부분은 임금노동자화·반프롤레타리아화, 나머지는 과잉인구로 농촌에 퇴적되었다.

해방직후사 연구의 궁극적 귀결은 이른바 식민지반봉건사회의 해체 여부에 있다. 그리고 이 시기 연구사의 주요 쟁점은 사실상 이 문제에 달려 있다고 해도 지나친 말이 아닐 것이다.

일제하 자본파와 봉건파의 논쟁으로부터 내려온 사회경제사의 쟁점과 논쟁사는 시기별로 크게 3단계로 나눌 수 있다.

제1단계는 일제하 자본파와 봉건파의 논쟁으로서 봉건제·반봉건제의 재생산과 자본주의 이행에 관한 쟁점이 그 주류를 이루고 있었고 이 논쟁의 결과는 봉건파의 일방적 우세 속에 매듭되었다.

제2단계는 8·15 이후부터 농지개혁까지 시기로서 자본파적 시각의 부활과 봉건파와 대립, 그리고 자본파의 패배로 이루어지는 1차논쟁의 시기(장안파와 조공세력 간의 노선투쟁)와 봉건파의 권위에 도전하여 민족자본론을 들고 나온 백남운과 봉건파의 2차논쟁의 시기로 세분할 수 있고 주요 쟁점은 부르주아민주주의혁명론의 타당성 여부에 있었다. 그러나 내외적 조건과 결합되어 이 경우도 봉건파의 승리로 끝났다.

제3단계는 일제하 이론적 뿌리를 갖고 있던 대부분 봉건파가 배제(월북·사망 등)된 이후 현대에 이르러 구봉건파의 이론적 맥락에 신강좌파의 이론을 접맥한 논객(신봉건파)들과 여기에 식민지반봉건사구체론을 결합한 주변부자본주의사구체론자들, 그리고 봉건파의 이론적 맹점을 비판하는 조류(신자본파) 등 세 부류 간의 논쟁으로 나타나는 시기다.(여기서 지칭하는 신봉건파 등의 지명은 각각의 견해가 갖고 있는 흐름에 입각하여 임의로 지정했다. 그러나 엄격히 말해서 신자본파는 국가독점자본주의론으로 보는 것이 타당할 것이다.)

특히 제3단계의 논쟁은 이른바 종속이론이 도입되면서 그것의 이론적 타당성에 대한 검증을 거쳐 국가독점자본주의론과 주변부자본주의사구체론의 대립, 그리고 신봉건파적인 시각과 식반사구체론의 사구체논쟁으로까지 비화된 바 있고(논쟁의 1단계: 이후 신봉건파의 변신과 식반사구체론의 철회) 현재는 신봉건파와 신자본파 간의 논쟁으로 나타나고 있다.(현재 봉건파의 아성은 크게 잠식되거나 비판받고 있고 신봉건파는 최근 반자본주의론 등으로 이론적 변신을 꾀하는 추세다. 이 양상은 최근 식민지반자본주의론과 [신]식민지국가독점자본주의론으로 양립하고 있다.)

그러면 여기서 해방 직후 사회경제사의 쟁점 중 아직 본격적으로 발굴되지 않은 몇 가지 문제들에 대하여 짚고 넘어가고자 한다.

첫째, 분단의 사회경제적 귀결에 대한 부분이다. 지금까지 연구결과에 따르면 대부분 분단이 가져온 경제적 귀결은 곧 남북분단으로 인한 단절과 경제적 파행구조의 강조로 나타나며, 따라서 생산구조의 단절로 인한 생산의 정체를 가장 큰 문제로 제기하는 수준이었다. 물론 이외에도 민족공동체의 파괴, 자본의 양분화 등도 주요 문제로 등장하나 경제적 파행구조에 초점이 모이는 것이 일반적 경향이다.

그러나 분단이 가져온 경제적 피해를 재생산구조의 파괴나 생산량의 저하에 중점을 두는 것은 분단문제의 한 측면이 될지언정 모든 것이 될 수는 없다. 가령 북한의 토지개혁(1946. 3)이 실시된 이후 이 영향이 남한의 농지개혁에 직간접적인 영향을 미쳤다는 사실의 예만 해도 분단문제의 본질에 더욱 근접할 수 있다.

분단문제의 본질은 전후 세계자본주의 질서의 재편과 남북 간의 적대적 관계조성으로 시작된다. 일제하와 달리 이른바 세계적인 냉전 현상은 남한사회의 반봉건적 수탈관계를 자본주의적 수탈관계로 전화·강화하는 내외적 조건이 되며 또한 전후 식민지가 신식민지화되어가는 세계적 추세에 비추어 남한사회의 지배계급 육성문제에 깊은 영향력을 미치고 있다는 점, 그리고 반공·반북이념(부르주아이데올로기의 적대적 표현)을 근거로 하여 사회경제적으로 독점자본의 지배를 강화했던 것이다. 따라서 냉전 악화가 남한사회에서 국가권력에 의한 통제력 강화로 귀결되고 친미자본주의국가권력의 창출로 결과된 사실로 분단의 사회경제적 귀결에 중요한 시사점을 던져주고 있다.

그러나 아직도 분단의 사회경제적 영향력에 대한 분석은 경제실적의 분석상황에 그치고 있고 분단이라는 특수상황이 남북한의 사회적 이행경로(남한: 자본주의로 이행, 북한: 사회주의로 이행)와 사회경제적 성격에 어떠한 결과(자본주의적 생산관계와 전인민적 소유)로 나타났는가에 대한 연구실적은 초보적인 상황에 머무르고 있다. 따라서 향후 분단의 경제적 귀결에 대한 집중적 연구가 요청된다.

둘째, 8·15 이후 자본축적·자본의 재편, 민족자본의 설정 여부 등 실증적 연구실적이 미비하다는 점이다. 해방 이후 사실상 대부분 사회경제적 쟁점은 반봉건제의 해체 여부에 주력하고 있었고 귀속재산 불하나 독점자본 형성의 전기가 어떻게 마련되고 있는가에 대한 연구나 국가의 독점자본 육성·지배의 역할 등에 대한 연구실적은 거의 진행되지 못했다. 가령 (축적된) 자본이 어느 누구에게 불하(재편)된다고 해서 자본의 성격이 결정된다는 가정은 독점자본의 자기증식운동이 어떻게 전개되고 육성되는지에 대한 해명을 배제한 것과 다름없다. 최근에는 원조 등에 의한 자본의 (신)식민지적 성격을 밝힌 연구가 나오고 있으나 이 시기에 국가 독점자본의 역할은 여전히 구체적으로 분석되어야 할 과제로 남아 있다. 특히 이 시기에 이른바 민족자본의 범주를 설정할 수 있는가는 최근 변혁운동의 주요 전략·전술에 미치는 영향력을 감안할 때, 충분한 실례분석을 요구하게 된다.

셋째, 식민지반봉건사회에 대한 해명이다. 식민지반봉건사구체론이 철회된 뒤에도 식반사회론은 어떠한 정의·규정 없이 사용되는 예가 흔히 있었다. 이를 해결하기 위해서는 좀더 구체적인 착안이 요구된다. 가령 자본주의의 독점자본화경향에서 제국주의단계나 국가독점자본주의단계 등의 범주가 설정되듯이(선진자본주의의 제국주의화) 후발자본주의 또는 제국주의 침입단계로서 식민지단계와 같은 착안은 식민지반봉건사회를 조명하는 데 매우 중요한 기틀이 되리라고 생각된다.

식민지반봉건사회론을 이론적·노선적 배경으로 한 중국의 경우는 제국주의의 침입이 봉건제가 해체(강화)되고 자본주의화(반봉건제화)한다는 점에 매달리는 것이 아니라 식민지·반식민지화한다는 기본적 제국주의·식민지 간의 대립모순으로부터 출발하는 경우로 볼 수 있다. 따라서 마오는 식민지반봉건사회의 개념을 매우 혼란스럽게 사용하는 것에 상관없이 (큰 오류 없이) 일본 제국주의의 식민지 수탈, 특히 반봉건적 수탈에 역점을 둠으로써 이른바 반제반봉건의 기치로 일관할 수 있었고 전략·전술을 탄력적으로 응용할 수 있었다. 최근 일제하에서 해방 직후까지의 사회경제를 정태적·단계적 사구체의 관점으로 해석하는 시각은 이런 점에서 지나치게 관념적 편향이 있고 사회이행에서 보편과 특수의 문제에 너무 집착하여 이행의 역사적 의미를 편협하게 사용하는 경향이 있다.

8·15 이후 사회경제사의 쟁점을 다루는 데 이 글은 봉건파 비판에 많은 부분을 할애하고 있다. 그 이유는 봉건파적 견해가 많은 성과를 남겼음에도 그 나름대로 이론적 한계(가령 끊임없는 봉건제적 본질 온존·강화론)를 갖고 있으며 특히 8·15 이후 세계사의 변화과정(세계자본주의 재편)을 간과하는 이론적·실증적 편향을 갖고 있기 때문이다. 앞으로도 아직 발굴되지 않았거나 계속되는 쟁점들은 논쟁의 발전 정도에 따라서 통일된 결론에 도달할 것이다. 그렇게 되기 위해서는 좀더 자유롭고 활발한 연구와 사회경제적 논쟁이 전개되어야 함은 물론이다.

해방 직후 문학 논의의 쟁점

신형기

1. 문인들의 자기비판

- 김윤식, 『한국현대문학사』(일지사, 1976), 19~30쪽.
- ──, 『한국현대문학사론』(한샘, 1988), 47~52쪽.
- 권영민, 『해방 직후의 민족문학운동 연구』(서울대 출판부, 1986), 48~92쪽.
- 三枝壽勝, 「8·15以後における親日派問題―解放以後の朝鮮文學」, 『朝鮮學報』118輯.

해방이 모든 방면에서 새로운 출발점이 되어야 한다고 했을 때 무엇보다 앞서 수행되어야 했던 것은 과거에 대한 성실한 자기비판이었다. 문학은 바로 이러한 문제를 깊이 있게 다루어낼 일종의 의무까지 갖는 것이기도 했다. 문학을 통한 자기비판은 일단 문인들 개개인의 윤리적 자기검색을 요구하는 것으로 출발된다. 즉 과연 자신이 최선을 다했는가, 과연 자신의 행동이나 생각에 부끄러움이 없었는가 하는 물음이었다.

그러나 이러한 윤리적 자기검색은 자칫 자기비판을 사사(私事)로 돌려버릴 우려가 없지 않았다. 자기비판이란 개인적인 참회의 수준을 넘어 정치적 각성으로 발전되어야 할 문제였거니와, 정치적 각성이야말로 섬세하고 분명한 윤리감각을 담지해내는 조건일 수 있었던 것이다. 이 때문에 아직 후자에 이르지 못한 상태에서 자기비판은 양심선언으로 끝나거나 그도 저도 아닌 추상적 일반론 또는 옹색한 자기변명으로 떨어지는 현상이 초래되기 쉬웠다. 문인들이 떳떳이 해방을 맞을 수 없었다면 그 이유는 궁극적으로 항일투쟁을 힘차게 벌이지 못했다는 데 있다는 원칙적인 점이 지적되기도 했지만, 악몽의 가위눌림으로부터 채 깨어나지 못한 많은 문인에게 그러한 문제는 미처 부끄러움으로 실감될 수 없었다. 실상 그들은 어떻게 살아남는가를 생각해야 할 차원에 있었던 것이고 그런 만큼 자기비판 역시 생존방법의 선택과 관련해서 양심을 묻는 것으로 나타난다. 하나의 대표적인 예로서 우리는 1945년이 저물어가던 무렵, 문인들의 자기비판이라는 주제를 놓고 열린 한 좌담회에서 임화가 한 발언을 참고해볼 수 있다.

가령 이번 태평양전쟁에 만일 일본이 지지 않고 승리한다—이렇게 생각해볼 순간에 우리는 무엇을 생각했고 어떻게 살아가려고 생각했느냐고 묻는 것이 자기비판의 근원이 되어야 한다고 생각합니다. 이때 만일 내가 한 명의 초부로 평생을 두메에 묻혀 끝내자는 한 줄기 양심이 있었는가? 아니면 내 마음속 어느 한 귀퉁이에 강렬히 숨어 있는 생명력이 승리한 일본과 타협하고 싶지는 않았던가? 이것은 내 스스로도 느끼기 두려웠던 것이기 때문에 물론 입밖에 내어 말로나 글로나 행동으로 표시되었을 리 만무할 것이고 남이 알 리도 없을 것이나, 그러나 나만은 이것을 덮어두고 넘어갈 수 없을 겁니다. 이것이 자기비판의 양심이 아닌가 하고 생각합니다.(「문학자의 자기비판」, 『인민예술』 1946년 10월)

일본이 이기는 경우를 가정한 것이긴 하지만 어쨌든 그들이 생각할 수 있었던 길은 한낱 초부가 되는 것이 아니며 일제에 협력하는 것이었음이 드러난다. 그리고 일개 초부가 되는 것이 말하자면 양심적 선택인 셈이었다. 이 발언에 대해 참석자 일동이 일시에 동감을 표하고 있는 점이나, 이러한 발언이 한때 카프의 서기장이었으며 해방 후 문학건설 본부와 문학가동맹을 이끌게 되는 임화의 입에서 나오고 있다는 점은 실로 여러 가지를 생각하게 하는 사실임에 틀림없다. 아마도 우리는 임화의 양심선언이 여러 사람의 폐부를 찌를 만큼 솔직한 것이었음을 인정해야 할 것이다. 그러나 물론 자기비판이란 참회로 그쳐서는 안 될 것이었다. 그들은 마땅히 왜 자신이 그러한 생각밖에 할 수 없었는가를 되짚어보아야 했다. 자기비판은 자신의 사고와 선택을 조건지었던 여러 상황에 대한 역사적 성찰이 되어야 했으며, 이제 그것을 이겨나가기 위해 어떻게 해야 할 것인가를 모색하는 실천적 작업이어야 했던 것이다.

개인적인 부끄러움, 묻기를 넘어설 때 자기비판은 또한 자기 안에 스며 있는 모든 식민지적인 것을 씻어내려는 의식적 노력을 포함해야 했다. 자기비판이 과거에 매달리고자 하는 것이 아니라 내일을 내다보기 위한 것이라면 그것은 곧 자기혁신일 필요가 있었던 것이다. 요컨대 참다운 자기비판은 해방의 의미-새로운 건설을 향한 출발점으로서의-를 바르게 헤아리는 위에서 가능했다. 그리고 그것은 실로 정치적 각성의 문제가 아닐 수 없었다.

자기혁신의 필요는 문학건설본부의 출범과 더불어 진보적 문학운동자들이 여러 차례 언급했다. 새로운 문화건설은 과거의 왜곡되고 반동적인 문화 잔재의 청산으로 이루어질 것이므로 문인들은 거듭 태어나야 한다는 주장이었다. 자기 내부로부터 일본적인 것을 적출함은 물론, 특히 식민체제가 조장한 고립적 순수주의나 소시민적 체관(諦觀)을 벗어날 것이 요구되었던 것이다. 아닌게 아니라 해방은 여러 소시민적 작가들에게 변신의 기점이 되기도 했다. 작가 이태준의 술회에서 드러나듯 글을 쓴다는 것이 기껏해야 자기보전의 방법에 불과했고 그리고 그나마를 지키지 못했다고 생각되었을 때 여지껏 자신이 살아온 방법을 바꾸어야 한다는 것은 절실한 명령으로 다가올 수 있었던 것이다.

그러나 많은 경우 문인의 정치적 각성은 정치의 구호를 따라 외는 수준에 그치고 만다. 과연 진보적 운동가들부터라도 자신들의 주장에 철저할 수 있었던가? 스스로에 대한 성찰을 깊이 하기에 현실의 상황은 너무도 급박히 돌아가고 있었다. 이내 식민적 관료체제가 부활되는가 하면 마땅히 제거되어야 했던 매판적 지주·자산가 세력까지 활개치는 상황이었던 것이다. 이와 같이 모든 관심과 노력이 정치권력을 획득해내는 데 집중될 수밖에 없었던 상황에서 자기비판 문제는 어느덧 뒷전으로 물러나버리고 만다. 그러한 상황의 급박함이 문인들로 하여금 철저한 자기비판의 과정 없이도 손쉽게 스스로를 정당화할 기회를 준 셈이었다. 자기비판의 목소리가 친일파의 처벌을 요구하는 함성 속에 묻혀버린 것도 이러한 상황의 결과였다고 보는 편이 옳다. 그럼에도 두루 아다시피 친일세력은 온존된다. 그리고 친일세력이 온존되는 상황에서 자기비판은 다시금 개인적인 죄의식의 문제가 될 수밖에 없었다.

자기비판이란 개인적 양심의 문제이면서 동시에 정치적 문제였다. 양자의 유기적 관계 안에서 자기비판의 수준은 결정되게 되어 있었다. 후자를 배제한 자기비판은 공허한 것이기 쉬웠고 전자에 입각치 않은 자기비판은 진정한 깊이를 가지기 어려웠던 것이다. 이미 김윤식 교수 등은 정치에 대한 편중이 자기비판의 균형을 깬 중요한 원인이었음을 지적한 바 있다. 그러나 우리가 함께 생각하여야 할 것은 정치에 대한 관심이 강제로 폐색되면서 자기비판은 더 이상 불가능해진다는 사실이다. 자기비판이 개인의 심층 안에 죄의식으로 잠복되면서 더 이상 이 문제는 공개적 논점이 되지 못한다.

2. 해방 이후 문학의 과제는 무엇이었던가

- 임헌영, 「해방 직후 지식인의 민족현실 인식」, 『해방전후사의 인식』 2(한길사, 1985).
- ──, 「한국 현대문학과 역사의식」, 『한국현대사와 역사의식』(한길사,

1987).
- 권영민, 『해방 직후의 민족문학운동 연구』(서울대 출판부, 1986), 39~47쪽.
- 신형기, 『해방 직후의 문학운동론』(화다, 1988), 68~98쪽.
- 우경자, 「해방 후 문화예술운동에 관한 연구—1945~1948년까지 남한 문학운동의 정치화 경향을 중심으로」(연대 사회학과 석사학위논문, 1988).

해방 이후 문학이 무엇을 해야 했는가를 묻는 일은 우선 이 시기가 비상한 정치적 앙양기였음을 전제하는 위에서 출발해야 한다. 정치적 앙양기란 무엇인가? 한마디로 그것은 낡은 껍질을 뚫고 새로운 움직임이 솟구치는 격동과 전환의 시기를 가리킨다. 해방이 그간 억눌려온 희원을 분출시켰던 것은 지극히 자연스러운 현상이었다. 사람들은 긴 어둠 끝의 눈부신 햇빛 속에서 그들이 오랫동안 꿈꾸어온 미래의 모습을 보았던 것이다. 새로운 시대가 열리리라는 막연한 희망은, 바로 해방 이튿날부터 정치범이 풀려나고 지하와 해외에서 민족해방투쟁에 복무하던 이들이 공연한 정치활동을 전개하면서 현실적인 기대로 바뀌어갔다. 정치세력 간의 혼란스러운 경합이 예상되었던 가운데서도 이제 나아가야 할 방향은 일견 요연한 듯했다. 즉 더 이상의 수탈과 억압은 없어야 한다는 것이었다. 해방은 모든 착취로부터의, 모든 폭력과 모멸로부터의, 그리고 노예적 굴종으로부터의 해방이어야 했던 것이다.

이러한 정치적 앙양의 와중에서 문학도 새로운 건설의 일익을 담당해야 하리라는 생각은 당연한 것으로 유포될 수 있었다. 이미 프로문학은 문학이 정치의 도구일 수 있고 도구여야 한다고 주장한 바 있거니와 사실 많은 문인은 식민체험을 통해 정치의 우선성을 실감하지 않을 수 없었다. 요컨대 삶의 내용과 형식은 정치에 의해 규정되며, 따라서 정치적 성취란 이를 변화시키기 위한 전제라는 깨달음이었다. 문학만의 영역이 따로 있다는 주장이 없지는 않았지만 정치를 초월하기는커녕 문학은 정치에 의해 그 존폐까지를 위협받아야 했다. 해방과 더불어 소시민적 체관에서 벗어나고자 한 한 작가는 '문학이란 정치를 내려다보는 위치에 있는 것이 아니라 오히려 정치에 의해 그 성쇠가 좌우될 것'임을 단언하는바, 문학과 정치의 결합은 마땅하기에 앞서 불가피한 것으로 여겨지기도 했다. 미상불 정치적 앙양기란 무엇보다 정치가 우선이 되는 시기로서 그 안에서 어떠한 것도 정치와 무관할 수 없었다. 그리고 이러한 가운데 정치적 관심은 바로 정치적 선택을 의미할 수 있었다.

　문학이 무엇을 해야 할 것인가 하는 문학적 과제의 설정은 문학단체의 운동노선으로 구체화된다. 문학단체는 정치적 선택의 단위로서 정치세력과의 이념적 결속 내지는 조직적 연계를 갖는 것이었던바, 그 운동노선은 그들의 의빙한 정치세력의 정세해석 및 운동방향 규정에 상응하는 것으로 나타난다. 예컨대 문학건설본부(이하 문건)의 노선은 박헌영의 「8월테제」—'현정세와 우리의 임무'를 충실히 좇은 것이었다. 결국 문학적 과제는 궁극적으로 정치적 과제와 다르지 않았다.

　문건의 기관지 『문화전선』 창간호에 발표한 「현하의 정세와 문화운동의 당면임무」란 선언적 성격을 갖는 평문에서 임화는 현 단계 문화(학)운동의 과제를 다음과 같이 정리하고 있다. 첫째는 일본 제국주의 문화지배의 잔재 청산이었다. 식민지배세력이 물러갔다고 하지만 문화지배의 영향이란 언어나 풍속 등 폭넓은 영역에까지 잠복되어 있을 수 있으며, 따라서 정치적 지배가 종식된 이후로도 상당 기간 지속될 수 있다는 점을 그는 지적한다. 식민적 문화 잔재를 청산하는 위에서만 새로운 문화건설은 가능하다는 주장이었다. 둘째는 봉건 유제의 청산이었다. 일제의 지배가 봉건적 지체를 토양으로 이루어졌던 만큼 봉건 유제의 청산은 식민 잔재 청산의 조건이기도 했다. 특히 국수주의는 봉건 유제와 '깊은 혈연'을 갖는 지주·자산층의 이데올로기로서 배격 대상이 되었다. 셋째는 부패한 시민문화의 삼제였다. 임화는 봉건세력의 온존과 식민지배로 위축된 시민층이 몰락기의 퇴폐적인 서구 부르주아문화를 받아들였다고 단정하면서, 그것이 이른바 문화상의 순수주의로 나타났던 것이라고 지적했다. 이 순수주의의 껍질을 깨뜨리고 그것이 문화의 몰락상임을 명시하는 것은 새로운 문화건설을 위해 선행되어야 할 작업이라는 이야기였다.

문건 측의 또 다른 지도적 논자였던 김남천과 이원조 역시 임화의 주장을 반복·부연한다. 일제는 민족 억압을 위해 매판적 지주·자산층과 결탁, 문화기업을 독점함으로써 문화를 특정계급의 향유물로 격리했을 뿐 아니라 문맹정책을 실시하여 노동자·농민의 자각을 봉쇄했다는 것이다. 여기서 또 문화의 고립화 혹은 상업적 비속화가 초래되었다는 분석이었다. 이제 인민층 누구나가 향유할 수 있는 건강한 신문화를 육성하기 위해서는 문맹퇴치를 통해 인민층 자체에서 발효하는 지식욕을 배육하는 것이 선행되어야 하며 민족문화의 발전적 계승을 위한 고전의 연구 및 발굴을 비롯, 인민의 현실과 미래를 담아낼 수 있는 새로운 문학양식이 창출되어야 한다는 것이었다.

이들 문건 측의 목소리는 일제 잔재와 봉건 유제의 청산, 그리고 국수주의 배격 및 부패한 시민문화의 삼제를 요구하는 위에, 새로운 인민적 신문화의 건설과 대중화 문제를 역설한 점에서 하나로 묶인다. 이러한 생각은 민주적 개혁과 민족의 자주독립을 목표로 하는 부르주아민주주의혁명에 발맞춘 문화혁명의 과제였다. 크게 볼 때 문화혁명은 정치혁명의 일환이었으며 그와 더불어 완수될 것이었다.

문건 쪽의 이러한 주장은 그 역시 「8월테제」에 입각해 있었으나 그것을 다르게 해석한 프로레타리아문학동맹(이하 프로동맹) 측의 비판을 받는다. 프로동맹을 결성했던 한효 등은 아무리 현 단계가 부르주아민주주의혁명 단계라 하나 혁명의 궁극적 귀결점은 프롤레타리아혁명일 수밖에 없는 이상, 문화운동은 의연히 프롤레타리아 문화건설을 목표로 해야 한다고 주장했다. 물론 비판자들이라고 해서 일제 잔재나 봉건 유제의 청산, 혹은 국수주의 배격의 필요성을 부정한 것은 아니었다.

그러나 프로동맹 측은 문화혁명의 목표나 방법이 정치혁명 단계에 그대로 상응하는 것이어야 할 필요는 없으며 그럴 수도 없다고 생각함으로써 문건 측과 차이를 보였다. 문학이나 예술이란 이데올로기적 형식인바, 프롤레타리아 이데올로기에 입각치 않은 막연한 인민적 신문화란 오히려 기본적 방향성을 흐리는 결과를 초래할 뿐이라는 주장이었다.

인민이란 프롤레타리아를 '영도적 주격'으로 하는 만큼 문건의 인민적 신문화 건설론 역시 농민이나 시민층의 이데올로기가 아닌 프롤레타리아 이데올로기를 이념적 기반으로 하는 것이었다. 다만 문건의 입장은 프롤레타리아 이데올로기의 삼투는 인민적 앙양과 더불어 단계적으로 이루어져야 하고, 이루어질 수 있다는 것이었다. 이렇게 볼 때 문학적 과제 문제에 관한 문건과 프로동맹의 기본적 차이는 그 설정의 단계성을 두느냐 마느냐에 있었다고 말할 수도 있다. 두 단체는 조직문제에서도 이견을 보였지만 당의 외곽 정비와 아울러 통합이 요구되었고 마침내 통합은 이루어진다. 두 단체가 해소되고 문학가동맹(이하 문맹)이 출범하게 된 것이다. 통합 이후 당중앙위원회의 이름으로 발표되는 「조선민족문화 건설의 노선」(잠정안)은 현 단계 문화운동의 목표를 진보적이고 민주주의적인 민족문화의 건설로 못박았거니와, 이는 여러 모로 문건의 인민적 신문화론에 기초한 것이었다. 이 노선은 차후 문맹의 운동방향을 가리키는 것이었으니, 곧이어 개최되는 '전국문학자대회'는 이에 입각하여 문학운동의 과제를 구체화한다.

문학자대회에선 공식적 창작방법의 규정으로부터 농민문학 및 계몽운동의 중요성, 그리고 문학유산의 계승과 세계문학의 섭취, 더불어 신인육성에다가 국어재건의 문제까지가 논의되었다. 민족문학의 건설이 대중화를 요건으로 하는 것이었던만큼 계몽운동과 농민문학의 활성화, 국어재건을 비롯하여 그 구체적 수단이 되는 창작방법의 수립은 중요한 과제로 부각되지 않을 수 없었다. 또 대중화의 방안으로서 민족적 형식에 진보적 내용을 담는다는 민족형식론이 언급되었고 때문에 과거의 프로문학논의에선 관심의 대상이 되지 못했던 전통적 문학유산의 올바른 계승문제가 문학운동상의 현실적 과제로 제기된 것이다. 한편 국수주의적 태도를 배격하고 세계적 보편성을 호흡해야 한다는 점에서 세계 문학을 또한 섭취해야 했음은 물론, 새로운 문학이 인민을 위한, 인민의 것이 되어야 한다면 이제 인민들 스스로가 창작의 주체로 등장할 수 있어야 했다. 이러한 입장에서 문맹은 그 사업내용을 다음과 같이 간추리고 있다.

1. 문학에 의한 민주주의 정신의 앙양
2. 문학에 의한 과학적 계몽활동
3. 문학의 인민적 기초의 확립을 위한 대중활동
4. 신진작가, 특히 인민층으로부터의 작가적 성장의 육성 급 원조
5. 문학자의 예술적 사상적 향상 발전을 위한 활동
6. 조선 근대 작품의 소개 급 비판적 연구
7. 외국문학의 소개 급 비판적 연구
8. 기관지 급 필요한 단행본의 출판 배포
9. 강령 수행상 필요한 집회 행사 급 기타사업

그밖에도 문화상의 계급적 이질성이 극복되어야 한다든지 문화건설상의 단계적 프로그램이 제시되어야 한다는 점이 언급되기도 했다.

이들 인민적 입장에 서려 한 문맹의 기본과제는 크게 대중화가 아닐 수 없었고 대중화란 대중과 호흡을 같이하고 그들의 생산현실 속으로 들어가 그들의 생활감정과 언어를 배우며 그들의 바람을 표현함으로써 이윽고 그것을 하나로 묶는 것을 뜻했다. 말하자면 대중화란 궁극적으로 정치적인 고양 혹은 각성을 목표로 하는 것이었다.

해방 이후 문학은 무엇을 했어야 했는가. 이 물음에 답하는 것이 그렇게 간단한 일은 아닐 것이다. 그러나 민족의 자주독립과 민주적 개혁을 향한 대다수 인민들의 열망에 눈감은 문학이 과연 당시로서 의미 있는 것이었을까라는 물음에 대한 답은 부정적이지 않을 수 없다. 사실 이러한 역사적 과제의 실현이란 곧 일제 잔재를 청산하고 외세를 배격하는 위에, 반봉건적 토지관계와 식민적 경제구조를 타파함으로써 가능한 것이었던 만큼, 문학이 이러한 문제에 관심을 갖는다는 것은 마땅할 뿐 아니라 절실하게 필요한 일이기도 했던 것이다. 나아가 문인들은 그러한 바람의 소재를 바로 알고 스스로를 그 안에 위치시킬 수 있어야 했다. 물론 이러한 과정은 그 자신을 쇄신하는 것이 되어야 했다. 새로운 양식의 발견을 비롯, 문학의 질적·양적 성과는 여기서 자연스럽게 기대될 수 있는 일이었다.

최근 권영민 교수는 이 시기 문학운동이 민족문학(화)을 건설해야 한다고 말하면서도 '문학(화)' 그 자체에 대한 논의보다 '민족'을 앞세움으로써 민족문학(화)은 관념화·추상화되고 말았다고 진단하고 있다. 이는 아마도 문학논의가 지나치게 정치적인 것이었음을 지적한 것으로 보인다. 그러나 문학(화)의 발양이란 결국 정치에 의해 결정되는 것이라는 입장에서 볼 때 그러한 현상은 불가피한 것이기도 했다.

3. 해방 이후 문학운동의 올바른 조직 노선

- 조연현, 「해방문단 5년의 회고」, 『신천지』, 1949년 9월~1950년 2월.
- 김윤식, 「해방공간의 문학」, 『해방전후사의 인식』 2(한길사, 1985).
- ───, 『한국현대문학사론』(한샘, 1988), 62~68쪽.
- 신형기, 『해방 직후의 문학운동론』(화다, 1988), 50~64쪽.
- 민현기, 「해방 직후의 문학론」, 『문학과 사회』, 1988년 여름.
- 김재용, 「카프 해소·비해소파의 대립과 해방 후의 문학운동」, 『역사비평』(역사비평사, 1988년 가을).
- 임규찬, 「카프 해소·비해소파를 분리하는 김재용에 반박한다」, 『역사비평』(역사비평사, 1988년 겨울).
- ───, 「8·15 직후 민족문학론의 민중성과 당파성」, 『실천문학』(실천문학사, 1988년 겨울).
- 윤여탁, 「해방정국의 문학운동과 조직에 대한 연구」, 『한국학보』, 1988년 가을.
- 서경석, 「미군정기 민주주의민족문학론과 '인민성'의 문제」, 『한국학보』 1988년 가을.
- 김재용, 「해방 직후 남북한 문학운동과 민중성의 문제」, 『창작과비평』(창작과비평사, 1989년 봄).
- 임규찬, 「해방 직후 문학운동의 조직노선과 노동자계급 헤게모니의 문제」,

『노동해방문학』, 1989년 6·7월 합본호.

문학운동 역시 조직을 떠나서는 있을 수 없는 것이었다. 운동의 실질적 성과를 높인다는 것은 실로 조직의 견뢰함과 효율적 운영에 달린 문제였다. 문학조직의 성격이나 형태는 운동의 노선에 부합되는 것이어야 했으며 전체적인 사회운동 안에서 그것이 위치하는 자리, 혹은 수행해야 할 기능에 걸맞은 것이어야 했다.

문학건설본부는 그 결성에서부터 매우 포용적인 입장을 취했다. 우선 그들은 친일문제에 관해서도 과거의 문인보국회 간부라든지 적극적인 부역자만을 제외했을 뿐 대부분 문인들에게 문호를 개방했다. 이는 조직문제에 관한 '상식'을 위배한 것이었다. 그들의 입장은 '누구라도 좋다'는 무원칙한 것으로 보일 수 있었으며 그것이 조직적 결속을 이완시키리라는 우려는 결코 지나친 것이 아니었다. 이러한 점은 문건에 맞서 프롤레타리아 전위의 공고한 동지적 단결을 요구한 프로레타리아문학동맹 측의 공격 표적이 되었다. '문건'은 조직이 아니라 한낱 '명부'(名簿)라는 비판이었다.

문건 측의 이러한 조직상의 견해는 직접적으로 「8월테제」가 규정한 부르주아민주주의혁명 단계론 및 그에 따른 민족통일전선전술과 관계되는 것이기도 했다. 즉 이제는 민족의 자주독립과 진보적 민주주의의 건설을 전취해내기 위해 모든 인민이 한데 뭉칠 때라는 생각이었다. 「8월테제」는 광범한 대중적 기반 확보의 중요성을 각별히 강조했던바, 1945년을 넘기며 여러 외곽적 대중조직이 속속 결성되었음은 주지하는 바다. 문학조직 역시 정치적인 전위조직이기보다는 대중적 기반을 폭넓게 갖는 대중조직일 필요가 있었다. 조직문제에 관해 보인 문건 측의 포용적 태도는 기본적으로 이러한 생각에 입각한 결과였다고 말할 수 있다.

문건은 정치에서의 통일전선론을 습용, 문화통일전선의 결성을 제창하며 문학이 인민에 기초하며 인민적 분기(奮起)의 취악대가 되어야 한다는 점을 강조한다. 문화통일전선이란 실질적으로 좌익의 전력을 갖지 않는 소시민층 문인들의 포섭을 목적했다. 즉 부르주아민주주의혁명 단계론이 규정하고 있듯 역사발전의 식민지적 특수성 및 그에 따른 사회성격상의 중층성(重層性)으로 말미암아 아직 프롤레타리아만의 독자적 활동은 바람직하지 않다는 판단에서였다. 그들은 노동계급만이 아닌 광범한 인민을 이야기하며 인민에 기초하고 그들의 해방을 위해 노력한다는 인민적 신문화(학)의 건설을 슬로건으로 내걸었던바, 미상불 이는 비단 프로문학운동자들에 국한되지 않는 여럿의 생각을 모으고 이끌 수 있었다. 사실 해방 이후 인민적 앙양의 분류(奔流)를 목도할 때 지배 이데올로기를 재생산해 온 무기력하고 회의적인 소시민 문학의 한계는 뚜렷이 드러났던 것이므로 여러 소시민 작가에게 자기변혁은 거스르지 못할 시대적 요청으로 여겨지기도 했다. 이제 인민 편에 서서 인민과 호흡을 같이하고 인민에게 복무해야 한다는 것은 새로운 시대를 눈앞에 둔 문인들의 마땅한 임무인 듯했다. 스스로를 새롭게 하고자 한 많은 작가에게 자신을 미래에 세워보는 것은 그대로 가슴 벅찬 일이 아닐 수 없었던 것이다.

그러나 인민에 복무한다는 것이 단순한 동감이나 열정만으로 가능한 것은 아니었다. 예를 들어 문학이 인민성을 획득하기 위해서는 인민의 생산현실이나 투쟁현장으로 들어가 그들의 눈과 마음을 갖고 그들과 호흡을 같이해야 했는데, 이는 곧 작가가 '새로운 인간'으로 다시 태어나야 한다는 것을 의미했다. 여기서 필연적으로 요구되었던 것은 공고한 이념적 결속 및 견뢰한 조직과 지도성이었다. 말하자면 운동의 기본적 방향성을 분명히 하는 위에 성원 상호가 튼실한 유대를 가져야 했던 것이며, 이를 바탕으로 단계적 발전의 프로그램이 세워져야 했던 것이다. 지도성이란 이러한 가운데서만 온전히 발휘될 수 있는 것이었다. 요컨대 막연한 심정적 인민주의에 머무르는 한 조직의 원활한 활동은 기대할 수 없는 것임이 분명했다.

일찍이 문건의 지도적 논자들은 인민적 신문화(학)를 건설해가는 데서 노동계급이 갖는 영도적 역할을 부인하지 않았다. 민족통일전선이 노동계급이 헤게모니를 기본적으로 전제했던 것과 같이 문화통일전선에서 역시 프롤레타리아 작가·비평가는 앞장을 서야 했다. 그리고 그것은 곧 문화통일전선이 프롤레타리아 이데올로기를 이념적 구심점으로 할 수밖에 없다는 것을 뜻했다. 실제로 뒤에 임화는 프롤레타리아 이데올로기가 인민적 자각의 매개자임을 분명히 하고 있다. 사실상 그들이 말하는 인민성은 노동계급의 이른바 당파성을 내포하는 개념이었던 것이다. 하지만 문건의 지도적 논자들은 문화통일전선에서의 이념적 삼투의 구체적 방안을 제시하지 못했다. 오히려 조직상의 지나친 방만성은 관리 자체를 어렵게 했던 것이다. 이러한 상황에서 조직의 단계적 확산(예를 들어 지방지부나 서클과 같은)은 물론 기대할 수 없었다.

프로동맹 측이 보기에 문화통일전선이란 애당초 주체가 모호한 산만한 집합에 불과했다. 그들의 주장인즉 프롤레타리아 전위만의 공고한 별도 조직체가 있어야 한다는 것이었다. 이념상의 선명성과 조직적 우위를 확보하는 위에서만 부동(浮動)하는 소시민 계급 문인들에 대한 원활한 지도도 가능하다는 이유에서였다. 비판자들의 목소리가 항상 일치되었던 것은 아니나 대체로 프로동맹 측의 이야기는 조직의 위계적 구분을 두어야 한다는 데로 모아졌다. 이를테면 핵으로서 기본조직을 생각했던 것이다. 그리고 이 기본조직은 이념상으론 물론 미학이나 감각의 수준에서까지 당파적으로 결속되어 있어야 했다. 프로동맹 측에 따르면 이러한 기본조직이야말로 운동의 옳은 방향을 지시하고 그것을 앞서 실천해나가는 추진적 존재일 수 있었다. 이들의 생각이 문건이 강조한 인민성을 부정하는 것이었다고 보이진 않는다. 오히려 그들은 인민성의 계급적 본질, 특히 이념의 형태인 문학에서 그것이 갖는 중요성을 강조했으며, 이를 분명히 함으로써만 인민적 분기의 핵심에 다가설 수 있음을 천명했던 것이다.

그러나 조직문제에 관한 프로동맹 측의 생각은 사실 현실적으로 대중기반 확충을 어렵게 할 소지가 없지 않았다. 프로동맹이 헤게모니 싸움에서 실패함으로써 그들의 이러한 생각도 배제되고 만다. 문건이 주도권을 쥔 가운데 결성된 문학가동맹은 조직노선에서 역시 문건의 노선을 좇았다. 예를 들어 문맹의 실질적 결성식이었던 '전국문학자대회'의 준비위원회는 뚜렷한 친일부역자를 제외한 거의 대부분 문인들에게 소집통지서를 발송했던 것이다. 문맹의 입장은 그것이 여타 부문의 문화단체와 연합하여 문화단체총연맹을 결성하고 또 민주주의민족전선에 참여하는 것으로서 새삼 분명히 노정된다. 말하자면 광범한 대중적 역량을 모아낸다는 것이었다.

그러나 프로동맹이 우려한 바가 현실로 나타나는 데는 오랜 시간이 걸리지 않았다. 조직성원 간의 이념적 결속의 이완은 이미 문건시절부터 드러났거니와, 이념적 양극화가 가속되고 정세가 악화되면서 조직은 이내 주변부로부터 헐려나가기 시작했던 것이다. 기조가 되는 창작방법으로서 진보적 리얼리즘과 혁명적 로맨티시즘이 제시되었지만 뚜렷한 미학상 원칙을 체득해내지 못한 가운데서 또한 창작의 부진은 불가피했다. 1946년 중반을 넘어서며 활발히 논의된 문학(화) 서클 논의가 논의의 수준에서 그치고 만 원인 역시 상당부분 문맹이 지방 지부나 지회 등의 하부조직을 확보하지 못한 데 있었다. 10월인민항쟁의 문학적 재현을 독려하며 미학적 성취에서 정치적 견해의 결정적 중요성을 누누이 부언한 김남천의 글, 「대중투쟁과 창조적 실천의 문제」는 문학운동상의 정체(停滯)를 반증하는 것이기도 했다.

이러한 전반적 현상은 조직의 구심점이 없었다는 것, 즉 인민적 자각을 이끌어낼 결집된 추진력의 부재를 원인으로 하는 것이었다고 진단될 수 있다. 일단 통일전선의 필요라든지 그에 입각, 문맹이 광범한 대중단체로서 성격을 가질 필요를 인정할 때 이는 그 내부의 프랙션 활동이 제대로 이루어지지 않은 결과였으리라는 추정이 또한 가능하다. 대중화운동을 좀더 원활히 전개하기 위해 '문학대중화운동위원회'가 결성되었던 것도 조직의 지나친 방만화에 따라 별도 조직이 불가피했던 때문이었을 것이다. 그러나 이러한 현상을 빚게 한 무엇보다 결정적 원인은 일차적으로 갑작스러운 정세의 악화에 있었다. 광범한 인민층의 정치적 앙양이 물리적으로 폐색되고 하부의 대중조직이 파괴되면서 정치운동은 지하로 들어가게 되거니와, 사실 이러한 상황에서 문화통일전선 내의 '사상적 통일'을 바란다는 것은 무리한 일이었다.

  문건과 프로동맹 간의 대립, 특히 조직문제에 관한 노선상의 상위는 그 성원들의 성향에 근거한 것으로 설명되기도 했다. 최근 김재용과 같은 연구자는 양자의 대립이 식민지시대 카프의 해소 문제를 놓고 나뉜 이른바 해소파와 비해소파의 대립에 연원을 둔다고 보고, 이러한 견지에서 문건을 대중적 기초를 다지지 못한 졸속의 조직으로, 반면 프로동맹은 튼실한 이념적·조직적 유대를 확보한 단체로 판단했다. 이에 대해 임규찬은 문건이 말한 문학의 인민성 역시 노동계급의 당파성을 전제한 개념이었다고 말하면서 김재용의 해석을 반박한 바 있다. 해소파와 비해소파를 구분해서 보는 해석은 우선 그 개별 성원들에 대한 좀더 실증적인 연구의 필요를 제기하는 것이었다. 한편 문건이건 프로동맹이건 조직문제의 관건으로 생각했던 것은 노동계급의 당파성과 인민성의 관계를 어떻게 설정하느냐였다고 볼 때 결과적으로 문건-문맹의 노선은 양자의 바른 관계설정, 혹은 이를 위한 조직적 밑받침을 마련하지 못했다는 지적이 가능할 것이다.

4. 창작적 실천과 대중화 문제

- 김윤식, 『한국현대문학사』(일지사, 1976), 108~203쪽.
- 염무웅, 「소설은 통해 본 해방 직후의 사회상」, 『해방전후사의 인식』(한길사, 1980).
- 권영민, 『해방 직후의 민족문학운동 연구』(서울대 출판부, 1986), 135~216쪽.
- 김재용, 「해방3년의 소설문학」, 『해방3년의 소설문학』(세계, 1987).
- 신형기, 『해방 직후의 문학운동론』(화다, 1988), 117~33쪽.
- 임규찬, 「8·15 직후 미군정기 문학운동에서의 대중화 문제」, 『해방공간의 문학운동과 문학의 현실인식』(한울, 1989).
- 조남현, 「해방 직후 소설에 나타난 선택적 행위」, 같은 책.

- 이우용, 「해방 직후 소설의 현실인식 문제」, 같은 책.
- 신범순, 「해방공간의 진보적 시운동에 대하여」, 같은 책.

문학운동에서 창작적 실천은 조직이나 이론수립 이상의 중요성을 갖는 과제일 것이다. 대중과의 직접적 교섭은 무엇보다 실제 작품을 통해서 이루어지게 마련이며, 이 때문에 창작적 실천의 수준은 운동의 성과를 가늠하는 척도일 수 있었다.

단체가 조직되고 운동의 방향에 대한 논의가 전개되기 시작한 무렵에 열린 한 좌담회에서 몇몇 중견작가는 '쓸 것은 많은 것 같으나 무엇을 써야 할지 모르겠다'는 점에 동의함으로써 의욕만이 앞설 뿐 붓이 나가지 않음을 고백하고 있다. 이러한 현상은 그들이 스스로 진단하는 바와 같이 자기비판의 성실성 문제와 직결되는 것일 수 있었다. 자기 안에서 모든 식민지적 한계를 적발하는 근원적인 자기비판 과정없이 새로운 출발에 임한다는 것은 자기기만이었을 것이다. 아닌 게 아니라 해방은 일종의 인식적 단절을 초래했고, 따라서 식민지적 사고나 행태로부터의 급격한 도약 내지는 변화가 요구됨에 따른 과도적 혼란이 불가피했을 수 있었다. 한 논자는 이를 사악한 마법(魔法)에서 갑작스레 깨어났을 때(그것도 남의 손으로)의 얼떨떨함으로 비유하면서, 이 때문에 해방 직후는 모든 것이 '제자리를 찾기 위해 질주하는' 공간으로 규정되어야 한다고 주장한 바 있거니와, 공간 규정의 근본적인 비역사성을 비판한다 하더라도 여러 부분에서 아노미 현상이 빚어질 가능성은 충분히 인정되어야 할 것으로 보인다. 예를 들어 창작에서는 양식의 미결정상태가 노정될 수 있었고, 현실의 전모가 눈에 잡히지 않음으로써 산만하고 즉물적인 묘사에 떨어지는 경우가 일반화될 수도 있었다.

그러나 어쨌든 해방은 창작의 내용과 형식에서 역시 새로운 변화의 기점이 되어야 했다. 사실 변화란 필연적이었다. 이내 새로운 작가층은 등장하거니와, 내부적 연속성에도 불구하고 이들은 감각에서부터 전 시대와 현격한 차이를 보여주게 된다.

적어도 운동 차원에서 창작이란 전적으로 개인적인 작업일 수 없다. 창작은 이론적·조직적 우위점에서 '옳은' 방향으로 유도되고 지도되어야 할 것이었다. 여기서 창작을 조직화하는 이론적 지침으로서 창작방법이 요구되는 것이다. 창작방법은 창작적 실천의 수준을 제고하기 위해, 바른 사상적 입장에서 창작의 방향을 지시하고, 효율적인 형식 및 기술을 과학적으로 해명할 수 있는 것이어야 했다. 일찍이 「조선민족문화 건설의 노선」은 혁명적 로맨티시즘을 내적 계기로 갖는 진보적 리얼리즘을 창작의 기조가 되어야 할 방법으로 못 박고 있거니와, 전통형식의 변개(變改)를 주된 내용으로 하는 이른바 민족형식론 등과 더불어 이는 인민의 호흡을 이끌어내는 관개수로, 혹은 주조틀로서 의미를 갖는 것이었다. 진보적 리얼리즘에 대한 본격적 논의는 '문학자대회' 석상에서 김남천이 발표한 보고연설 「새로운 창작방법에 대하여」에서 시작되고 있다.

김남천은 작가가 세계관만을 앞세운 나머지 작품이 관념화되는 이른바 '세계관 일임주의'의 오류를 지적하며, 현실변혁의 의지나 정치적 신념의 표현은 현실에 대한 구체적 통찰 위에서 이루어져야 한다는 점을 강조했다. 그러나 물론 현실이란 평속한 현실을 뜻하는 것은 아니었다. 여기서 현실은 어떠한 목적과 방향을 향해 운동해가는 현실을 의미했다. 리얼리즘이란 이러한 현실의 움직임을 그려내는 것이었다. 즉 구체적인 현실에서 진보적 민주주의를 향해 가는 건설의 움직임을 발견하고 그것을 형상화하는 것이 진보적 리얼리즘이었다.

그렇다면 이러한 진보적 리얼리즘이 내적 계기로 가져야 할 혁명적 로맨티시즘이란 무엇이었던가. 간단히 말하면 그것은 현실 속에서 미래를 본다는 것이었다. 예를 들어 진보적 민주주의를 향해 가는 위대한 건설의 움직임을 능동적으로 인식할 때 그 미래 모습을 예견할 수 있다는 전망의 문제였다. 혁명적 로맨티시즘에서 이 미래의 전망이란 환몽적 유토피아가 아니라 실현될 수 있고 실현되어야 할 것이었으므로 또한 '심리적이고 상상적인 현실'일 수 있었다. 이러한 점에서 혁명적 로맨티시즘은 과거의 부르주아 로맨티시즘과 선명히 구분되는 것이었을 뿐 아니라, 나아가 고차적 의미의 리얼리즘이 된다. 혁명적 로맨티시즘이 진보적 리얼리즘과 배치되지 않는, 오히려 그것의 불가결한 구성적 부분일 수 있는 이유가 여기에 있었다.

사실 진보적 리얼리즘과 혁명적 로맨티시즘이라는 창작방법은 사회주의 리얼리즘의 강령에 입각한 것이었다. 사회주의 리얼리즘의 방법을 의정한 기점으로 흔히 간주되는 1934년의 고리키·즈다노프 테제에 따르면 문학이란 현실의 기록을 초월하는 변증적 갈구로 나타나야 했으니, 수동적 '거울'이기보다는 능동적 '무기'여야 했다. 그러기 위한 방법으로 제시된 것은 미래를 위해 헌신하는 긍정적인 영웅상을 그려내고 결말을 낙관적으로 맺음으로써 독자로 하여금 바람직한 미래가 달성될 수 있다는 마술적 믿음을 갖도록 해야 한다는 점이었다. 이러한 '방법'은 진보적 리얼리즘에서도 적용될 수밖에 없는 사항이었다. 한효 등이 강조한, 새로운 성격을 창조할 수 있어야 한다는 요구는 곧 긍정적 영웅의 형상화를 의미했던 것이다.

현실을 통찰하고 그로부터 미래를 바라보기 위해서 작가는 인민 가운데로 들어가야 했다. 진보적 민주주의를 향한 인민의 투쟁이야말로 현실의 '진실'이 아닐 수 없었고, 미래란 이러한 인민의 대하(大河)에 몸을 실을 때 바르게 포착될 수 있는 것이었다.

모든 제국주의적 문화 잔재와 봉건적 질곡에 항쟁하고 민족의 해방, 국가의 완전독립, 토지문제의 평민적 해결을 위한 인민대중의 투쟁에 참가하려고 하는 작가의 의식적 노력만이 작가에게 현실의 온갖 진실을 그릴 수 있는 가능성을 부여한다. 진실로 인민의 편이 된 작가, 또는 편이 되려고 하는 작가에 의하여 창조된 문학―그것은 곧 인민의 문학이다―만이 사회의 온갖 모순, 발전의 제 경향, 인민혁명의 승리의 역사와 그 근원, 그리고 건설되는 인민정권의 역사적 예견 등에 있어서 그리어지는 현실의 의의를, 형상을 빌어서 완전히 체현할 수 있다.(한효,「진보적 리얼리즘의 길」,『신문학』, 1946년 4월)

'지진계(地震計)의 정확성으로' 낡은 지각을 뚫고 솟구쳐 오르는 새로운 움직임을 그려 보여야 한다는 것은 많은 진보적 작가가 스스로에게 부과한 과제였거니와 어쨌든 이 시기만큼 현실이 문학 속으로 육박해 들어온 적은 달리 없었다. 문학작품은 비상한 정치적 앙양을 기록하고 있으며 이미 그 자체가 역사적 격동의 생생하고 민감한 징후로 나타난다. 그러나 인민과 하나가 된다는 것이 그렇게 손쉬운 일은 아니었다. 한 논자는 해방 3년의 창작을 정리하는 글 중에서 작가가 인민대중과 유리되어 있으면서 인민의 위대한 투쟁을 그리려 드는 것은 한낱 무모한 꿈일 수밖에 없다고 말하면서, 대중과 괴리를 극복한다는 것의 어려움을 시인했다. 많은 작가는 여전히 '소극적 소시민성'을 벗지 못했다는 것이다. 지식인적 무기력을 토로하거나 현실의 빈곤과 피폐상을 그저 묘사하는 데 그친 따위가 그 중 거였다.

대중화를 겨냥한 창작의 한 방법으로서 고전 변개는 「홍길동전」이나 「별주부전」, 혹은 「이춘풍전」 등을 상대로 이루어진다. 그밖에도 인민 대중 스스로가 자신의 체험을 기록하는 보고문학의 가능성이 타진되기도 했다. 그러나 새로운 문학형식의 정착이란 새로운 역사적 내용에 의해 가능한 것이었다. 역사의 흐름이 반동화되면서 고전은 특별한 호고 취미의 대상이 되거나 충효와 같은 보수적 이데올로기를 재생산해내게 된다. 보고문학의 전개 역시 불가능했음은 물론이다.

5. '정치' 대 '순수' 논쟁

- 김윤식, 『한국현대문학사』(일지사, 1976), 151~63쪽.
- 김홍규, 「민족문학과 순수문학」, 『한국문학의 현 단계』 IV(창작과비평사, 1985).
- 권영민, 『해방 직후의 민족문학운동 연구』(서울대 출판부, 1986), 99~104쪽.

- ──, 『한국민족문학론 연구』(민음사, 1988), 369~76쪽.
- 임헌영, 「미군정기의 좌우익 문학논쟁」, 『해방전후사의 인식』 3(한길사, 1987).
- 신형기, 『해방 직후의 문학운동론』(화다, 1988), 146~72쪽.
- 홍정선·정과리, 「한국현대문학사 2-2. 좌우분단의 대립과 순수논쟁」, 『문예중앙』, 1988년 여름.

해방 직후 문단의 이념적 갈등은 '정치' 대 '순수'의 대립으로 나타났다. '정치' 대 '순수'는 좌우대립의 내면논리였던 것이다. 진보적 움직임에 대한 이른바 우익 측의 반동적 대응은 1946년에 들어서며 어느 정도 윤곽을 드러내기 시작한다. 일찍이 민족주의적 성향을 표방한 몇몇 인사에 의해 중앙문화협회라는 단체가 결성되긴 했으나 그 활동은 미미한 수준에 그쳤던바, 탁치문제를 계기로 좌우 대립이 첨예화되면서 이는 전조선문필가협회(이하 전문협)로 확대 개편되었다. 요컨대 전문협은 좌우대립이 극성을 띠게 됨에 따라 나타난 우익 측의 대응 조직인 셈이었다. 전문협이 결성된 직후 그 전위대 격으로 청년문학가협회(이하 청문협)가 조직되는데 이는 곧 극성을 띤 주도세력의 등장을 알리는 것이었다. 차후 청문협은 우익 측을 이끌어가는 구심점이 될 뿐 아니라 좌익 측과 '투쟁' 일선에 나서게 된다.

전문협의 박종화 같은 경우는 약소민족의 대항민족주의적 입장에서 민족혼의 고취를 역설했음에 반해 청문협의 이론적 기수였던 김동리 등은 '순수'를 주장했다. 물론 민족혼의 고취와 '순수'의 주장이 일치되는 것은 아니었다. 그러나 청문협이 '대공문화전선'의 일선에 나서면 '순수'의 주장은 우익 측을 대변하는 위치에 서게 된다. 그렇다면 '순수'란 무엇이었던가?

'순수' 주장의 본격적 전개는 김병규와 논쟁을 불러일으키는 김동리의 「순수문학의 진의」에서 시작된다고 말할 수 있다. 그에 따르면 순수문학이란 한마디로 '본령정계(本領正系)의 문학'이라는 것이었다. 그는 문학의 본령이 인간성 옹호에 있음을 전제함으로써 이러한 본령을 탐색하는 순수문학을 휴머니즘에 접맥시킨다. 여기서 인간성의 옹호란 그가 일찍이 식민지시대로부터 되뇌어온 '개성과 생명의 구경 탐구'를 가리키는 것이었다. 식민지시대 말기 임화·이원조 등 중견 평론가들을 상대로 벌인 이른바 신세대 논쟁에서 김동리는, 진정한 의미의 사상이란 "제 자신에게 배태하여 제 자신에서 빚어진 것"이 아니면 안 된다고 주장한 바 있거니와, '개성'이 밖으로부터 주어진 정치사상에 맞선 독창력을 의미한다면 '생명'은 그것의 동력이 되는 일종의 자연성을 뜻하는 것이었다. 다시 말해서 '순수'와 휴머니즘의 연결은 창조적 개성이 정치사상에 웃길 가는 심원한 가치를 구현할 수 있다는 낭만적 발상법에, 자연론적인 인간관—이른바 '생명주의'랄 수 있는—을 결합한 결과였던 것이다. 나아가 그는 휴머니즘을 그리스의 이성적 인간정신으로부터 르네상스의 인본주의를 거쳐 현대의 민주주의에 닿는 흐름으로 파악한 뒤, 민족문학의 근간이 되어야 할 민족정신이란 '민족단위의 휴머니즘'이 되어야 한다고 강변함으로써 또한 순수문학은 민족문학일 수 있고 이어야 한다는 논리를 얽어내기에 이른다.

그의 주장을 간단히 일별해보는 것만으로도 그것이 얼마나 이론적으로 공소하고 막연한 것이었는가를 알아차리기란 어렵지 않다. 게다가 그가 되뇌어온 개성론이나 생명주의란 구체적인 현실의 요청으로부터 동떨어진 것일 수밖에 없었고, 그런만큼 심정적인 호소력을 갖는 것도 아니었다. 사실상 이 같은 주장이야말로 그 배면의 이데올로기를 읽음으로써만 온전히 파악될 것이었다. 그러나 어쨌든 이러한 '순수'론은 '정치'를 비판하는 손쉬운 준거였다. 즉 '정치'란 개성에 근거하지 않은 사상, 혹은 이념에 스스로를 종속시키는 외화주의(外化主義)로 매도되었고 더구나 계급사상은 인간의 근원적 생명을 부정하는 기계주의, 혹은 공식주의로 비판되었던 것이다.

김동리의 소론에 대해 문맹이 조직 차원에서 그것을 비판할 필요를 느꼈던 것으로 보이진 않는다. 따라서 김병규의 일련의 비판은 일단 외견상 개인적인 것이었다고 여겨진다. 우선 김병규는 순수문학을 말라르메나 발레리가 주창했던 '상아탑류의 문학'으로 오해했던 점을 자인한다. 그러나 대신 그는 진정한 문학이란 김동리가 주장하듯 순수문학일 수밖에 없는가에 의문을 표한다. 진정한 문학이란 역사적 현실과의 관련하에서만 판정될 수 있는 것이 아니겠느냐는 반론이었다. 그러면서 김병규는 김동리가 문학의 본령으로 이야기한 '인간성 옹호'에서 이 '인간성'의 개념이 막연한 인간 일반에 지나지 않음을 지적한다. 역사성이 사상된 인간성 옹호란 관념적 수사에 불과하다는 지적이었다. 김동리가 나름대로 나눈 휴머니즘의 세계사적 단계 또한 그 변전의 사회적 토대를 이해하지 못한 것이었다는 점에서 조소의 대상이 되었다. 계급사상—유물사관을 단순히 기계주의나 공식주의의 한계 안에 놓은 것 역시 그것을 부르주아 과학주의와 혼돈한 결과였다. 김병규에 따르면 김동리의 주장은 한마디로 '무논리한 것'이었다. 그리고 그것을 김병규는 파시즘의 정신주의의 일단으로 규정했다.

김병규의 비판에 대해 김동리는 앞서의 주장을 거듭했다. 자신의 순수문학론은 자신의 문학관에 근거한 것이라는 주장이었다. 문학적 신념이나 견해란 자신으로부터 우러난 것이어야지 남의 말에 뇌동함으로써 얻어지는 것이 아니라는 이야기는 그가 이른바 '동양정신'에 관심을 보였던 점을 생각할 때 민족적 주체성을 강조한 것이었다고 볼 수도 있다. 예를 들어 청문협의 성원이었던 조지훈은 해방 직후를 '민족적 주체의 위기'로 단정하며 고전에 근거하여 민족적 주체성을 확립하는 것이야말로 문화인의 당면임무임을 역설한 바 있다. 그러나 김동리의 동양정신이나 조지훈의 고전은 역사적인 구체성을 갖는 개념이 아니었고 따라서 해방 직후라는 현실을 비춰주기에는 너무도 추상적인 것에 지나지 않았다. 김동리의 주장이 갖는 막연한 정신주의적 속성은 조연현에 의해 언급된 이른바 '생리'의 문학론에 의해 뚜렷이 부각된다.

조연현은 '논리'와 '생리'를 대비한 후 '논리'는 한낱 인위적인 이론의 틀일 뿐이며 이데올로기적으로 왜곡된 것인 반면 '생리'는 자연적인 진실이기 때문에 직접적인 실재성을 갖는다고 강변했다. '항상 어찌할 수 없는 절대적인 것에서 출발하는' '생리'야말로 '논리'에 우선하는 것이기 때문에 문학의 본질적 거점이 되어야 한다는 그의 주장은 드디어 '순수'론 전반의 유아주의적 성격을 분명히 드러낸 것이었다. 즉 '생리'의 문학론에 따르면 문학은 현실에 대한 객관적·구체적 인식의 노력을 염기해야 했으며 단지 존재의 근본적인 불합리성이나 비극성, 혹은 심리적 미궁을 추적해야 했던 것이다. 조연현의 '생리'는 김동리가 말한 '개성과 생명의 구경'과 동궤에 놓이는 것으로 결국 '정치' 대 '순수'의 대립장 안에서 파악될 것이었다.

청문협 측의 문학론―특히 김동리와 조연현을 중심으로 한―은 1948년에 접어들며 사뭇 활발하게 전개된다. 김동리에게 문학의 진정한 현실성이란 어떤 정치적 공식에 매일 수 있는 것이 아니라 인간이 갖는 '영원한 불완전, 영원한 고통에 육박'할 때 얻어질 것이었다. 인간존재의 본원적 모순과 여기서 생성되는 비극적 정신을 운위한 점에서 그의 생각은 '생리'의 문학론과 일치된다. 그에 따르면 문학은 특정한 역사적 국면에서 요구되는 공리성을 초월한 '시간적 항구성과 공간적 보편성'을 갖는 것이어야 했다. 아울러 조연현은 문학에서의 사상이란 일정하게 범주화된 정치사상이나 사회사상과 달리 '무정형의 사념'으로 나타날 수밖에 없다고 말함으로써 '생리'의 주장을 부연했다. 이에 대해 김병규는 다시금 순수문학이란 부르주아의 몰락기에 나타나는 '비교(秘敎)적 심리'를 추구하는 것이라고 공박했지만 이미 이들에 대한 비판은 힘을 잃고 있었다.

김동리와 조연현의 '순수'론이 어느 정도 우익 측의 생각을 대변했던 것은 사실이지만 모든 사람이 이에 동조했던 것은 물론 아니었다. 특히 당면한 현실에 좀더 관심을 기울여야 할 것이라는 비판이 없을 수 없었다. 그럼에도 이 '순수'의 주장은 직접적으로 좌익 측의 '정치'에 맞선 것이었다는 점에서 우익 측 전체를 구속하는 구심점 기능을 했던 것이며, 따라서 어떠한 방식으로건 이에 대해 이의를 제기한다는 것은 어려운 일이었다. '순수'의 주장은 차후 또 하나의 이론적 명령으로서 문단에 지속적인 영향을 미치게 된다.

'순수'론, 특히 김동리의 이른바 '본령정계의 문학'은 대부분 연구자들에 의해 당시 역사적 과제를 외면한 것이었다는 점에서 부정적 평가의 대상이 되었다. '순수'와 '정치' 대립의 경직성을 지적하면서 이러한 경직성 때문에 양자의 변증법적 지양은 불가능했고 그것이 결국 작품의 빈곤을 초래했다고 본 김윤식 교수의 진단은 이 논쟁을 정신사적 파행성 위에서 파악한 것으로 이채롭다.

6. 문인들의 월북과 문단의 분할

- 이철주, 『북의 예술인』(계몽사, 1966).
- 이기봉, 『북의 문학과 예술인』(사사연, 1986).
- 권영민, 『한국민족문학론 연구』(민음사, 1988), 377~98쪽.
- 김윤식, 『한국현대문학사론』(한샘, 1988), 366~80쪽.

분단이 이데올로기에 따른 것이었던만큼 문인들의 월북이란 기본적으로 이념적 선택을 뜻하는 것이었다. 즉 1948년 남한만의 선거로 단독정부가 수립됨으로써 이념적 재허(裁許)의 경계는 선명히 확정되었고, 그 결과 문맹을 중심으로 한 좌익 측 문인들은 지하투쟁이 아니면 월북을 해야 했으며, 그렇지 못한 경우에는 전향선언을 내고 '회개'를 다짐하는 보도연맹에 가입해야 했다. 이렇듯 월북은 이념적 선택에 따른 것이었지만 일단 그 과정은, 문학운동에서 역시 단체나 파당 간 경합의 중심지가 되었던 서울과 평양 간의 역학 위에서 설명되어야 할 것으로 보인다.

흔히 이야기되는 1차 월북은 문학건설본부와 경합을 벌인 프롤레타리아문학동맹 측 인사들이 주도권 싸움에 실패한 결과, 평양 쪽으로 눈을 돌림으로써 시작된다. 즉 프로동맹 측 이기영과 한설야는 이미 1945년 말 월북을 감행하거니와, 이들은 38 이북에 거주하던 한재덕·최명익·김북원 등의 문인들과 더불어 북조선문학예술총동맹을 결성했다(1946. 3). 이후 프로동맹 측의 송영·윤기정·이동규 등의 문인들이 월북, 이에 합류하는 것으로 이야기되고 있다.

이태준과 같은 특별한 경우(조쏘문화협회가 주선한 소련방문 차)도 있었지만 대체로 월북은 정세 변화와 직접적 관련을 갖는다. 1946년 중반을 넘기며 좌익 측에 대한 공세가 전개됨에 따라 체포령에 쫓긴 박헌영이 해주로 옮겨 앉고, 9월총파업과 10월인민항쟁의 결과 탄압이 가열화되면서 이번에는 문맹 중심성원들의 월북이 시작된다. 임화와 이원조 등은 해주로 후퇴, 서울의 문맹을 원격조종하려 한 것으로 보인다.

1947년을 넘기며 상황은 현저히 악화되어갔고 이윽고 남한만의 단선이 확실시되면서 문맹에 가담했던 많은 문인이 월북의 길을 선택한다. 월북은 개인적으로도 이루어졌지만 예를 들어 김남천이나 안회남 등은 인민공화국 수립에 따른 남조선 대의원 자격으로 월북 길에 오른다.

정부수립 이후 전향선언을 했던 정지용·박태원·설정식·김기림·이용악·정인택 등 잔류 문인들은 1950년 6·25 와중에 월북하거나 혹은 납북되었다.

좌익세력이 소거된 이후 38 이남에서 청문협을 중심으로 한 김동리·조연현 등 이른바 '문단주체세력'이 주도권을 장악한다. 그들은 정부기관에 '투신'하거나 언론과 잡지를 비롯한 문화매체를 장악했으며 자신들의 주장을 거듭 천명하는 위에 문단의 우이(牛耳)를 쥐게 된다. 순문예지 『문예』의 창간(1949. 8)은 이를 확인하는 실질적 출발점이었다. 다른 매체가 있을 수 없었던 상황에서 『문예』의 '순수' 노선은 자연 문단의 방향설정에 강력한 영향력을 행사하게 된다.

청문협과 전문협은 과거의 중간파와 전향문인들 및 일반 무소속 인사까지 광범하게 수용하여 한국문학가협회를 조직한다(1949. 12). 한국문학가협회의 결성은 좌우대립 시대의 종언을 의미했다. 통합을 주장한 쪽이나 그에 응할 수밖에 없었던 쪽에서나 '과거를 백지로 돌리고' 문학의 본격적인 재건에 착수해야 할 것임을 말하고 있었다. 이제 더 이상의 논란은 있을 수도 없고 있어서도 안 된다는 것이었다.

해방문단이 수행했어야 할 많은 과제는 여전히 남겨져 있었다. 아주 중요한 과제의 하나였던 친일문학인 숙청 역시 반민법(反民法)의 개정 (1949. 9)으로 불가능해지고 말았다. 그러나 '순수' 입장에선 그러한 문제에 역시 무관심할 수 있었다. 이와 더불어 우리가 생각해야 할 것은 '순수'의 승리가 분단의 확정과 반공 이데올로기의 유포에 수반된 것이라는 점이다. '순수'란 결코 순수할 수만은 없었다. 요컨대 정치적 무관심부터가 사실은 정치적이었던 것이다. 한편 문학 역시 군정시대를 통해 양성된 천박한 오락주의로부터 초연할 수 없었다. 저급한 애국주의나 무의미한 신변잡기류 또한 정치적 좌절의 다른 표현에 지나지 않았다.

월북문인들의 뒷행적에 대해 알려진 바는 많지 않다. 이기영·한설야는 일단 북조선문학예술총동맹의 주도권을 쥐었을 테지만, 더 이상 서울에 관심을 가질 수 없게 된 문맹 성원들이 평양에 모이게 됨으로써 월북자들 사이에서 갈등이 있을 수 있었을 것이다. 그러나 6·25 이후 박헌영을 비롯한 남로당세력의 숙청과 더불어 이들 문맹의 핵심분자였던 임화·이원조·김남천 등은 숙청을 당한다. 대체로 대부분 월북문인들은 연이은 몇 차례 숙청과정에서 사라지며, 특히 임화·이원조·김남천을 비롯한 이태준·안회남·김기림·정지용 등은 뒤에 문학사 기술에서도 아예 지워져버린다. 월북한 이후로도 활발한 작품활동을 벌인 문인으로는 이기영·한설야·김영석·윤세중 등을 꼽을 수 있는 정도에 지나지 않는다.

월북문인들을 어떻게 볼 것인가. 이러한 물음에 대한 답은 분단을 어떻게 볼 것인가에 대한 답과 다르지 않을 것이다. 월북문인이란 결국 분단의 소산이다. 분단논리―이념적 제한―에 가리워져온 그들에 대해 바로 알고 그들의 역사적 위치를 되돌려주려는 노력은 우리가 마땅히 해야 할 바일 것이다. 월북작가들 가운데는 실제 작품상으론 '순수한' 성향을 보였던 경우도 없지 않은데, 월북했다는 이유만으로 이러한 작가들까지 규제되어 온 것이 얼마 전까지 현실이었다. 물론 이념적 색채의 농담이나 납북이냐 월북이냐 따위가 해금 기준이 되어야 한다는 뜻은 아니다. 우리는 모든 월북문인을 '역사적으로' 바라볼 수 있어야 한다. 예를 들면 38선 그 어느 쪽에서도 살아남지 못했고 역시 언급되지 않는 문맹의 존재, 혹은 그 중심성원들의 정신적 궤적이 갖는 역사적 의미—오늘과 관련된—를 살펴보는 것은 매우 흥미로운 일일 것임에 틀림없다. 사실 월북문인들에 대한 연구는 이미 1970년대 후반 시작되었고 부분적으로 그 성과가 어느 정도 집적되어 있는 상황이다.

이제는 또한 북한문학의 변모와 발전과정에 대한 인식을 넓혀야 할 때가 아닌가 생각된다. 거듭되는 이야기가 되겠지만 분단은 문단을 분할시켰으며 이후 체제적·이데올로기적 대립 속에서 문학 역시 어떠한 상호 교섭도 없이 이질화의 길을 걸어왔다. 우리가 다시금 상기해야 할 점은 이러한 상황에선 양쪽이 다 반쪽일 수밖에 없다는 사실이다. 분단의 극복이란 무엇보다 우선 이 둘을 하나로 묶어보려는 마음가짐을 필요로 하는 것이리라. 언젠가는 하나의 문학사가 쓰일 수 있으리라는 기대를 우리는 가져야 한다.

7. 분단 이후의 북한문학

- 김윤식, 「북한의 문학이론」, 『한국현대문학사론』(한샘, 1988).
- ———, 「북한문학을 어떻게 대할 것인가」, 『문학과 사회』, 1989년 봄.
- 권영민, 「북한의 문예이론과 문예정책」, 『예술과 비평』, 1988년 가을.
- 성기조, 「북한의 시문학 40년사 연구」, 『북한』, 1988년 7월.
- ———, 「북한문학 40년사」, 『동양문학』, 1988년 8월.
- 오현주, 「북한의 혁명문학 40년」, 『사회와 사상』, 1989년 2월.
- 「북한의 주체문예 60년을 점검한다」(좌담), 『역사비평』, 1989년 봄.
- 「북한문학 바로 읽기의 입문」, 『문예중앙』, 1989년 봄.

해방 후 북한문학은 그 이론과 정책이 주체사상에 입각하여 전개되는 1970년을 전후한 무렵까지 대체로 사회주의 리얼리즘의 기본원칙을 크게 벗어나지 않은 것으로 추측된다. 사회주의체제에서 문학이란 계획적으로 실천되고 이념적·조직적으로 통제되어야 할 것이었다. 해방 직후 북한에서 조직된 최초의 문화단체는 북조선예술총동맹(1946. 3)이다. 북조선예술총동맹은 조직의 정비와 확대를 거쳐 북조선문학예술총동맹(이하 문예총)으로 개편되니, 1947년에 이르면 '각 지방 지부와 수천 개 서클, 그리고 1만 5천 명의 맹원을 확보한 거대한 조직'으로 성장한다. 북한의 토지개혁(1946. 3)과 더불어 이기영은 "북조선은 예술에서도 추진력의 중심지가 되어야 한다"고 말한 바 있거니와 실제로 이 문예총은 그 기관지 『문학예술』『문화전선』 등을 통해 남한의 진보적 문학운동을 비판·고무했다.

이기영·한설야·안함광·윤세평·이동규 등 프롤레타리아문학동맹을 결성한 바 있는 월북자들이 일단 문예총의 주도세력을 형성했던 만큼 그들은 문학 내지 문화건설에서 노동계급의 당파성을 강조하며 노동계급에 의해 영도되는 새로운 민주주의적 민족문화의 건설을 목표로 내세운다. 예를 들어 윤세평과 같은 논자는 이른바 민족형식론을 수용할 때 '사회주의를 내용으로 하고 형식에서 민족적인 문화는 아직 있을 수 없다'고 한 남로당의 「민족문화 건설의 노선」(1946. 1)을 민주주의적 문화의 계급적이며 혁명적인 성격을 부정한 것으로 비판하고 있다. 사실 이러한 문예총의 주장은 문학에 대한 북한 당국의 정책적 요구를 충실히 따른 것이기도 했다. 1947년 3월 당중앙위원회 29차 회의에서 채택되는 결정서 「북조선에 있어서의 민주주의민족문화 건설에 관하여」는 노동계급의 주도하에 새로이 건설될 민주주의적 민족문화는 사회주의 이념을 바탕으로 해야 한다는 점을 분명히 한 것이다.

문학은 마땅히 인민에 복무하고 또한 그들을 교양하는 것이 되어야 했다. '민주적 개혁'에 따른 새로운 정치관계와 경제관계는 이미 새로운 문학 창조의 토대를 마련했다는 것이었고, 이러한 가운데 문학은 노동인민의 '고상한 사상감정과 민주주의적 심리의 혁신'을 그려낼 수 있어야 한다는 것이었다. 주제의 적극성은 물론 긍정적이고 적극적인 새로운 인간 유형으로서 전형화 역시 창작의 요건으로 강조된다. 한편 문인들의 자기쇄신과 아울러 과거의 문학유산을 비판적으로 검토하는 위에 새로운 문학형식을 개발해야 한다는 문제도 거론되었다. 즉 민족형식 정립의 필요였던 것이다.

2차 월북자들이 출현함으로써 평양 문단은 파당 간에 알력을 빚기도 하지만 그러한 문제가 문예정책이나 그 운동노선상의 변화를 초래했던 것은 물론 아니었다. 토지개혁을 비롯한 개혁과 건설 과정을 낙관적 전망을 가지고 그려내어야 한다는 문학의 과제는 이윽고 6·25가 발발함으로써 애국주의를 함양하고 인민군대의 영웅성을 부각, 전 인민의 전쟁 의욕을 고취해야 한다는 것으로 바뀐다. 요컨대 전시문학으로서 선전·선동의 책무가 강조된 것이다. 휴전 후 패전의 책임을 들씌워 박헌영일파를 숙청하는 과정에서 임화·김남천·이원조 등 과거 문건-문맹의 주도 분자들은 숙청되며, 과거의 부르주아적 반동사상의 여독을 청산해야 한다는 지적 아래 문단의 숙청은 1960년대까지 계속된다.

1960년대는 주체사상에 입각한 문예이론의 정립과 김일성의 우상화가 준비되는 시기이기도 했다. 김일성에 의해서, 혹은 그의 지도 아래 쓰였다는 「피바다」 등 이른바 '불후의 고전적 명작'은 혁명문학의 진정한 원류로 재현되며, 이를 통해 주체적 문예사상은 역사적 정통성을 확보한다. 주체사상에 입각한 문예이론의 수립은 민주주의적 민족문화(학)론의 발전과정 안에서 파악되어야 함에도 북한문학의 성격을 구획짓는 뚜렷한 전환점으로 나타난다. 예를 들어 종자론과 속도전과 같은 새로운 개념이 등장할 뿐 아니라 집체창작 방법을 비롯, 문학양식 및 주체적 인간 형상의 전범이 제시되고 있다. 한편 이 과정은 문학이 당에 더욱 긴밀하고 철저하게 복속되는 동시에 그 '뇌수'로 간주되는 김일성 우상화에 본격적으로 나서게 되는 과정이기도 했다.

분단된 이후 전개되는 북한문학은 마땅히 그것을 생산한 체제나 물적·이념적 조건 및 미학적 원칙 위에서 보아야 할 것이다. 북한문학을 민족문학이라는 지평으로 수용해야 한다는 주장이 이미 제시되었고, 그러한 입장에서 북한문학을 일방적으로 평가하려 들기보다는 오히려 이를 통해 우리의 안목을 넓혀야 한다는 점이 지적되기도 했다. 통일을 향해 가기 위해서 무엇보다 북한을 제대로 알아야 할 것이라는 점에서 북한문학에 대한 연구 역시 마땅히 필요하다. 여기에 어떤 의도나 특별한 시각이 앞서는 것은 바람직한 일이 아닐 것이다. 아마도 먼저 서로의 다름—상이한 역사적 생산과정의 결과로서—을 분명히 인식하는 것이 순서가 아닌가 생각된다.

해방전후사의 인식
6

지은이 박명림 외
펴낸이 김언호

펴낸곳 (주)도서출판 한길사
등록 1976년 12월 24일 제74호
주소 10881 경기도 파주시 광인사길 37
홈페이지 www.hangilsa.co.kr
전자우편 hangilsa@hangilsa.co.kr
전화 031-955-2000~3 **팩스** 031-955-2005

인쇄 예림 **제본** 예림바인딩

제1판 제1쇄 1989년 10월 15일
제1판 제21쇄 2025년 4월 25일

값 17,000원
ISBN 978-89-356-0005-2 34910

• 잘못 만들어진 책은 구입하신 서점에서 바꿔드립니다.